OPORTUNIDADES EM MEIO À TRANSFORMAÇÃO

WU BAIYI

OPORTUNIDADES EM MEIO À TRANSFORMAÇÃO

UMA ANÁLISE MULTIDIMENSIONAL DAS PERSPECTIVAS DE COOPERAÇÃO ENTRE CHINA E AMÉRICA LATINA

Autores
CHAI YU
CHEN YUANTING
FANG LIANQUAN
WANG PENG
WEI RAN
YUE YUNXIA
ZHOU ZHIWEI

Tradução
ZHONG DIAN

INSTITUTO CONFÚCIO na UNESP

CULTURA ACADÊMICA Editora

Título original em mandarim:
转型中的机遇：中拉合作前景的多视角分析

Originally published in Chinese by China Social Sciences Press
Originalmente publicado em mandarim pela China Social Sciences Press

This book is published with financial support from Innovation Project of CASS
Este livro é publicado com apoio financeiro do Projeto Inovação da CASS

CULTURA ACADÊMICA

Direitos de publicação reservados à:
Fundação Editora da Unesp (FEU)
Praça da Sé, 108
01001-900 – São Paulo – SP
Tel.: (0xx11) 3242-7171
Fax: (0xx11) 3242-7172
www.editoraunesp.com.br
www.livrariaunesp.com.br
feu@editora.unesp.br

Dados Internacionais de Catalogação na Publicação (CIP)
Vagner Rodolfo CRB-8/9410

W959o

Wu, Baiyi
Oportunidades em meio à transformação: uma análise multidimensional das perspectivas de cooperação entre China e América Latina / Wu Baiyi et al.; traduzido por Zhong Dian. São Paulo: Cultura Acadêmica Editora, 2017.

Tradução de: 转型中的机遇：中拉合作前景的多视角分析
ISBN 978-85-7983-892-7

1. Relações Internacionais. 2. Economia. 3. China. 4. América Latina. 5. Brasil. I. Zhong, Dian. II. Título.

2017-610 CDD: 327.11
CDU: 327

Índice para catálogo sistemático:

1. Relações internacionais 327.11
2. Relações internacionais 327

Editora afiliada

Asociación de Editoriales Universitarias de América Latina y el Caribe

Associação Brasileira de Editoras Universitárias

Nota do Instituto Confúcio na Unesp

É com grande satisfação que o Instituto Confúcio na Unesp se soma à Editora Unesp para a publicação, em língua portuguesa, do livro *Oportunidades em meio à transformação*: uma análise multidimensional das perspectivas de cooperação entre China e América Latina, do professor Wu Baiyi, diretor do Instituto de Estudos Latino-Americanos da Academia Chinesa de Ciências Sociais (Ilas/Cass).

Esta obra, publicada originalmente em chinês, trata das relações entre esses parceiros e de como seria possível fortalecer tais relações em um contexto de transformação global e do papel da China no sistema econômico e geopolítico mundial. A tradução inédita para a língua portuguesa constitui oportunidade única para que leitores brasileiros possam conhecer a perspectiva chinesa sobre o tema.

Fundado em 2008, o Instituto Confúcio na Unesp integra uma extensa rede de 511 Institutos Confúcio e 1.073 Salas de Aula Confúcio, presentes em 140 países, com 2,1 milhões de estudantes. O Instituto Confúcio na Unesp busca a disseminação da língua e da cultura chinesas e o fortalecimento dos laços de cooperação acadêmica e cultural entre Brasil e China.

Luís Antonio Paulino
Diretor do Instituto Confúcio na Unesp
http://www.institutoconfucio.unesp.br

Sumário

INTRODUÇÃO

China e América Latina
Identidades, ideias e interesses em mutação

Wu Baiyi

Em 5 de agosto de 2012, na final individual masculina de badminton da 30ª edição dos Jogos Olímpicos de Verão, o atleta chinês Lin Dan defendeu com êxito seu título de campeão, o que o fez o único "vencedor do Grand Slam" de badminton no mundo. Após o jogo, Lin confessou para a mídia que a influência mundial desse esporte ainda é bastante limitada, se comparada com a de outros mais populares, como o tênis, razão pela qual ele se empenharia "fora da arena" para que a modalidade recebesse mais atenção e maior popularidade no mundo. Disse: "O valor de vida não é medido pela altura, mas pela largura" (Nianhua, 2012).

Os altos e baixos na vida de um indivíduo não têm a mesma dimensão que os da trajetória de uma nação, entretanto, alguns significados podem ser estendidos ou deduzidos. A "altura" e a "largura" de um país, como o eixo vertical e o horizontal, compõem a configuração geral de seu desenvolvimento, representando não só seu progresso (ou retrocesso), como também seu enriquecimento (ou simplicidade). Em 1935, o ex-líder chinês Mao Zedong definiu o objetivo norteador para o desenvolvimento nacional da China: "Com base na autodependência, o povo chinês deve ter a firme determinação de lutar pela revitalização de seu glorioso passado, visando a retomada de um posicionamento consolidado diante as demais nações do mundo", pensamento que lançou o alicerce sobre o qual a Nova China veio estruturando suas estratégias, tanto para a construção interna do próprio país quanto para seu relacionamento com os países estrangeiros (Zedong, 1991, p.161). Deng

Xiaoping, outro ex-líder chinês, herdou, de forma científica, a essência do pensamento de Mao Zedong e de seu raciocínio estratégico cosmopolita. Ao longo do processo de reforma e abertura da China, Deng sempre salientou a ideia de que "a autonomia e a autodependência foram, são e sempre serão o ponto de partida de nossas políticas" (Xiaoping, 1993b, p.3). No entanto, levando em consideração a tendência da evolução do mundo contemporâneo, em particular as experiências de desenvolvimento bem-sucedidas de economias emergentes, Deng deixou de conceber rigidamente a realização da industrialização e da modernização como o critério caraterístico da "independência e autonomia", e passou a dar a prioridade estratégica ao desenvolvimento econômico e à intensificação das cooperações econômicas com o exterior em busca da decolagem da economia chinesa. Ele apontou que "o mundo de hoje é um mundo aberto", "para qualquer país em busca de desenvolvimento, fechar o país ao intercurso internacional não é uma alternativa", "durante um século e meio, a China permaneceu fechada. O país ficou muito atrasado e pagou muito caro por isso. Só através de uma política de abertura ao exterior a China pode adquirir as ciências e tecnologias, as experiências e os investimentos de que ela necessita para acelerar sua construção econômica" (Xiaoping, 1987).

Nos últimos anos, alguns acadêmicos chineses têm feito estudos comparados entre os pensamentos de Mao e de Deng, no que tange à visão do mundo dos dois gigantes políticos chineses. Eles acham que o pensamento nacionalista de Mao foi construído com base em uma visão e em uma linguagem do "cosmopolitismo" que transcende o nacionalismo, e que o pensamento de Deng, apesar de ainda manter "um certo sentimento idealista", deu maior importância à "boa gestão dos assuntos internos da China", o que conferiu pragmatismo aos princípios de relações externas do país por ele estabelecidos – razão pela qual há uma diferença evidente entre as filosofias diplomáticas de Mao e de Deng (Xiangdong; Zhan, 2012, p.20; Shuyong, 2006, p.198). Na verdade, ambos os ex-líderes chineses foram mestres em "política realista com uma visão internacionalista", e suas percepções políticas desenharam um plano de desenvolvimento da China com "altura" e "largura", que correspondia basicamente à situação interna e à conjuntura internacional daquela altura.

Em dezembro de 2008, Hu Jintao, o então presidente chinês, em seu discurso em comemoração ao 30º aniversário da Reforma e Abertura da

China, confirmou a relação entre os dois grandes líderes chineses como sucessória, sendo eles líderes das duas grandes revoluções na história da China: a primeira, a Revolução Comunista, pela qual a nação chinesa conseguiu estabelecer o regime do povo e o sistema socialista sob a liderança do Partido Comunista da China, "lançando os pressupostos políticos fundamentais e a base institucional para os progressos que o país viria alcançar em tempos contemporâneos"; e a segunda, a Reforma e Abertura, pela qual "o povo chinês embarcou num largo caminho de desenvolvimento muito promissor, guiado pelo socialismo com características chinesas".

Nos últimos trinta anos, o país vem obtendo um enorme dividendo em decorrência de sua participação na primeira onda de globalização econômica. A China vivenciou um crescimento galopante, despertando a atenção mundial, e seu poderio nacional também atingiu um novo patamar. Em outras palavras, a integração inédita da economia global abriu um caminho amplo para a "autotransformação" da China, que, por sua vez, vem gerando efeitos múltiplos para o cenário mundial, tendo em conta a escala e a velocidade do desenvolvimento chinês e o grande sucesso do modelo de crescimento movido pelas exportações e galgado na abundância dos fatores produtivos com baixo valor agregado, como a mão de obra barata. A crise financeira que se iniciou em 2008 desvendou de forma mais explícita os problemas cada vez mais graves do desequilíbrio estrutural da economia global, forçando as economias avançadas e as emergentes a se empenharem, respectivamente, na direção de uma "desalavancagem" do consumo e de uma "eliminação do excesso da capacidade produtiva", visando um reequilíbrio geral da economia global. Obviamente, a postura e a influência política da China, uma supereconomia em desenvolvimento, já se tornaram uma das variáveis mais relevantes na recuperação econômica mundial (Laurent, 2009; Barrientos, s. d.). Nesse sentido, a relação entre a China e o mundo deixa de ser simplesmente um processo unidirecional de "integração" ou "vinculação", e passa a entrar em uma nova fase histórica, caracterizada pela "reconfiguração" e "orientação", durante a qual as transformações internas na China, no que diz respeito às políticas e estratégias por ela adotadas, podem impactar de forma mais profunda o mundo de fora. Esse impacto pode ser até maior ao que lhe foi trazido pelo mundo. Com a intensificação e multidimensão das interações entre a China e o mundo, a abertura do país ao exterior atingirá uma nova largura sob os efeitos de todas as forças, sejam endógenas, sejam exógenas.

A "altura" e a "largura" de um país constituem um conceito relativo e mutante, que precisa não só tomar como referência sua própria trajetória histórica, mas ainda considerar por analogia as condições dos outros países. Só assim se podem compreender de forma racional a complexidade e a perplexidade dessa mudança da imagem e da identificação do país no mundo. Inclusive quando da entrevista de Lin Dan, os analistas chineses também apontaram para a analogia entre o *ranking* das medalhas dos Jogos Olímpicos e os fenômenos da atual ordem internacional econômica e política, especialmente quando a China substituiu os Estados Unidos como a maior potência comercial e o maior país consumidor de automóveis, além de ser o segundo maior em despesas militares e o maior credor dos Estados Unidos da América. "A acelerada redução do hiato de poderio entre a China e os Estados Unidos e ao mesmo tempo a crescente disparidade entre esses dois e o resto do mundo podem implicar uma maior possibilidade de bipolarização da ordem internacional" (Xuetong, 2012) Deixemos de discutir se esse argumento é correto ou não, pois a questão aqui levantada é bastante relevante: a China está realmente pronta para fazer frente às mudanças profundas em sua identidade e em suas relações exteriores?

A história do mundo moderno indica que, ao passo que um país vem conquistando um *boom* econômico de longo prazo, o conteúdo de suas estratégias internacionais, conceitos na decisão da política e modos de conduta nos assuntos exteriores pode passar por mudanças, sejam rápidas ou lentas, claras ou discretas. Essas mudanças são, de um lado, resultados de sua dependência produtiva, comercial e dos investimentos em relação à oferta dos recursos externos e à demanda do mercado externo; e, de outro, consequências da forma que o país reage aos efeitos de transbordamento (*spillover*) do aumento contínuo dos seus interesses endógenos. Conforme os historiadores, a experiência dos Estados Unidos, que ascendeu à potência hegemônica global no século XX, segue uma lógica básica: "Os interesses econômicos precisam da proteção e do apoio do poder político, da mesma forma que o *status* de uma potência econômica precisa se afirmar com uma posição política internacional e um poderio militar correspondentes" (Zhisen, 2002, p.84). Então a China será, afinal, obrigada a seguir o rumo dos Estados Unidos, ou poderá abrir um novo caminho de ascensão no qual o país pode visar uma transformação pacífica para uma potência global, com base na sincronização entre seu desenvolvimento nacional e a evolução do sistema internacional, sem causar nenhuma mudança de reviravolta? Eis outra questão que tem suscitado a atenção geral do mundo e que ainda não chegou a nenhuma conclusão.

Em resumo, todos os problemas e desafios nas relações exteriores da China no momento e no futuro tendem a desenrolar-se acerca de três fatores: 1. a profundidade e a amplitude inéditas das relações de interdependência entre a China e o mundo; 2. os contrastes e as contradições existentes no conhecimento sobre a identificação da China pela comunidade internacional; 3. a falta ainda de um mecanismo de governança moderno e adequado e de uma mentalidade madura da população chinesa, capazes de exercer proativamente uma influência abrangente sobre o mundo exterior e solucionar de forma rápida e eficaz os eventuais conflitos de interesses internos e externos. Em 2003, o relatório do 16º Congresso Nacional do Partido Comunista da China constatou que "os primeiros vinte anos do século XXI se tratam de um período importante de oportunidades estratégicas, que deve ser aproveitado ao máximo para se fazer grandes progressos" (Zemin, 2006, p.542).

Se formos comparar as circunstâncias externas da ascensão chinesa nos últimos dez a vinte anos com as finais dos Jogos Olímpicos, podemos ver que em ambos os casos oportunidades são acompanhadas por desafios, e dificuldades, por mudanças imprevistas. Obviamente, o povo chinês não poderá depender só da sorte de estar no meio de um "período de oportunidades estratégicas" para alcançar o revigoramento do país, e terá de se forjar para "resistir às pressões, trabalhando arduamente e a todo o custo", de forma a segurar as oportunidades para atingir seus objetivos estabelecidos. Sob a conjuntura internacional com indícios da vinda da segunda onda de globalização econômica, a China deve "valer-se na totalidade dos fatores produtivos mais avançados, particularmente os fatores inovadores do exterior, aplicando-os no mercado nacional e acelerando a inovação da economia chinesa", o que se trata de um dos objetivos da nova estratégia de transformação do modelo de desenvolvimento chinês. Para tal, a China precisa estabelecer "estratégias e políticas com base no novo conceito da globalização econômica e em prol dela", criar novas ideias de política externa e novos valores predominantes com alto grau de consciência cultural, autoconfiança e autonomia, promover o "surgimento de um número considerável de empresas transnacionais chinesas que se posicionem no topo da cadeia de valor e de inovação mundial, e formar um capital humano abundante e com uma visão altamente internacional". A todos esses aspectos deve ser dada atenção suficiente, visando a construção de uma nova competitividade nacional da China.

Ou seja, à medida que a riqueza nacional atinge uma certa "altura", ela deve ser transformada em um poderio nacional abrangente, englobando todos os elementos do desenvolvimento, tais como segurança econômica, segurança militar, segurança social, competência dos recursos humanos, herança das culturas e dos valores e elevação constante do nível de educação e da ciência e tecnologia. Só chegando a essa "largura" a China pode evitar a ocorrência de situações perigosas como o "enriquecido sem ser forte" ou "decadência a meio caminho de ascensão" (Zhibiao, 2012, p.51-9; Xuetong, 2009).

Sem dúvida, a complexidade e a incerteza das circunstâncias externas e os árduos desafios de transformações estão colocando à prova, mais uma vez na história, a sabedoria e a capacidade do povo chinês, e requerendo seriamente uma responsabilidade maior à área de estudos e pesquisas políticas e acadêmicas. Em 2011, o Grupo dirigente do Partido Comunista da Academia Chinesa de Ciências Sociais (ACCS) definiu três pontos prioritários em sua agenda de pesquisas: "Investigar as grandes mudanças em curso no mundo de hoje, enfrentar os desafios no domínio ideológico e dar maior ênfase às pesquisas de base". Essa agenda foi implementada de forma eficiente no programa "Inovação em Filosofia e Ciências Sociais" que a ACCS viria a desenvolver (Kuiyuna, 2011). Sob esse contexto, o Instituto de Estudos da América Latina, após cuidadosas avaliações sobre sua orientação disciplinar e as necessidades práticas de trabalho, lançou o projeto de pesquisa intitulado "A China num período de oportunidades estratégicas: a posição e o papel da América Latina", como um dos principais projetos vinculados ao "Programa Inovação", aprovado e financiado pela ACCS.

A escolha do tema é baseada em observações e considerações sobre três aspectos:

1. A América Latina é sempre uma região bastante emblemática na estrutura das relações exteriores da China, e especialmente no contexto de cooperação internacional a partir do século XXI. Ao longo dos trinta e poucos anos após a Reforma e Abertura, apesar

de a China sempre ter adotado uma política externa pacífica, independente e autônoma e uma estratégia de cooperação internacional, marcada por uma abertura omnidirecional ao exterior, sua diplomacia e seus projetos de cooperação econômica internacional têm dado prioridade às economias desenvolvidas, nomeadamente, os Estados Unidos, a Europa e o Japão, o que leva seu plano internacional a seguir, inevitavelmente, a lógica de "extensão gradual a partir das nossas fronteiras": o país veio intensificando as relações, primeiramente, com os países vizinhos, e, em seguida, com as regiões nas suas proximidades, como a África e o Oriente Médio, e no último com o Hemisfério Ocidental. De 1949 a 2000, as relações entre China e América Latina passaram por um processo de mudança substancial: "de nada, a um avanço parcial, até a um avanço extensivo; de intercâmbio de pequena escala e baixo nível ao de grande escala e alto nível" (Wanming, 2008, p.119). Ao entrar no século XXI, as relações sino-latino-americanas, baseadas nas experiências anteriores, deram um salto histórico: o comércio bilateral registrou um crescimento geométrico, refletindo a alta complementaridade decorrente das vantagens comparativas das respectivas economias. A China tornou-se em pouco tempo o segundo maior parceiro comercial da região, enquanto a América Latina também passou a ser um dos destinos mais importantes dos investimentos chineses no exterior. Com o avanço acelerado das relações econômicas e comerciais, as trocas de visitas diplomáticas, as interações sociais e os intercâmbios culturais entre os dois lados têm sido intensificados sem precedentes, e as cooperações pragmáticas entre a China e os países da América Latina e do Caribe têm sido florescentes, de ampla gama e a vários níveis. A partir disso, a China veio moldando um padrão de abertura omnidirecional ao exterior.

2. A extensão territorial, a abundância dos recursos naturais e a abertura cultural da América Latina podem fornecer apoio estratégico à China em sua busca pelo desenvolvimento. A área territorial total da América Latina é de aproximadamente 21 milhões de km^2, equivalente a 13,8% de toda a superfície terrestre do planeta ou o triplo do continente europeu; a região possui um terço das terras aráveis, 23% da área florestal e um terço dos recursos de água potável da Terra. O setor agropecuário da

América Latina ocupa uma posição preponderante no mundo, responsável por 48% da produção mundial de soja; 16%, de milho; 31%, de carnes; e 23%, de leite. Além disso, a região também dispõe da maioria das mais de vinte categorias de recursos minerais, essenciais para a indústria moderna, entre as quais, 44% das reservas comprovadas de cobre do mundo; 65%, de lítio; 49%, de prata; 32%, de molibdênio; e 23%, de zinco e níquel (Barcena, 2012, p.6). O México e a Venezuela estão entre os maiores produtores mundiais de petróleo, com uma reserva comprovada de 10,3 bilhões e mais de 8 bilhões de toneladas, respectivamente. O Brasil, graças às descobertas das enormes reservas de petróleo no *offshore* nos últimos anos, se tornará o maior mercado tecnológico de prospecção de petróleo e gás em alto mar do mundo. Embora o desequilíbrio da economia global tenha obrigado a economia chinesa a transformar seu modelo de crescimento para o movido pela demanda interna, os dois objetivos centrais das cooperações econômicas da China com o exterior manter-se-ão, ou seja: elevar a posição das empresas chinesas na cadeia de valor global e assegurar o fornecimento externo das matérias-primas e dos *commodities*. Em ambas as áreas, a América Latina dota-se de um significado cada vez mais importante, dado o tamanho de seu mercado e sua riqueza natural (Carbone, 2012). Devido à distância geográfica e às diferenças culturais (tendo em conta a originalidade e a singularidade da cultura chinesa no sistema mundial de civilização), a China e a América Latina pertencem a dois meios culturais distintos (a cultura chinesa é enraizada no confucionismo, enquanto a América Latina apresenta uma grande diversidade cultural, resultante da mistura das culturas indígena, africana e cristã), razão pela qual os dois apresentam discrepâncias muito evidentes no que diz respeito à língua, ao sistema político, aos valores e aos hábitos de comportamento. Porém, tanto a cultura chinesa quanto a cultura latino-americana provêm de múltiplas fontes e são caraterizadas pela inclusão e originalidade. No caso da cultura chinesa, os elementos inerentes de conservadorismo e exclusividade já foram significativamente enfraquecidos pela implementação da Reforma e Abertura e pela internacionalização acelerada da economia chinesa. Isso vem proporcionando condições básicas e possibilidades reais para desenvolver o diálogo positivo entre diferentes civilizações, o que pode servir de exemplo modelar. Deve-se reconhecer que a superação das barreiras culturais é um determinante crucial, que não só ditará a evolução qualitativa das relações entre a China e a América Latina, mas também será um depoimento da multidimensionalidade e da plenitude da ascensão chinesa no mundo.

3. A diversidade no modelo de desenvolvimento dos países da América Latina faz com que a região se torne um ótimo campo de ensaios para a diplomacia chinesa na implementação de sua política externa junto a potências do mundo. Após um salto histórico para a frente, as relações entre a China e a América Latina entrarão em uma nova fase de desenvolvimento.

Em primeiro lugar, a China veio estruturando relações primeiramente com alguns países "cabeça de ponte" na comunidade latino-americana, e essas relações precisam interiorizar-se mais no continente latino-americano. Atualmente, 80% das exportações e 60% das importações da China com a região concentram-se em quatro países: Argentina, Brasil, Chile e México. Além disso, as importações chinesas são predominantemente *commodities*, como alimentos e minérios. Vários países da América Latina já têm se mostrado preocupados em relação a essa situação, receando que ela leve a uma "reprimarização da pauta de exportações" nos países. Porém, a chave para promover o desenvolvimento equilibrado das cooperações econômicas entre os dois lados é um *upgrade* das indústrias de base dos países latino-americanos com auxílio da China, nomeadamente seu capital e suas tecnologias, o que depende, com os esforços dos dois lados, da criação de condições favoráveis pelos países receptores ao investimento chinês. No fundo, a renovação das indústrias e a elevação do valor agregado dos produtos dependem, essencialmente, de fatores como: escolha da estratégia econômica, construção de um sistema nacional de inovação, melhoramento na capacidade de administração social e de gestão do mercado, investimento em recursos humanos e aperfeiçoamento significativo da Produtividade Total dos Fatores (PTF) (Cepal, 2012, p.14). A China e os países da América Latina, pertencentes ao grupo de países em desenvolvimento, compartilham a mesma aspiração ao desenvolvimento, além de apresentarem uma forte complementação de interesses e estarem na mesma fase ascendente de crescimento econômico. Ao entrar a economia global no período pós-crise, a contribuição total dos países em desenvolvimento já superou a dos países desenvolvidos para o crescimento econômico mundial. Prevê-se que o valor total comercial entre os países em desenvolvimento excederá o registrado entre os países desenvolvidos até 2020. Nesse contexto favorável, China e América Latina devem buscar um maior consenso sobre as oportunidades, aprofundar a confiança estratégica mútua e aprender um com o outro as experiências de desenvolvimento, buscar uma maior coordenação para agilizar suas reformas internas e construir em conjunto um novo modelo de "cooperação Sul-Sul" mais abrangente e saudável.

Em segundo lugar, percebe-se uma tendência crescente de solidariedade e cooperação entre os países da região, porém os diversos mecanismos de integração regional estão em diferentes fases de desenvolvimento, uns na fase de concepção, ou na fase de início, outros já em curso de consolidação. Além disso, neles há uma diferenciação de caraterísticas ou funções. À medida que a China vem expandindo sua presença real na América Latina, e economias médias e pequenas da região vêm procurando contar com a cooperação chinesa, é cada vez mais forte o apelo de estreitar e interagir com a Ásia Oriental, e a plataforma bilateral vem sentindo-se cada vez mais limitada. Portanto, a China deve intensificar a fundo os contatos com os diversos mecanismos de cooperação regionais e aumentar sua integração construtiva, estabelecer plataformas de diálogo nos aspectos de comércio, investimento, finanças, assistência econômica, desenvolvimento social, intercâmbio humano e cultural, segurança pública e outros, ou participar de processo de sua regulamentação, bem como desempenhar um correspondente papel e assumir a respectiva responsabilidade na manutenção da paz e no desenvolvimento da região.

Em terceiro lugar, com o "deslocamento" da dinâmica do crescimento econômico mundial para o Leste, aparece na estrutura geopolítica do Ocidente uma nova tendência de diferenciação e reorganização. A influência dos Estados Unidos e da União Europeia na América Latina vem declinando, e torna-se claro que os países latino-americanos, em particular os da Sub-América Central, tendem a adotar uma estratégia dos "dois oceanos", e nessas circunstâncias a China passou a ser uma alternativa estratégica importante em sua diversificação das relações externas. Ademais, a América Latina e os Estados Unidos encontram-se no mesmo hemisfério, e a tradicional estadunidense e seu papel real têm penetrado, há muito, em todos os cantos da região. Ao mesmo tempo, o enredamento de interesses e nós sentimentais entre a Europa e a região permanecerá por longo prazo, devido aos vínculos históricos e culturais. Diferente do modelo de cooperação China-África, o modelo de cooperação entre China e países latino-americanos segue, sobretudo, os princípios e a praxe de mercado. Além disso, a entrada de empresas chinesas nos setores sensíveis como exploração energética da região mais se faz através de parcerias com empresas norte-americanas e europeias, o que ainda não está exposto à atenção ampla e ao ataque dos países ocidentais. Em longo prazo, com o estreitamento das relações entre China e América Latina e o aumento da presença chinesa na região, quando a influência geral da China ultrapassar um determinado ponto crítico de tolerância ocidental, é possível que a América Latina se torne uma nova fronteira de quebra de braço de geopolítica entre potências.

Em quarto lugar, perante a necessidade urgente de transformação profunda no contexto de economia internacional e da reforma no mecanismo de governança global, a China e os países da América Latina vêm intensificando e destacando as cooperações nos assuntos como a reforma da Organização das Nações Unidas (ONU), a reforma do sistema financeiro internacional, as negociações da Rodada Doha da Organização Muncial do Comércio (OMC) e as negociações sobre a Convenção Quadro das Nações Unidas para Mudança do Clima. Ademais, os dois lados têm o mesmo apelo e interesse em reforçar a participação e a representatividade das economias emergentes e dos países em desenvolvimento no debate dos grandes temas internacionais. Os países latino-americanos veem com bons olhos, e com grande expectativa, a atuação maior da China em salvaguardar os direitos e interesses em prol do mundo em desenvolvimento. Essas cooperações nos fóruns internacionais e multilaterais não só contribuirão de forma positiva na remodelação da estrutura de governança global, como também trarão recursos geopolíticos mais equilibrados e amplos para a diplomacia chinesa na região (Binwen, 2010, p.15-8).

Por último, a América Latina é também o continente onde se concentra o maior número de países que mantêm "relações diplomáticas" com Taiwan, razão pela qual a região é um palco importante para a diplomacia chinesa no sentido de lidar com assuntos relacionados a Taiwan (An, 2010, p.86). Conforme demonstrou a história mundial, não existe nenhum precedente de que, com a dividida soberania (ou pelo menos uma jurisdição competente sobre todo seu território), uma nação consegue alcançar sua ascensão plena e civilização revitalizada. A questão de Taiwan teve e sempre terá uma importância especial, tanto interna quanto externamente, ao longo do processo vindouro de modernização e internacionalização da China. A salvaguarda da paz no Estreito de Taiwan, a contenção das forças separatistas e a promoção da reunificação da nação chinesa constituem um dos interesses vitais da China. Nessa perspectiva, à medida que o tempo passa, demonstrar-se-á cada vez mais a importância estratégia da América Latina para a diplomacia chinesa.

Coexistem sempre o fascínio e a perplexidade na pesquisa acadêmica. Definido nosso tema de pesquisa e montada nossa equipe, não tivemos pressa em dividir tarefas, mas, sim, realizamos durante cinco meses, sete rodadas de *workshop* e debates, de forma "centralizada" e "descentralizada", segundo as duas linhas de trabalho.

Procuramos, antes de tudo, compreender, por meio de um estudo sistemático, o conteúdo teórico, os determinantes reais e os futuros pressupostos do conceito do "período de oportunidades estratégicas" da China.

Em seguida fizemos estudos indutivos e analíticos, com certa profundidade, sobre as experiências de cooperação entre China e América Latina, bem como sobre sua evolução histórica e os desafios previsíveis, para definir o projeto de estudo com destaque no sentido prospectivo, estratégico e caraterizado de seu grande significado teórico.

Especificamente, o que seria um estudo "prospectivo"? De forma geral, prevê-se que durante um período de vinte a trinta anos, se não em um tempo maior, o contexto estratégico mundial continue mantendo como tendência básica a salvaguarda da paz e o crescimento econômico. Embora a exacerbação da concorrência entre os Estados, em particular entre as potências, possa provocar disputas e tensões e até conflitos locais inevitáveis, em termos gerais, a tendência à paz e ao desenvolvimento prevalecerá no futuro próximo. O crescimento econômico, a elevação do padrão de vida da população e o aumento do poderio nacional abrangente não só constituem objetivos comuns da maioria da comunidade internacional, mas também se tornaram uma nova tendência e uma ideologia avançada. Nesse aspecto, o progresso dos países em desenvolvimento tem sido mais destacado: mecanismos de integração regional como a Associação das Nações do Sudeste Asiático (Asean), a União Africana e o Mercosul têm desempenhado um papel muito positivo na resolução de disputas e controvérsias dentro e fora de sua respectiva região, por meio dos meios político, econômico e diplomático. O *swap cambial* tem revelado cada vez sua relevância na coordenação e na intervenção em assuntos mundiais, incluindo as questões de paz e sua função de refrear e contrabalancear a hegemonia e a política de força no mundo. Após avanços em desenvolvimento e prosperidade, os países em desenvolvimento, que representam dois terços dos membros da ONU, continuarão a servir de espinha dorsal na salvaguarda da paz mundial, minimizando os riscos de guerra de grande escala e guerra nuclear. Além disso, com o fluxo e a distribuição acelerados dos fatores produtivos no contexto global, as cooperações e os intercâmbios entre os Estados têm sido cada vez mais intensivos. Os comércios transfronteiriços e os investimentos têm fomentado a interação entre os agentes não estatais, ao passo que a atualização acelerada das tecnologias e dos meios de mídia tem promovido de forma significativa a comunicação e o entendimento mútuo das nações, sociedades e culturas com características distintas, o que aprimorará a qualidade da política de massas populares e reconfigurará as orientações estratégias nacionais. O otimismo que se percebe nesse prognóstico não enfraquece necessariamente o sentido científico da análise, pois nossas conclusões são feitas a partir de reflexões, tanto verticais (retrospectiva à história mundial nos últimos trinta anos) como horizontais (comparação das experiências de desenvolvimento da China e da América Latina), o que nos leva à convicção firme de que "o Terceiro Mundo será a verdadeira força principal na salvaguarda da paz mundial e no combate à hegemonia, pois a realização destes objetivos corresponde aos seus interesses imediatos" (Xiaoping, 1993a, p.416). Acredita-se que essa afirmação histórica será amplamente comprovada pelos acontecimentos futuros.

De acordo com os pressupostos apresentados anteriormente, a invariante nas relações entre China e América Latina é estabelecida: os dois lados continuarão buscando um desenvolvimento comum, com base na paz e nas cooperações amistosas. Portanto, não deve existir nenhum conflito de interesses fundamentais entre os dois lados. Porém, em contraste, a mudança dramática da estrutura estratégica global e as inadequações externas geradas pelo modelo de desenvolvimento da própria China estão conduzindo suas relações externas, especialmente quando se tratam das relações com potências do Ocidente e com sua vizinhança, a um caminho cada vez mais complexo. O lado contraditório das relações tem se manifestado de forma cada vez mais proeminente, e até não se pode afastar completamente a possibilidade de eclosão do *swap* cambial e conflitos de baixa intensidade. Nessas circunstâncias, a intensificação das relações com "os países de longe", isto é, os países latino-americanos, não deixa de ser uma alternativa racional da diplomacia chinesa, pois a ajudará a obter maior legitimidade para suas atuações externas e uma iniciativa proativa de neutralizar as pressões de natureza passiva aqui mencionadas. Além disso, os enormes impactos trazidos pela histórica ascensão chinesa para o sistema internacional são universalmente conhecidos. A identificação, os conceitos e os interesses vinculados à China e à América Latina estão em constante mutação e reajuste, o que constitui a nova variável das relações bilaterais. Como antever as mudanças e aproveitar as oportunidades nelas contidas? Como evitar possíveis discrepâncias e minimizar os eventuais riscos surgidos ao longo do aprofundamento das cooperações bilaterais? Como transformar essa incerteza em uma força para impulsionar as futuras cooperações entre China e América Latina? São essas questões que o presente trabalho pretende responder, e são esses os critérios segundo os quais foi feita a seleção dos temas abordados nesta obra sob uma visão estratégica.

De forma resumida, este livro busca dar resposta a uma questão básica: de que maneira a América Latina pode proporcionar à China o apoio de que necessita para a melhor utilização dos mercados e dos recursos domésticos e internacionais? Em alinhamento com essa lógica, apresentamos o modo como os argumentos deste trabalho estão estruturados.

No Capítulo 1 apresenta-se o potencial do mercado latino-americano e o ambiente local de comércio e investimento. Após o salto qualitativo das cooperações entre China e América Latina em um período anterior, receia-se que a "ressonância de desenvolvimento" entre os dois lados diminua e que o "desvio de interesses" aumente. Com o crescimento acelerado das economias e a expansão comercial entre os parceiros, o desvio entre os dois lados começa a surgir, principalmente quanto à grave assimetria estrutural em setores do comércio bilateral. Embora esse seja simplesmente o resultado das vantagens comparativas dos respectivos países, o modelo de comércio exterior da China com a região tem causado uma preocupação desta em relação a uma possível "reprimarização" da economia, o que é considerado maléfico para a realização das estratégias de desenvolvimento dos países da região. Percebe-se neles uma crescente tendência protecionista na política comercial contra a China, ao mesmo passo em que acusações de que esse modelo comercial é uma prova do "neocolonialismo" chinês na América Latina também vêm ganhando força. É evidente que o reajuste de modelos de cooperação econômico-comercial entre a China e a região se trata de uma tendência irresistível, devido aos "interesses de desenvolvimento" de ambas as partes. Dada a importância do setor de exportação na economia chinesa e latino-americana, e a necessidade da China de aplicar suas volumosas reservas cambiais em ativos estrangeiros para a dispersão dos riscos cambiais, nomeadamente do dólar norte-americano, a única maneira viável para reequilibrar os comércios entre China e América Latina com manutenção de aumento racional de exportações chinesas é a transferência de sua capacidade produtiva para a América Latina por meio dos investimentos. Só assim a parceria poderá realizar uma divisão industrial mais eficiente com vistas a melhorar a pauta de exportações latino-americanas para a China. Teoricamente, o reequilíbrio econômico e comercial entre os dois lados corresponde aos seus interesses futuros de desenvolvimento: de um lado, ele ajudará a América Latina a enfrentar os problemas da escassez de investimento produtivo e do baixo valor agregado de exportação, e do outro, atenderá à demanda chinesa por aumento do investimento estrangeiro e aprimoramento de estrutura industrial. Juntando esses dois argumentos pode-se afirmar que tal reajuste é, sem dúvida, justificado.[1] Porém, a realização desse reajuste depende não só de um processo sequencial cronológico, mas também da eficácia das políticas e da boa implementação das reformas de ambos os lados. Vale ressaltar que, se as condições de que a América Latina dispõe podem ou não acomodar mais exportações e investimentos da China, também é uma determinante importante. Ponderados todos esses aspectos, esse capítulo começa primeiro a apresentar o potencial das exportações bilaterais, tomando como linha mestra a avaliação do ambiente da região para o comércio e os investimentos, e enfim discutir, de forma mais detalhada, os caminhos pelos quais esse reequilíbrio poderá ser alcançado. A pesquisa dará enfoque às seguintes questões:

1. Em que área a China possui maior potencial de exportações para a América Latina?
2. Onde se encontra o potencial de mercado na América Latina?

---

1 Segundo estatísticas do Banco Mundial, o Produto Nacional Bruto *per capita* da China em 2011 foi de 4,940 dólares norte-americanos.

3. Que tipo de ambiente de mercado com potencial diferenciado é melhor para o investimento e para o comércio?
4. Quais são os fatores que a China deve levar em consideração na elaboração das estratégias e na definição das formas específicas de cooperação no futuro com países latino-americanos?

No que tange à metodologia de pesquisa, o trabalho combinou as pesquisas empíricas com as análises dos índices. Realizou-se uma análise paralela descritiva entre a capacidade de produção de setores industriais vantajosos da China e a capacidade de mercado dos países latino-americanos, de forma a avaliar a condição suficiente e a necessidade para expandir mais os mercados existentes. Foi aplicado também um modelo gravitacional para simular e estimar, em uma perspectiva da oferta e da procura, o valor teórico do potencial de exportação da China para a região. Mediante uma comparação entre este e o valor real, faz-se uma classificação dos países latino-americanos de acordo com seu ambiente de comércio e investimento e seu potencial de importação. Além disso, foram utilizados três índices estatísticos – o grau da liberalização, o nível da facilitação e o nível da proteção dos investimentos – para avaliar de modo abrangente o ambiente e o potencial dos diversos países latino-americanos para os investimentos estrangeiros diretos. A partir da classificação dos países, é feita pela autora uma matriz ambiental dos mercados latino-americanos, por meio da qual foram tiradas algumas conclusões sobre o ambiente geral, o grau de abertura ao comércio exterior e ao investimento estrangeiro dos diferentes países da região e as estratégias para a futura atuação da China no campo econômico e comercial.

Outra questão, estritamente vinculada à avaliação do ambiente de investimento, diz respeito ao maior acesso aos serviços financeiros. Esse tema será abordado no Capítulo 2, que objetiva desvendar as oportunidades de cooperação cambial entre China e América Latina e suas implicações para a internacionalização da moeda chinesa, o renminbi. As finanças referem-se à circulação monetária, às atividades creditícias e outras atividades econômicas relacionadas, e a circulação internacional de mercadorias tem promovido o desenvolvimento e a inovação do sistema monetário e de crédito global. Porém, conforme Karl Marx, "a dialética vê afirmações negativas em afirmações positivas sobre um existente", e as coisas existentes têm seu lado racional e o lado irracional também, que surgem de tempo a tempo, em constante desenvolvimento e mudança. Sob a óptica do Sistema de Estados Nacionais, que veio a tomar forma a partir do século XVII, a moeda era monopolizada pelo Estado e só circulava dentro das fronteiras políticas deste. Mas hoje em dia o sistema monetário dos países com economia de mercado funciona em regime de oligopólio. Os vultosos comércios e investimentos entre países e regiões conduziram as economias a um alto grau de interdependência, o que trouxe consigo uma elevada correlação entre as moedas nacionais. Mas, afinal, a área de circulação de uma determinada moeda depende de sua efetividade, praticidade e autoridade. Países, ou mesmo pessoas e todos aqueles que atuam nas atividades comerciais e financeiras internacionais, tendem a escolher algumas poucas moedas para serem usadas em suas operações. A escolha das moedas, na verdade, é uma reflexão do reconhecimento e da confiança em relação ao poder abrangente dos países emissores dessas moedas, pois nela é refletido o resultado da concorrência de poder (incluindo fatores como a taxa de cunhagem) entre eles.

Monopólio e oligopólio são dois termos totalmente diferentes nos estudos de economia, pois o primeiro se trata de uma eliminação da concorrência, enquanto o segundo é um resultado, mesmo excepcional, da concorrência. A disparidade de dotação dá origem a vantagens comparativas, o que forma a condição necessária para a construção de um oligopólio. Na primeira década do século XXI, o processo mais amplo da globalização econômica criou um novo cenário da economia mundial. O surgimento do G20 é, além de uma iniciativa para o estabelecimento de um novo modelo de governança global no período pós-crise, uma reflexão da mudança histórica da ordem econômica mundial que passa a ser cada vez mais multipolarizada. Com a ascensão rápida das economias emergentes e com o aumento significativo das interações econômicas e comerciais entre elas, o velho sistema monetário internacional está em gradual desmoronamento, enquanto um novo cenário, caracterizado pela concorrência de "polioligarcas", está em curso de formação. A América Latina será um dos campos de batalha das principais moedas internacionais. Sob uma "hegemonia do dólar norte-americano", os fatores geoeconômicos, a influência institucional do país emissor e a elevada participação da moeda norte-americana no mercado regional fizeram o dólar uma das moedas mais usadas na região. Os países latino-americanos há muito aceitam e utilizam o dólar norte-americano para o pagamento, o que concede a essa moeda, pelo menos parcialmente, um *status* de moeda local. Em alguns países, a taxa de "dolarização" atinge mais de 90%. Porém, na medida em que a China se tornou o segundo maior parceiro comercial da América Latina e o maior parceiro de algumas das maiores economias da região, como o Brasil, e especialmente após a eclosão da crise financeira internacional em 2008, o andamento dos arranjos cambiais entre a China e os países latino-americanos vem se acelerando.

O *swap* cambial é um arranjo monetário segundo o qual as partes fazem uma primeira troca das moedas domésticas conforme a taxa de câmbio no início do prazo contratual para manter a moeda estrangeira como principal, e que fazem uma segunda troca conforme a taxa de câmbio no final do prazo contratual para obter de volta a moeda doméstica e pagar/receber a diferença dos juros. Após concluído um acordo de *swap* entre dois bancos centrais, uma das partes contratuais pode fazer uma hipoteca, em casos de emergência, de uma determinada quantidade de moeda doméstica para a outra, para obter um valor equivalente da moeda estrangeira ou de outras moedas de reservas internacionais. Isso ajuda o país a aumentar significativa e rapidamente as suas reservas de divisas, estabilizar sua taxa de câmbio e fortificar sua capacidade de autodefesa contra qualquer turbulência financeira. De médio a longo prazos, os benefícios do *swap* cambial são: minimização dos riscos cambiais, redução do custo das importações e exportações e aumento das divisas. Ademais, através de um *swap*, um país pode promover o uso de sua moeda doméstica no pagamento de comércio transfronteiriço, e assim elevar o *status* dessa moeda no sistema de reservas internacionais do outro país, e por fim levar o processo de internacionalização dessa moeda nacional a etapas mais avançadas. Por isso, as cooperações financeiras entre China e América Latina, atuais e futuras, e principalmente as novas formas de transações financeiras que surgirão com o aumento contínuo dos comércios e investimentos entre os dois lados não só abrirão grandes oportunidades para a internacionalização do renminbi, como também colocarão à China novas exigências em sua cooperação financeira com a América Latina. Afinal, é preciso criar condições mais favoráveis para que o renminbi possa substituir, até certo ponto, o dólar norte-americano na América Latina, região considerada uma das "esferas de influência tradicionais" dos Estados Unidos.

A autora tem por objetivo demonstrar os pré-requisitos para a obtenção do *status* do "oligopólio" de uma moeda em meio às concorrências.

Utiliza-se, com certas modificações, o "Modelo de Cournot" da economia teórica, levando em consideração algumas variáveis suplementares, tais como a heterogeneidade do produto, a estabilidade da qualidade e a produção, para melhor esclarecer os resultados da pesquisa. Geralmente utilizado em investigações sobre produtos de caráter geral, o modelo original presume que todos os produtos sejam homogêneos, de forma a avaliar a diferença dos preços. Porém, devido aos atributos especiais da moeda como "produto", os usuários não tendem apenas a fazer sua escolha com base no preço do produto, nesse caso, a taxa de cunhagem da moeda, mas a levar em conta os outros fatores extrapreço, como efetividade, praticidade e autoridade da moeda. A partir dessa observação, o Capítulo 2 busca modificar o Modelo de Cournot, adaptando-o de forma que este possa adquirir um poder explicativo para a internacionalização da moeda chinesa na América Latina, para deduzir os pré-requisitos necessários para uma eventual substituição parcial do dólar norte-americano pelo renminbi na região. Destacam-se aí três questões-chave:

1. a possibilidade da criação de uma "rede de circulação" do renminbi na América Latina;
2. a estabilidade do renminbi;
3. o rendimento dos produtos financeiros do renminbi e o consequente desenvolvimento dos mercados de capital.

Os capítulos 3 e 4 são estudos empíricos e têm por objetivo adicionar mais dois ângulos de visão para a análise das perspectivas das relações de cooperação entre China e América Latina, dando ênfase especial aos recursos energéticos e humanos da região. Primeiro, sendo um dos temas mais estudados internacionalmente, os recursos energéticos da região devem deixar de ser estudados simplesmente a partir de poucas determinadas categorias de *commodities* de consumo energético mundial, mas ser vistos também como uma variável relevante para a mudança das relações oferta/procura do mercado internacional de energia e para a construção de um mundo mais seguro e próspero. A partir de 1993, ano em que a China se tornou um país importador líquido de petróleo, a segurança energética veio adquirindo um papel cada vez mais decisivo no desenvolvimento nacional e na garantia da segurança econômica do país. A demanda chinesa por energia permanecerá forte por um período bastante longo, ao mesmo passo em que suas importações líquidas tendem a aumentar de forma constante. A dependência externa de energia da China continuará se agravando nos próximos vinte a trinta anos. Diante de tal realidade, é de constatar que o país já entrou em um período de riscos altos de insuficiência energética, mais especificamente de petróleo e de gás natural. O mundo, especialmente as economias desenvolvidas, tem mostrado interesse na integração da economia chinesa no sistema econômico global, pois enxergava o país como um enorme mercado potencial para seus produtos e investimentos. Entretanto, à medida que a China tem se transformado em uma "fábrica do mundo" e um dos principais consumidores de energia no mundo, esses países têm mudado suas perspectivas e agora veem o país como um forte concorrente na procura de fornecimento energético. Essa mudança inesperada nas relações entre os países desenvolvidos e a China implica novos problemas de desenvolvimento e de segurança que precisam ser enfrentados em conjunto por todos.

A segurança ou insegurança energética trata-se de um estado de equilíbrio ou desequilíbrio relativo à oferta-demanda de energia. No caso da China, enquanto sua demanda por energia, por petróleo em particular, tende a aumentar, a oferta desse produto, ou seja, a produção petrolífera mundial, tende a manter-se em um nível estável. Além disso, o petróleo, como um material estratégico global, transcendeu já sua própria natureza econômica, afetando a segurança do fornecimento desse produto à China e dizendo respeito ainda a outros fatores, tais como a situação geopolítica mundial e regional, o ambiente sociopolítico dos países produtores, a segurança dos canais de comércio internacional, a normatividade e sustentabilidade da cooperação exterior da China, a competitividade compreensiva de empresas chinesas e a capacidade chinesa na expansão do investimento no estrangeiro e em sua gestão das relações públicas com o exterior.

A América Latina ocupa uma posição muito importante na estrutura de abastecimento energético global. Com uma reserva comprovada de petróleo equivalente aos 20,4% da reserva global, é a segunda maior região petrolífera do mundo, ficando atrás apenas do Oriente Médio. Quanto à relação entre a produção e o consumo de petróleo, o mercado regional apresenta, em geral, um excesso de oferta em relação à procura, o que tem a ver estritamente com o fato de que a grande maioria dos países da região ainda está aguardando uma decolagem econômica efetiva e, portanto, tem uma demanda limitada por energia. Porém, na última década, a produção dos principais países petrolíferos tem apresentado sinais de instabilidade e até uma queda brusca. Isso se deve, de um lado, à insuficiência de investimento público dos países latino-americanos no setor de energia; e de outro, à redução substancial do investimento privado e estrangeiro no setor, em decorrência de políticas de nacionalização dos recursos energéticos adotadas em alguns países, entre as quais algumas são radicais. A demanda chinesa relativamente firme por energia devido às suas necessidades de desenvolvimento, o crescimento potencial da oferta de energia da América Latina e as perspectivas reais positivas de cooperação entre os dois lados são alguns dos fatos que tendem a abrir maiores oportunidades para as empresas chinesas aprofundarem e ampliarem sua atuação no setor energético da região. Entretanto, levando em consideração os "gargalos" políticos e institucionais dos países latino-americanos produtores de petróleo, a ecologia política interna, a formação social e as tradições humanas típicas dos países da região, as empresas chinesas podem encontrar, em comparação com outros países ou regiões do mundo, maiores dificuldades e riscos operacionais, especialmente após confirmada sua presença inicial nos setores de comércio e investimento de petróleo da América Latina. Então, no Capítulo 3 faz-se uma avaliação geral da importância da América Latina na garantia da segurança energética da China no futuro, com base no resumo e na análise das experiências anteriores de cooperação entre os dois lados nessa área. A partir disso, elabora-se um estudo prospectivo, assinalando as últimas mudanças da estrutura mundial de energia e de avaliar o potencial de cooperação entre a China e os produtores petrolíferos latino-americanos, de forma a chegar a algumas alternativas estratégicas e algumas sugestões para os dois lados aprofundarem ainda mais as futuras cooperações.

A China é uma potência em recursos de mão de obra. Nos últimos mais de trinta anos, a oferta abundante e o baixo custo da força de trabalho têm sido um componente indispensável nas vantagens comparativas do país, sendo esse também um dos fatores fundamentais do modelo chinês de crescimento econômico "movido por exportações", por meio do qual a China vem aumentando as cooperações econômicas com o exterior e ganhando a fama no mundo como uma das maiores empreiteiras. Porém, devido à baixa taxa de crescimento vegetativo da população e ao processo acelerado de envelhecimento, a situação de excesso de oferta da força de trabalho na China se alterará significativamente no futuro. Então, nos próximos dez anos (tempo considerado pelos acadêmicos chineses como "o período de oportunidades estratégicas" da China), a transformação do modelo de crescimento econômico chinês e o desaparecimento repentino de seu dividendo demográfico acarretarão uma série de desafios para o país, obrigando-o a transferir suas indústrias intensivas em mãos de obra e sua capacidade produtiva excessiva para o exterior. Equilibrar, otimizar, desenvolver e utilizar de forma racional os recursos de mãos de obra domésticos e estrangeiros constituem as principais tarefas, de importância estratégica e global, na frente de empresas e instituições governamentais da China.

A população da América Latina totaliza, aproximadamente, 600 milhões de pessoas, sendo a média etária da população ativa de 27,5 anos, o que coloca a região entre aquelas com relativa abundância de força de trabalho. Ao longo dos anos, as atividades de comércio e investimento das empresas chinesas na região têm sido realizadas, em grande medida, por mão de obra de origem chinesa, enviada pela matriz para prestar serviços no local. Com o encarecimento gradual do custo de mão de obra doméstica e com a ampliação e o aprofundamento das cooperações entre China e América Latina, tal forma de fornecimento de força de trabalho de baixo nível terá de mudar. Além disso, perante o crescente melhoramento do padrão de vida do povo, a necessidade de geração de empregos nos países receptores na região, e o rigor da legislação trabalhista local, as empresas chinesas têm sofrido pressão por parte de governos locais e da sociedade, no sentido de mudar sua prática e preferência para aumentar o porcentual de empregados locais. Não obstante, uma série de fatores – a distância geográfica, o diferente nível de bem-estar, a cultura e a práticas laborais distintas, bem como as barreiras linguísticas – tem dificultado as empresas chinesas na utilização e gestão dos recursos humanos locais. Isso não muda em pouco tempo. Ademais, devido à falta de conhecimento da realidade trabalhista da região, que diz respeito a recursos de mãos de obra, leis e regulamentos, bem como a força sindical, e à falta de experiências em relações públicas, empresas chinesas enfrentam diversas situações desvantajosas, como o alto custo em contratação local e gestão, baixa produtividade e ocorrência de disputas trabalhistas com empregados locais. Na verdade, a questão trabalhista já se tornou um dos principais fatores impeditivos ao sucesso do investimento de empresas chinesas na América Latina.

Os argumentos principais do Capítulo 4 são, justamente, baseados nessas observações. Buscam-se analisar, de forma sistematizada, o cenário atual do mercado de trabalho e as condições de disponibilidade de força de trabalho da América Latina, visando uma avaliação objetiva sobre os recursos de mão de obra da região, o ambiente institucional local e as perspectivas futuras de cooperação dos dois lados nessa área. O autor segue, em seu trabalho, a lógica da teoria da Economia Demográfica para verificar as vantagens comparativas dos recursos humanos da América Latina, caracterizar as políticas vigentes no mercado de trabalho local, e apresentar algumas reflexões e sugestões viáveis para construir um mecanismo de cooperação entre a China e a América Latina na área do trabalho, com combinação das experiências bem-sucedidas que o país teve na África.

O tema abordado no Capítulo 5 – "a cultura política e as peculiaridades institucionais da América Latina" – é abstrato, mas, ao mesmo tempo, concreto. Parecida com a África, a América Latina é uma região muito populosa, com ricos recursos naturais e constituída por apenas países em desenvolvimento, onde foi colocada em prática de modo geral, a economia de mercado. Contudo, diferentemente da África, a América Latina tem passado por um processo de modernização prolongado, iniciado há mais de um século, e, portanto, se trata da

> única região do mundo onde foram realizadas as três abordagens estratégicas da modernização econômica, i.e., o liberalismo clássico, o estruturalismo e o neoliberalismo; e os três modelos de desenvolvimento, i.e., o modelo orientado para a exportação de produtos primários, o modelo de industrialização por substituição da importação, e o novo modelo de crescimento voltado para a exportação" (Qi, 2009, p.8).

De forma correspondente, a região também tem vivido uma série de diferentes modelos políticos, evoluindo de caudilhismo (ditadura militar), autoritarismo oligárquico, autoritarismo populista, autoritarismo burocrático para democracia representativa moderna. Na última década, as atividades de comércio exterior e de investimento da China expandiram-se de forma acentuada, chegando até ao distante Ocidente. Um número considerável de empresas chinesas, estatais e privadas, está olhando para a América Latina, um solo fértil para a "corrida do ouro", ou seja, para a realização de suas estratégias de desenvolvimento futuro ultramarino. No entanto, convém notar que, ao lado dos ganhos e das oportunidades, estão os riscos e os desafios. As empresas chinesas que entraram ou visam entrar na América Latina enfrentarão não só exigências de seus parceiros e pressões competitivas de seus concorrentes, mas também condicionamentos políticos e sociais, dada a complexidade da ecologia política e social e dos diversos sistemas institucionais da região. Se uma empresa chinesa visar assegurar um andamento seguro e um posicionamento digno na América Latina, será indispensável ampliar e aprofundar seu conhecimento sobre os destinos de investimentos e os países parceiros. Além das avaliações técnicas dos riscos de investimento baseadas nos índices econômicos, é preciso incorporar as variáveis políticas e sociais no sistema de gestão de riscos – tais como o ambiente e o sistema políticos, e a estrutura múltipla de poder – de forma a consolidar a base das avaliações de riscos e fortalecer a capacidade de reagir adequadamente às mudanças das políticas dos países de destino dos investimentos e a eventuais incidentes emergenciais domésticos.

Para esse fim, o autor desse capítulo aplica o quadro analítico da teoria chamada "Modelo de Governança Estatal" para estudar o ambiente político dos países latino-americanos. Esse Modelo é aqui entendido como uma estrutura institucional integral, constituída por diferentes arranjos institucionais, formas organizacionais e mecanismos de governança e conduzida pela relação interativa, mutuamente restritiva, simbiótica e complementar entre governo, mercado e sociedade. Focalizando na coordenação e no equilíbrio de poder entre os três atores, o Modelo tem por objetivo final atender às demandas dos membros da sociedade, mediante uma ótima gestão e alocação dos recursos. Para o autor, o ambiente de investimento dos países latino-americanos é determinado por três fatores coexistentes: o governo (incluindo os governos locais e os governos autônomos regionais), o mercado e a sociedade civil. A partir da década de 1990, a América Latina entrou, em generalidade, em um processo de redemocratização política. De um lado, o controle do governo sobre as atividades econômicas e sociais começa a diminuir e encolher e os meios de governança passaram por mudanças drásticas; de outro, o tamanho da economia de mercado e da sociedade civil começa a aumentar, de modo que estas estão desempenhando um papel cada vez mais importante na vida política e no processo do desenvolvimento econômico dos países. Perante essa realidade, os principais atores políticos têm procurado ampliar sua base de popularidade, realizando conscientemente o jogo de política doméstica por meio do estabelecimento das agendas para os assuntos públicos mais sensíveis, consolidando sua legitimidade e aumentando sua influência real sobre a ordem política existente, modificando-a ou restaurando-a conforme desejada. Ademais, sendo uma esfera tradicional de influência do pensamento do nacionalismo, do populismo e do protecionismo – três elementos importantes na formação da cultura política regional –, os países da América Latina tendem mais a colocar o capital estrangeiro na balança das disputas políticas internas a fim de alcançar um compromisso de política ou para realizar uma redistribuição de interesses domésticos. Ou seja, esse capítulo tem como objetivo fornecer explicações em âmbito analítico e teórico para as formas de política e o conteúdo conceitual dessas formas na América Latina, de modo a auxiliar os futuros investidores em sua compreensão sobre a força motriz no funcionamento da política da região e em sua criação de estratégias mais científica, específica e flexível para um melhor desempenho dos seus negócios na região. Com base nisso, os investidores chineses podem fortalecer seu *soft power* por meio da construção de uma cultura empresarial positiva e de uma boa administração das Relações Públicas, condições essenciais para estabelecerem um caminho de ação adequado, que contempla de forma equilibrada os objetivos empresariais de longo prazo e as complexidades do ambiente social dos destinos de investimento.

Com a mesma preocupação em relação à segurança dos investimentos chineses na região, os capítulos 6 e 7 objetivam examinar, respectivamente, a situação atual e os principais desafios de segurança da América Latina, e a posição e o papel da América Latina no contexto de relações internacionais da China e do mundo, com vistas a elaborar uma análise prospectiva sobre as futuras oportunidades de cooperação entre China e América Latina na área de segurança e de relações internacionais.

Nas pesquisas feitas anteriormente no âmbito das relações entre China e América Latina, a questão de cooperação bilateral em segurança permanece um tema pouco estudado, fora as poucas exceções quando o assunto envolve algum terceiro país. Além disso, na maioria dos casos, ela é abordada como um tema incidental, subordinado aos demais assuntos de relações internacionais, sendo ainda ausentes estudos específicos, bem estruturados e contínuos sobre o tema. Essa lacuna é devida, principalmente, ao fato de a China e a América Latina pertencerem ao mesmo mundo de países em desenvolvimento, entre os quais houve poucos acontecimentos históricos de convergência e divergência de interesse de segurança, dada a distância remota que os separa. As questões de segurança de interesse comum são, de forma geral, as de repercussão internacional, perante as quais a China e os países da América Latina têm mantido uma postura parecida, dados os mesmos princípios morais aos quais aderem. Com o enorme salto das relações bilaterais no século XXI, China e América Latina têm intensificado os intercâmbios e as interações a nível governamental e não governamental, elevando as relações econômicas, comerciais e diplomáticas a um nível histórico sem precedentes. Esse fato é muito significativo em vários sentidos:

1. a abundância abrangente de recursos de que a América Latina dispõe e seu grande potencial de mercado constituem, sem dúvida, uma força exógena para a China, uma economia gigantesca em desenvolvimento, alcançar um desenvolvimento contínuo e sustentável. As cooperações entre China e América-Latina, com base nas vantagens comparativas, terão uma perspectiva muito promissora;
2. devido a vários fatores internos e externos na conjuntura de desenvolvimento econômico da China, as cooperações entre o país e a América Latina sob a perspectiva de complementaridade tomaram uma nova forma, caracterizada pelo "aumento paralelo do comércio e do investimento". Tal forma está conforme à regra geral da otimização estrutural da economia e, portanto, trata-se de uma necessidade para o aprofundamento da parceria entre China e América Latina;
3. o fato está diretamente ligado ao tema escolhido do Capítulo 6, o de que a China acompanhará com grande interesse as questões como o ambiente de segurança da região, a disponibilidade e capacidade dos países de cooperar com a China na área de segurança e as formas viáveis de cooperação, dada a expansão nela dos investimentos chineses. Como aumentar a consciência da China sobre a urgência das cooperações com a região na área de segurança e renovar os pensamentos acerca dessa questão, e desenvolver formas adequadas de cooperação que atendam às demandas de ambos os lados, no sentido de que esses alcancem um consenso quanto à manutenção de um ambiente de investimento favorável? Eis a questão de grande relevância para o

desenvolvimento saudável e estável das relações entre China e América Latina. Essa observação é o ponto de partida para as discussões desenroladas no Capítulo 6. Com sua visão voltada para a segurança dos investimentos chineses na América Latina, o capítulo atribui um papel especial à região como uma variável relativamente nova no sistema de segurança externa da China e identifica as condições básicas da segurança regional da América Latina e os interesses que a China e a região têm em comum. Em segundo lugar, ancorado na hipótese de que o período-chave de oportunidades estratégicas da China coincide com o período de transformação das relações de cooperação entre China e América Latina, o capítulo analisa, por meio de uma abordagem teórica e prática da segurança internacional, os principais fatores promotores das cooperações entre os dois lados na área de segurança. Por fim, apresentam-se os princípios fundamentais, o conteúdo, a "dependência da trajetória" (*path dependence*) e as alternativas de política para a construção de um conceito de cooperação entre China e América Latina em segurança.

Sob o atual contexto mundial das relações internacionais, é evidente que a China e a América Latina estão em uma trajetória ascendente, o que reflete a direção básica de um processo de transferência de poder global. Sendo principais contribuintes para a transformação e o progresso do mundo em desenvolvimento em geral, os parceiros vêm desenvolvendo entre si relações de interdependência política e diplomática tão estreitas como nunca. Isso se deve, principalmente, à grande complementaridade econômica existente entre os dois. Fundamentalmente, os avanços que ambos obtiveram nas relações bilaterais não só deram apoio importante à implementação de suas estratégias de relações exteriores em geral, mas também promoveram de forma significativa a "desocidentalização" e a "multipolarização" da ordem internacional. À medida que as implicações das relações entre eles para a política mundial se tornam cada vez mais amplas, suas relações tendem a passar por uma série de transformações e reajustes, no que diz respeito a objetivo, pensamentos, normas de conduta e alocação dos recursos acerca de sua agenda de cooperação. Nesse sentido, os formuladores das políticas e os acadêmicos chineses precisam trabalhar juntos para lançar uma base teórica sólida, de caráter prospectivo, estratégico e revolucionário, a fim de desenvolver conjuntamente uma estratégia diplomática bem ponderada, que corresponde aos interesses nacionais e aos valores essenciais; e, além disso, elevar a autoconsciência teórica de forma a influenciar uma percepção mundial em relação à China e suas repercussões subsequentes (Jiemian, 2012, p.155).

A partir dessa perspectiva, a discussão do Capítulo 7 gira em torno das seguintes questões:

1. as mudanças no contexto internacional em que a China e a América Latina estão inseridas, bem como as alterações de seu respectivo posicionamento;
2. os fatores motivadores e as condições necessárias para a transformação das relações entre os parceiros;
3. as variáveis nesse processo de transformação e as possíveis alternativas de política.

De forma resumida, as discussões acerca dessas futuras cooperações devem se basear no contexto de transformação do sistema mundial, com destaque para a administração e a contenção das divergências passadas e novas, a criação do novo sistema de valores em decorrência do "pouso suave" da transferência de poder global, as novas normas institucionais, a consolidação da base da democracia e o desenvolvimento dos mecanismos regionais de cooperação e dos atores supranacionais, visando a injeção de uma "energia positiva" nas relações entre China e América Latina e a construção de uma base acadêmica forte pela qual as futuras cooperações diplomáticas possam desenrolar-se de uma forma mais avançada, inspiradora e demonstrativa.

Referências bibliográficas

AN, S. Reflexões sobre a futura estratégia da diplomacia chinesa à América Latina. In: ZHENXING, S. et al. *60 anos das relações entre China e América Latina*: revisão e reflexão. Beijing: Contemporary World Press, 2010.

BARCENA, A. O desenvolvimento econômico da América Latina e do Caribe em 2012. *Journal of Latin American Studies*, n.6, 2012.

BARRIENTOS, O. *El Consenso de Beijing*. s. d. Disponível em: <http://asiapacifico.utadeo.edu.co>.

BINWEN, Z.; HONGBO, S.; YUNXIA, Y. 60 anos das relações entre China e América Latina: revisão e reflexão. In: ZHENXING, S. et al. *60 anos das relações entre China e América Latina*: revisão e reflexão. Beijing: Contemporary World Press, 2010,

CARBONE, M. F. China: el dragón quiere comer menos. *La Nación*, 25 set. 2012.

CEPAL, La República Popular China y América Latina y el Caribe: dialogo y cooperación ante los nuevos desafíos de la economía global. Cepal, 2012.

JIEMIAN, Y. Preparação teórica de Relações Internacionais para a construção de uma China como grande potência global. *World Economics and Politics*, n.8, p.155, 2012.

KUIYUAN, C. Algumas observações sobre os trabalhos de investigação e sobre a implementação do Programa Inovação – discurso no painel de trabalho da Academia Chinesa das Ciências Sociais em 2011. *Chinese Journal of Social Science*, n.4, 2011.

LAURENT, C.-T. *Configuração do mundo no próximo futuro* – A geopolítica na era da globalização. Tradução de Wu Bolong. Beijing: Social Sciences Academic Press, 2009.

NIANHUA, W. Nada mais me pode provocar – entrevista com Lin Dan. *Southern People Weekly*, n.8, 2012. Disponível em: <http://news.ifeng. com/sports/zonghe/yuqiu/detail_2012_08/21/16965422_0.shtml>.

QI, H. Prefácio geral da Coletânea de Estudos sobre a modernização dos países latino-americanos. In: BURNS, E. B.; CHARLIP, J. A. *Latin America: an Interpretive History*. Tradução de Wang Ningkun. 8.ed. Beijing: World Book Publishing Company, 2009.

SHUYONG, G. *Do Internacionalismo ao Neointernacionalismo* – Estudo da evolução do pensamento do Internacionalismo marxista. Beijing: Current Affairs Press, 2006.

WANMING, Y. *Estudos sobre a Política Externa dos países da América Latina na China (1990-2006)*, 2008. Tese (Doutorado) – Academia Chinesa das Ciências Sociais. 2008.

XIANGDONG, Y.; ZHAN, S. O formalismo e o misticismo da diplomacia da China – a diplomacia chinesa sob a perspectiva da estrutura mundial. *Cultural Review*, n.8, p.20, 2012.

XIAOPING, D. A conversa com Jana Sowe. *Diário do Povo*, 20 de março de 1987.

______. A política externa da China. In: ______. *Obras selecionadas de Deng Xiaoping*. Beijing: People's Publishing House, 1993a. v.II.

______. O discurso na cerimônia de abertura da Décima Segunda Assembleia Nacional do Partido Comunista da China. In: ______. *Obras selecionadas de Deng Xiaoping*. Beijing: People's Publishing House, 1993b, v.III.

XUETONG, Y. O objetivo prioritário de um país não é o enriquecimento. *Global Times*, 13 mar. 2009.

______. Os Jogos Olímpicos de Londres desvendam o dilema da ascensão chinesa. *Global Times*, 14 ago. 2012.

ZEDONG. M. Estratégias para a luta contra o imperialismo japonês. In: ______. *Obras selecionadas de Mao Zedong*. Beijing: People's Publishing House, 1991. v.1.

ZEMIN, J. Construir uma sociedade moderadamente próspera em todos os aspectos e abrir novas perspectivas para as causas do socialismo com características chinesas. In: *Obras selecionadas de Jiang Zemin*. Beijing: People's Publishing House, 2006. v.3.

ZHIBIAO, L. A globalização econômica baseada na demanda interna: a escolha estratégica da China no compartilhamento do bônus da segunda onda de globalização. *Journal of Nanjing University*, n.2, p.51-9, 2012.

ZHISEN, Y. Era de ascensão e expansão (1898-1929). In: *História geral dos Estados Unidos*. Beijing: People's Publishing House, 2002. v.4.

1

A futura transformação das cooperações econômicas e comerciais entre China e América Latina

Yue Yunxia

Conforme constata o relatório do 16º Congresso Nacional do Partido Comunista da China, realizado em novembro de 2002, os primeiros vinte anos do século XXI são um "período importante de oportunidades estratégicas, que deve ser aproveitado ao máximo para fazer grandes progressos" (Zemin, 2002). Em correspondência com essa afirmação, nos últimos dez anos a América Latina tornou-se a região que experimentou a maior velocidade e amplitude no aumento de comércio com a China e na absorção de investimento chinês. Na medida em que as relações econômicas e comerciais entre China e América Latina vêm passando da "fase acumulativa" à "fase de salto", problemas de desequilíbrio estrutural também começaram a se agravar. A China, apesar de sofrer pressões protecionistas por parte de países latino-americanos, está enfrentando crescentes críticas e acusações na região, inclusive o discurso do "neocolonialismo chinês".

Na próxima década, a chave para reequilibrar as relações econômicas e comerciais entre China e América Latina enquanto se mantiverem as exportações chinesas reside na transferência chinesa de sua capacidade produtiva para a América Latina, por meio dos investimentos, levando à otimização de sua pauta de importações procedente da região. Essa afirmação é feita a partir das duas observações: 1. o setor das exportações desempenha um papel muito importante na economia chinesa e latino-americana; e 2. as economias chinesa e latino-americana estão subindo na cadeia produtiva global. O autor prevê que, uma vez feita a nova divisão industrial entre a China e a América Latina, esta última terá condições para resolver problemas urgentes como a insuficiência do investimento produtivo e o baixo valor agregado das exportações. A China, por sua vez, com seu Produto Nacional Bruto *per capita* superior a 4.750 dólares, poderá também abrir novos caminhos para seus investimentos no exterior e ganhar impulso para uma otimização de sua estrutura industrial.

A realização desse ajuste estratégico não depende, no entanto, só do desejo subjetivo da parte chinesa. Um pré-requisito básico é que a América Latina disponha de condições adequadas, em que caibam maior exportação e investimento provenientes da China. Tendo isso em conta, o presente capítulo visa ponderar o potencial dos comércios bilaterais entre China e América Latina na perspectiva da demanda/oferta geral e com base no modelo gravitacional de comércio, e avaliar as condições *soft* e *hard* da América Latina na absorção de produtos e capital da China, por meio de uma análise de vários indicadores do ambiente de comércio e de investimento. De modo geral, o presente capítulo fará uma análise preliminar sobre as condições das quais os mercados latino-americanos dispõem, a partir de quatro pontos: 1°, definir a posição do mercado latino-americano no mundo, e suas vantagens comparativas em relação aos outros mercados; 2°, avaliar o potencial e o ambiente da América Latina como mercado de exportações, para uma classificação preliminar dos países latino-americanos; 3°, avaliar o ambiente e o potencial da América Latina como destino de investimento direto estrangeiro, para uma classificação mais detalhada dos países da região; e 4°, elaborar uma "matriz ambiental dos mercados latino-americanos", a fim de tirar algumas conclusões modestas sobre as futuras perspectivas de cooperação entre China e América Latina, tais como: áreas-chave, países-chave, formas e estratégias adequadas de cooperação.

A posição global dos mercados latino-americanos

Nos últimos anos, com o objetivo de sair do dilema cada vez mais sobressalente das limitações dos recursos internos e das crescentes disputas no mercado externo, decorrente do modelo de crescimento "voltado para fora", a China começou a dar atenção ao papel predominante do consumo interno no crescimento econômico. Mediante um aumento do consumo, a economia poderá crescer de forma mais autossustentada e ser menos propensa a choques externos. Porém, visto que, em curto prazo, a estrutura da economia chinesa ainda será, o mercado externo para o país desempenha um papel de caráter forte e insubstituível. O mercado externo não só é uma via de digerir o excesso da capacidade produtiva, como ainda sustenta o desenvolvimento das indústrias competitivas tradicionais chinesas, tais como: têxtil, vestuário, manufatura leve, produtos agrícolas, máquinas e equipamentos etc. Ademais, o mercado externo também será uma condição crucial para realizar a transferência gradiente industrial dentro da própria China. Como observa o "Esboço do Décimo Segundo Plano Quinquenal (2011-2015)" (Agência Xinhua, 2011), além de construir um mecanismo eficaz e duradouro para aumentar a demanda interna (o consumo), deve-se prestar atenção à manutenção e à ampliação da demanda externa, de modo a encontrar uma forma que combine a estratégia de "convidar para dentro" e a de "ir para fora", por meio da qual a China pode "aproveitar de forma segura e eficiente tanto o mercado interno quanto o externo, tanto os recursos domésticos quanto os estrangeiros". Constata-se, assim, que em médio e longo prazos, o crescimento estável das exportações continuará sendo uma das prioridades da estratégia de desenvolvimento econômico da China, o que impulsionará o investimento chinês no exterior, já que se trata de uma forma eficaz de aumentar a demanda externa.

O potencial do mercado externo determinará a profundidade e a amplitude com que as exportações e os investimentos chineses evoluirão. Ao longo do século XXI, a América Latina tem se destacado como o destino mais dinâmico dos produtos chineses, com maior aumento da presença de empresas chinesas. Julgando pelas mudanças de força no mercado internacional e pelas vantagens comparativas da China, a importância dos mercados latino-americanos no mundo ainda aumentará. Em um contexto de comparação de força dos mercados internacionais, os mercados emergentes estão em uma fase ascendente, e entre eles destaca-se a América Latina. Segundo as estatísticas da Conferência das Nações Unidas para o Comércio e o Desenvolvimento (Unctad), de 1999 a 2011, na medida em que a participação dos países desenvolvidos nas exportações mundiais vem declinando ano após ano, a dos países emergentes e dos demais países e regiões em desenvolvimento vem subindo, mais especificamente de 28,2% em 1999 para 43,3% em 2011. Dentro do bloco dos mercados emergentes, a América Latina apresenta-se como o segundo maior mercado, atrás apenas da Ásia (exceto a China), cuja capacidade de mercado é suficientemente alta (Gráfico 1.1). Ao mesmo tempo, medindo pelo potencial de mercado, a América Latina respondia por 6% das importações mundiais em 2011, sendo essa porcentagem inferior àquela de sua participação no PIB mundial (8%), na população mundial (8,5%) e na população com renda média (10%), colocando a região como a única em desenvolvimento com a participação de importações menor que a das outras três categorias. Assim, pode-se afirmar que a possibilidade dos mercados latino-americanos de aumentar as importações é relativamente maior em comparação com as outras regiões do mundo.

Gráfico 1.1 – Participação do mercado das principais economias do mundo (1999-2011)

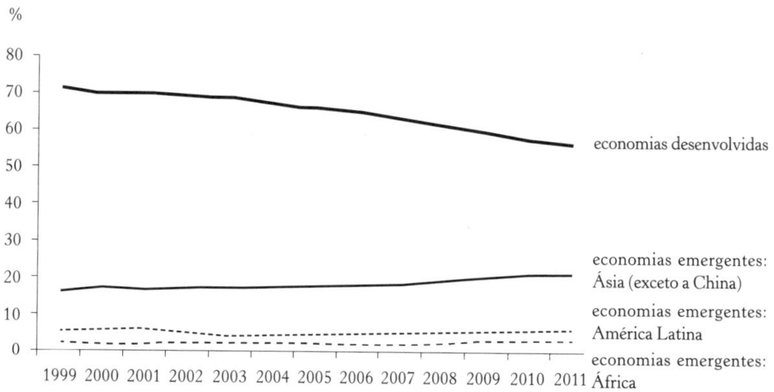

Fonte: Unctad Statistics.

Em termos da vantagem comparativa internacional, a América Latina é um dos principais mercados perante os quais a China possui produtos com vantagem comparativa. Conforme a Classificação de Padrões para o Comércio Internacional 4 (SITC 4) no nível de 3 códigos, a China possui vantagem comparativa de demonstração muito alta (RCA $\geq$ 2,5) em 29 categorias de produtos. A Tabela 1.1 demonstra a participação dos produtos chineses com vantagem comparativa nos mercados mundiais. A América Latina é o maior mercado de exportação da China em sete categorias de produtos: seda, cerâmica, vestuário e crochê, máquina automática para processamento de dados, malas e bolsas,

Tabela 1.1 – Participação dos produtos de vantagem comparativa chinesa no mercado mundial

SITC	Setor industrial	RCA	Economias emergentes			Economias desenvolvidas			
			África	América Latina	Ásia	Oceania	América do Norte	Ásia	Europa
261	Seda	7,03	0,01	0,72	0,00	0,00	0,05	0,20	0,00
666	Cerâmica	4,83	0,09	0,51	0,00	0,05	0,01	0,17	0,01
844	Roupas femininas de tecido têxtil ou de malha	4,28	0,13	0,46	0,00	0,04	0,01	0,17	0,00
843	Roupas masculinas de tecido têxtil ou de malha	4,22	0,08	0,42	0,00	0,03	0,01	0,20	0,00
752	Máquinas automáticas para processamento de dados	3,89	0,08	0,42	0,00	0,06	0,01	0,23	0,00
831	Bolsas e artefatos semelhantes	3,89	0,08	0,42	0,00	0,06	0,01	0,23	0,00
658	Artigos têxteis confeccionados	3,88	0,09	0,41	0,00	0,04	0,02	0,22	0,01
813	Aparelhos de iluminação e acessórios	3,58	0,09	0,27	0,00	0,19	0,05	0,26	0,02
851	Calçados	3,40	0,05	0,16	0,00	0,04	0,03	0,10	0,00
652	Tecidos de algodão com exceção das fitas e de tecidos especiais	3,58	0,09	0,23	0,00	0,08	0,03	0,34	0,02
763	Aparelhos de registro ou de reprodução de áudio e vídeo	3,55	0,04	0,23	0,00	0,20	0,10	0,34	0,02
697	Equipamentos domésticos de metais comuns	3,52	0,05	0,21	0,00	0,18	0,07	0,34	0,02
846	Vestuário e acessórios de tecido têxtil	3,47	0,05	0,16	0,00	0,27	0,05	0,33	0,02
653	Tecidos de fibras sintéticas, com exceção das fitas e de tecidos especiais	3,35	0,05	0,14	0,00	0,29	0,06	0,38	0,02
786	Reboques e semirreboques	3,34	0,11	0,14	0,00	0,19	0,04	0,39	0,02
894	Carrinhos de bebê, brinquedos, jogos e artigos de esporte	3,27	0,04	0,13	0,00	0,27	0,08	0,37	0,02

SITC	Setor industrial	RCA	Economias emergentes			Economias desenvolvidas			
			África	América Latina	Ásia	Oceania	América do Norte	Ásia	Europa
711	Caldeiras a vapor, instalações auxiliares e peças	3,22	0,04	0,13	0,00	0,24	0,04	0,44	0,02
845	Vestuário de tecido têxtil	3,16	0,05	0,13	0,00	0,25	0,04	0,39	0,03
842	Roupas femininas (com exceção daquelas de tecido têxtil ou de malha)	3,08	0,04	0,12	0,00	0,18	0,09	0,45	0,01
848	Vestuário e acessórios (com exceção daqueles de tecido têxtil)	3,04	0,05	0,12	0,00	0,20	0,07	0,43	0,03
655	Outros tecidos de malha ou confeccionados	2,96	0,04	0,12	0,00	0,26	0,06	0,38	0,02
841	Roupas masculinas (com exceção daquelas de tecido têxtil ou de malha)	2,94	0,05	0,12	0,00	0,22	0,05	0,44	0,01
696	Ferramentas de corte	2,83	0,03	0,11	0,00	0,21	0,08	0,48	0,02
775	Outros equipamentos do tipo doméstico, elétricos ou não elétricos	2,68	0,03	0,11	0,00	0,24	0,09	0,45	0,02
821	Móveis e peças	2,67	0,03	0,11	0,00	0,24	0,08	0,47	0,02
656	Tules, guarnições, rendas, fitas e outros artefatos	2,67	0,04	0,11	0,00	0,25	0,07	0,41	0,02
764	Outros equipamentos de telecomunicações	2,66	0,04	0,11	0,00	0,22	0,08	0,47	0,02
662	Materiais de construção de argila e refratários	2,60	0,04	0,09	0,00	0,28	0,05	0,46	0,02
871	Outros instrumentos e aparelhos ótico	2,58	0,05	0,08	0,00	0,20	0,02	0,49	0,02

Notas: (1) A taxa de participação dos produtos no mercado mundial nesta Tabela é a participação das importações das respectivas economias regionais no valor global das importações, e não é a participação dos produtos chineses no mercado; (2) para o país, o Índice de Vantagem Comparativa Revelada dos produtos da categoria i obedece à seguinte definição: RCAij = (Xij/Xt)j ÷ (Xiw/Xtw), onde Xij = o valor dos produtos da categoria i exportados pelo país j; Xtj = o valor total das exportações do país j; Xiw = o valor global das exportações mundiais dos produtos da categoria i; Xtw = o valor global das exportações mundiais.

Fonte: elaboração própria com base nos dados da CNUCED.

aparelhos de iluminação e acessórios e calçados; o segundo maior em três categorias: tecidos comuns de algodão, aparelhos receptores ou de reprodução de áudio e vídeo e equipamentos domésticos de metais comuns; e o terceiro maior, atrás apenas de países desenvolvidos, em dezessete categorias, entre elas: vestuário e acessórios de tecido têxtil, tecidos de fibras sintéticas gerais, carrinhos de bebê e brinquedos, caldeiras a vapor, ferramentas de corte, materiais de construção etc.

Mediante uma comparação entre os mercados latino-americanos e os outros principais mercados mundiais, é possível concluir que a região da América Latina destaca-se como um mercado com vantagens comparativas apreciáveis, especialmente no que tange ao potencial do mercado de importação dos produtos competitivos da China. A América Latina desempenhará um papel muito significativo no desenvolvimento da China no sentido de assegurar e ampliar seu mercado externo; portanto, a China deve dar uma atenção prioritária à região a fim de aumentar suas exportações e para ela transferir com sucesso sua capacidade produtiva.

Avaliação do potencial e do ambiente da América Latina como destino das exportações chinesas

As exportações chinesas para a América Latina apresentam um alto grau de concentração no que diz respeito à categoria dos produtos e ao país para os quais esses produtos são exportados. Depois de quase dez anos desde a primeira chegada dos produtos chineses ao mercado regional, diversos países da região apresentaram diferentes "níveis de tolerância" em relação à chegada acentuada dessas exportações. Entre esses, uns reagiram de forma mais forte, outros, bem menos, e até alguns já perceberam uma "saturação do mercado". Da mesma forma, as políticas e práticas comerciais, incluindo a imposição das barreiras comerciais, também variam de país para país. Sendo assim, é necessário que façamos uma classificação dos países latino-americanos de acordo com as condições de mercado de que dispõem, para, com base nessa classificação, podermos elaborar estratégias comerciais específicas para consolidar e ampliar as exportações chinesas para cada um deles.

O potencial real das exportações chinesas para a América Latina

O potencial de exportação de um país é submetido à influência de vários fatores, entre os quais o Produto Interno Bruto (PIB) e o custo das trocas comerciais entre os dois lados do comércio, o qual pode ser quantificado por meio do Modelo Gravitacional (*Gravity Model*). O presente trabalho utilizou o painel de dados dos fluxos comerciais entre a China e 66 países (sendo 33 deles da América Latina) que respondem conjuntamente por mais de 90% das exportações chinesas entre 2000-2011, de forma a simular o Modelo Gravitacional Estendido das exportações chinesas. Por esse Modelo, faz-se uma avaliação sobre o potencial real e o potencial de crescimento das exportações chinesas para a América Latina (sobre as regras de derivação do modelo, ver o Apêndice deste capítulo).

A Tabela 1.2 mostra os resultados dos cálculos do potencial geral e setorial das exportações chinesas nos países latino-americanos, na qual é possível ver que a América Latina, como um todo, apresenta alguns sinais de que, após quase uma década de crescimento acelerado, seu mercado já está chegando a um nível crítico de "saturação" pelas importações chinesas. Portanto, o potencial geral de crescimento das exportações chinesas para a região é limitado. Porém, há uma disparidade de potencial entre diferentes setores:[1] os setores de produtos diversos ainda apresentam uma "insuficiência de transação comercial" e, portanto, um maior potencial de aumentar suas importações da China, enquanto outros setores de manufatura apresentam um potencial relativamente limitado. Em termos do nível do teor tecnológico dos produtos, as exportações chinesas de produtos intensivos em alta tecnologia ainda terão um grande espaço para o crescimento, pois o volume real das exportações está muito abaixo do potencial; mas as exportações de produtos de média intensidade tecnológica já dão sinais de saturação. O espaço de crescimento para outros produtos manufaturados também é relativamente limitado.

---

1 A divisão dos setores é baseada no artigo de Bin e Mingzhong (2004).

Tabela 1.2 – Potencial de exportação da China para os países latino-americanos (2011)

		A divisão dos setores				Divisão do nível do teor tecnológico			
	Exportações totais chinesas	5	6	7	8	B	C	D	E
Antígua e Barbuda	14,7	0,8	0,8	45,6	0,3	0,5	76,6	0,7	0,0
Panamá	11,6	2,4	4,7	8,6	32,1	6,2	15,3	3,7	0,8
São Vicente e Granadinas	2,5	1,8	6,8	1,6	0,2	0,6	6,2	2,0	0,1
Chile	2,1	1,9	1,9	1,5	3,8	2,0	1,4	1,6	0,6
Uruguai	2,1	3,3	–	–	–	2,1	0,9	2,6	0,8
Bahamas	1,9	1,9	0,8	3,7	0,7	0,3	7,9	0,7	0,1
Paraguai	1,8	3,1	1,8	2,3	1,6	1,8	1,2	2,6	0,8
Nicarágua	1,3	0,8	4,2	0,6	0,8	11,1	0,7	0,6	0,2
Peru	1,2	1,2	1,5	1,3	1,0	1,5	1,4	1,4	0,4
Dominica	1,2	4,7	2,9	1,5	2,1	4,2	1,0	2,4	0,3
Argentina	1,2	2,2	0,8	1,4	0,9	1,0	0,8	1,4	0,6
Haiti	1,2	0,5	2,4	1,2	1,4	4,0	1,4	1,3	0,2
Brasil	1,1	1,5	1,0	1,2	0,5	0,8	1,0	1,4	0,6
Equador	1,1	1,2	1,8	1,2	0,8	1,3	1,7	1,7	0,2
Venezuela	1,0	0,6	–	–	–	0,6	1,1	1,5	0,3
Guiana	1,0	0,9	1,6	1,4	1,6	2,1	1,3	1,9	0,1
Barbados	1,0	0,4	0,6	2,3	0,5	0,7	4,2	0,4	0,0
Guatemala	0,9	1,1	1,7	0,6	0,9	2,9	0,9	0,6	0,2
Colômbia	0,9	1,1	1,3	0,9	0,6	1,1	1,2	1,1	0,4
Suriname	0,8	1,4	1,6	0,6	1,4	1,9	0,8	1,2	0,1
México	0,8	0,5	0,7	0,8	0,8	0,5	0,3	0,6	0,5
Costa Rica	0,7	1,2	0,8	0,7	0,8	1,0	0,7	0,7	0,2
Jamaica	0,7	0,8	1,4	0,3	1,8	1,8	0,5	1,0	0,1
Belize	0,7	0,6	0,8	0,4	1,9	0,6	0,4	0,6	0,1
Bolívia	0,6	0,4	0,4	1,0	0,3	0,3	0,3	1,3	0,2
Cuba	0,6	1,4	1,1	0,6	0,5	0,9	1,1	1,1	0,2
República Dominicana	0,6	1,1	1,0	0,5	0,6	1,3	0,6	0,7	0,2
El Salvador	0,6	0,7	1,2	0,3	0,8	2,4	0,4	0,4	0,1
Honduras	0,6	0,5	1,0	0,5	0,8	1,4	0,7	0,6	0,1
Trinidad e Tobago	0,3	0,5	0,7	0,2	0,5	0,6	0,4	0,4	0,0
Granada	0,2	0,2	0,6	0,1	0,5	0,7	0,2	0,4	0,0
São Cristóvão e Nevis	0,2	0,1	0,2	0,3	0,1	0,1	0,1	0,3	0,1
Santa Lúcia	0,2	0,1	0,4	0,2	0,4	0,6	0,1	0,5	0,0
Toda América Latina	1	1,1	1,0	1,0	0,9	1,0	1,1	1,2	0,5

Notas: (5) produtos químicos e relacionados; (6) produtos têxteis, produtos de borracha, produtos de mineração e relacionados; (7) máquinas e equipamentos de transporte e relacionados; (8) produtos diversos; (B) produtos manufaturados intensivos em trabalho e recursos naturais; (C) produtos manufaturados de baixa intensidade tecnológica; (D) produtos manufaturados de média intensidade tecnológica; (E) produtos manufaturados de alta intensidade tecnológica.
Fonte: elaboração própria, com base no Modelo Gravitacional no Apêndice.

A partir dos dados da Tabela 1.2, e seguindo as ideias de Qingfeng e Shuzhu (2002), é possível classificar os países latino-americanos, conforme seu potencial como destino de exportações chinesas em 2011 (a relação entre o volume real das exportações e o volume potencial), em três tipos: tipo A, de "reconstrução do potencial"; tipo B, de "exploração do potencial"; e tipo C, de "grande potencial inexplorado".

Doze países pertencem ao tipo A (relação ≥ 1,20): Antígua e Barbuda, Panamá, São Vicente e Granadinas, Chile, Uruguai, Bahamas, Paraguai, Nicarágua, Peru, Dominica, Argentina e Haiti. Nesses países, as exportações chinesas gerais já chegaram a um nível de "saturação", ou seja, a busca por aumentar as exportações não só enfrentará pressões da capacidade do mercado, mas também será altamente propensa às limitações impostas pelas medidas protecionistas (como as políticas de *antidumping*). Ao mesmo tempo, os resultados sob a perspectiva setorial mostram que um ajuste estrutural pode ser favorável à redução da pressão dos atritos comerciais existentes. Sob a perspectiva setorial, as exportações chinesas de "máquinas e equipamentos de transporte" para esses países apresentam um nítido excesso, enquanto as exportações de "produtos diversos" poderão crescer mais na maioria dos países referidos; sob a perspectiva do teor tecnológico dos produtos, o volume real das exportações de "produtos de alta intensidade tecnológica" para esses países é definitivamente inferior ao valor potencial, sendo que o de "produtos de baixa e média intensidade tecnológica" e o de "produtos intensivos em trabalho" apresentam um potencial de crescimento relativamente baixo.

Sete países pertencem ao tipo B (0,80 < relação < 1,20): Brasil, Equador, Venezuela, Guiana, Barbados, Guatemala e Colômbia. Nesses países, o mercado para os produtos chineses não está saturado, ou seja, ainda há espaço para as exportações chinesas subirem, mas provavelmente a ritmos diferentes, o que permite uma maior expansão por meio de um ajuste estrutural na pauta de exportações chinesas. Mais especificamente. Sob a perspectiva setorial, o potencial da exportação de "produtos diversos" é maior do que o das outras categorias na maioria dos países, enquanto o potencial da exportação de "produtos químicos e relacionados" também é relativamente alto. Porém, o mercado para outros produtos manufaturados já apresenta uma "saturação"; sob a perspectiva do teor tecnológico dos produtos, a exportação de "produtos de alta intensidade tecnológica" apresenta um grande potencial, enquanto as outras categorias enfrentam diferentes graus de "saturação do mercado".

Quatorze países latino-americanos são considerados mercados de "grande potencial inexplorado" (relação ≤ 0,80): Suriname, México, Costa Rica, Jamaica, Belize, Bolívia, Cuba, Dominica, El Salvador, Honduras, Trinidad e Tobago, Granada, St. Kitts e Nevis e Santa Lucia. Nesses países, o valor real da exportação chinesa é notavelmente inferior ao potencial, sendo consideravelmente grande o espaço de crescimento de exportação de produtos em todos os setores e em vários níveis de tecnologia.

As perspectivas de crescimento das exportações chinesas para a América Latina

As tabelas 1.1 e 1.2 deram uma configuração atual do potencial das exportações chinesas em diferentes países latino-americanos em 2011. No entanto, na óptica da política de ajuste do mercado de exportações no "período de oportunidades estratégicas", as análises sobre esse tema devem ser mais prospectivas, ou seja, elas devem contemplar as perspectivas de crescimento do mercado. Portanto, mediante as ideias de Huiqing e Haiyan (2012) e utilizando os dados do FMI sobre o crescimento econômico e os dados da CNUCED sobre a previsão do crescimento da população (IMF, 2012), é possível fazer uma estimativa de cálculo do valor potencial das exportações chinesas para a América Latina em 2017 para melhor demonstrar as oportunidades do aumento das exportações em médio e longo prazos.[2]

A Tabela 1.3 mostra o crescimento potencial das exportações chinesas para os países latino-americanos entre 2011 e 2017. Junto com as análises anteriores, podemos perceber uma tendência de diferenciação entre os países no que diz respeito às suas importações da China. Argentina, Bahamas e Comunidade da Dominica apresentam uma perspectiva de crescimento fraca e um potencial pequeno; Costa Rica, Suriname, Bolívia, República Dominicana, El Salvador, Honduras, Trinidad e Tobago,

2 Para anular a diferença nas especificações estatísticas do FMI e da CNUCED no tocante do valor do PIB dos países, os dados da taxa de crescimento econômico utilizados neste trabalho são aqueles divulgados pelo FMI. Além disso, devido à indisponibilidade de dados, pressupôs-se que o nível de abertura comercial dos países mantenha-se estável, equivalente ao nível de 2011.

Granada, St. Kitts e Nevis apresentam uma perspectiva de crescimento forte e um potencial grande; enquanto os outros países apresentam um nível neutro nos dois critérios.

Tabela 1.3 – Potencial de crescimento das exportações chinesas para os países latino-americanos (2011-2017)

		Divisão dos setores				Divisão do nível do teor tecnológico			
	Exportações totais chinesas	5	6	7	8	B	C	D	E
Costa Rica	4,3	3,4	4,3	5,5	4,3	4,1	4,8	4,9	4,6
Suriname	2,9	2,6	2,8	3,6	2,8	2,6	3,3	3,3	3,1
Panamá	2,8	2,6	2,8	3,5	2,7	2,5	3,2	3,2	3,1
Paraguai	2,8	2,6	2,8	3,5	2,7	2,6	3,2	3,2	3,1
Haiti	2,7	2,5	2,6	3,3	2,6	2,4	3,0	3,0	2,9
Peru	2,7	2,5	2,6	3,3	2,5	2,4	3,0	3,0	2,9
Chile	2,6	2,4	2,5	3,1	2,4	2,3	2,9	2,9	2,8
Guiana	2,6	2,4	2,5	3,1	2,4	2,3	2,9	2,8	2,8
Bolívia	2,5	2,5	2,5	3,1	2,4	2,2	2,9	2,8	2,8
Uruguai	2,5	2,4	–	–	–	2,2	2,9	2,8	2,8
República Dominicana	2,4	2,4	2,3	3	2,3	2,1	2,8	2,7	2,6
Equador	2,4	2,4	2,3	3	2,3	2,1	2,8	2,7	2,6
Guatemala	2,4	2,4	2,3	2,9	2,3	2,1	2,7	2,7	2,6
Honduras	2,4	2,4	2,3	2,9	2,3	2,1	2,7	2,7	2,6
Nicarágua	2,4	2,4	2,3	2,9	2,3	2,1	2,7	2,7	2,6
Antígua e Barbuda	2,3	2,3	2,2	2,8	2,1	2,0	2,6	2,5	2,5
Barbados	2,3	2,2	2,2	2,8	2,2	2,0	2,7	2,6	2,5
El Salvador	2,3	2,3	2,2	2,8	2,2	2,0	2,6	2,6	2,5
São Cristóvão e Nevis	2,3	2,3	2,2	2,8	2,2	2,0	2,6	2,6	2,5
São Vicente e Granadinas	2,3	2,2	2,2	2,7	2,1	2,0	2,6	2,5	2,5
Trinidad e Tobago	2,3	2,2	2,2	2,8	2,2	2,0	2,6	2,5	2,5
Bahamas	2,2	2,2	2,1	2,7	2,1	1,9	2,6	2,5	2,5
Belize	2,2	2,3	2,2	2,7	2,1	1,9	2,6	2,5	2,5
Brasil	2,2	2,2	2,1	2,7	2,1	1,9	2,5	2,4	2,4
Granada	2,2	2,2	2,2	2,7	2,1	1,9	2,6	2,5	2,5
México	2,2	2,2	2,1	2,6	2	1,9	2,5	2,4	2,4
Santa Lúcia	2,2	2,2	2,1	2,6	2	1,9	2,5	2,4	2,4
Argentina	2,1	2,1	2,0	2,5	2	1,8	2,4	2,3	2,3
Dominica	2,1	2,1	2,0	2,5	1,9	1,8	2,4	2,3	2,3
Jamaica	2,0	2,1	1,9	2,4	1,9	1,7	2,3	2,2	2,2
Venezuela	2,0	2,1	–	–	–	1,7	2,3	2,2	2,2
Colômbia	0,4	0,7	0,3	0,4	0,3	0,2	0,4	0,4	0,4
Toda a América Latina	2	2,1	1,9	2,4	1,9	1,9	2,5	2,4	2,4

Notas: (5) produtos químicos e relacionados; (6) produtos têxteis, produtos de borracha, produtos de mineração e relacionados; (7) máquinas e equipamentos de transporte e relacionados; (8) produtos diversos; (B) produtos manufaturados intensivos em trabalho e recursos naturais; (C) produtos manufaturados de baixa intensidade tecnológica; (D) produtos manufaturados de média intensidade tecnológica; (E) produtos manufaturados de alta intensidade tecnológica
Fonte: elaboração própria, com base no Modelo Gravitacional no Apêndice

Além disso, a perspectiva de crescimento das exportações chinesas para os demais países latino-americanos também apresentou uma tendência de diferenciação setorial. Conforme a Tabela 1.3, a indústria de "produtos químicos e relacionados" apresenta uma perspectiva de crescimento fraca e um potencial pequeno, enquanto os outros setores têm um desempenho geral neutro. Sob a perspectiva do teor tecnológico, a exportação de "produtos de alta intensidade tecnológica" apresenta uma forte perspectiva e um grande potencial de crescimento, enquanto a avaliação geral das outras categorias saiu neutra: nem positiva, nem negativa.

Avaliação do ambiente de comércio da América Latina

O ambiente de comércio diz respeito principalmente ao nível de liberalização e de facilitação do comércio e pode ser avaliado a partir de uma série de indicadores, tais como taxa alfandegária e alocação de quotas, leis e regulamentações, restrições de preço, eficiência alfandegária, restrições de investimento, intervenções governamentais e demais tipos de barreiras não tarifárias. Segundo a Heritage Foundation, o ambiente de comércio de um país pode ser avaliado pelo "Índice de Liberalização do Comércio",[3] que é calculado a partir do "Índice de Liberalização da Economia".[4] Quanto mais alto for o índice, menores serão as restrições comerciais e mais favorável o ambiente.

Na Tabela 1.4 é apresentado o Índice de Liberalização do Comércio e o *ranking* mundial dos países latino-americanos em 2012. Nota-se que, tomando a América Latina como um todo, o índice médio de liberalização comercial da região é de 73,3, o que é inferior à média mundial, que é de 74,5. Pode-se afirmar, então, que as restrições comerciais nessa região são relativamente mais rigorosas em comparação com o nível médio do mundo.

---

3 O Índice de Liberalização do Comércio tem como determinantes a tarifa média ponderada pelo comércio, o número de barreiras não tarifárias etc.

4 O Índice de Liberalização da Economia avalia o nível de liberalização econômica de 179 economias do mundo a partir de dez parâmetros: liberdade de fazer negócios, liberdade comercial, liberdade fiscal, despesas governamentais, liberdade monetária, liberdade de investimento, liberdade financeira, proteção dos direitos de propriedade, nível de corrupção e liberdade trabalhista.

Tabela 1.4 – Índice de Liberalização do Comércio e o *ranking* mundial dos países latino-americanos em 2012

País	Índice de liberalização do comércio	Ranking mundial
Costa Rica	85,1	42
Peru	85,0	44
Nicarágua	84,9	46
Guatemala	84,6	48
Uruguai	82,9	54
Paraguai	82,7	56
Chile	82,0	65
República Dominicana	80,1	73
El Salvador	79,0	81
Belize	78,1	85
Honduras	77,1	89
Haiti	74,8	96
Panamá	74,8	97
Bolívia	74,3	99
Dominica	74,3	100
São Vicente e Granadinas	73,3	107
México	72,9	110
Colômbia	72,2	115
Jamaica	72,1	117
Santa Lúcia	71,9	118
Guiana	71,5	121
Trinidad e Tobago	69,9	126
Brasil	69,7	127
Equador	68,1	134
Argentina	67,6	136
Suriname	66,3	140
Cuba	62,7	152
Barbados	60,5	158
Venezuela	58,8	163
Bahamas	**42,2**	178

Fonte: The Heritage Foundation. Index of Economic Freedom [DB/OL], 2012. Disponível em: <http://www.heritage.org/index/>.

Nota-se que os países latino-americanos apresentam níveis de liberalização comercial bem distintos. Podemos dividir os 184 países, objeto da avaliação, em três grupos: em primeiro lugar, um terço dos países é dos que têm um nível de liberalização relativamente alto; em segundo, um terço dos que têm um nível de liberalização médio; e em terceiro, um outro terço dos que têm um nível de liberalização baixo. A partir dessa divisão, os países latino-americanos podem ser classificados em três grupos, de acordo com seu ambiente de comércio:

1) Costa Rica, Peru, Nicarágua, Guatemala, Uruguai e Paraguai têm um ambiente relativamente aberto, com alto nível de liberalização comercial;
2) Chile, República Dominicana, El Salvador, Belize, Honduras, Haiti, Panamá, Bolívia, Comunidade da Dominica, São Vicente e Granadinas, México, Colômbia, Jamaica, Santa Lúcia e Guiana têm um ambiente de comércio próximo ao nível médio mundial;
3) Trinidad e Tobago, Brasil, Equador, Argentina, Suriname, Cuba, Barbados, Venezuela e Bahamas têm um ambiente comercial relativamente fechado, com baixo nível de liberalização comercial.

Em síntese, por essas análises conclui-se que a América Latina, como um todo, apresenta baixo potencial para as exportações chinesas, e seu nível de liberalização está abaixo do nível médio mundial, além de apresentar um ambiente comercial relativamente desfavorável. Ademais, as condições de exportação dos produtos chineses também variam de país para país. Em alguns países do tipo A ("reconstrução do potencial"), por exemplo, Argentina e Bahamas, a perspectiva de crescimento das exportações chinesas é fraca, o nível de liberalização comercial do país é baixo, as restrições são mais rigorosas, o acesso ao mercado é notavelmente difícil, e a possibilidade de os conflitos comerciais se tornarem mais graves é grande. Nesse caso, a China deve fazer certo controle para que as exportações cresçam com velocidade e amplitude mais moderadas, além de introduzir um ajuste estrutural na pauta de exportação para melhor corresponder ao potencial e às perspectivas de crescimento dos diferentes setores. Em contrapartida, em alguns países do tipo C ("grande potencial inexplorado"), por exemplo, Costa Rica e Honduras, a perspectiva de crescimento das exportações chinesas é forte, e o nível de liberalização comercial do país é alto. Nesse caso, a China pode aumentar suas exportações, em particular dos produtos que apresentam grande potencial de mercado e forte perspectiva de crescimento. Finalmente, nos restantes países latino-americanos, que em geral apresentam uma condição de exportação neutra, a China pode explorar as oportunidades surgidas para aumentar suas exportações, elevando mais ainda a participação de mercado dos produtos com grande potencial e forte perspectiva de crescimento.

Avaliação do ambiente de investimento da América Latina

Na medida em que as exportações chinesas vêm perdendo seu potencial de crescimento na América Latina, as empresas chinesas vêm aumentando seus investimentos na região, como uma alternativa apropriada para manter e alargar sua participação no mercado latino-americano. Tendo especialmente em conta o efeito da tendência de diferenciação das condições de exportação em diferentes países latino-americanos, as empresas chinesas estão enfrentando dificuldades crescentes em aumentar suas exportações para alguns dos países, o que as leva a aumentar seu investimento *in loco*, de forma a manter efetivamente sua posição no mercado e ao mesmo tempo contornar ao máximo atritos comerciais. Portanto, busca-se em seguida avaliar o ambiente dos países latino-americanos como destinos de investimentos chineses a partir de três critérios: o nível de liberalização, o nível de facilitação e o nível de proteção do investimento, para realizar, enfim, um estudo de viabilidade de futuros projetos de investimento.

Avaliação do nível de liberalização do investimento

Como critério pelo qual se mede o grau de abertura de um mercado ao capital estrangeiro, o nível de liberalização do investimento contempla as condições institucionais mais relevantes: o acesso ao mercado, os controles cambiais, as restrições à remessa de lucros e a utilização de trabalho. Segundo a Heritage Foundation, dos Estados Unidos, o grau de abertura de um mercado de investimento pode ser avaliado pelo "Índice de Liberalização do Investimento",[5] que é calculado a partir do "Índice

5 O nível de liberalização do investimento é calculado mediante a ponderação global de seis indicadores: a existência/inexistência de um código do investimento estrangeiro; a existência/inexistência do apoio governamental à concorrência equitativa entre empresas nacionais e estrangeiras no investimento; a existência/inexistência de políticas de controle cambial; a existência/inexistência de políticas de discriminação em relação às empresas estrangeiras; a existência/inexistência de políticas de controle do pagamento/transferência/transação do capital; e a existência/inexistência de barreiras ao investimento estrangeiro em setores específicos.

de Liberalização da economia". O índice varia de 0 a 95, mensurado por uma escala de 5 em 5. Quanto mais alto for o índice, maior será o grau de abertura do mercado ao investimento.

A Tabela 1.5 mostra o Índice de Liberalização do Investimento dos países latino-americanos em 2012. Foi observado que a média entre os países da região é de 54,5, levemente superior à média mundial, que é de 50,7. Pode-se afirmar que o acesso ao mercado de investimento da América Latina é relativamente fácil, em comparação com o nível médio mundial. Isso se deve ao fato de que na maioria dos países da região é permitida a entrada do capital estrangeiro nos setores principais da economia nacional, e este recebe tratamento nacional, conforme as legislações locais.

Tabela 1.5 – Índice de Liberalização do Investimento e o *ranking* mundial dos países latino-americanos em 2012

País	Índice de Liberalização do Investimento
Colômbia	90,0
Haiti	85,0
Trinidad e Tobago	70,0
Costa Rica	65,0
Nicarágua	65,0
Equador	65,0
Paraguai	60,0
Honduras	60,0
Panamá	60,0
Suriname	60,0
Venezuela	60,0
Peru	55,0
Uruguai	55,0
Belize	55,0
México	55,0
Jamaica	55,0
Santa Lúcia	55,0
Guiana	55,0
Cuba	55,0
Barbados	55,0
Bahamas	55,0
El Salvador	50,0
Bolívia	50,0
Comunidade da Dominica	45,0

País	Índice de Liberalização do Investimento
Brasil	40,0
Chile	30,0
Argentina	30,0
Guatemala	25,0
São Vicente e Granadinas	20,0

Fonte: The Heritage Foundation. Index of Economic Freedom. Disponível em: <http://www.heritage.org/index/>. Acesso em: 23 out. 2012.

Percebe-se, no entanto, uma discrepância entre os países no que tange ao nível nacional de liberalização do investimento. Especificamente, os países latino-americanos podem ser divididos em três grupos, de acordo com seu Índice de Liberalização do Investimento:

1. países com índice superior a 70, ou seja, Colômbia, Haiti e Trinidad e Tobago. Nesses países, o acesso ao mercado de investimento é relativamente fácil, sendo relativamente poucas as restrições ao investimento estrangeiro;
2. países com índice superior a 45 e inferior a 70, ou seja, Costa Rica, Nicarágua, Equador, Paraguai, Honduras, Panamá, Suriname, Venezuela, Peru, Uruguai, Belize, México, Jamaica, Santa Lúcia, Guiana, Cuba, Barbados, Bahamas, El Salvador, Bolívia e Comunidade da Dominica. Nesses países, o nível de liberalização do investimento é neutro, e há restrições ao investimento estrangeiro em alguns determinados setores;
3. países com índice inferior a 45, ou seja, Brasil, Chile, Argentina, Guatemala e São Vicente e Granadinas. Nesses países, as restrições ao investimento estrangeiro são notavelmente rigorosas.

Avaliação do nível de facilitação do investimento

O nível de facilitação do investimento reflete as condições operacionais de um mercado, levando em consideração fatores econômicos, como a carga tributária, a facilidade de empréstimo, a facilidade do comércio, a proteção aos investidores e as infraestruturas; e fatores institucionais, como a eficácia das leis e regulamentações locais. Conforme o relatório *Doing Business* do Banco Mundial, o nível de facilitação do investimento de um determinado país pode ser avaliado por meio de dez tópicos:

1. abrir um negócio;
2. lidar com as licenças de construção;
3. obter acesso à eletricidade;
4. registrar bens;
5. conseguir linhas de crédito;
6. proteger os investidores;
7. pagar impostos;
8. comércio transfronteiriço;
9. cumprir contratos;
10. lidar com a falência.

Adota-se, então, essa metodologia para realizar uma avaliação quantitativa do nível de facilitação do investimento dos países latino-americanos.

O Gráfico 1.2 mostra a posição dos países latino-americanos no *ranking* mundial do Índice *Doing Business* (Word Bank, 2013). Pode-se ver que entre 185 países pesquisados, a média do *ranking* dos países latino-americanos é de 99, colocando a região na segunda metade do *ranking* mundial. Especificamente, o nível geral de facilitação do investimento da região é inferior ao das economias desenvolvidas e ao das economias emergentes asiáticas.

Conforme demonstra o Gráfico 1.2, seis países apresentam ambiente relativamente favorável para fazer negócios: Chile, Peru, Colômbia, México, Panamá e Santa Lúcia; o ambiente de investimento em 18 países nem é favorável, nem desfavorável, próximo ao nível médio do mundo: Antígua e Barbuda, Dominica, Trinidad e Tobago, São Vicente e Granadinas, Bahamas, Barbados, Uruguai, Jamaica, Guatemala, São Cristóvão e Nevis, Granada, Paraguai, Belize, Costa Rica, El Salvador, Guiana, Dominica e Nicarágua; oito países apresentam ambiente relativamente desfavorável: Argentina, Honduras, Brasil, Equador, Bolívia, Suriname, Haiti e Venezuela, cujo nível de facilitação do investimento é inferior ao nível médio mundial.

Baseada nessa análise, a Tabela 1.6 apresenta uma síntese dos resultados de todos os dez subindicadores do relatório *Doing Business* para listar os países latino-americanos entre os últimos (1/3) do *ranking*. Pode-se observar que o fato de a América Latina apresentar nível de facilitação do investimento e um ambiente de negócios relativamente desfavorável se deve principalmente a condições ruins que a região apresenta em seis

Gráfico 1.2 – Posição dos países latino-americanos no ranking mundial do Índice *Doing Business* (2013)

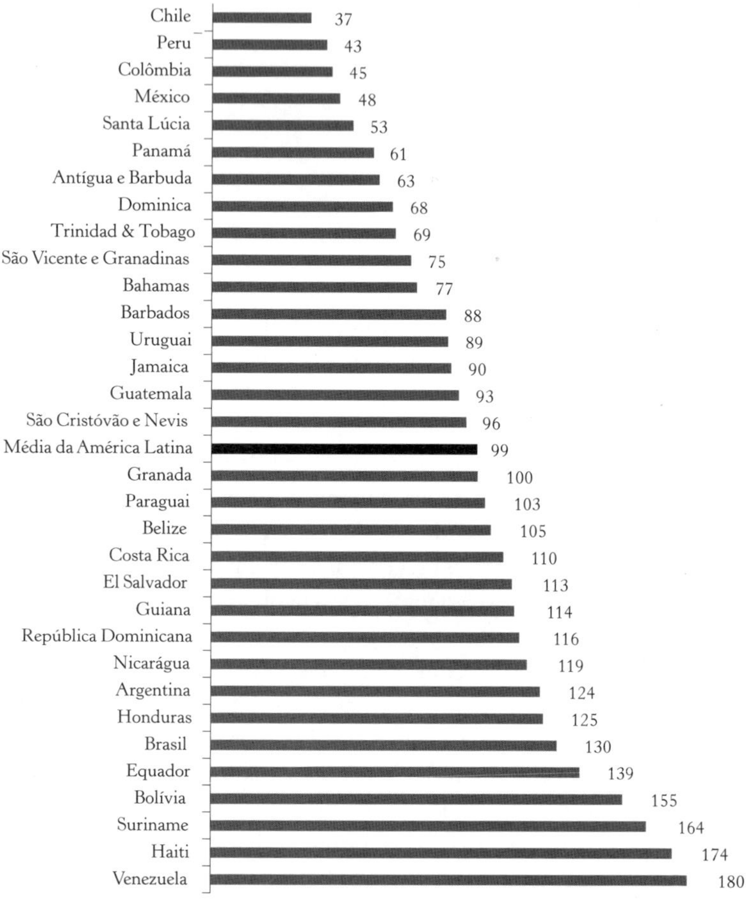

Fonte: World Bank (2013).

aspectos: pagar impostos, lidar com a falência, registrar bens, abrir um negócio, cumprir contratos e proteger os investidores. Dos países latino-americanos pesquisados, Bolívia, Haiti, Venezuela, Costa Rica, Suriname, Argentina, Belize, Equador, Honduras e El Salvador ficaram entre o último terço dos países do mundo no *ranking* com mais da metade dos índices. O Brasil também está entre os países que têm baixo desempenho, pois ficou entre os últimos no *ranking* do índice a três aspectos: lidar com as licenças de construção, pagar impostos e lidar com a falência.

Tabela 1.6 – Países latino-americanos com mau desempenho no *ranking* mundial do Índice *Doing Business* (segundo os subindicadores)

Subindicador	Número de países	Lista de países
Abrir um negócio	13	Haiti (183), Suriname (178), Bolívia (174), Guatemala (172), Equador (169), Belize (158), Honduras (155), Argentina (154), Venezuela (152), El Salvador (139), República Dominicana (137), Nicarágua (131), Costa Rica (128)
Lidar com as licenças de construção	7	Argentina (171), Uruguai (158), Nicarágua (154), El Salvador (146), Haiti (136), Brasil (131), Costa Rica (128)
Obter acesso à eletricidade	8	Venezuela (160), Guiana (148), Equador (146), Colômbia (134), El Salvador (131) México (130), Nicarágua (129), Bolívia (126)
Registrar bens	14	Bahamas (179), Trinidad e Tobago (176), Suriname (171), São Cristóvão e Nevis (166), Uruguai (164), Barbados (154), Granada (151), São Vicente e Granadinas (145), México (141), Bolívia (139), Belize (136), Argentina (135), Haiti (130), Antígua e Barbuda (125)
Conseguir empréstimos	8	Guiana (167), Suriname (159), Haiti (159), Venezuela (159), São Cristóvão e Nevis (129), São Vicente e Granadinas (129), Bolívia (129), Belize (129)
Proteger os investidores minoritários	11	Suriname (183), Venezuela (181), Haiti (169), Barbados (169), Costa Rica (169), El Salvador (169), Honduras (169), Guatemala (158), Bolívia (139), Equador (139), Belize (128)
Pagar impostos	15	Venezuela (185), Bolívia (180), Panamá (172), Jamaica (163), Nicarágua (158), Brasil (156), El Salvador (153), Argentina (149), Antígua e Barbuda (142), Paraguai (141), Uruguai (140), Honduras (139), São Cristóvão e Nevis (135), Costa Rica (125), Guatemala (124)
Comercializar além das fronteiras	6	Venezuela (166), Paraguai (155), Haiti (149), Argentina (139), Equador (128), Bolívia (125)
Cumprir contratos	12	Suriname (180), Honduras (179), Dominica (170), Trinidad e Tobago (170), Belize (169), Santa Lúcia (168), Granada (165), Colômbia (154), Bolívia (136), Jamaica (129), Costa Rica (128), Panamá (125)
Declarar a falência	14	Granada (185), São Cristóvão e Nevis (185), São Vicente e Granadinas (185), Venezuela (163), Haiti (160), Suriname (158), Dominica (156), Paraguai (144) Brasil (143), Guiana (138), Equador (137), Trinidad e Tobago (135), Honduras (133), Costa Rica (128)

Nota: entre parênteses indica-se o *ranking* de cada país segundo cada subindicador.
Fonte: World Bank (2013).

Avaliação do nível de proteção do investimento

Os investidores estrangeiros e seus investimentos enfrentam, geralmente, riscos e disputas relacionados a questões políticas e regulamentárias, muitas vezes surgidas em meio às mudanças no governo e no cenário da política doméstica dos países-alvo de investimentos. Entre os riscos mais frequentemente associados encontram-se: inadimplência do governo, nacionalização e expropriação, proibição ou restrição cambial e guerra ou conflitos civis do país receptor de investimentos. Para fazer frente a essas dificuldades, as empresas precisam recorrer aos mecanismos internacionais de resolução de litígios em investimento, para evitar ou diminuir tanto quanto possível as perdas associadas às incertezas políticas e regulamentárias dos países, de forma a prevenir os eventuais riscos e resolver a disputa de interesses entre os investidores e o país receptor e reforçar a segurança e fomentar o aumento dos investimentos diretos estrangeiros.

A proteção do investimento toma como forma principal o estabelecimento de um quadro legislativo em prol dos direitos dos investidores, o que pode ser realizado por acordos multilaterais e bilaterais. Em âmbito multilateral, o fato de os países latino-americanos serem todos integrantes da Agência Multilateral de Garantia de Investimentos (Miga) já confere certo grau de segurança para os investidores estrangeiros, especialmente no que diz respeito a riscos sistêmicos políticos. No âmbito bilateral (ver a Tabela 1.7), até junho de 2012, a China já havia formado acordos de livre comércio com Chile, Peru e Costa Rica, abrangendo também os aspectos mais relevantes da proteção do investimento bilateral. Além disso, o país também assinou acordos bilaterais de proteção de investimentos com quatorze países latino-americanos, que são: Bolívia, Argentina, Uruguai, Chile, Peru, Jamaica, Cuba, Barbados, Trinidad e Tobago, Guiana, Colômbia, Bahamas, Equador e México. Ademais, acordos para evitar a dupla tributação também são celebrados entre a China e sete países da região: Brasil, Jamaica, Barbados, Cuba, Venezuela, Trinidad e Tobago e México. Portanto, pode-se dizer que os investimentos chineses nos países referidos estão sob a proteção de quadros legislativos relativamente completos.

Levando em conta os resultados dos três indicadores (liberalização, facilitação e proteção ao investimento), conclui-se que a América Latina, como destino dos investimentos diretos da China, apresenta em geral condições moderadas, mas com proeminentes restrições na facilitação do investimento. Ademais, o ambiente de mercado de investimento varia de país a país. Países como Peru, Colômbia, México, Trinidad e Tobago e Panamá são considerados destinos de investimento com maior atratividade, onde as empresas chinesas podem visar a manutenção e a ampliação da participação no mercado de seus produtos competitivos, enquanto países como Argentina, Brasil, Bolívia e Venezuela apresentam condições relativamente desfavoráveis para os investimentos chineses, dada a existência de várias barreiras. Os demais países da região apresentam um ambiente de investimento neutro, nem favorável, nem desfavorável.

Tabela 1.7 – Acordos bilaterais de proteção de investimentos formados entre a China e os países latino-americanos

Acordos bilaterais de livre comércio	Acordos bilaterais de proteção de investimentos	Convenções de dupla tributação
Chile (2005) Peru (2009) Costa Rica (2010)	Bolívia (1992) Argentina (1992) Uruguai (1993) Equador (1994) Chile (1994) Peru (1994) Jamaica (1994) Cuba (1995 e 2007) Barbados (1998) Trinidad e Tobago (2002) Guiana (2003) Bahamas (2009) México (2009) Colômbia (2011)	Brasil (1991) Jamaica (1996) Barbados (2000) Cuba (2001) Venezuela (2001) Trinidad e Tobago (2003) México (2005)

Nota: entre parênteses indica-se o ano em que foi assinado o acordo.
Fonte: elaboração própria com base nas informações do site oficial do Ministério dos Negócios Estrangeiros da China.

COLUNA 1.1

Empresas japonesas tomam medidas para administrar e conter os riscos políticos em relação a seus investimentos no estrangeiro

Como um país de área territorial limitada e populoso, carente de recursos naturais, o Japão, desde os anos 1950, vem implementando uma estratégia de revitalização da economia nacional via expansão no exterior. Desde então, o país tem investido em grande escala nos mercados ultramarinos. Ao longo do crescimento das empresas japonesas, várias experiências bem-sucedidas vieram sendo desenvolvidas no que diz respeito à administração e à contenção dos riscos políticos em relação a seus investimentos no estrangeiro.

Em primeiro lugar, as empresas japonesas têm dado bastante importância ao papel do governo japonês e das associações setoriais na proteção de seus investimentos no estrangeiro. Com o objetivo de garantir o uso dos recursos naturais locais de longo prazo, o governo japonês dispõe-se a conceder ao país receptor de investimento os diversos tipos de empréstimo, em troca do acesso livre das empresas japonesas aos recursos naturais. Além disso, o governo japonês tem incluído a proteção dos investimentos em recursos naturais no plano diplomático nacional, formando um modelo de investimento "capitaneado pelo governo mediante uma "diplomacia de recursos naturais", efetuado pelos grupos *sogo shosha* (uma forma de organização empresarial tipicamente japonesa) e colocado em prática pelas empresas locais especializadas em gestão de recursos naturais. Os grupos *sogo shosha* assinam contratos de longo prazo de financiamento (sob a forma de financiamento) com esses países, para assim garantir o fornecimento estável dos recursos a um preço preferencial. Os grupos são acionistas, mas não participam nas atividades de exploração e produção dos recursos, o que lhes garante um dividendo substancial sem se envolver em possíveis disputas locais de trabalho e de terra. Dessa forma, situações de impasse entre as duas partes podem, em grande medida, ser evitadas, e o investimento também sofre menos impactos da política doméstica do país. Ademais, grandes associações empresariais são estabelecidas para coordenar os investimentos em setores específicos, para que estes possam ser aplicados nos mercados ultramarinos de forma positiva e ordenada. Por exemplo, com um total de 77 escritórios fora do país, a Japan External Trade Organization (Jetro) conta com equipes muito competentes de pesquisa de mercado e de pesquisas estratégicas, que fornecem informações minuciosas e serviços de consultoria de excelente qualidade às empresas japonesas, o que muitas vezes levou-as ao sucesso. Porém, nesses casos, o capital japonês controla apenas uma pequena proporção das ações das empresas locais, sendo geralmente de 5% a 10%, pois o objetivo principal das empresas japonesas não é ser o maior acionista, mas, sim, ter acesso às informações internas das empresas para interferir efetivamente no preço dos recursos e dos produtos. Como as empresas japonesas não participam diretamente na gestão das empresas de recursos naturais, são eliminados, em grande medida, os riscos de conflito entre os investidores e os governos locais em questões de natureza trabalhista, legislativa, ambiental etc.

Em segundo lugar, as empresas japonesas sabem aproveitar ao máximo os diversos recursos dos países de destino de investimento em prol do desenvolvimento de seus negócios. Mediante uma cuidadosa seleção dos locais e dos setores em que os investimentos serão aplicados, pode-se viabilizar uma perspectiva de desenvolvimento promissora e ao mesmo tempo evitar os riscos desnecessários no âmbito político.

Em terceiro lugar, as empresas japonesas são aptas para utilizar os recursos de *think tank* da mídia visando a construção de uma imagem empresarial positiva. Costumam manter comunicações estreitas com órgãos governamentais, *think tanks*, mídia e pessoas influentes do país de destino de investimento, por meio dos quais podem transmitir seus valores empresariais e suas intenções de investimento, o que pode trazer repercussões positivas nas decisões políticas do governo local em relação aos investimentos japoneses. Ademais, as empresas japonesas que operam nos países estrangeiros costumam contratar em grande escala o pessoal local (inclusive para altos cargos) e usar matérias-primas locais para sua produção. Para eliminar acusações de praticar o "neocolonialismo", as empresas japonesas também têm se empenhado de forma ativa nas causas de bem-estar público das regiões de investimento.

Em último lugar, as empresas japonesas tendem a formar empresas de capital misto ou constituir uma nova na fase inicial do desenvolvimento de seus negócios no estrangeiro. Os investimentos japoneses no exterior têm sido amplamente efetuados na forma do investimento direto estrangeiro, geralmente aplicado aos setores de trabalho intensivo, tais como exploração dos recursos naturais, têxtil e de peças padronizadas. As empresas instaladas são principalmente de pequeno a médio portes, de tamanho bem menor do que as empresas de capital europeu ou norte-americano, e a transferência de tecnologias diz respeito principalmente às apropriadas, correspondentes à estrutura e ao nível dos fatores de produção locais. Tal forma de investimento, além de ser menos tendente a suscitar graves conflitos de interesse com as empresas locais, pode contribuir de forma positiva para o desenvolvimento econômico e para a geração de emprego da região.

Os investidores japoneses muitas vezes procuram empresas renomadas ou frequentemente comentadas, bem como empresas concorrentes destas primeiras para exercer uma pressão indireta às empresas receptoras de investimento no sentido de baixar o preço de produtos. Por exemplo, quando os japoneses investiram na Minerações Brasileiras Reunidas SA (MBR), logo exortaram-na a expandir suas produções para aumentar a oferta dos produtos no mercado, de forma a evitar o monopólio do mercado do vendedor. Além disso, como as aquisições japonesas geralmente são feitas por meios mais discretos, suas ações são dificilmente notadas pelas autoridades locais, e dessa maneira são evitados diversos tipos de censura governamental, muitas vezes sob a alegação de supostas razões de segurança.

Fonte: Peng (2012).

Avaliação geral e classificação dos mercados latino-americanos

Com base na avaliação abrangente das condições de exportação e do ambiente de investimento feita anteriormente, pode-se elaborar uma análise integral sobre o ambiente dos mercados latino-americanos. Em termos de condições de mercado, a capacidade dos mercados latino-americanos é consideravelmente grande, sendo possível aumentar as exportações chinesas para vários países latino-americanos. Esses países, além de serem ótimos destinos de exportação de produtos competitivos chineses, dispõem de condições adequadas para receber a transferência das capacidades produtivas setoriais chinesas. Nesse sentido, na próxima década a América Latina deve constituir um dos mercados estrangeiros mais importantes que fazem parte do considerado "período de oportunidades estratégicas da China". Em termos de ambiente de mercado, apesar de os países da região apresentarem condições de comércio e de investimento intermediárias ou até inferiores ao nível médio mundial, percebe-se uma diferenciação entre os países no que diz respeito ao potencial e ao ambiente de mercado. Levando em conta todos os fatores, elabora-se uma "matriz ambiental dos mercados latino-americanos" (Tabela 1.8).

Tabela 1.8 – Mapeamento do ambiente dos mercados latino-americanos

	Dar prioridade às exportações (2)	**Dar prioridade aos investimentos (2)**
Dar prioridade às exportações (1)	Brasil, Bolívia, Costa Rica, Equador, Honduras, Guatemala, Suriname, Venezuela.	Argentina, Belize, Cuba, República Dominicana, El Salvador, Granada, Guiana, São Vicente e Granadinas, Haiti, Santa Lúcia, São Cristóvão e Nevis
Dar prioridade aos investimentos (1)	Antígua e Barbuda, Barbados, Chile, Dominica, México, Nicarágua, Jamaica, Panamá, Paraguai, Uruguai.	Bahamas, Colômbia, Peru, Trinidad e Tobago.

Notas: (1) e (2) representam o grau de prioridade de exportações/investimento dos mercados latino-americanos para a China. (1) representa um grau de prioridade mais alto.

Em razão da manutenção da participação de mercado, a China precisa escolher dar prioridade às exportações ou aos investimentos nos respectivos países latino-americanos. Quando a avaliação do ambiente de exportações for igual à do ambiente de investimento, a prioridade deve ser dada às exportações.

As avaliações são baseadas nas análises dos produtos e dos setores industriais competitivos da China.

Segundo a Matriz, pode-se classificar os países latino-americanos em quatro grupos:

1. Países favoráveis aos investimentos chineses (quatro países), ou seja, aqueles que apresentam um ambiente de investimento favorável e um ambiente de comércio relativamente desfavorável, devido ao pouco potencial ou à excessiva restrição: Bahamas, Colômbia, Peru, Trinidad e Tobago.
2. Países favoráveis às exportações chinesas (oito países), ou seja, aqueles que apresentam um ambiente de investimento desfavorável (existência de barreiras), um grande potencial de importação de produtos chineses e um alto nível de liberalização comercial: Brasil, Bolívia, Costa Rica, Equador, Honduras, Guatemala, Suriname, Venezuela.
3. Países com possibilidades para o investimento chinês (dez países), ou seja, aqueles caracterizados por um ambiente de investimento neutro, um limitado potencial de importação de produtos chineses e um nível de liberalização comercial baixo: Antígua e Barbuda, Barbados, Chile, Dominica, México, Nicarágua, Jamaica, Panamá, Paraguai, Uruguai.
4. Países com possibilidades para as exportações chinesas (onze países), ou seja, aqueles que apresentam um ambiente de investimento neutro, um nível de liberalização comercial neutro e algumas oportunidades de aumentar importações da China: Argentina, Belize, Cuba, Dominica, El Salvador, Granada, Guiana, São Vicente e Granadinas, Haiti, Santa Lúcia, São Cristóvão e Nevis.

Objetivos e estratégias de cooperação entre China e países latino-americanos

Na primeira metade do "período de oportunidades estratégicas da China", as cooperações entre China e América Latina na área econômico-comercial têm-se desenvolvido de forma rápida. Entretanto, principalmente na forma de comércio e apenas com alguns poucos países da região.

Agora, na segunda metade, as cooperações entre as duas partes enfrentarão desafios sérios. Especialmente em um contexto de desaceleração econômica mundial desde 2012, as perspectivas de desenvolvimento das cooperações econômico-comerciais entre China e América Latina passarão por mudanças em decorrência do declínio acentuado das exportações e do impacto contínuo dos atritos comerciais. Diante disso, a China precisa redefinir seu posicionamento em relação aos mercados latino-americanos e reajustar as formas de cooperação junto a eles.

Com base nas análises do modelo gravitacional do comércio e dos indicadores multidimensionais do ambiente de comércio e de investimento, este capítulo avalia a possibilidade e a viabilidade de avanço chinês nos mercados nacionais e no mercado regional da América Latina como um todo, apontando a discrepância entre os países no que diz respeito ao seu ambiente de negócios, ao seu potencial de crescimento de importações da China e às perspectivas de crescimento dos seus mercados. Essa discrepância faz com que a região apresente duas vertentes respeitantes ao seu papel como mercado importante da China: de um lado, as comparações internacionais horizontais mostraram que os mercados regionais ainda apresentam grandes vantagens comparativas como destino de exportação dos produtos competitivos chineses; de outro, os estudos sobre o potencial e as perspectivas de crescimento dos mercados regionais demonstraram que, após quase uma década inteira de crescimento acelerado (incluindo a retomada imediata do ritmo de crescimento em 2009, logo depois da crise), o mercado integral da América Latina neste momento parece apresentar sinais de estar "saturado", sendo suas vantagens competitivas absolutas cada vez menores, e mais acentuada a tendência de diferenciação entre países. Portanto, o "excesso de comércio" e a "insuficiência de comércio" existem ao mesmo tempo na América Latina.

Juntando as duas observações, argumenta-se que, na segunda metade do "período de oportunidades estratégicas da China", apesar de os mercados latino-americanos em geral continuarem sendo uma das prioridades no plano de cooperação econômico-comercial internacional da China, diferentes graus de prioridade devem ser atribuídos para os diferentes países e para as diferentes áreas geográficas da América Latina, conforme as orientações da estratégia chinesa de avançar no mercado regional. A "Matriz ambiental dos mercados latino-americanos", portanto, procura oferecer um exemplo de pensamento estratégico diferenciado. De modo geral, ante os mercados latino-americanos que apresentam oportunidades em âmbito regional e desafios em âmbito local, formulam-se as seguintes propostas, com objetivo de orientar os próximos passos de reajustes e transformações nas cooperações econômico-comerciais entre China e América Latina.

Primeiro, a China deve, além de manter sua participação nos mercados latino-americanos, aumentar gradativamente seus investimentos na região. A escala dos investimentos e das exportações da China para a região é determinada conjuntamente pelo nível de desenvolvimento econômico e pelas condições dos mercados. Em 2011, a China entrou em um "gargalo" de crescimento de seu investimento direto no estrangeiro, enquanto suas exportações para a América Latina também passaram, pela primeira vez, o "limite de saturação". Nessa situação, o aumento dos investimentos chineses na região não só corresponde às necessidades da nova etapa de desenvolvimento econômico do país, mas também atende certamente às condições dos mercados latino-americanos. Dado esse fato, a China deve empenhar-se, em médio e longo prazo, em fortificar a integração produtiva com a região, de forma a manter a participação das empresas chinesas e dos produtos chineses no mercado regional mediante uma transferência setorial seletiva.

Segundo, a China deve envidar esforços no sentido de realizar de forma gradativa os reajustes estruturais em suas exportações e em seus investimentos para a América Latina. Tendo em vista a discrepância entre os diferentes setores produtivos da região no que diz respeito ao seu potencial e à sua perspectiva de crescimento, a China deve implementar diversificadas formas de cooperação, visando manter e aumentar sua participação no mercado e diminuir os atritos comerciais. Na óptica setorial, o país deve continuar aumentando suas exportações de produtos diversos e exercer controles necessários para conter o ritmo de crescimento das exportações de outros bens manufaturados. No caso especial dos produtos químicos e relacionados, as exportações devem ser substituídas de forma gradativa pelos investimentos. Na óptica tecnológica, deve aumentar as exportações de produtos de alta intensidade tecnológica e diminuir o crescimento das exportações de produtos de média ou baixa intensidade tecnológica e de produtos intensivos em recursos naturais. No caso dos produtos de médio ou baixo teor tecnológico, as exportações devem ser recompensadas pelos investimentos via uma transferência de capacidade produtiva, o que favorecerá uma melhor divisão de trabalho entre os setores produtivos da China e da América Latina.

Terceiro, as formas de cooperação entre China e América Latina na área econômico-comercial devem atender à diversidade e a especificidade dos diversos mercados nacionais da região, contemplando as diferenças entre os países conforme seu grau de abertura ao comércio e ao investimento. Mais especificamente, no caso de países latino-americanos que dispõem de condições mais favoráveis aos investimentos, a China deve aumentar seus investimentos, exportando cada vez mais capitais, em vez de bens, deslocando as produções e as vendas nos próprios países para assim realizar uma transferência de capacidade produtiva excessiva. No caso de países com possibilidades para o investimento chinês, a China deve assegurar sua participação no mercado e procurar aumentar seu investimento quando for possível; e nos países com possibilidades para as exportações chinesas, o país deve controlar o ritmo de crescimento das exportações e aumentar de forma mais moderada sua participação no mercado, além de substituir as exportações de produtos mais tendentes a gerar atritos por investimentos. No caso dos países mais favoráveis às exportações chinesas, a China deve, em curto prazo, avançar ainda mais no mercado, aumentando suas exportações e sua participação no mercado.

Quarto, a China deve adotar medidas bem direcionadas para superar os fatores desfavoráveis do ambiente de investimento dos mercados latino-americanos. Os riscos e os desafios dos investimentos chineses para a região decorrem, em grande medida, das condições relativamente desfavoráveis e do ambiente regional desvantajoso de investimento. Portanto, as medidas de contenção de riscos devem ser concebidas a partir de uma visão ambiental e institucional. De um lado, a China deve envidar esforços no melhoramento do ambiente dos mercados latino-americanos, elevando a eficiência mediante investimentos em infraestrutura dos mercados potenciais (países favoráveis aos investimentos e países favoráveis às exportações chinesas, que têm uma capacidade maior de mercado), por exemplo, investir no aprimoramento das instalações de logística, portos e transporte dos países, o que certamente aumentará a eficiência e diminuirá os custos operacionais das empresas chinesas na região em longo prazo. De outro lado, a China também deve prestar atenção à instituição dos mecanismos adequados para a proteção aos investimentos, por exemplo, alargar o âmbito dos acordos de livre comércio, de proteção aos investimentos e de dupla tributação, de forma a fornecer garantias legais para as cooperações econômico-comerciais entre a China e os países da América Latina.

Além do mais, vale ressaltar que as análises deste capítulo são baseadas no modelo gravitacional do comércio, que tem suas vantagens e desvantagens. A vantagem desse modelo é que nos oferece uma abordagem panorâmica à questão central mediante uma análise agregada dos dados. Entretanto, inevitavelmente ele não entra nos pormenores, o que implica uma falta de poder explicativo para os indicadores detalhados, além de as análises serem de natureza estática. Portanto, o presente capítulo não tem a intenção de abordar todos os aspectos relevantes das cooperações econômico-comerciais entre China e América-Latina, pois se trata de uma questão extremamente complexa, e não podemos levar em conta todos os fatores dinâmicos, como as estratégias econômico-comerciais dos dois lados, a estrutura setorial das economias e a estrutura competitiva entre os países, devido ao espaço limitado. Esses fatores, porém, serão o ponto de partida para os futuros estudos da autora.

Referências bibliográficas

AGÊNCIA XINHUA. Esboço do décimo segundo plano quinquenal do desenvolvimento econômico e social da República Popular da China. Disponível em: <http://www.gov.cn/ 2011lh/content_1825838.htm>. Acesso em: 16 mar. 2011.

BIN, S.; MINGZHONG, L. O fluxo comercial e o potencial de exportação da China: um estudo do Modelo Gravitacional. *The Journal of World Economy*, n.2, p.3-12, 2004.

CHAOXING, S.; HAIYING, G. Novos avanços do Modelo Gravitacional e suas aplicações na China. *Finance and Trade Research*, v.3, p.27-32, 2005.

EGGER, P. A Note on The Proper Econometric Specification of The Gravity Equation. *Economic Letters*, v.66, n.1, p.25-31, 2000.

FEENSTRA, R. *Advanced International Trade*: Theory and Evidence. Princeton: Princeton University Press, 2003.

HEAD, K.; MAYER, T. Illusory Border Effects: Distance Mismeasurement Inflates Estimates of Home Bias in Trade. *CEPII Working Paper*, n.1, 2002.

HOLBURN, G. L. F.; ZELNER, B. A. Pohtical Capabilities, Policy Risk, and International Investment Strategy: Evidence From the Global Electric Power Generation Industry. *Strategic Management Journal*, v,31, p.1290-315, 2010.

HUIQING, Z.; HAIYAN, T. O potencial das exportações chinesas: volume total, distribuição geográfica e perspectivas futuras. *Journal of International Trade*, n.1, p.12-25, 2012.

IMF. World Economic Outlook Database. Disponível em: <http://www.imf.org/external/pubs/ft/weo/2012/02/weodata/index.aspx>. Acesso em: 9 out. 2012.

JIANCHUN, S. Estudo dos fatores determinantes nas exportações chinesas para mercados emergentes da América Latina. *Journal of International Trade*, v.6, p.61-8, 2012.

KALBASI, H. The Gravity Model and Global Trade Flows. In: GLOBAL ECONOMIC MODELING CONFERENCE, Washington DC. Disponível em: <http://www.ecomod.net/conferences/ecomod2001/papers_web/KALBASI. pdf>. Acesso em: 2001.

KEJIAN, G. O desenvolvimento e a aplicação do Modelo Gravitacional nos estudos de Economia Internacional. *The Journal of World Economy*, v.2, p.14-25, 2001.

MÁTYÁS, L. The Gravity Model: Some Econometric Considerations. *The World Economy*, Wiley Blackwell, v.21, n.3, p.397-401,05, 2003.

PENG, C. The Enlightenment on Japanese Enterprise Preventing and Controlling Overseas Investment Political Risk. *Asia-Pacific Economic Review*, v.6, p.65-70, 2012.

QINGFENG, L.; SHUZHU, J. Arranjos bilaterais de comércio da China: uma abordagem do Modelo Gravitacional. *Zhejiang Social Sciences*, v.6, p.17-20, 2002.

WORLD BANK. *Doing Business* 2013. Disponível em: <http://www.doingbusiness.org/reports/global-reports/ doing-business-2013>. Acesso em: 23 out. 2012.

YUJU, L. Arranjos regionais de comércio e o potencial das exportações chinesas: uma modificação ao Modelo Gravitacional. *Journal of Financie and Economics*, v.6, p. 86-95, 2005.

ZEMIN, J. *Construir uma sociedade moderadamente próspera em todos os aspectos e abrir novas perspectivas para as causas do socialismo com características chinesas.* Discurso no 16º Congresso Nacional do PCCh. Disponível em: <http://www.china.com.cn/chinese/2002/Nov/233921.htm>. Acesso em: 18 nov. 2002.

Apêndice: regras derivadas do modelo gravitacional das exportações chinesas para a América Latina

Construção do modelo e seleção das variáveis

É geralmente considerado que o fluxo comercial entre dois parceiros depende do tamanho da economia, dos custos de transporte e de outros fatores favoráveis ou desfavoráveis nos comércios dos dois. Portanto, a equação básica do Modelo Gravitacional de Comércio pode ser escrita como a fórmula (Eq. 1.1):

$$lnEXijt = \alpha 0 + \alpha 1lnGDPit + \alpha 2lnGDPjt + \alpha 3lnDISij + \alpha 4lnAij + Uijt \quad (1.1)$$

em que: lnEXijt é o valor de exportações do país i para país j no tempo t; GDPit é o PIB do país i no tempo t; GDPjt é o PIB do país j no tempo t; DISij é a distância entre o país i e o país j, o que representa o custo de transporte dos comércios bilaterais; Aij representa os outros fatores que promovem ou obstruem os comércios bilaterais; e Uijt é o termo de erro do modelo da Distribuição Normal padronizada.

Conforme o objetivo deste estudo, e tendo como referência estudos já elaborados, o trabalho selecionou a discrepância do PIB *per capita*, a população, a diferença na dotação dos fatores, o nível de abertura e o nível de integração como outros fatores que influenciam o fluxo comercial dos dois parceiros. Com a inclusão das variáveis no modelo, podemos construir o Modelo Gravitacional Estendido das exportações chinesas, que obedece à seguinte fórmula (Eq. 1.2):

$$lnEXcjt = \alpha 0 + \alpha 1lnGDPct + \alpha 2lnGDPjt + \alpha 3IITct + \alpha 4lnPOPct + \alpha 5lnPOPjt + \alpha 6lnDIScj + \alpha 7lnOPENjt + \alpha 8RTAjt + Ucjt \quad (1.2)$$

em que: EXcjt é o valor das exportações chinesas. Na Tabela A1.1 encontram-se os símbolos e os significados teóricos de todas as variáveis.

Tabela A1.1 – Símbolos e significados teóricos das variáveis explicativas

Variáveis explicativas	Definição	Unidade de conta	Símbolo de expectativa	Significado teórico
GDPct	PIB chinês	Milhões $	+	Representa a capacidade de oferta das exportações da China. Quanto mais alto for o valor, mais alta será a capacidade potencial de exportação da China.
GDPjt	PIB do país importador	Milhões $	+	Representa o volume da demanda do país importador. Quanto mais alto for o valor, mais alto será o potencial de importação do país.
IITct	O valor absoluto da diferença do logaritmo natural do PIB *per capita* entre a China e o país importador		+/-	Representa a discrepância relativa do nível de desenvolvimento das duas economias. Como as vantagens comparativas e o "efeito Linder" exercem funções contrárias na determinação do valor dessa variável, a relação entre esse último e o fluxo comercial é indeterminada.
POPct	População chinesa	Mil	+/-	Representa a oferta das exportações chinesas, mas pode ter efeito tanto positivo quanto negativo às exportações: de um lado, quanto mais alto for o valor, mais alta será a demanda interna e menor será o valor de exportações; de outro, quanto mais alto for o valor, mais alta será a capacidade de produção dos produtos para a exportação e maior será o valor de exportações.
POPjt	População do país importador	Mil	+	Representa o tamanho do mercado do país importador. Quanto mais alto for o valor, maior será a capacidade potencial de importações.
DIScj	Distância entre a China e o país importador	Quilômetro	-	Representa o custo de transportes, o que é um dos fatores principais que obstruem o fluxo comercial entre os dois países.
OPENjt	Nível de abertura		+/-	Representa o nível de dependência do país importador em relação aos comércios de mercadorias. Quanto mais alto for o nível de abertura, mais alto será o nível de sua integração no sistema mundial de comércio, e mais importante será o papel das importações e exportações na economia. Porém, como o nível de importação e de exportação do país é indeterminado, o efeito que essa variável terá na importação do país da China é incerto.

Variáveis explicativas	Definição	Unidade de conta	Símbolo de expectativa	Significado teórico
RTAjt	Acordos comerciais regionais		+	Representa o nível de integração entre as duas economias. Sendo uma variável virtual, define-se que: se os dois países são membros do mesmo mecanismo de integração econômica regional, o valor da variável é 1, e, portanto, exerce função positiva no resultado; em caso contrário, o valor é 0.

Nota: o símbolo de expectativa mostra a relação entre a variável e o resultado, conforme sugerem as teorias, em que: "+" implica uma relação positiva, ou seja, o aumento do valor da variável resultaria em um aumento do valor do resultado; "–" implica uma relação negativa, ou seja, o aumento do valor da variável resultaria em uma diminuição do valor do resultado; "+/–" implica que essa relação pode ser positiva, como pode ser negativa, dependendo do valor da variável.

Amostras e dados

Seleção dos países da amostragem

O presente capítulo selecionou 66 países, que respondem em conjunto por mais de 90% das exportações da China entre 2000-2011, como os países da amostragem,[6] incluindo-os na equação do Modelo Gravitacional, que foi constituída de acordo com os resultados das situações do painel de dados. Os 66 países ou regiões são: 33 países independentes da América Latina, Austrália, Bangladesh, Bélgica, Canadá, China, Hong Kong, Taiwan da China, República Checa, França, Alemanha, Índia, Indonésia, Irã, Itália, Japão, Cazaquistão, República da Coreia, Malásia, Holanda, Nigéria, Paquistão, Filipinas, Polônia, Rússia, Arábia Saudita, Singapura, África do Sul, Espanha, Tailândia, Turquia, Emirados Árabes Unidos, Reino Unido, Estados Unidos e Vietnã. Portanto, o tamanho da amostragem dessa pesquisa é de 792 (66×12 = 792).

Classificação das indústrias e dos setores

Com o objetivo de verificar a estrutura industrial das exportações chinesas, utilizaram-se duas metodologias para a classificação das amostras.

6 Fonte dos dados: o banco de dados da Unctad.

A primeira metodologia é de acordo com a Classificação Tipo para o Comércio Internacional (SITCI4) da ONU, no nível de um dígito, o que classifica as exportações chinesas em dez categorias industriais, em que: as seções (0) – (4) são produtos primários; (5) – (9) são bens manufaturados. Dado que esses bens industriais predominam na pauta de exportação da China, o presente capítulo selecionou para a análise as seções (5) – (9), que são: (5) produtos químicos e relacionados; (6) produtos têxteis, produtos de borracha, produtos de mineração e relacionados; (7) máquinas e equipamentos de transporte; (8) produtos diversos.

A segunda metodologia é de acordo com o trabalho da Unctad (2002),[7] em que os produtos no nível de três dígitos são classificados em seis categorias industriais conforme a intensidade dos fatores e o teor tecnológico, sendo elas: (A) produtos primários; (B) produtos manufaturados intensivos em trabalho e em recursos; (C) produtos manufaturados de baixa intensidade tecnológica; (D) produtos manufaturados de média intensidade tecnológica; (E) produtos manufaturados de alta intensidade tecnológica; (F) outros produtos. Levando em conta as características das exportações chinesas, o presente trabalho selecionou as categorias (B) – (E) como a base das análises.

Fonte dos dados

Os dados como as exportações chinesas para os países da amostragem, o PIB, o PIB *per capita* e a população dos países da amostragem vêm do banco de dados da Unctad;[8] o nível de abertura dos países foi calculado com base nos dados relevantes do banco de dados da Unctad; os dados da distância entre a China e os países da amostragem foram obtidos a partir da base de dados do Centro de Estudos Prospectivos e de Informação Internacional (Cepii) da França, que são a média ponderada das distâncias entre as principais cidades da China e dos países (Head; Mayer, 2002); e os dados referentes aos Acordos Comerciais Regionais foram organizados com base no banco de dados da OMC.[9]

7 Unctad. Trade and Development Report. New York: United Nations, 2002.

8 Disponível em: <http://unctadstat.unctad.org/>.

9 Disponível em: <http://www.wto.org/english/tratop_e/region_e/region_e.htm>.

Resultados das regressões do Modelo Gravitacional

Levando em consideração as características dos dados, aplicou-se o Modelo de Utilidade Aleatória em um processamento suave dos dados, a partir do qual foi elaborada uma análise de regressão dos dados, utilizando o software Stata 12.0. Utilizando o método de retropolação (*backward method*), as variáveis pouco relevantes foram sucessivamente anuladas. Com base nisso, estendemos a fórmula (Eq. 1.2) de forma que esta seja aplicável a todas as categorias de indústria e ao total das exportações, conforme a qual foram obtidos os resultados das regressões do Modelo Gravitacional (ver a Tabela A1.2).

Tabela A1.2 – Resultados das regressões do Modelo Gravitacional

	(1)	(2)	(3)	(4)	(5)	(6)	(7)	(8)	(9)
	Exportações totais	5	6	7	8	B	C	D	E
	0,901***	0,563***	0,982***	0,980***	1,004***	1,047***	0,872***	0,971***	0,873***
	(15,24)	(7,21)	(19,29)	(13,95)	(18,76)	(16,35)	(11,27)	(23,41)	(9,33)
	0,792***	1,030***	0,805***	1,206***	0,389***	0,323***	1,159***	1,053***	1,074***
	(8,33)	(12,29)	(11,99)	(8,96)	(5,09)	(3,36)	(9,38)	(14,02)	(11,85)
		0,487***							
		(3,98)							
	3,355*				9,771**	7,372***			0,283*
	(2,34)				(4,94)	(3,33)			(1,98)
	-0,797***	-0,636***	-0,524**	-0,804***	-0,610*	-0,491*	-0,545***	-0,586***	-0,818***
	(-4,77)	(-4,24)	(-3,23)	(-4,81)	(-2,54)	(-2,27)	(-3,57)	(-3,86)	(-4,13)
	0,400*	0,534***	0,612**	0,543***		0,528*	0,619**	0,633***	0,537*
	(2,26)	(3,47)	(3,05)	(2,41)		(2,57)	(3,14)	(3,64)	(2,46)
Termos constantes	-49,37*	-11,31***	-8,156***	-10,83***	-136,6***	-106,2***	-12,62***	-11,48***	-10,77***
	(-2,55)	(-4,93)	(-4,10)	(-6,24)	(-5,07)	(-3,61)	(-7,34)	(-6,50)	(-3,79)
N	789	785	765	762	765	789	786	789	784
R2	0,8382	0,7881	0,8455	0,8323	0,8203	0,8055	0,7498	0,8323	0,7815
Resultado Wald	1557,26	886,30	1076,45	1155,26	725,24	886,30	1076,45	1155,26	725,24

Notas: entre parênteses mostra-se o valor t; *** marca um nível de significância superior ao 0,1%, ** marca um nível de significância superior ao 1%; e * marca um nível de significância superior aos 5%.

Os resultados das regressões demonstram que todas as variáveis explicativas chegaram a um nível de significância relativamente alto, e os símbolos dos coeficientes das regressões combinam em grande medida com os símbolos de expectativa, produzindo efeitos de ajuste (*fitting effects*) positivos e resultados de estatísticas de teste satisfatórios. Tudo isso provou que os objetivos propostos foram atingidos pelo Modelo Gravitacional Estendido, cuja metodologia conta com um forte senso econômico e um alto poder explicativo para as exportações da China.

Cálculo do potencial de exportação da China para a América Latina

Aplicando o Modelo Gravitacional Estendido como mostra a Tabela A1.2, o presente capítulo avalia o potencial das exportações chinesas para a América Latina, com base em duas perspectivas analíticas: primeiro, realizou-se uma avaliação real do potencial dos países latino-americanos como destinos das exportações chinesas, pegando principalmente as metodologias adotadas por Qingfeng e Shuzhu (2002); e segundo, realizou-se uma avaliação prospectiva e fez-se uma estimativa de cálculo do valor das exportações chinesas para os países latino-americanos em 2017, introduzindo as metodologias propostas por Zhang Huiqing e Tang Haiyan (2012), o que demonstrou de forma clara as oportunidades do aumento das exportações chinesas na região em médio e longo prazo.[10] Os resultados dos cálculos encontram-se nas tabelas A1.3 e A1.4.

10 Para evitar a diferença nas especificações estatísticas do FMI e da CNUCED no tocante do valor do PIB dos países, os dados da taxa de crescimento econômico utilizados nesse trabalho são os divulgados pelo FMI. Além disso, devido à indisponibilidade de dados, pressupôs-se que o nível de abertura comercial dos países mantenha-se estável, equivalente ao nível de 2011.

Tabela A1.3 – Valor das exportações potenciais da China para os países da América Latina (2011)

	Exportações totais	5	6	7	8	B	C	D	E
Antígua e Barbuda	446	11	64	128	57	20	76	64	372
Argentina	70.255	4.711	16.780	31.122	19.666	8.114	10.231	15.299	47.404
Bahamas	2.928	76	498	1.005	421	176	480	491	2.371
Barbados	1.508	44	252	493	205	86	260	249	1.245
Belize	746	35	122	238	77	37	142	123	669
Bolívia	6.823	672	1445	2.628	1.081	546	1.224	1.385	5.461
Brasil	279.501	20.860	66.234	130.875	113.641	37.289	33.499	58.976	167.257
Chile	50.990	3.047	13.183	23.508	10.323	5.791	8.674	12.278	38.241
Colômbia	63.295	4.793	13.691	27.203	16.894	6.482	8.656	12.684	42.894
Costa Rica	12.893	707	2.675	5.167	2.095	1.042	2.145	2.581	10.177
Cuba	16.344	1.009	2.929	6.106	3.805	1.260	2.204	2.776	11.411
Dominica	216	7	30	59	24	9	39	30	188
República Dominicana	15.516	1.046	3.041	6.076	2.965	1.243	2.350	2.909	11.593
Equador	19.406	1.591	4.354	8.158	3.301	1.749	3.298	4.159	15.194
El Salvador	8.041	613	1.587	3.097	1.202	592	1.358	1.546	6.491
Granada	321	10	45	89	41	14	55	45	268
Guatemala	14.627	1.296	2.947	5.828	2.509	1.169	2.326	2.841	11.317
Guiana	1.277	79	241	445	127	75	263	242	1.171
Haiti	2.497	354	429	850	356	150	419	422	2.031
Honduras	7.431	726	1.559	2.965	922	553	1.378	1.536	6.381
Jamaica	4.988	288	909	1.802	774	336	815	886	3964
México	291.064	23.659	75.258	151.153	65.943	36.362	41.911	70.587	208.685

	Exportações totais	5	6	7	8	B	C	D	E
Nicarágua	3.346	386	661	1.250	378	221	643	657	2.951
Panamá	12.553	717	2.904	5.358	1.567	1.057	2.410	2.842	1.0831
Paraguai	6.808	564	1.497	2.668	1.023	559	1.272	1.436	5.556
Peru	38.033	3.007	8.650	16.316	8.504	3.839	5.854	8.071	27.390
São Cristóvão e Nevis	275	7	39	77	30	12	49	39	239
Santa Lúcia	557	21	89	172	60	27	105	89	493
São Vicente e Granadinas	308	11	45	88	35	13	56	45	267
Suriname	1.799	80	345	639	193	111	359	344	1.612
Trinidad e Tobago	8.611	335	1.875	3.494	1.112	677	1.613	1.835	7.328
Uruguai	9.741	420	1.981	3.667	2.079	821	1.546	1.855	7.095
Venezuela	68.221	4.356	15.510	30.400	16.060	7.133	9.900	14.486	48.195
Total da América Latina	**102.1365**	**75.539**	**241.868**	**473.125**	**277.470**	**117.565**	**145.610**	**223.805**	**706.742**

Unidade de conta: US$ 100 milhões

Tabela A1.4 – Estimativa para as exportações potenciais da China para os países latino-americanos (2011-2017)

País	Exportações totais	5	6	7	8	B	C	D	E
Antígua e Barbuda	1.019	26	140	356	122	40	199	161	930
Argentina	147.468	10.055	33.493	78.777	38.406	14.571	24.602	35.294	109.093
Bahamas	6.566	170	1.069	2.735	884	341	1.231	1216	5.818
Barbados	3.504	99	562	1.394	448	173	691	640	3.161
Belize	1.677	80	263	649	162	73	364	307	1.646
Bolívia	17.337	1.651	3.553	8.190	2.612	1.225	3.540	3.926	15.124
Brasil	613.295	45.721	138.752	347.654	233.179	70.503	84.082	142.721	401.825
Chile	130.839	7.370	32.754	74.033	25.218	13.132	25.332	35.170	106.915
Colômbia	23.121	3.470	4.064	10.280	4.701	1.526	3.832	4.446	18.138
Costa Rica	54.797	2.377	11.518	28.172	8.979	4.246	10.210	12.733	46.393
Dominica	450	14	59	148	46	16	93	69	429
República Dominicana	37.565	2.466	7.091	17.964	6.789	2.634	6.488	7.828	30.635
Equador	47.036	3.762	10.167	24.149	7.567	3.712	9.114	11204	40.197
El Salvador	18.574	1.380	35.16	8.699	2.612	1.189	3.582	3..954	16.391
Granada	722	22	96	244	86	27	142	111	659
Guatemala	34.928	3.146	6.770	16.974	5.658	2.438	6.338	7.531	29.512
Guiana	3.259	187	596	1.391	309	169	763	688	3.257
Haiti	6.668	888	1.113	2.796	909	357	1.271	1.261	5.902
Honduras	17.903	1.744	3.615	8.719	2.099	1.166	3.785	4.111	16.782
Jamaica	10.132	593	1.751	4.400	1.456	580	1.899	1.973	8.836
México	632.475	51.972	155.993	397.289	133.848	67.977	104.209	169.036	496.643
Nicarágua	8.052	912	1.531	3.670	860	466	1.764	1.756	7.753

País	Exportações totais	5	6	7	8	B	C	D	E
Panamá	35.449	1.872	8.008	18.728	4.260	2.679	7.723	9.026	33.224
Paraguai	19.354	1491	4.159	9.395	2.801	1.428	4.103	4.594	17.156
Peru	101.184	7..504	22.354	53.444	21.627	9.079	17.706	24.039	79.307
São Cristóvão e Nevis	636	16	86	217	66	23	131	100	606
Santa Lúcia	1.213	45	185	452	122	51	262	214	1.175
São Vicente e Granadinas	694	23	96	240	74	26	144	112	659
Suriname	5.193	209	974	2.289	538	289	1.174	1.118	5053
Trinidad e Tobago	19.810	746	4.136	9.773	2.405	1353	4.238	4.672	18.432
Uruguai	24.688	994				1..836	4.462	5.244	19.599
Venezuela	137.059	9.205				12.173	22.815	31.877	106.305
Total da América Latina	2162.670	160.211	458.463	1.133.221	508.844	215.498	356.290	527.132	1.647.559

Unidade de conta: US$ 100 milhões

2
A internacionalização do renminbi e o papel da América Latina

Chai Yu

Introdução

Desde o surgimento do sistema dos Estados-nação no século XVII, um conceito foi de modo geral reconhecido: a soberania de um país, no âmbito financeiro, se mostra pela autoridade de cunhar moeda (Hirsch, 1969) e pelo fato de que no território desse país só existe essa única moeda em circulação e utilização.[1] Então, à medida que a força militar de um país vinha aumentando, seu sistema tributário vinha sendo criado, e o direito à cunhagem da moeda se tornou parte da soberania nacional. A moeda é algo monopolizado pelo Estado. O monopólio estatal da moeda, que visa barrar a entrada de qualquer outra moeda no território nacional, não só garante ao Estado o direito à solicitação dos recursos reais (como os bens e serviços), mas também confere à moeda nacional um papel de força no controle do funcionamento da economia nacional.

Hoje em dia, em meio à globalização econômica e à crescente interdependência entre as economias, a competição entre os principais mercados mundiais também aumentou em amplitude e profundidade. A competição do mercado mudou o relacionamento espacial das moedas, minando cada vez mais o poder de monopólio dos Estados. No passado, quando o sistema monetário era predominado pelos Estados, a área

1 Na verdade, antes do surgimento dos Estados-nação modernos, a circulação além-fronteiras das moedas era bastante comum.

de atuação das moedas é definida pelas fronteiras políticas dos países, ou seja, sua circulação se dava dentro da área de governança dos Estados. Devido à existência das fronteiras de circulação, o mercado monetário mundial ficou altamente segmentado, e a guerra pelos interesses das moedas era constante entre os países soberanos (Yuyan, 2008). Porém, hoje em dia, o espaço das moedas deixou de ser determinado apenas pelo poder político dos países soberanos, e passou a ser conduzido pela "mão invisível" da competição do mercado, ou seja, pela utilidade e pela "autoridade" (o poder) das próprias moedas (Cohen, 1998, p.5; Goodhart, 2005).[2] A posição de uma moeda em seu país emissor deixou de ser "monopolista", e passou a ser "oligopolista" (como bioligopópio ou polioligopólio).

Apesar de ambos os termos serem considerados formas de "mercado de concorrência imperfeita",[3] o monopólio e o oligopólio são totalmente diferentes no sentido econômico.[4] O *status* de oligopólio do mercado monetário reconfigurou de forma significativa as relações entre os países emissores das moedas e, consequentemente, os modelos de concorrência e de receitas. Dadas as características dessa estrutura de mercado, enquanto as redes de transações vêm-se expandindo, destaca-se cada vez mais a importância da dimensão da demanda da moeda.

Na área de estudo sobre a internacionalização das moedas, percebe-se, há muito tempo, uma carência de pesquisa aprofundada na perspectiva da dimensão da demanda. Isso por três razões:

---

2 Goodhart (2005) aponta que o "poder relativo" dos países é o fator essencial na organização espacial das moedas.

3 Os mercados são classificados em quatro tipos: mercado de concorrência perfeita; de monopólio; de concorrência monopolística; e de oligopólio. O mercado de oligopólio é dominado por um pequeno número de empresas que, juntas, controlam a maior parte da produção e das vendas dos produtos. A presença de poucas empresas, o difícil acesso ao setor e a alta interdependência das empresas existentes no setor são algumas das suas características. O surgimento de mercados de oligopólio pode ter tido origem em vários fatores: a economia de escala, o avanço tecnológico, o alto investimento de capital, a licença concedida pelo governo etc. Os setores mais típicos de oligopólio são o setor petrolífero, o setor automobilístico, o setor siderúrgico etc.

4 Na perspectiva política, sob o oligopólio, o poder da moeda é resultado da interação entre o Estado e o mercado; e sob o monopólio, o poder da moeda depende só do poder de Estado. O mercado, em sua vez, é composto por diversos atores, sendo o mais importante o comprador (procura) da moeda.

1. A competência de uma moeda, em seu processo de internacionalização, depende principalmente do próprio país emissor. O resultado das concorrências entre uma moeda internacional e uma moeda local, bem como entre ela e as outras moedas internacionais, depende principalmente das condições de que o país emissor dispõe: o tamanho da economia, a estabilidade da moeda, o nível de desenvolvimento de seu mercado de capital etc., o que são fatores fundamentais para a expansão da área de circulação da moeda. Os estudos existentes, em sua maioria, adotaram essa óptica para descobrir as determinantes e os mecanismos da internacionalização de uma moeda, dando destaque às interações entre as principais moedas internacionais, como o dólar norte-americano e o euro.
2. O lado da demanda da moeda não produz um efeito significativo no processo de crescimento e de amadurecimento de uma moeda internacional. Especialmente para os países com certas limitações geográficas, esse processo se dá principalmente em meio à elevação da posição do país no cenário internacional e às mudanças da estrutura da economia mundial. Embora seja correto em grande medida estudar essa questão a partir do poder econômico e da influência do país emissor, a utilidade e a autoridade de uma moeda veem-se somente em países específicos onde essa moeda é usada. Na economia internacional não há um poder supranacional que possa forçar o uso de alguma moeda, sendo esse o resultado das decisões e das ações de todos os agentes, públicos ou privados, de todos os países participantes do mercado (Boke; Qinglong, 2005). Em meio às mudanças no cenário competitivo, em particular, a expansão das redes de transações e as relações entre o país de demanda da moeda e seus parceiros comerciais tornam-se cada vez mais complicadas. Um exemplo extremo é a substituição de uma moeda local por uma moeda internacional: durante esse processo, o desenvolvimento econômico e os fundamentos da economia do país de demanda da moeda desempenham um papel decisivo na escolha da moeda alternativa.
3. Como a globalização atingiu os países em graus diferentes, os laços econômicos e comerciais desenvolvidos entre diferentes países variam muito em profundidade e amplitude. Em especial, o

> surgimento das economias emergentes mudou significativamente a estrutura das relações internacionais, que era caracterizada antes pela dependência singular em relação aos países desenvolvidos, respeitantes ao seu mercado, às tecnologias e aos produtos dos países desenvolvidos, e passou a ser uma interdependência pluralista entre os próprios países em desenvolvimento, abrindo novas possibilidades para a cooperação e integração monetária regional entre esses países.

Nos últimos vinte anos, as relações econômicas e comerciais entre a China e a América Latina desenvolveram-se de forma muito veloz. De 2001 até o ano corrente, os comércios bilaterais entre os dois lados têm crescido a uma taxa superior a 30%, maior do que a taxa média de crescimento dos comércios exteriores da China em geral. A China já se tornou uma importante fonte de investimento da América Latina, e as cooperações entre as duas partes na área de recursos energéticos, infraestrutura, alta tecnologia, agricultura etc. têm sido muito frutíferas. O estreitamento das relações bilaterais na economia real apresentou novas exigências para as cooperações financeiras. Perante essa realidade, a China formou com a Argentina um acordo de *swap* e está em negociação com o Brasil. No âmbito dos mecanismos de governança econômica global, como o Fórum do G20, a China e a América Latina têm desenvolvido cooperações amistosas em torno da questão de reforma do sistema financeiro internacional. Nesse contexto, a possibilidade de a América Latina ser uma área-alvo da internacionalização do renminbi entrou na agenda do debate do meio acadêmico chinês e internacional.

O presente capítulo tem por objetivo estudar o papel da América Latina como área de circulação das moedas e avaliar a possibilidade de a região se tornar área de circulação do renminbi, propondo uma nova determinante, ou seja, o papel das áreas de circulação, para os estudos sobre a internacionalização das moedas. Após esta breve introdução, a segunda seção analisará as características das concorrências internacionais de moeda e suas implicações para as áreas de circulação; a terceira analisará as condições de que o país emissor da moeda (a China no caso) dispõe para a internacionalização do renminbi; a quarta apresentará as situações econômicas e monetárias da América Latina, visando avaliar a possibilidade da expansão da área de circulação do renminbi na região;

e na última seção avalia-se a perspectiva da internacionalização do renminbi na América Latina e as futuras cooperações financeiras entre a China e a região.

Concorrência monetária internacional e a área de circulação das moedas

Concorrência monetária internacional

A concorrência monetária internacional se dá entre as moedas correntes legais dos países soberanos, ao longo da qual algumas moedas-chave vão surgindo e ampliando sua área de circulação, no sentido de alcançar um monopólio no sistema de poder monetário mundial. Portanto, a concorrência entre as moedas é, na verdade, uma concorrência pela área de circulação. No presente trabalho adota-se um quadro analítico funcional para apresentar a situação atual das concorrências monetárias internacionais de hoje. Segundo Chinn e Frankel (2005), uma moeda internacional deve ter várias funções, como mostra a Tabela 2.1.

Tabela 2.1 – Funções de uma moeda internacional

	Setor público	**Setor privado**
Meio de troca	Intervenção cambial	Meio de pagamento nos comércios e nas finanças
Reserva de valor	Reservas internacionais	Reservas privadas em moedas estrangeiras
Unidade de conta	Moeda de âncora	Unidade de conta nos comércios e nas finanças internacionais

Fonte: Chinn e Frankel (2005).

Do ponto de vista das funções de meio de troca e de unidade de conta, o dólar norte-americano continua sendo a moeda principal nos comércios internacionais, na emissão e no comércio dos títulos internacionais. Mas algumas outras moedas, como o euro, estão aumentando cada vez mais sua influência.

O dólar norte-americano tem sido a principal moeda de meio de troca e de unidade de conta desde o início do século XX, apesar de ser afetado em alguns momentos pelo marco alemão e pelo iene japonês.

Segundo o estudo clássico de Kamps (2006), durante a década de 1990, o dólar norte-americano era ainda a moeda mais usada no pagamento do comércio internacional. Entretanto, o euro vinha aumentando seu uso no pagamento, especialmente nos países da Zona do Euro. Especificamente, a taxa de uso do euro nas exportações da Espanha aumentou de 48,9% em 1998 para 62,6% em 2004; e nas importações, de 42,1% para 61,1%. Além disso, o papel do euro também ficou mais forte em alguns países de outras regiões, como o Japão e a Coreia do Sul. No caso dos países fora da Zona do Euro, a situação era mais diversificada, como como no caso do iene japonês, que foi mais usado nas importações do Japão.

O primeiro ângulo do estudo focaliza a emissão e o comércio transfronteiriço dos títulos. Os títulos internacionais e as letras de câmbio são emitidos principalmente em dólar norte-americano, euro, iene e dólar canadense. De acordo com o Bank for International Settlements (2012) (doravante designado por BIS), os títulos internacionais e as letras emitidas entre 2010-2012 são principalmente em euro, seguido pelo dólar norte-americano, pela libra esterlina etc. (Bergsten, 2002). O montante da emissão dos títulos internacionais e das letras reflete o tamanho da demanda externa pelos títulos denominados em uma determinada moeda estrangeira. Quanto maior o montante, mais alta é a demanda, e mais competitiva essa moeda no mercado internacional de títulos, e vice-versa.

O segundo ângulo do estudo aborda o montante total, no mercado, dos derivativos financeiros internacionais. Desde 1998, o mercado dos derivativos de divisas tem se expandido a uma velocidade acelerada, subindo drasticamente o volume diário médio das transações, de US$ 970 bilhões em 1998 para US$ 2.660 bilhões em 2010, registrando uma taxa de crescimento de 174,23%. O valor nominal dos contratos em aberto chegou a US$ 62.9 trilhões. O volume das transações e o tamanho do mercado começaram a expandir-se de forma célere, especialmente após o ano 2001.[5] Conforme o relatório trimestral do BIS, avaliado mediante o volume nominal total dos contratos em aberto, o dólar norte-americano, o euro e o iene continuam sendo as principais moedas utilizadas no mercado dos derivativos de divisas (BIS, 2012).

5 Estudo sobre as novas tendências do mercado dos derivativos de divisas. Xinhua Net. Disponível em: <http://news.xinhuanet.com/finance/2012-03/12/c_122822252.htm>.

O terceiro ângulo focaliza a taxa de movimentação (*turnover ratio*) das moedas principais, visando avaliar as mudanças na composição monetária do mercado cambial. De acordo com as pesquisas mais recentes do BIS (Trienial Central Bank Survey, 2010), de 1998 a 2010, a participação de mercado das três principais moedas internacionais, ou seja, o dólar norte-americano, o euro e o iene, aumentou em aproximadamente 3%, enquanto as primeiras dez principais moedas do mundo aumentaram apenas em 1,4%. A taxa de aumento do euro e do iene é a mais alta, e a libra esterlina registrou a queda mais acentuada. A importância das moedas dos mercados emergentes aumentou, entre as quais as mais fortes são a lira turca, o renminbi chinês e o won coreano, seguidos pelo real brasileiro e dólar de Singapura. O renminbi chinês agora responde por 1% da taxa de movimentação mundial, colocando-o na mesma linha da rúpia indiana e o rublo russo. Tal mudança ocorreu em meio à queda do dólar e à constante elevação da posição das moedas dos mercados emergentes. A Índia desempenhou um papel de destaque nesse processo, e o volume das transações em rúpia tem aumentado continuamente, o que mostra os esforços do governo indiano de relaxar as restrições sobre o capital. O dólar australiano e o dólar neozelandês também aumentaram sua participação de mercado, graças ao aumento das operações de *carry trade*, em que os investidores adquirem financiamentos em moedas com taxas baixas de juros para adquirir ativos de rendimento mais alto.

Do ponto de vista do estoque de valor, o dólar americano continua predominante no mercado, apesar de sofrer alguns desafios do euro e do iene. Porém, a estrutura competitiva das moedas está sendo cada vez mais complexa

As reservas internacionais são os depósitos em moeda estrangeira que as autoridades monetárias mantêm para garantir o cumprimento dos seus compromissos financeiros internacionais, a estabilidade cambial da moeda doméstica e para outras emergências. São ativos amplamente aceitos e livremente conversíveis nos mercados internacionais. O uso de uma determinada moeda nas reservas internacionais e nos títulos internacionais reflete, na verdade, a função dessa moeda como ferramenta de investimento internacional, enquanto seu uso nos mercados cambiais reflete sua função como meios de troca (Lim, 2006). Aqui procura-se mostrar a diferença no estatuto das principais moedas de reserva internacional, por meio dos dados da Composition of Official Foreign Exchange Reserves (Cofer) do FMI.

Em relação à detenção das reservas internacionais oficiais, a participação das economias desenvolvidas no volume total mundial registrou um declínio acentuado a partir de 2001, ao mesmo passo em que as economias emergentes vêm aumentando sua taxa de participação, de 39,18% em 2001 para 66,69% em 2011 (Tabela 2.2). O dólar norte-americano, o dólar canadense, o iene japonês e a libra esterlina continuam sendo as principais moedas de reserva oficial dos diversos países do mundo.

Tabela 2.2 – Participação das principais moedas no volume total das reservas internacionais oficiais

Tipo de economia	2001	2007	2011
Economias desenvolvidas	60,82	36,28	33,31
Economias emergentes e economias em desenvolvimento	39,18	63,72	66,69
Dólar norte-americano	54,77	39,40	34,39
Libra esterlina	2,07	2,87	2,12
Iene japonês	3,86	1,80	1,95
Franco suíço	0,21	0,10	0,06
Euro	14,69	16,14	13,85
Outras moedas	0,98	1,13	2,96

unidade de conta: %

Notas: os dados aqui constatados são referentes ao volume das reservas em moedas identificadas. Para consultar a classificação das economias, ver FMI (2006). Fonte: cálculo próprio a partir dos dados da base de dados Cofer do FMI. Disponível em: <http://www.imf.org/external/np/sta/cofer/eng/index.htm>.

Foi notável a queda do dólar, cuja participação no volume total mundial decresceu de 54,77% em 2001 para 34,39% em 2011. A taxa de redução do iene foi a segunda maior, após o dólar. Além disso, o euro e a libra esterlina também registraram um declínio diferente. Entretanto, a participação das outras moedas no total das reservas internacionais subiu.[6]

Uma avaliação das moedas de reserva a partir de suas várias funções revela que realmente há concorrências entre as moedas do mundo, e que

6 Vale ressaltar que nessa tabela não constatam as reservas em moedas não identificadas, como as reservas dos países não participantes do FMI e as reservas não anunciadas dos países-membros. Nos últimos anos, a proporção das reservas em moedas não identificadas no total das reservas dos países em desenvolvimento tem sido aumentada de forma notável, de 44,4% em 2001 para 61,3% em 2011.

o dólar norte-americano, apesar de continuar desempenhando o papel principal como moeda internacional, está enfrentando graves desafios vindos do euro, do iene e de uma série de outras moedas.

Ampliação da área de circulação e oligopólio das moedas

A trajetória do desenvolvimento do sistema monetário internacional é ao mesmo tempo um processo em que as principais moedas procuram aumentar sua área de circulação. A área de circulação das moedas delimita, na verdade, o espaço de mercado destas. A área de circulação das moedas pode ser comparada à participação de mercado das empresas no mercado de produtos.

Da mesma perspectiva, ao longo da evolução do sistema monetário internacional, a era do sistema do padrão ouro (*gold standard system*) tratava-se de um mercado muito próximo de concorrência perfeita. O ouro era produzido, trocado e comercializado livremente entre os países, como se fosse uma moeda internacional. As notas bancárias eram conversíveis na base em que eram todas atreladas a uma certa quantidade de ouro. O sistema de Bretton Woods, na verdade, confirmou o monopólio total do dólar norte-americano após a Segunda Guerra Mundial, pois o dólar se tornou a única moeda internacional com seu valor atrelado ao ouro. Após o colapso do sistema de Bretton Woods, um arranjo monetário internacional diversificado, denominado "Sistema Jamaica", durou pouco tempo, o qual era marcado pela alta concorrência de diversas moedas, como o dólar norte-americano, o marco alemão, o iene japonês, a libra esterlina, o franco francês etc.[7] Em seguida veio a globalização econômica. A partir da segunda metade dos anos 1980, com a revolução da tecnologia de informação, o processo de liberalização comercial e do investimento vem ocorrendo gradualmente, e as iniciativas de integração regional estão apresentando uma tendência vigorosa de desenvolvimento. A globalização econômica acabou com a segmentação do mercado monetário internacional devido à exclusividade na emissão das moedas dos países soberanos, colocando todas

7 O "Sistema Jamaica" adquiriu algumas características de um mercado de "concorrência monopolística", porém as barreiras de entrada continuavam muito altas, e sua curva dos custos a longo prazo mantinha-se quase inalterada.

as moedas em um grande mercado global, relativamente unificada, no qual elas competirão entre si. A União Europeia lançou o euro em 1999, integrando as moedas da maioria dos países europeus para torná-las em uma nova moeda competidora no mercado internacional. Desde então, o sistema monetário internacional entrou em uma nova fase histórica, em que algumas poucas moedas, como o dólar norte-americano, o euro e o iene, mantêm posições predominantes na arena competitiva internacional. Atualmente o mercado monetário internacional já apresenta alguns comportamentos de característica oligopolista. Porém o oligopólio no mercado monetário internacional é diferente daquilo que acontece no mercado de produtos, no que diz respeito à amplitude e à profundeza com que este atua.

Em primeiro lugar, o oligopólio do mercado monetário produz um impacto significativo à vida econômica do mundo (Fang; Chaoyun, 2012). No mercado monetário global, as principais moedas internacionais, como o dólar norte-americano, o euro e o iene, desempenham um papel crucial. Medido pelo volume da movimentação diária nas transações cambiais mundiais, o dólar norte-americano ocupa 80% do mercado cambial internacional. O dólar norte-americano, o euro, a libra esterlina e o iene ocupam, juntos, 52,31% do total das reservas internacionais, se levarmos em conta as reservas em moedas não identificadas. Se formos analisar só as reservas em moedas determinadas, essa porcentagem sairá mais alta. Tais moedas asseguraram uma suficiente provisão de liquidez da economia global e, portanto, exercem uma grande influência no funcionamento da economia mundial. De um lado, os países emissores estão, inevitavelmente, sujeitos a um impulso interno de aumentar a oferta das moedas por causa da tentação do alto rendimento de senhoriagem, o que levaria a uma inflação mundial, que é prejudicial à saúde econômica mundial; mas, de outro lado, se a oferta das moedas não for suficiente, pode acontecer uma queda na liquidez internacional, o que levaria a economia mundial a uma recessão.

Em segundo lugar, a concorrência entre as principais moedas internacionais está cada vez mais acirrada. Em um mercado de oligopólio, todos os países emissores das moedas internacionais possuem uma economia forte e um papel predominante no cenário econômico global. As moedas oferecidas, apesar de serem diferentes, possuem funções parecidas, senão as mesmas, e, portanto, são facilmente substituíveis umas pelas outras. Não é de estranhar que há sempre uma forte concorrência entre elas.

Em terceiro lugar, as decisões dos países emissores de aumentar ou diminuir a oferta das moedas são interdependentes e relativamente consistentes. Como há poucos atores no jogo, e todos eles com uma economia enorme, ninguém pode tomar decisões sem olhar primeiro para os outros. Um país precisa, antes de adotar uma estratégia, levar em conta as possíveis reações das outras partes e avaliar os impactos de longo prazo que essas reações possam causar para suas expectativas de lucros. Ao mesmo tempo, como é impossível prever com precisão as ações dos seus concorrentes, um país emissor dificilmente tomará a iniciativa de mudar o equilíbrio existente do mercado. Aliás, sob o efeito da globalização, as economias são cada vez mais interdependentes e inter-restringidas, os países emissores das moedas internacionais são encarregados da tarefa imprescindível de promover a estabilidade e o desenvolvimento do sistema monetário internacional, razão pela qual todos os oligarcas também têm cooperado e coordenado uns com outros em prol do aperfeiçoamento e da estabilidade da ordem monetária mundial.

Em último lugar, o poder que os oligarcas monetários exercem é maior do que as responsabilidades que lhes são atribuídas. Os emissores das moedas internacionais podem beneficiar-se, não só pelos ganhos imediatos como o rendimento de senhoriagem, mas também por meio de uma série de "ganhos indiretos", como a isenção dos riscos cambiais, a facilidade de realizar uma alocação global de capital e a menor nível de compromisso com o equilíbrio no balanço de pagamentos e orçamental. Eles podem sustentar seus déficits mediante a absorção de uma grande quantia de capital estrangeiro, enquanto as consequências são muitas vezes assumidas pelos outros países. Tais ganhos são decorrentes do fato de que as moedas por eles emitidas exercem funções tanto internacionais (oligopolistas) quanto nacionais.

Condições para a internacionalização do renminbi

Com o acelerado crescimento, a economia chinesa já se tornou a segunda maior do mundo, ocupando o primeiro lugar no *ranking* mundial no comércio exterior e nas reservas internacionais. Nos últimos anos, o crescimento do PIB chinês tem sido responsável por cerca de 15% do crescimento mundial. Na medida em que a China vem aumentando sua influência e elevando sua posição nos assuntos econômicos internacionais, ela está exercendo cada vez mais uma função insubstituível na manutenção da estabilidade e na promoção do desenvolvimento regional e global. Além disso, o poder das economias desenvolvidas tem sido enfraquecido com a eclosão da crise financeira internacional, e percebe-se uma voz cada vez mais forte das economias em desenvolvimento por uma reforma no sistema econômico mundial. Porém, as reformas do sistema monetário internacional dependem da mudança no poder relativo entre as potências do mundo. Na ausência de mudanças fundamentais na ordem econômica e financeira mundial, dado o fato de que os Estados Unidos continuam exercendo uma grande influência na economia global e particularmente no mercado financeiro internacional, as economias emergentes e os países em desenvolvimento não podem aumentar de forma notável sua capacidade de intervenção, apesar de ter obtido alguns avanços no que diz respeito ao aumento das quotas de voto e da participação de mercado. É nesse contexto que a questão da internacionalização do renminbi entrou gradualmente na agenda das pesquisas chinesas.

Os trabalhos elaborados deram atenção às condições específicas para a internacionalização de moeda a partir de duas perspectivas: a primeira é em relação ao poder do país emissor, ou seja, sua capacidade política, econômica e a influência abrangente (Bergsten, 1975; Cohen, 1998; Mundell, 2003; Talvas, 1997); e a segunda é em relação às funções da moeda: 1) a função de meio de troca – Nesse aspecto, a hipótese é de que os detentores potenciais e racionais das moedas internacionais procurem sempre minimizar os custos de transação das moedas no presente e no futuro. Por conseguinte, os estudos existentes tomam como chave da questão os custos transacionais e visam identificar as condições pelas quais uma moeda pode diminuir os custos transacionais e se tornar uma moeda internacional. Os trabalhos relacionados aos custos transacionais incorporaram os seguintes aspectos, como estudo sobre os "custos de transporte" (*carrying costs*) e os "custos de detenção" (*holding costs*) da moeda (Swoboda; Mundell, 1969),[8] sobre os "custos de informação" (*information costs*) (Brunner; Meltzer, 1971; Mckinnon, 1969), sobre os

8 Este trabalho aponta que os comerciantes têm a necessidade de diminuir os custos transacionais decorrentes da detenção de uma grande quantidade de várias moedas, razão pela qual uma moeda tem maior chance de se tornar internacional quando possui uma alta mobilidade e envolve baixos custos transacionais.

"custos de busca" (*search costs*) (Chrystal, 1984; Matsuyama, 1993)[9] etc. Além do mais, as redes de transações e a economia de escala também têm muito a ver com os custos transacionais. Assim que a externalidade de uma moeda internacional tomar forma, o mecanismo autorreforçado de uma moeda internacional entrará em funcionamento, e esse tipo de inércia histórica sempre levará a graves barreiras impedientes à entrada de outras moedas; 2) a função de reserva de valor – Uma moeda internacional carrega consigo, na verdade, um sentimento de reconhecimento do poder econômico de seu país emissor e uma confiança em seu poder de compra. Os fôlegos de pesquisa são dados para o tamanho da economia, a estabilidade da moeda, o nível de abertura, a amplitude e a profundidade do mercado financeiro, as posições líquidas em ativos estrangeiros (*foreign equity positions*) do país emissor etc. (Haixia, 2011). Especialmente, as pesquisas sobre o tamanho da economia, por terem demonstrado os diversos aspectos de uma moeda internacional, se destacaram como um importante ponto de partida analítico; 3) a função de unidade de conta – Os fatores que entraram em consideração são: os riscos cambiais, os riscos inflacionais, o tamanho do mercado de comércio do país emissor, o nível de desenvolvimento do mercado financeiro do país emissor, a elasticidade de preço da demanda das mercadorias, a participação da moeda nos mercados-alvo, o efeito *herding* etc. (ibidem). Uma manifestação oficial da função de unidade de conta de uma moeda é quando ela é utilizada como "âncora cambial".

Resumindo todos os pontos que foram englobados nas pesquisas, podemos verificar pelo menos quatro condições cruciais para a internacionalização de uma moeda:

---

9 Chrystal (1984). O trabalho aponta que, no mercado de câmbio interbancário, os custos de busca de transações cambiais indiretas, via uma terceira moeda que funciona como meio de troca, são mais baixos do que os que as transações diretas envolvem, razão pela qual a moeda mais desejada nas primeiras transações dos comerciantes se tornaria, naturalmente, a moeda de troca (Matsuyama, 1993). O trabalho introduziu os Modelos de Busca de Moeda (*Search Models of Money*) e descobriu que fatores como a escala da economia, o nível de abertura da economia e o nível de integração da economia também são determinantes na escolha da moeda utilizada nas transações internacionais.

1. o tamanho da economia do país emissor (o tamanho e o nível de abertura do mercado de comércio, a economia de escala, e as redes de transações);
2. a estabilidade da moeda (a taxa de inflação e a taxa de câmbio);
3. a profundidade, a amplitude e o nível de abertura do mercado financeiro do país emissor;
4. o ambiente institucional (posição política do país emissor etc.).

A seguir analisar-se-á a questão da internacionalização do renminbi a partir dessas quatro perspectivas.

Tamanho da economia

Uma economia vultosa e um contínuo crescimento econômico do país emissor podem conferir a uma moeda fiduciária o "valor de retorno" (*pay-back value*), além de atenuar os impactos das flutuações da economia global (o que é considerado por Bergsten (1975) como "o critério da independência de uma moeda internacional"). O tamanho da economia é um fator muito relevante na manutenção da estabilidade da economia do país emissor e na segurança dos detentores internacionais da moeda por ele emitida e, portanto, é considerado a base da internacionalização de uma moeda. Ao mesmo tempo, como uma moeda internacional é frequentemente utilizada no apreçamento e na liquidação de contas dos bens comercializados, o volume do comércio do país emissor também se trata de uma força motriz básica da ampliação da área de circulação da moeda.

Agora, olhando para o tamanho da economia da China, o PIB chinês já ultrapassou o PIB japonês em 2010, tornando-se a segunda maior economia do mundo, atrás apenas dos Estados Unidos. O tamanho da economia chinesa é equivalente a 52,7% do tamanho da economia norte-americana, a 1,38 vez o tamanho da economia japonesa, e a 3,4 vezes o tamanho da economia brasileira, a primeira colocada da América Latina. A participação do PIB chinês no PIB mundial subiu acentuadamente, de 2% no início dos anos de 1990 para 12,2% em 2012 (valor estimativo) (IMF, 2012).

Em termos da taxa de crescimento econômico, a China tem mantido uma taxa de crescimento anual de aproximadamente 10% desde 1978, ano em que o país começou a Reforma e a Abertura. Embora nos últimos anos, devido aos impactos da crise financeira global, a economia chinesa tenha apresentado sinais de desaceleração, a taxa média de crescimento de 6% ainda coloca o país entre os que mais crescem no mundo. Numerosos estudos previam que, com a atual taxa de crescimento, até o ano 2020 a economia chinesa ultrapassaria ou pelo menos se nivelaria com a norte-americana (Brzezinski, 1998), tornando-se, assim, a maior do mundo.

Quanto ao volume do comércio, o valor das importações e exportações da China em 2011 foi o segundo maior no mundo, atrás apenas dos Estados Unidos, sendo mais do quíntuplo do valor registrado pelo México, que é a maior nação comercial da América Latina.[10] O valor das exportações chinesas já ultrapassou o da Alemanha para assumir o primeiro lugar do mundo, e seu valor de importações tem-se mantido como o segundo maior do mundo desde o ano 2009, atrás apenas da Alemanha (WTO, 2012, p.7). Em relação ao nível de abertura comercial, conforme o estudo de nosso instituto (Yu, 2011), o grau de abertura da China já chegou a um nível superior àquele suposto pela teoria, e acima das principais economias latino-americanas.

A externalidade das redes de transações é um reflexo da natureza das moedas como um produto público. Atualmente as redes de transações do renminbi estão sendo construídas e, portanto, em curso de formação.

Em primeiro lugar, a China está participando de forma ativa na estruturação dos mecanismos financeiros regionais. O país é uma das fontes mais importantes de financiamento da Iniciativa de Chiang Mai (*Chiang Mai Initiative*), que é um arranjo multilateral de *swap*, em que o renminbi é utilizado tanto como moeda de pagamento nos acordos de *swap* bilateral quanto como moeda de apreçamento dos títulos emitidos pelo Fundo de Títulos da Ásia (Asian Bond Fund). Além dos acordos no âmbito regional e fora do quadro da Iniciativa de Chiang Mai, o renminbi também tem procurado aumentar sua influência por meio de *swaps* cambiais bilaterais com outros países e regiões. Por exemplo, em dezembro de 2008 a China assinou um acordo de *swap* cambial com a República da Coreia, o primeiro do gênero entre os dois países. Atualmente a China já formou acordos com países da Ásia, da Europa e da

10 De acordo com os dados do Ministério de Comércio dos Estados Unidos, em 2012 a China ultrapassou este país para se tornar a maior nação comercial do mundo.

América Latina, garantindo a utilização do renminbi e da moeda local no cumprimento dos contratos, o que significa que a moeda chinesa já está adquirindo a função de uma moeda veicular (*carrier currency*).

Em segundo lugar, o renminbi já está sendo utilizado, embora de forma não generalizada, nos mercados regionais de títulos. Nos recentes anos, a emissão de títulos em renminbi aconteceu em diversas formas: organismos internacionais de desenvolvimento emitindo títulos em renminbi na China; o Fundo de Títulos da Ásia e os investidores institucionais estrangeiros qualificados (QFII) investindo no mercado de títulos da China; instituições financeiras do continente chinês emitindo títulos em renminbi no mercado de Hong Kong etc. Sob o quadro da Emeap (Executive Meeting of East Asia Pacific), o Fundo de Títulos da Ásia emitiu títulos em moeda doméstica em oito países, e o capital semente (*seed capital*) atingirá o valor total de US$ 2 bilhões. Segundo estatísticas do BIS, até meados de 2011 esse valor atingiu, aproximadamente, US$ 1,5 bilhão (Emeap, 2011). Além disso, a emissão dos títulos em renminbi no exterior também obteve avanços. Até o fim de novembro do mesmo ano, títulos com valor de mais de 100 bilhões de renminbi foram emitidos em Hong Kong por 78 entidades emitentes internacionais.[11]

Em terceiro lugar, os serviços de depósito, troca e empréstimo em renminbi oferecidos pelas instituições financeiras em Hong Kong podem vir a ser uma outra alternativa da internacionalização do renminbi. Na verdade, os serviços bancários de renminbi em Hong Kong e em Macau começaram no ano de 2004. Segundo um relatório do HSBC, os depósitos em renminbi em Hong Kong chegaram a 1 trilhão até o fim de 2012, e a 3,2 trilhões até o fim de 2015. Até aquele momento, a participação do depósito em renminbi no total do depósito em Hong Kong aumentou de 9% para 30%.[12] Em 2010 e em 2011, o crescimento dos depósitos em renminbi nos mercados *offshore* foi de 400% e 90%, respectivamente. Embora o volume dos depósitos em renminbi em Hong Kong, China, tenha sofrido algumas flutuações a partir do final de 2011 devido aos fatores como a mudança da expectativa de valorização do

---

11 Cf. Valor dos títulos em renminbi emitidos em Hong Kong ultrapassou 100 bilhões. *People's Daily Online*. Disponível em: <http://finance.people.com.cn/bank/GB/16613389.html>.

12 Cf. Perante o desânimo nos negócios de renminbi, bancos de Hong Kong criam incentivos para aumentar o depósito em moeda chinesa. *China Business News*, 10 ago. 2012.

renminbi e o declínio nos comércios exteriores da China, Hong Kong se tornou hoje, sem dúvida, um campo de ensaio muito importante para uma utilização internacional mais alargada do renminbi.

Em quarto lugar, a utilização do renminbi como experiência-piloto no pagamento dos comércios transfronteiriços está sendo cada vez mais ampliada. Em abril de 2009 o Conselho de Estado chinês decidiu realizar a primeira experiência-piloto de pagamento dos comércios transfronteiriços em renminbi em cinco cidades: Shanghai, Guangzhou, Shenzhen, Zhuhai e Dongguan. O pagamento dos comércios entre o continente chinês e Hong Kong, Macau e os países da Asean (Associação das Nações do Sudeste Asiático), desde então, pode ser efetuado em moeda chinesa. Em 22 de junho de 2010, o Banco do Povo da China lançou, junto com os cinco ministérios ou comissão, o "Comunicado sobre as questões de ampliação do projeto-piloto do pagamento dos comércios transfronteiriços em renminbi", avisando sobre a inclusão de mais cidades chinesas no projeto. Pelo comunicado, vinte províncias chinesas (incluindo regiões autônomas e municípios diretamente subordinados ao governo central) estão incluídas no projeto, e o pagamento dos comércios transfronteiriços em renminbi já pode ser efetuado com todos os países e todas as regiões fora da China. É de esperar que, em um futuro próximo, todas as cidades chinesas sejam incluídas nesse projeto. De fato, nos países vizinhos da China, por exemplo, Mongólia, Vietnã, Laos, Camboja, Nepal, Mianmar, e nas regiões de Hong Kong, Macau e Taiwan da China, uma rede de comercialização do renminbi já se está formando, e a área de circulação da moeda chinesa é tamanha que tem suscitado muita atenção.[13] Na Ásia Oriental, o renminbi já se tornou um novo meio de pagamento, atrás do dólar norte-americano, o ouro e o iene.

Em último lugar, o mercado *offshore* de derivativos do renminbi tem conhecido um desenvolvimento acelerado. Nos mercados *offshore*, os derivativos do renminbi já são vários, entre os quais o mais popular é o contrato do NDF (*Non-Deliverable Forwards*) do renminbi. Como o renminbi ainda não é livremente conversível, esse tipo de contrato permite as negociações de câmbio a prazo do renminbi usando as principais

13 Apesar de alguns estudiosos chineses terem feito pesquisas para verificar a área de circulação do renminbi (por exemplo, Jing, Guan Tao e Fan, 2004 etc.), os números exatos da circulação do renminbi ainda são desconhecidos, devido à dificuldade de coletar os dados.

moedas internacionais conversíveis, em vez do renminbi, na cotação de preços e na liquidação de pagamentos. Os produtos do NDF foram lançados já em 1996, inicialmente nos mercados financeiros de Hong Kong, da China, Singapura, Japão e Taiwan. Eles não eram ativos no início, mas passado um tempo, com a apreciação constante do renminbi, o volume médio diário de transações subiu drasticamente. Além do NDF, existem outros produtos do gênero, como o contrato do NDO (*Non-Deliverable Options*) e do NDS (*Non-Deliverable Swap*). Vale ressaltar que a popularidade desses produtos fomentou, em certa medida, a expectativa de apreciação do renminbi, exercendo um certo grau de pressão sobre a manutenção do câmbio oficial chinês.

Esses avanços do renminbi, tanto em termos geográficos quanto em termos de variedade e profundidade dos negócios, estão permitindo uma maior utilização e operação do renminbi fora da China, o que confirmou a função dessa moeda na redução dos riscos e das perdas cambiais no caso de flutuações nos mercados de câmbio internacional e promoveu o desenvolvimento do renminbi no sentido de gerar uma maior economia de escala, criar uma rede de transações e facilitar as operações relativas à utilização da moeda. Tudo isso servirá de aprendizado para a futura internacionalização do renminbi.

Estabilidade da moeda

Analisa-se a estabilidade da moeda a partir de duas perspectivas: a da taxa de inflação e a da taxa de câmbio. De uma forma geral, o renminbi está apresentando um desempenho positivo em termos de sua estabilidade.

Nos últimos dez anos, a taxa de inflação da China tem-se mantido abaixo dos 8%, o que é considerado um nível bastante estável. Embora desde 2010 a taxa de inflação chinesa tenha crescido, ultrapassando o nível médio dos países de renda média, o nível médio dos países latino-americanos e o nível médio mundial, vale apontar que essa mudança aconteceu em decorrência da implementação da política de incentivo da economia, levada a cabo pelo governo chinês após a crise financeira internacional, e que ela não se trata de uma inflação desenfreada. Isso mostra que, de forma geral, a economia chinesa não está vivendo um excesso significativo de demanda, e que a oferta das moedas, tanto em forma de notas quanto em forma de créditos, não está sendo demasiada.

Conforme demonstra o Gráfico 2.1, a taxa anual de inflação da China de 2000 a 2011 mantém-se relativamente estável.

Na perspectiva da taxa de câmbio, podemos ver que a taxa de câmbio do renminbi ante o dólar norte-americano desceu de 8,28 em 2000 para 6,46 em 2011, registrando uma apreciação de 28,17%.[14] Isso implica um aumento do poder aquisitivo internacional do renminbi e uma maior confiança internacional em seu valor, o que é favorável à ampliação da área de circulação da moeda.

Gráfico 2.1 – A taxa anual de inflação da China (2000-2011)

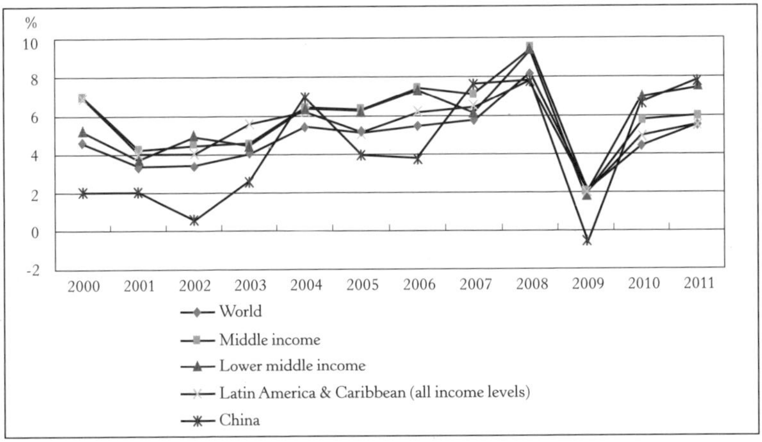

Nota: a taxa de inflação é calculada a partir do coeficiente de redução do PIB (em % anual).
Fonte: World Development Indicators (WDI), Banco Mundial.

Amplitude, profundidade e nível de abertura do mercado financeiro

O mercado financeiro chinês é, hoje em dia, um sistema integrado, diversificado e multinível, composto pelo mercado monetário, o mercado de capitais, o mercado de divisas, o mercado do ouro e o mercado de futuros. As operações financeiras estão acontecendo em diferentes locais onde são feitas transações de multinível, com produtos muito variados e

14 Calculado a partir dos dados da base de dados *World Development Indicators* do Banco Mundial.

por meio de mecanismos diversificados. O sistema financeiro da China desempenha um papel muito significativo na promoção do desenvolvimento da economia nacional, na formação dos mecanismos de taxas de câmbio do renminbi, na prevenção e no controle dos riscos sistêmicos financeiros e na manutenção da estabilidade financeira do país. O mercado monetário da China já se tornou uma importante plataforma por meio da qual o Banco Central chinês conduz as políticas macroeconômicas de regulação e controle, e um importante local onde as diversas instituições financeiras ajustam suas posições de capital, gerenciam a liquidez e efetuam os investimentos. O mercado de capitais da China, após mais de uma década de reforma e desenvolvimento, tem-se expandido continuamente, alargando a gama dos produtos, aperfeiçoando o regime de mercado e fortificando a função de alocação de recursos. Até o final de 2012, 2.494 empresas listaram-se nas bolsas de Shanghai e de Shenzhen, sendo a soma do valor de mercado destas de 21,8 trilhões de yuanes e mais de 200 milhões de contas abertas por investidores. O valor de mercado dos mercados de capitais do continente chinês é o terceiro maior do mundo, e o maior da Ásia.[15] Na medida em que as reformas de regulação cambial vêm sendo realizadas e o mecanismo de formação das taxas de câmbio vem se aperfeiçoando, o mercado de divisas da China vem se desenvolvendo, evoluindo para um sistema dual, composto pelo mercado retalhista de divisas e pelo mercado atacadista interbancário de divisas, onde os comércios de divisas à vista, a prazo e do tipo *swap* são negociados tanto via solicitação de cotação quanto via leilões. O mercado de divisas da China, com seus múltiplos instrumentos de transação cambial, serve de base para a estabilização das taxas de câmbio do renminbi. De 2007 a 2011, a taxa média de crescimento anual das transações do mercado de divisas da China foi de 40,3%. Até o final de 2011, o volume das transações do mercado de divisas da China atingiu US$ 14,2 trilhões, registrando um volume médio diário de US$ 58,1 bilhões, o que é o quádruplo do valor registrado em 2006.[16] Porém, é preciso reconhecer que os mercados financeiros da China ainda são avançados, se avançados

---

15 Cf. "A Federação Mundial de Bolsas divulga o novo ranking dos mercados mundiais". *Jiefang Daily*, 8 nov. 2012.

16 Cf. "O volume das transações do mercado de divisas da China foi de 14,2 trilhões de Dólares americanos". CSI Net. Disponível em: <http://www.cs.com.cn/xwzx/07/201202/t20120213_3240078.html>.

se comparados com os dos países desenvolvidos, especialmente no que tange à variedade de produtos, ao mecanismo de formação de preços e à eficiência de operação e gestão.

O nível de aprofundamento dos mercados financeiros é um indicador muito importante para avaliar o nível de desenvolvimento do setor financeiro de um país. Conforme proposto por Edward Shaw, pode-se avaliar o nível de aprofundamento financeiro de um país a partir de três aspectos: o volume do estoque financeiro (que reflete o *status* de desenvolvimento do setor financeiro em um determinado ponto de tempo), o volume do fluxo financeiro (que reflete o *status* de desenvolvimento do setor financeiro durante um determinado prazo de tempo) e o preço dos ativos financeiros (que reflete de forma abrangente o nível de desenvolvimento do setor financeiro). Medido pelo volume de estoque financeiro, que é definido como a razão entre o M2 (uma medida ampla da oferta de dinheiro) e o PIB, o nível de aprofundamento do mercado financeiro da China é parecido com o do Reino Unido e do Japão, que é superior ao nível dos Estados Unidos, que possui um mercado financeiro altamente desenvolvido. Além disso, a China está apresentando tendência de melhoramento contínuo nesse aspecto, o que significa que, de um lado, o nível de aprofundamento financeiro da China está se elevando, o que é confirmado pela preferência das pessoas de substituir os bens físicos com ativos financeiros que têm maior mobilidade; e de outro, o fato de que o M2 da China é equivalente a 1,2 vez o dos Estados Unidos, enquanto o PIB chinês equivale só a um terço daquele dos Estados Unidos, mostra que a eficiência do capital da China é ainda muito baixa. As pessoas preferem guardar o dinheiro em contas de poupança, o que revela a existência da repressão financeira e o baixo nível de desenvolvimento do mercado financeiro da China, além da necessidade de políticas de elevação da eficiência do capital, como o incentivo à expansão dos financiamentos diretos.[17] Em suma, para estimular o aprofundamento financeiro, o mercado financeiro da China ainda precisa fortificar sua capacidade de autoadaptação e autoajuste, de forma a diminuir sua dependência em relação ao Banco

17 Por exemplo, aumentar a quota para as emissões públicas iniciais (OPI, na sigla em inglês), aumentar a emissão de dívidas corporativas, aumentar o financiamento dos governos locais e fomentar o desenvolvimento de serviços fiduciários.

Central no que diz respeito à oferta de liquidez e viabilizar um desenvolvimento mais próspero.

O nível de abertura do mercado financeiro da China tem se elevado de forma constante e estável nos últimos dez anos. Atualmente a conta corrente já foi praticamente aberta. Além disso, segundo constata o relatório do 18º Congresso Nacional do Partido Comunista da China, o governo chinês viabilizará, de forma gradativa, a conversibilidade dos itens da conta de capitais do país. Conforme os critérios de classificação propostos pelo FMI, que classificam todos os tipos de transações de capitais em sete categorias, totalizando quarenta itens, atualmente, no caso do renminbi chinês, dezessete itens são "parcialmente conversíveis", oito itens são "basicamente conversíveis", e cinco itens são "plenamente conversíveis", e estes, juntos, representam 75% do total dos itens de transações de capitais da China.[18] Na medida em que a utilização do renminbi no pagamento dos comércios transfronteiriços vem crescendo, o valor de renminbi detido por entidades estrangeiras tem aumentado de forma constante, e o processo de abertura do mercado de títulos da China em relação aos investidores estrangeiros e às entidades financeiras estrangeiras tem sido cada vez mais acelerado. O setor internacional das bolsas de valores chinesas tem sido gradativamente aberto aos investidores estrangeiros, e o mercado interbancário de câmbio também tem-se desenvolvido em meio à intensificação das trocas econômicas, comerciais e financeiras da China com os demais países do mundo, ampliando os serviços de troca entre o renminbi e as demais moedas do mundo. Em conformidade com o Índice de Globalização do renminbi (RGI, na sigla em inglês),[19] lançado pelo Standard Chartered Bank em novembro de 2012, a utilização do renminbi nos comércios internacionais cresceu 50% em 2012. Então, mesmo no contexto internacional de fraca demanda, instabilidade financeira e falta de expectativa de

---

18 Cf. "Condições para a convertibilidade dos itens da conta de capitais do renminbi são cumpridas". *Beijing Business Today*, 26 nov. 2012.

19 O índice foi elaborado com base nos três principais mercados *offshore* do renminbi: Hong Kong da China, Londres e Singapura; mede o crescimento dos negócios do renminbi em quatro áreas principais: depósitos (como reserva de riqueza); títulos "Dim Sum" e Certificado de Depósitos (como veículos para a captação de capital); liquidação de comércios e outros tipos de pagamento internacional (como unidade de comércio internacional); e divisas (como unidade de troca). Ver o site oficial do Banco Standard Chartered.

apreciação do renminbi, o Índice de Globalização do renminbi ainda conseguiu assegurar um aumento notável, de 50%.

O mercado financeiro da China está em uma fase de desenvolvimento robusta. Embora aprimoramentos sejam necessários no que diz respeito à ampliação do tamanho, da profundidade e do nível de abertura, o quadro institucional de desenvolvimento do mercado financeiro chinês já foi constituído, o que serve de orientação e de base para os futuros avanços.

Ambiente institucional

O ambiente institucional do mercado financeiro da China se refere principalmente às políticas do governo chinês visando a ampliação da área de circulação do renminbi e às implicações da mudança do estatuto internacional da China. Como o primeiro aspecto já foi suficientemente analisado nas seções anteriores, esta seção dedicará mais atenção à mudança do estatuto internacional da China no âmbito político e econômico.

Segundo Kenneth N. Waltz, a estrutura do sistema internacional é determinada pela alocação do poder unitário. Ou seja, na medida em que os países operam em um sistema de "autosserviço", utilizando sua força abrangente na defesa dos próprios interesses, "a posição relativa de cada país depende de sua pontuação em aspectos como: população, território, recursos, poder econômico, poder militar, poder político e estabilidade política".

A elevação da posição econômica internacional da China contribuiu para o aumento da influência do país no cenário político mundial

A China é a segunda maior economia do mundo, atrás apenas dos Estados Unidos, e o volume total dos comércios da China é o maior do mundo. Mesmo na qualidade de um país em desenvolvimento, a China já se tornou um importante país exportador líquido de capitais. Muitos países no mundo estão acompanhando de perto e esperando entrar no mercado chinês, que está em rápido crescimento. Além disso, a China e os demais países em desenvolvimento têm-se empenhado nas iniciativas de reforma do G20 e do Banco Mundial, o que contribuiu substancialmente para o aperfeiçoamento da ordem econômica internacional. Em outras palavras, a China já é uma força motriz indispensável no quadro da economia mundial. O aumento do poder econômico da China, como é demonstrado pelos dados, é realmente considerável. Porém, se avaliarmos a questão em termos *per capita*, podemos ver que a economia chinesa ainda não saiu de seu perfil de uma economia em desenvolvimento.

O poder militar da China está entre os primeiros do mundo

Sintetizando os resultados de pesquisas de várias instituições internacionais de pesquisa militar, a China é o terceiro maior poder militar do mundo, atrás dos Estados Unidos e da Rússia, segundo o *ranking* mundial de força militar Global Firepower, que avalia a força militar dos países do mundo a partir de cinco grupos de parâmetros, que são: o número de tropas, o número de equipamentos ou armas de utilização militar do exército, da marinha, e da aeronáutica, e o montante das despesas militares.

A China mantém-se politicamente estável, e a capacidade de governança do governo chinês está aumentando de forma gradual

Segundo os dados do Worldwide Governance Indicators do Banco Mundial, a "eficácia governamental" e o nível de "Estado de direito" da China apresentaram um grande melhoramento em relação aos anos anteriores. Embora não seja fácil para um país manter a estabilidade política no mundo de hoje, tendo em conta a pluralização dos valores, a China conseguiu, durante toda a década passada, aproveitar a estabilidade relativa do ambiente político nacional e internacional para criar um "período de oportunidades estratégicas", em prol do desenvolvimento econômico-social do país.

As análises sobre as condições para a internacionalização do renminbi mostram que:

1. O renminbi já cumpriu duas condições básicas para se tornar uma moeda internacional: o tamanho da economia chinesa, e o volume dos comércios exteriores da China. Além disso, as redes de transações do renminbi estão se formando, enquanto o mercado financeiro da China também está em construção. A moeda

chinesa mantém-se relativamente estável, e a construção do ambiente institucional apresenta avanços significativos. Porém, dado o fato de que as exportações da China são predominantemente de produtos intensivos em trabalho, portanto de baixo valor agregado, a China está perdendo suas vantagens comparativas comerciais ante os países concorrentes da Ásia Oriental. Ao mesmo tempo, como um grande comprador de *commodities*, a China possui pouco poder de apreçamento desses produtos (em grande parte detido por grandes empresas multinacionais), razão pela qual o poder decisório do renminbi como moeda de conta e como moeda de pagamento é ainda limitado.

2. Como as redes de transações do renminbi ainda estão em uma fase inicial de concretização, os custos de detenção e de transação da moeda são ainda muito altos, o que impede a ampliação de sua área de circulação.
3. A abertura do mercado financeiro da China ainda é limitada, e o nível de aprofundamento financeiro e a amplitude dos serviços financeiros do país são notavelmente inferiores aos dos países emissores das moedas internacionais existentes. Então, apesar de o crescimento acelerado da economia chinesa ter criado condições favoráveis à internacionalização do renminbi, esse processo, visto de curto prazo, ainda está em sua fase inicial de "acumular forças, lançar as bases e construir as redes". Tal processo é composto por três etapas: a primeira, de "utilização do renminbi na vizinhança"; a segunda, de "regionalização do renminbi", e a terceira e última, de "internacionalização do renminbi". Em cada etapa, a moeda chinesa terá que percorrer todo o caminho para adquirir três funções operacionais: primeiro, terá de se tornar uma moeda de negociação e de pagamento nos comércios internacionais; segundo, terá de se tornar uma moeda de financiamento; e terceiro, terá de se tornar uma moeda de reserva. Atualmente o renminbi já obteve avanços significativos no que diz respeito à sua utilização nas transações e nos pagamentos nos países vizinhos da China, e isso não só se deve ao fato de que a China faz fronteira com muitos países, mas também à forte e crescente demanda desses países por renminbi em decorrência do desenvolvimento próspero dos comércios fronteiriços. Quanto à regionalização do renminbi, de um lado, a

moeda chinesa vem ganhando importância na Ásia, com possibilidade de se tornar uma das moedas "âncora" e de ser incluída na lista das principais moedas de reserva da região; de outro lado, a expansão da área de circulação do renminbi para fora da Ásia, mesmo para as regiões que têm um grande volume de comércio com a China e que apresentam uma crescente interdependência econômica perante a China (a América Latina, por exemplo), está sendo consideravelmente difícil. Dito de outra forma, o estatuto do renminbi está ainda em uma situação atrasada, levando em consideração o tamanho dos comércios exteriores da China. Como uma importante área geográfica através da qual o renminbi pode visar sua internacionalização, o que será a perspectiva da ampliação da área de circulação do renminbi na América Latina? Essa é a questão que a próxima seção abordará.

Perspectiva da internacionalização do renminbi na América Latina

A história de evolução monetária na América Latina foi marcada por um processo profundo de dolarização, que aconteceu em consequência da disputa das moedas locais. A aceitação do renminbi pelos países da América Latina está estritamente ligada à sua possibilidade de substituir as moedas existentes, enquanto a escolha entre a moeda local existente e as moedas internacionais depende basicamente da situação de desenvolvimento econômico e financeiro da própria região.

Substituição da moeda e dolarização dos países latino-americanos

A substituição de uma moeda pode tomar duas formas (Benjamin, 1998), entre as quais uma é "simétrica", como no caso da substituição das moedas locais dos países membros da União Europeia pelo euro, e a outra, "assimétrica", que se refere principalmente à "dolarização" nos países em desenvolvimento. Nesse último caso, a substituição da moeda acontece quando em um determinado país há maior demanda por uma moeda estrangeira do que pela moeda local, mas quase não existe demanda no sentido oposto. A substituição assimétrica acontece principalmente em decorrência da perda do poder aquisitivo nacional e internacional da moeda local, geralmente causada por uma inflação acentuada, ou mesmo por uma hiperinflação. Os cidadãos desse país, nessas circunstâncias, preferem deter uma moeda estrangeira mais estável, para preservar o valor de sua poupança, para cobrir os riscos de inflação, ou para utilizá-la como a unidade de conta ou o meio de troca. A moeda estrangeira, nesse caso, se torna um tipo de "abrigo" financeiro público dos cidadãos de outro país que esteja em estado de caos financeiro, por meio da qual as pessoas podem resistir mais "convenientemente" aos malefícios do abuso de autoridade de senhoriagem de seu governo (ibidem). Portanto, a substituição assimétrica acontece sob duas condições: a primeira, a existência de uma demanda forte por uma moeda estrangeira; e a segunda, a força dessa moeda estrangeira suficientemente capaz de cumprir as responsabilidades de ser um "abrigo" para as pessoas que a utilizam.

Ao longo da evolução histórica do sistema monetário internacional, todos os países têm-se empenhado na busca de um regime cambial que possa assegurar a estabilidade e promover a prosperidade econômica. Após o término do sistema de Bretton Woods, alguns países escolheram adotar os sistemas de *hard peg*, por exemplo, o *currency board*, a união monetária e a "dolarização" (ou a substituição da moeda local por uma moeda estrangeira, que desempenha todos os papéis da primeira na economia local), ao passo que outros escolheram adotar os sistemas de *soft peg*, ou seja, um regime de taxas de câmbio mais flexível. No final da década de 1990, vários países do Sudeste Asiático e da América Latina sucessivamente abandonaram o sistema de *soft peg* e passaram a adotar a "dolarização", o que colocou verdadeiramente a questão no centro das atenções.

Podemos abordar o processo de substituição da moeda a partir de diversas perspectivas. Mesmo partindo do lado da demanda, podem existir diferentes visões: primeiro, pode-se tomar uma visão institucional e tratar esse processo como uma decisão das autoridades monetárias locais; e segundo, pode-se entender esse processo como uma passagem que se adotou para realizar as reformas monetárias de mercado.[20] A presente

20 O primeiro caso foi discutido em Lamdany e Dorlhiac (1989); e o último, em Melvin (1988).

seção visa abordar a questão a partir dessa segunda perspectiva, porque ela segue a mesma linha do quadro analítico das concorrências monetárias, e ademais, consegue desvendar a natureza do atual sistema monetário internacional.

No caso da América Latina, a palavra "dolarização" é frequentemente usada para denominar todos os tipos de substituição de moeda (Giovanni, 1992; Calvo; Vegh. 1992). Porém, argumenta-se que a "dolarização plena" que aconteceu na região após o ano 1999 resultou da interação entre os fatores políticos e históricos. Especialmente nos casos em que a dolarização ficou quase permanente, os fatores históricos e políticos são geralmente mais relevantes do que as implicações da própria "dolarização". Por exemplo, a dolarização no Equador aconteceu em meio à grave crise política e financeira do país, e a substituição da moeda local foi originada pela perda total da credibilidade das instituições políticas e financeiras no país, enquanto a dolarização oficial em El Salvador foi resultado dos debates políticos internos e, portanto, foi uma decisão tomada no contexto de estabilidade macroeconômica e existência permanente de uma "dolarização não oficial". Um caso parecido teve lugar na Zona de Euro que tomou o euro como moeda legal em 1999.

A dolarização, além de poder introduzir uma "âncora" credível para combater a inflação, é uma alternativa para os países em desenvolvimento eliminarem o problema de defasagem entre moedas. Porém, as economias dolarizadas ficarão mais frágeis ante riscos reais, parecidos com os enfrentados pela Argentina. Esses riscos provêm da grande assimetria existente entre a moeda estrangeira e a local, o que geralmente deixa o governo local sem instrumentos eficazes para tirar o país da recessão (pois as políticas monetárias domésticas já não funcionam mais) e para evitar a supervalorização da taxa de câmbio real (Goldstern, 2002).

Até agora podem-se classificar os casos de substituição da moeda local por uma moeda estrangeira em três grupos, de acordo com suas causas (Nombulelo, 2010):

1. Graves desequilíbrios macroeconômicos e alto nível de inflação. A dolarização (a substituição da moeda local pelo dólar norte-americano) no Chile, na Colômbia e no Peru foi colocada em prática para dar resposta aos graves desequilíbrios macroeconômicos e ao alto

nível de inflação que então atropelavam os países (Galindo; Leiderman, 2005; Herrera; Valdés, 2005; Kokenyne; Ley; Veyrune, 2010; Reinhart; Rogoff; Savastano, 2003).
2. Repressão financeira e controle de capitais. Na Nigéria, na Venezuela e em alguns outros países da África Subsaariana, a dolarização aconteceu como consequência das políticas de repressão financeira e de controle de capitais (Reinhart; Rogoff; Savastano, 2003).
3. Utilização do dólar norte-americano como uma "moeda de âncora" para assegurar a estabilidade macroeconômica. Na Argentina e no Equador, o dólar foi adotado como moeda legal com o objetivo de tirar o país da grave crise econômica e política e de enfrentar os problemas históricos de longo prazo existentes nas suas políticas monetárias e cambiais (Berg; Borensztein, 2000).

Quanto aos motivos de demanda por ativos denominados em moeda estrangeira, a literatura nos oferece duas abordagens analíticas: a primeira, a necessidade de substituir as funções da moeda, ou seja, as pessoas mantêm os ativos estrangeiros para que estes sirvam como o meio de pagamento e como a unidade de conta – e a substituição de uma moeda é necessária, muitas vezes, quando há alta inflação, o que obriga as pessoas a procurar outra moeda como alternativa; e a segunda, a necessidade de substituir os ativos, ou seja, as pessoas preferem manter seus ativos em uma moeda estrangeira que implica menos risco e maior rendimento. Nesse caso, a instabilidade de preços e a recessão econômica de longo prazo de um país podem elevar significativamente a demanda por ativos denominados em moeda estrangeira como reserva do valor.

Na literatura encontramos dois grupos de estudos: os pró-dolarização e os contra a dolarização (Berg; Borensztein, 2000; Panizza et al., 2003; Levy-Yeyati; Sturzenegger, 2003). Algumas pesquisas indagaram sobre o *timing* da dolarização, além de apontar os países que devem realizar a dolarização (Eichengreen, 2002; Calvo, 2002). Vale mencionar que a maioria das pesquisas escolheu o caso da América Latina, dadas as diversas práticas realizadas nessa região (Corbo, 2001; Salvatore, 2001). Porém, estudos de países individuais são escassos, com exceção do caso do Panamá (Jácome; Lönnberg, 2010), feitos por Moreno-Villalaz em 1999 e por Goldfajn e Olivares em 2001.

Os custos de dolarização oficial são:

1. perda do rendimento da senhoriagem;
2. perda parcial ou total da disposição para a cedência de liquidez de emergência para os bancos problemáticos como assistência do último prestamista (Lender-of-last-resort (LOLR) Assistance);
3. perda da habilidade de política cambial como o amortecedor de choques;
4. indisponibilidade de utilizar a depreciação cambial e a geração de inflação como instrumentos para diminuir o valor dos compromissos de financiamento denominados em moeda doméstica.

Ao mesmo tempo, os benefícios que a dolarização oficial pode trazer são:

1. contenção do nível inflacionário interno (que tende a aproximar-se do nível inflacionário internacional);
2. eliminação dos riscos inflacionários e a consequente queda das taxas de juros domésticas;
3. criação de um melhor ambiente de investimento, em decorrência do baixo nível de inflação e de taxas de juros;
4. falta do chamado "pecado primitivo": o desaparecimento de defasagem entre a moeda doméstica e a internacional no balanço patrimonial do estado ajuda a diminuir os riscos nacionais (Jácome; Lönnberg, 2010).

O processo de substituição da moeda doméstica começa com a substituição de sua função de reserva de valor, o que talvez seja mais fácil de acontecer. Depois, os bens imóveis e de consumo duráveis, como as casas, os automóveis etc., serão apreçados em moeda estrangeira. Em seguida, as negociações e transações começarão a ser feitas em moeda estrangeira, especialmente quando o montante das verbas envolvidas é vultoso. Nesse momento é possível que a moeda doméstica continue a exercer sua função de unidade de conta e de meio de troca nos negócios de bens de consumo não duráveis (Jácome; Lönnberg, 2010).

Assim que a dolarização for concluída, é difícil realizar uma "des-dolarização". Primeiro, a instabilidade macroeconômica e a superinflação são duas coisas que tendem a permanecer por um longo período na memória do público. Mesmo que a economia volte a se estabilizar, muitas pessoas ainda preferem manter seus ativos em moeda estrangeira. Por isso, como alguns autores apontaram, a dolarização pode permanecer em um país, mesmo quando o governo já é capaz de recuperar a estabilidade macroeconômica e a credibilidade das políticas monetárias (Kokenyne; Ley; Veyrune, 2010). As condições mais importantes para restabelecer a confiança na moeda doméstica são: a estabilidade macroeconômica do país em um período de tempo bastante longo; maior flexibilidade das taxas de câmbio e menor expectativa de depreciação cambial; presença de regras prudentes que garantem a internalização total dos custos associados à dolarização nos contratos de financiamento; e realização de boas políticas por um longo prazo que visam o restabelecimento da confiança na moeda nacional (Calvo; Vegh, 1992).

Até o ano 2012, os países onde foi realizada a dolarização oficial são todos pequenos e em desenvolvimento. Equador e El Salvador, os maiores entre os quais, não podem ser considerados "grandes" mesmo na América Latina, em termos de população e PIB. É completamente inconveniente aplicar as experiências de dolarização desses países pequenos em países grandes como China, Brasil e México (Robert; Masahiro, 2006). Mesmo na América Latina há países que são completamente dolarizados e países que têm se esforçado a evitar a dolarização. Além disso, nos últimos passos, diminuiu também a proporção do uso do dólar norte-americano nos países de dolarização como Paraguai, Peru e Argentina. Na Tabela 2.3 podem-se verificar alguns dos países com dolarização oficial.

O Panamá adotou o dólar como moeda oficial em 1904. O Equador foi dolarizado em setembro de 2000, e El Salvador, em janeiro de 2001. Além disso, em vez da dolarização plena, alguns países realizaram a dolarização parcial, pois essa medida pode promover a estabilidade econômica do país em um curto prazo de tempo. Porém, para um país dolarizado conseguir manter um bom nível de crescimento econômico e de desenvolvimento de longo prazo, esforços devem ser envidados para resolver os problemas estruturais e institucionais da economia.

A dolarização em El Salvador (o dólar norte-americano foi anunciado como a moeda oficial) foi adotada apesar dos bons fundamentos macroeconômicos. Naquela altura, a taxa de inflação do país estava em baixa e mantinha-se estável, a economia estava crescendo, e o nível da dívida pública e externa estava sob controle. Não havia crise no setor bancário. Então a dolarização visava reforçar os vínculos entre a economia de El Salvador e a norte-americana, e incentivar investimentos

Tabela 2.3 – Países selecionados com dolarização oficial

País	Ano de implementação	Moeda adotada	Emissão da moeda nacional 2/	PIB (bilhões de dólares americanos) 3/	Existência de moedas nacionais anteriores
Equador	2000	dólar norte-americano	Sim	45,79	Sim
El Salvador,	2001	dólar norte-americano	Não	20,37	Sim
Kiribati 4/	1979	dólar australiano	Não 5/	0,067 /	Não 5
Kosovo	1999	euro 6/	Não	4,688	Não
Ilhas Marshall 4/	1986	dólar americano	Não	0,163	Não
Micronesia 4/	1986	dólar americano	Não	0,232	Não
Montenegro	1999 5/	euro 6/	Não	3,49	Não
Palau 4/	1994	dólar norte-americano	Não	0,164	Não
Panamá	1904	dólar norte-americano	Caso especial 7/	19,74	Caso especial 7/
São Marino	1999	Euro 6/	Caso especial 8/	1,7	Não
Timor-Leste	2000	dólar norte-americano	Sim	0,46	Não

Nota: não estão incluídos os países participantes de uniões monetárias.

Fonte: WP10106, Annual Report on Exchange Arrangements and Exchange Restrictions (2009).

estrangeiros e o comércio e, consequentemente, o crescimento econômico (Hinds, 1999; Hinds, 2002; Morris, 2002).

A dolarização, porém, também pode agravar as crises econômicas. A imposição de uma moeda estrangeira no balanço patrimonial do Estado pode produzir uma defasagem significativa entre a moeda estrangeira e a doméstica e, assim, enfraquecer o balanço (Andrews, 2011). Com o desaparecimento do sistema de conselho monetário (*the currency board system*) em 2002, as consequências políticas e econômicas da defasagem monetária ficaram mais graves, e arrefeceu o entusiasmo da Argentina que anteriormente adotava o sistema de câmbio superfixo. Com o Uruguai aconteceu o mesmo.

De modo geral, na América Latina, o processo de dolarização foi especialmente intenso durante 1990-2001. A utilização do dólar norte-americano teve um crescimento acentuado, não só nos países que eram altamente dolarizados, como Bolívia e Uruguai, mas também naqueles em que o nível de dolarização era baixo, como Costa Rica, República Dominicana, Honduras, Nicarágua e Paraguai. Durante esse período, Equador e El Salvador também realizaram a dolarização oficial. Entretanto, países que desde 1980 passavam por graves crises macroeconômicas, como Brasil, Chile, Colômbia, México e Venezuela, evitaram que fossem atingidos por uma dolarização significativa. Ao mesmo tempo, recorreram a políticas econômicas eficientes, instrumentos financeiros como a "indexação", e restrições legais de transações de dólar norte-americano para assegurar e fomentar a demanda pelas próprias moedas domésticas. Exceto a Venezuela, cidadãos desses países guardavam seus ativos em moeda estrangeira no exterior. Mesmo assim, o nível de depósitos em divisas estrangeiras (incluindo os depósitos offshore) desses países mantinha-se substancialmente inferior àquele dos países altamente dolarizados. Ademais, ao manterem os ativos em moeda estrangeira fora do país, os países conseguiram eliminar os riscos de incompatibilidade entre o sistema bancário nacional e a dolarização. A partir de 2001, o nível de dolarização em alguns países da região começou a diminuir. O governo da Argentina recorreu a medidas coercivas para que os cidadãos trocassem o dólar norte-americano pelo peso, o que diminuiu significativamente o nível de dolarização do país. Em países como Bolívia, Peru e Uruguai, a participação dos depósitos em divisas estrangeiras vinha caindo de forma moderada, enquanto no Paraguai, essa queda foi mais acentuada. Embora o nível absoluto de dolarização nesses últimos países continue alto. Na Tabela 2.4 mostra-se o nível de dolarização da Argentina, da Bolívia e do Peru.

Podemos ver que, na perspectiva da demanda, alguns fatores que os países praticantes da dolarização apresentavam foram essenciais no processo de substituição da moeda: o primeiro deles é a taxa de inflação. Uma inflação alta pode minar a credibilidade da moeda doméstica, e em consequência, aumenta a demanda pela moeda estrangeira. O segundo é a instabilidade macroeconômica, ou seja, o excessivo déficit financeiro, as dívidas interna e externa excessivas, e o grave desequilíbrio externo. Nessas circunstâncias, as sucessivas desvalorizações da moeda doméstica levariam o país a liberalizar seu setor financeiro para restaurar o equilíbrio externo e conter a perda das reservas. O terceiro é o vínculo estreito entre o país e os Estados Unidos no que diz respeito ao investimentos e comércio, como é o caso de El Salvador. O quarto é a eficácia das leis de restrição ao dólar norte-americano. Para países com baixo nível de inflação e mecanismo eficiente de indexação, as medidas restritivas são geralmente mais aplicáveis e eficientes, ao passo que para os países que já estão com alto nível de dolarização, as medidas restritivas podem conduzir à fuga dos depósitos (*offshoring*) e dessa forma aumentar os custos de reajuste econômico. O quinto é a política cambial. Se o país mantém um regime de taxas de câmbio fixas e com forte tendência para a depreciação, o nível de dolarização do país tende a ser mais alto. E o sexto e último é a deficiência institucional e o mercado financeiro imperfeito (Robert; Masahiro, 2006).

Tabela 2.4 – Nível de dolarização na Argentina, na Bolívia e no Peru

	Participação dos empréstimos em moeda estrangeira no total dos empréstimos			**Participação dos depósitos em moeda estrangeira no total dos depósitos**		
	2000	**2005**	**2009**	**2000**	**2005**	**2009**
Argentina	69,6	14,0	13,0	58,9	9,0	16,1
Bolívia	...	...	...	...	92,8	63,1
Peru	80,4	66,6	46,2	...	...	...

Unidade de conta: % ao ano

Fonte: *Cepal Review*, n.103, elaboração própria.

COLUNA 2.1

A dolarização em El Salvador

Segundo o *Wall Street Journal Asia* de 6 de janeiro de 2001: "O presidente equatoriano observa que a dolarização no Equador é como se fosse um coelho que saiu da cartola de um mágico, com a tarefa de salvar a economia de um possível colapso". Para El Salvador, o coelho do mágico não era necessário porque a economia do país não estava nem perto de um colapso. O país foi um bom discípulo do Consenso de Washington, que defende o livre comércio, e mantinha uma taxa de câmbio estável e uma taxa de inflação baixa. Porém, o país aspirava a um maior crescimento econômico, e a dolarização era percebida como a medida certa para eliminar os riscos de taxa de câmbio, baixar a taxa de juros, elevar o poder aquisitivo e aumentar opções dos consumidores e proporcionar um maior crescimento no setor comercial do país.

El Salvador tem sempre mantido um laço econômico muito estreito com os Estados Unidos. Dois terços de suas exportações são destinados ao mercado norte-americano, e as remessas dos emigrantes nos Estados Unidos ao país chegam a um valor anual de US$ 2 bilhões. De 1993 a 2000, El Salvador adotou um sistema de taxa de câmbio fixa. A partir de 1º de janeiro de 2001, o dólar norte-americano se tornou a moeda legal do país. Os salários, os preços, as contas financeiras e as operações passaram a ser feitas em dólar. O colón, a antiga moeda doméstica de El Salvador, foi gradualmente retirada de circulação.

O processo de dolarização, porém, não foi de vento em popa. O esquema de realização da dolarização foi planejado e definido de forma secreta e muito cuidadosa. Em oito meses, os preparativos foram feitos de forma a evitar qualquer erro. Em 1º de janeiro de 2001, quando a lei de integração monetária entrou em vigor, a paridade de dólar para cólon foi determinada em 8,25. Após o lançamento desse projeto, o governo de El Salvador realizou uma campanha intensiva de publicidade. Porém, as vozes que se manifestaram contra esse projeto foram muito altas, incluindo a da Universidade Nacional de El Salvador, que deu sua opinião contrária, dizendo que essa lei, mesmo muito importante, não foi objeto de amplas consultas e debates. Um apresentador de televisão até comparou a dolarização com o "terceiro terremoto" que tinha abalado recentemente duas vezes o país.

Os argumentos dos contrários são os seguintes: (1) se for concluída a dolarização, El Salvador terá de abrir mão da autonomia de política monetária e dos rendimentos de senhoriagem. Qualquer crise nos Estados Unidos ou com o dólar norte-americano terá impactos em El Salvador, ou seja, o país ficará completamente exposto aos riscos externos; (2) a população com baixa renda será diretamente afetada pela subida dos preços, pois esses sofrerão ajustes. Tal impacto já começou a se fazer sentir, apesar de essa lei estar em vigor há pouco tempo; (3) o processo de dolarização pode dar origem a tentativas de lavagem de dinheiro e falsificação de moeda; (4) a taxa de juros de poupança diminuirá, o que levará a uma queda da participação dos depósitos privados nas contas financeiras nacionais; (5) a maioria da população é contra essa política, inclusive a Universidade Nacional de El Salvador apresentou uma proposta à Assembleia Legislativa pedindo a anulação da Lei de Integração Monetária. Apelando para que a decisão da substituição do cólon pelo dólar norte-americano seja feita por meio de plebiscito nacional, e que o Tribunal Supremo decida o mais breve possível essa lei inconstitucional.

Os prós, representados pelo ex-ministro das Finanças do país, M. E. Hinds, argumentaram, no entanto, ressaltando os vários pontos vantajosos dessa política. Para o ex-ministro, a dolarização visa atingir dois objetivos principais: eliminação da taxa de câmbio entre a moeda local e o dólar norte-americano; e a eliminação da possibilidade de intervir na economia via política monetária. A existência da taxa de câmbio entre a moeda doméstica e a estrangeira implica riscos cambiais para os bancos locais, o que impede que se aproveitem todos os benefícios de utilização do dólar.

Os benefícios da dolarização podem ser resumidos como segue: (1) aumentar a estabilidade e a previsibilidade dos comércios, aprimorar o ambiente comercial e conter a inflação do país, o que levará a um aumento da confiança da economia de longo prazo; (2) diminuir a taxa média de juros e prorrogar o prazo de empréstimos, o que aumentará a taxa de investimento e a taxa de crescimento econômico do país; (3) promover a equidade de oportunidades e reduzir os riscos cambiais das empresas médias e pequenas; (4) promover o acesso a todos os serviços financeiros disponibilizados pela zona do dólar; (5) aumentar a competição no mercado financeiro nacional mediante a fortificação da presença de bancos estrangeiros. Além disso, a dolarização pode trazer benefícios sociais, tais como: a prevenção de perda de valor das pensões e das poupanças por causa de depreciação cambial ou inflação; a diminuição da taxa de juros e a extensão do prazo de empréstimos, o que aumentará o poder aquisitivo dos cidadãos para imóveis e outros bens duráveis; e a maior equidade social em decorrência da maior equidade de oportunidades.

Em 2011, dez anos se passaram desde que foi implementada a dolarização em El Salvador. De modo geral, a dolarização foi positiva no que diz respeito à promoção da estabilidade dos preços e do *output* da economia. Apesar de tudo, El Salvador é um país pequeno. Os defeitos da dolarização talvez não se tenham manifestado de forma tão explícita nesse país, embora, para os países grandes, a situação possa ser completamente diferente.

Fontes: Lacayo (2001); "Hearing on Official Dollarization in Emerging-Market Countries, Prepared Testimony of the Honorable Manuel E. Hinds, Former Minister of Finance Republic of El Salvador. Senate Banking Committee. 15 jul. 1999; Bloch e William Jr. (2003); Dominick (2003); Andrew (2011).

Análise da América Latina como variável regional

A presente seção discutirá sobre a possibilidade de um novo processo de substituição de moeda na América Latina e as perspectivas de inclusão dessa região na área de circulação do renminbi a partir de uma série de fatores essenciais que compõem a região. Por meio das análises do cenário competitivo internacional das moedas pode-se afirmar que atualmente o dólar norte-americano ocupa uma posição predominante inabalável, dado seu poder competitivo internacional sem comparação. De forma objetiva, temos de admitir que, em curto prazo, há pouca possibilidade, ou é impossível, de o renminbi ultrapassar o dólar norte-americano para se tornar a moeda mais importante na região, porém o processo de internacionalização do renminbi está em vigoroso andamento. Em longo prazo, a perspectiva de desenvolvimento dessa moeda é ilimitada. Portanto, é de grande importância analisarmos a América Latina como uma região-chave no processo de internacionalização do renminbi e avaliar o "espaço de potencial" (Robert; Masahiro, 2006) de aumento de importância da moeda chinesa na região, a partir de uma abordagem da demanda por moeda nas práticas monetárias.

Estabilidade de crescimento macroeconômico da América Latina

A estabilidade de crescimento macroeconômico é um fator essencial na decisão de adotar ou não uma moeda estrangeira. Para avaliar a estabilidade de crescimento macroeconômico da América Latina nos últimos dez anos, introduz-se o "coeficiente de flutuação" para quantificar o nível de estabilidade da taxa de crescimento econômico real dos países latino-americanos. Para facilitar a análise, define-se que o coeficiente de flutuação é a relação entre o desvio padrão da taxa de crescimento real do PIB e o valor médio da taxa de crescimento real do PIB. Quando for maior o valor absoluto desse resultado, maior será o desvio da taxa de crescimento real em relação à taxa média de crescimento, e mais instável será o crescimento econômico do país. O Gráfico 2.2 mostra o coeficiente de flutuação do crescimento econômico de alguns países latino-americanos em relação a outros não latino-americanos nos últimos dez anos.

Conforme o Gráfico 2.2, o coeficiente de flutuação das economias latino-americanas é, de modo geral, maior do que o da economia chinesa, indiana, e de algumas outras economias membros da OCDE, e também superior ao nível médio dos países de renda média e alta. A China e a Índia registraram um coeficiente de flutuação de 0,17 e 0,33, respectivamente. Em comparação, países da região, como Venezuela, Uruguai, Paraguai, México e Argentina, registraram níveis evidentemente mais altos de flutuação econômica, com 2,23, 1,78, 1,57, 1,50 e 1,38, respectivamente. Tal configuração implica um abalo relativamente forte à moeda doméstica na economia.

Gráfico 2.2 – Coeficiente de flutuação de economias selecionadas (2000 - 2011)

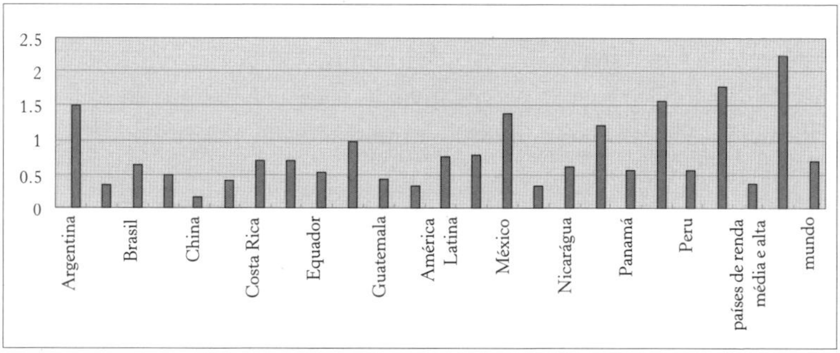

Nota: o eixo horizontal do gráfico indica as seguintes economias selecionadas (da esquerda para a direita): Argentina, Bolívia, Brasil, Chile, China, Colômbia, Costa Rica, Cuba, Equador, El Salvador, Guatemala, Índia, todos os países da América Latina e do Caribe, países em desenvolvimento da América Latina e do Caribe, México, países de renda média do mundo, Nicarágua, países membros da OCDE, Panamá, Paraguai, Peru, Uruguai, países de renda média e alta, Venezuela, todos os países do mundo.

Fonte: elaboração própria com base nos dados da taxa de crescimento real do PIB (a preço corrente) do banco de dados "Indicadores de Desenvolvimento Mundial" do Banco Mundial em janeiro de 2013.

Nível de inflação da América Latina

A inflação é um fator da economia que talvez tenha a maior força destrutiva para a confiança na moeda doméstica de um país. Desde o ano 2000, durante dez anos, vários países latino-americanos – como Brasil, Chile, Colômbia, México e Peru – introduziram o sistema de metas de inflação para conter o nível inflacionário da economia, e o resultado foi positivo: os países conseguiram, na maioria das vezes, impedir que fossem atropelados de novo por uma taxa de inflação de dois dígitos (Gráfico 2.3)

Gráfico 2.3 – Taxa média de inflação de economias selecionadas (2000 – 2011)

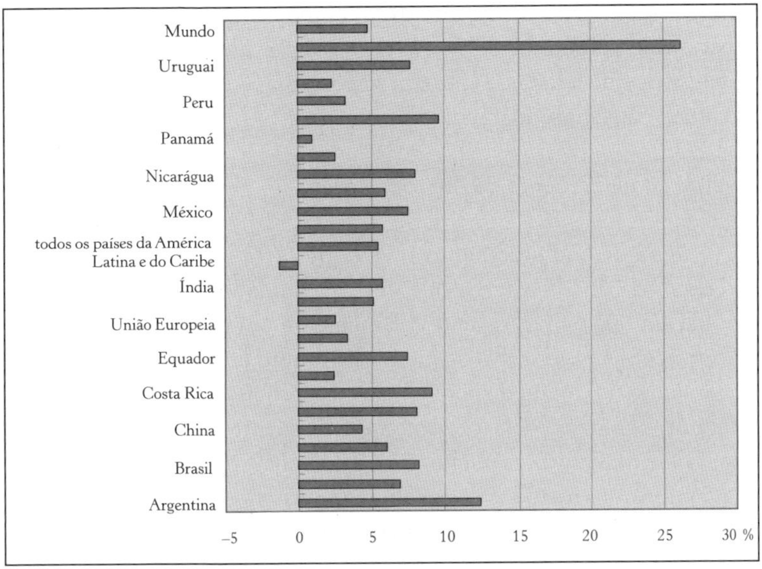

Nota: o eixo vertical do gráfico indica as economias que foram selecionadas (de cima para baixo): Argentina, Bolívia, Brasil, Chile, China, Colômbia, Costa Rica, Cuba, Equador, El Salvador, Guatemala, Índia, todos os países da América Latina e do Caribe, países em desenvolvimento da América Latina e do Caribe, México, países de renda média do mundo, Nicarágua, países membros da OCDE, Panamá, Paraguai, Peru, Uruguai, países de renda média e alta, Venezuela, todos os países do mundo.

Fonte: elaboração própria com base nos dados da taxa de inflação (mediante a aplicação do coeficiente de redução do PIB) do banco de dados "Indicadores de Desenvolvimento Mundial" do Banco Mundial em janeiro de 2013.

Para facilitar as análises, o Gráfico 2.3 expõe o valor médio da taxa de inflação das economias latino-americanas e de algumas economias não latino-americanas durante o período 2000-2011. Conforme exposto, a Venezuela é o país da região com maior nível inflacionário, com uma taxa média de inflação de 26,19%. A situação na Argentina é parecida: sua taxa média de inflação foi de 12,37%. Vale ressaltar que a taxa média de inflação dos demais países latino-americanos – como Paraguai, Costa Rica, Brasil e Colômbia – foi maior do que 8%, enquanto outros países do mundo registraram taxas médias de inflação evidentemente menores – como China (4,27%), Índia (5,67%), Estados Unidos (2,24%) e Japão (1,36%). Pode-se afirmar que, apesar de a taxa de inflação dos países latino-americanos ser relativamente alta em comparação com a dos outros países do mundo, a maioria deles conseguiu manter uma taxa de inflação razoável, menor do que 10%. A hipótese de que um processo de substituição voluntária da moeda nacional por uma moeda estrangeira aconteça devido à falta de confiança na moeda, tendo em conta a situação atual, não tem fundamentos.

Nível de endividamento da América Latina

O nível de endividamento revela, de certa maneira, a seriedade dos riscos da dívida externa que um determinado país enfrentará. Na medida em que o nível de endividamento de um país cresce, o peso de amortizações e pagamento de juros no produto total tende a aumentar, e o tamanho do capital disponível para a reprodução expandida tende a diminuir. Essa tendência, se não for devidamente invertida, pode acarretar crises muito graves, incluindo a insolvência do Estado.

Conforme os métodos de pesquisa e os critérios estabelecidos e reconhecidos internacionalmente, os riscos da dívida externa de um país podem ser avaliados por meio de quatro indicadores: o peso de endividamento (incluindo a dívida externa pública ou garantida pelo Estado) no total das exportações, a proporção da dívida (*debt ratio*), peso da dívida de curto prazo, o índice do serviço da dívida externa e o peso do montante do principal e dos juros da dívida externa no montante da Receita Nacional Bruta. No presente trabalho utiliza-se o índice do serviço da dívida externa para avaliar de forma breve os riscos da dívida externa dos países latino-americanos. O índice do serviço da dívida externa é a porcentagem que ocupa nas exportações de bens e serviços (*Total Debt Service as Percentage of Exports of Goods and Services*). Ele avalia a capacidade do país de cumprir as obrigações de pagamento das dívidas. Geralmente, o nível de alerta do índice é de 20% para os países desenvolvidos, 25% para os países em desenvolvimento, sendo o limiar de risco 30%. Quando o índice do serviço da dívida externa de um país ultrapassa 25%, entende-se que esse país está enfrentando riscos da dívida externa, pois sua carga das obrigações de pagamento do principal e dos juros da dívida externa estão se fazendo pesar sobre o Estado. Segundo o Gráfico 2.4, a maioria dos países latino-americanos mantém seu índice do serviço da dívida externa abaixo dos 25%. Porém, entre eles, muitos ainda apresentam um índice acima do nível médio dos países em desenvolvimento do mundo.

Além disso, países como Brasil, Colômbia, Argentina, Equador e Uruguai apresentam um índice superior aos 25%, que é um nível considerado um "limiar de alerta". Ainda mais, o índice do Brasil e da Colômbia está acima dos 30%, nível considerado um "limiar de risco". Em comparação, os países asiáticos apresentam um índice bem mais baixo, entre os quais a China, 5%, e a Índia, 15%.

Gráfico 2.4 – Índice do Serviço da Dívida Externa dos países latino-americanos e do mundo

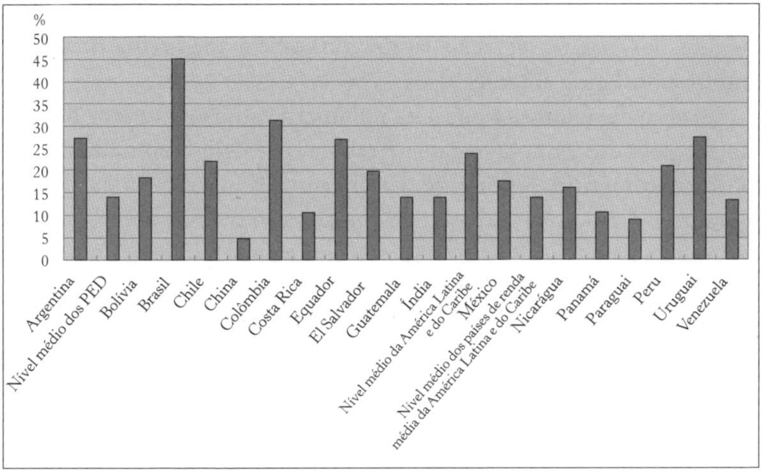

Nota: o eixo horizontal do gráfico indica as seguintes economias (da esquerda para a direita): Argentina, Nível médio dos PED, Bolívia, Brasil, Chile, China, Colômbia, Costa Rica, Equador, El Salvador, Guatemala, Índia, Nível médio da América Latina e do Caribe, México, Nível médio dos países de renda média da América Latina e do Caribe, Nicarágua, Panamá, Paraguai, Peru, Uruguai, Venezuela.
Fonte: elaboração própria a partir dos dados do banco de dados "World Development Indicator" do Banco Mundial. Data de acesso: janeiro de 2013.

Desenvolvimento dos mercados financeiros da América Latina

O sistema financeiro dos países latino-americanos ainda está pouco desenvolvido, especialmente quando comparado com o dos países desenvolvidos, mesmo aqueles que têm um nível semelhante de renda *per capita*. Carente de uma estrutura complexa de criação financeira e disponibilidade que dá o acesso aos recursos financeiros e a geração das receitas financeiras, o sistema financeiro regional tem apresentado alguns defeitos evidentes. O mercado financeiro regional ainda oferece poucas ferramentas de transferência e de resposta aos riscos de crédito (como a securitização dos títulos, a utilização dos futuros e das opções e de outros instrumentos financeiros derivativos). Apesar de significativo progresso no desenvolvimento do regime dos investidores institucionais qualificados em alguns países latino-americanos, o mesmo ainda não é suficientemente eficaz na maioria dos países da região. O mercado financeiro é em grande medida monopolizado pelos grandes bancos comerciais, e do qual o portfólio de ativos contém grande parte dos riscos associados a seus empréstimos. O financiamento é feito, principalmente, por meio das poupanças e da emissão de títulos em espécie. Alguns dos bancos regionais também recorrem ao sistema financeiro internacional para obter recursos.[21]

O grau de abertura financeira nominal é estudado a partir do grau de abertura da conta de capital. Embora os países latino-americanos tenham apresentado um nível de abertura financeira mais elevado durante o período 1995-2009, em comparação com os países da Ásia, se avaliados por meio de indicadores nominais como taxas de câmbio múltiplas, restrições na conta corrente, restrições na conta de capital, existência de leis de entrega obrigatória da receita das exportações etc. (Jiménez; Manuelito, s. d.), uma avaliação a partir de indicadores reais, associados às atividades e ao comportamento dos principais operadores no mercado, mostra conclusões contrárias. Ou seja, o grau de abertura financeira real dos países latino-americanos é levemente inferior ao dos países asiáticos. Isso mostra que, apesar de a América Latina ter começado o processo de liberalização comercial mais cedo, o modelo de desenvolvimento via substituição das importações ainda deixou uma marca indelével no panorama do mercado regional, razão pela qual a liberalização comercial não resultou no correspondente incremento do nível de liberalização financeira. Isso é um dos demais fatores que devem ser levados em consideração quando se avaliam as características do mercado financeiro latino-americano.

---

21 O "espaço de potencial" não só diz respeito à área geográfica, mas também à espessura de mercado. Um novo negociador ou um novo tipo de negócio só serão aceitos por um mercado, se esse mercado for suficientemente "espesso". Nesse caso, a capacidade de substituição da moeda em relação a outras já não entra na análise, mas é tratada como um pré-requisito.

A falta de desenvolvimento do mercado financeiro da América Latina causou um declínio da confiança em moedas locais e deixou espaço para uma possível substituição destas por estrangeiras.

Relações comerciais e de investimento

As relações comerciais e de investimento dos países latino-americanos passaram por mudanças drásticas nos últimos dez anos. A China vem sendo, cada vez mais, um fator não ignorável.

Aqui citam-se as conclusões de uma pesquisa da Cepal, de forma a assinalar a importância da China nos comércios exteriores da América Latina.

No Gráfico 2.5 percebe-se que, durante dez anos, a participação das exportações da América Latina para os Estados Unidos no total das exportações diminuiu de 59,7% para o nível atual, cerca de 30%, uma queda de quase 50%. As exportações latino-americanas para a União Europeia mantêm-se estáveis. Entretanto, as exportações da região para a China cresceram acentuadamente, de 1% em 2000 para aproximadamente 10% nos dias de hoje. Segundo o estudo, 47,26% do total das exportações da América Latina para a Ásia e o Pacífico eram destinados à China, o maior parceiro comercial dessa região. O mesmo acontece com as importações. O declínio da importância dos Estados Unidos nas importações da América Latina já é um fato incontestável. Além disso, prevê-se que essa tendência permanecerá, a menos que haja mudanças bruscas no cenário econômico mundial.

No âmbito dos comércios bilaterais, a China tem mantido um superávit na conta corrente ante a maioria dos países latino-americanos. Isso é, de um lado, desejável para a China, pois concede ao país um montante substancial de reservas, o que é favorável para o aumento da confiança da comunidade internacional na economia chinesa e para a formação de uma expectativa de apreciação do renminbi. Mas, de outro lado, é desfavorável para a saída do renminbi de modo deficitário.

Na perspectiva do investimento chinês, o fluxo deste no exterior em 2011 é o sexto maior dos países ou regiões do mundo, e o estoque acumulado da China nessa área ficou em 13º lugar no mundo (Yu, 2011; Yu; Shenggang, 2012). Desde o ano 2009, o investimento direto da China para os países da América Latina e do Caribe tem crescido de forma notável. Em 2011, 60% dos investimentos chineses no exterior foram destinados para Hong Kong, Ilhas Virgens e Ilhas Cayman. Na verdade, os

Gráfico 2.5 – Participação dos comércios bilaterais com os principais parceiros comerciais no total dos comércios exteriores da América Latina e do Caribe (2000-2020)

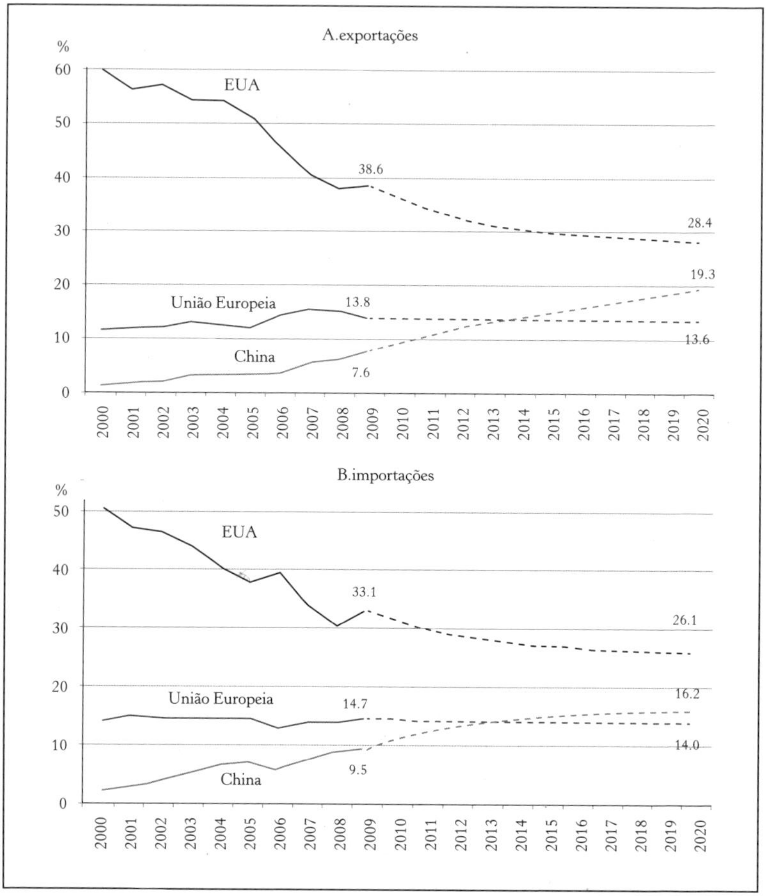

Nota: dezesseis países da América Latina e do Caribe foram incluídos no levantamento: Argentina, Venezuela, Brasil, Chile, Colômbia, Costa Rica, Equador, El Salvador, Guatemala, Honduras, México, Panamá, Paraguai, Peru, Bolívia e Uruguai. Os cálculos foram baseados no crescimento do PIB da China, dos Estados Unidos, da União Europeia etc. Pressupõe-se que o crescimento das exportações dos países foi igual ao crescimento do PIB a longo prazo.
Fonte: Cepal, com base nos dados do UN Comtrade Database.

investimentos chineses no exterior têm sido em grande parte concentrados nas Ilhas Virgens e nas Ilhas Cayman. Porém, essa situação começou a se alterar nos últimos anos, pois os investimentos para os países da América Latina, como Brasil, Peru, Argentina, Venezuela, México, Equador etc., têm aumentado de forma acelerada. Noventa por cento desses investimentos foram destinados à indústria de petróleo e gás e à indústria extrativa de recursos naturais, entretanto investimentos para os setores de telecomunicações e de automóveis também conheceram um aumento.

Visto pelo fluxo de investimento da América Latina, apesar de os Estados Unidos continuarem sendo a fonte mais importante de investimento estrangeiro da região, sua participação no total dos investimentos estrangeiros tem caído nos últimos anos. A participação da Holanda e do Japão tem aumentado levemente, mas a mudança mais notável é o aumento acentuado da participação da China: em 2010, essa participação no total dos investimentos estrangeiros da região chegou a 9%, fazendo do país outra fonte importante, atrás das tradicionalmente maiores fontes de investimento estrangeiro para a região, como Estados Unidos e União Europeia (Gráfico 2.6).

Gráfico 2.6 – Origem dos investimentos diretos estrangeiros da América Latina e do Caribe (2006-2010)

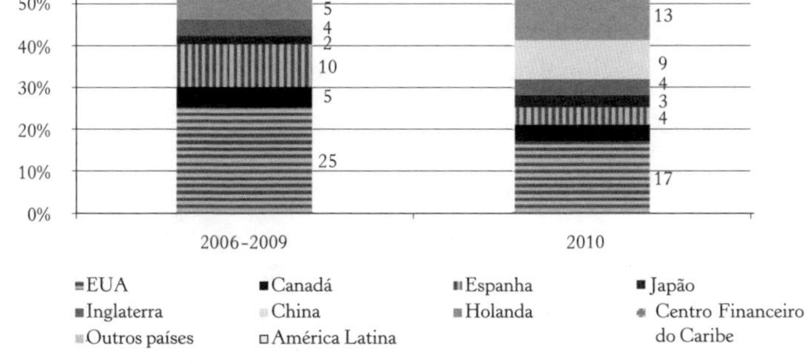

Nota: os países citados no gráfico respondem conjuntamente por 80% do total dos investimentos diretos estrangeiros da América Latina e do Caribe.
Fonte: Cepal. Data de acesso: 15 de abril de 2011.

A transferência do ciclo de negócios é uma abordagem muito importante e que facilita o entendimento sobre o grau de interligação entre as economias. Segundo a pesquisa do Banco Interamericano de Desenvolvimento em 2011 (Rosales, 2012), a ligação comercial cada vez mais intensa entre a China e a América Latina tem transformado significativamente o mecanismo de transferência do ciclo de negócios internacionais dessa região. Sendo aplicado aos cinco maiores países latino-americanos, o modelo GVAR indica que, de meados da década de 1990 até hoje, o impacto do PIB chinês como um fator de influência no crescimento das economias latino-americanas de longo prazo aumentou em três vezes, enquanto o do PIB americano diminuiu a metade. O impacto do PIB chinês decorre não só do aumento dos comércios bilaterais em meio ao encarecimento das *commodities*, mas principalmente dos efeitos surtidos pela China em tradicionais grandes parceiros comerciais da América Latina.

Vale ressaltar também que, devido à utilização predominante do dólar norte-americano no pagamento dos comércios e por causa da escassez da moeda norte-americana nos últimos anos em decorrência da crise financeira internacional, o custo de financiamento do comércio em dólar tem subido. Nesse sentido, o renminbi não deixa de ser uma alternativa para o pagamento dos comércios entre a China e os países com os quais ela tem trocas comerciais.

Embora a interligação do comércio e do investimento entre a China e a América Latina tenha sido cada vez mais forte na última década, o que ajuda a promover o reconhecimento e a aceitação da moeda chinesa na região de forma a aumentar a confiança e ampliar a área de circulação da moeda, ainda não se veem indícios para afirmar, pelo menos por enquanto, que essa interligação possa levar algum país a abandonar sua própria moeda nacional ou o dólar norte-americano, e adotar o renminbi como a moeda legal.

Política cambial da América Latina

Uma política cambial mais fixa tem maior tendência para gerar situações como a substituição da moeda ou a dolarização. De acordo com a última edição da pesquisa "De Facto Classification of Exchange Rate Regimes and Monetary Policy Frameworks", do FMI (lançada em fevereiro de 2009; os dados utilizados são extraídos no período até abril de

Tabela 2.5 – Arranjos cambiais e quadros monetários de fato dos países da América Latina e do Caribe (selecionados)

Exchange rate arrangement (Number of countries)	Monetary Policy Framework								
	Exchange rate anchor					Monetary aggregate target	Inflation targeting framework		Other1
	U.S. dollar (66)		Euro (27)	Composite (15)	Other (7)	(22)	(44)		(11)
Exchange arrangement with no separate legal tender (10)	Ecuador El Salvador	Panama							
Currency board arrangement (13)	Antigua and Barbuda 2 Dominica 2 Djibouti Grenada 2 St. Kitts and Nevis2	St. Lucia 2 St. Vincent and the Grenadines 2							
Other conventional fixed peg arrangement (68)	Argentina Honduras Bahamas Belize Babados	Suriname Trinidad and Tobago Venezuela, Rep.		Russian Federation		Argentina			
Pegged exchange rate within horizontal bands (3)									
Crawling peg (8)	Bolivia, China, Nicaragua								
Crawling band (2)	Costa Rica								
Managed floating with no pre-determined path for the exchange rate (44)						Haiti Jamaica	Colombia Guatemala Peru Uruguay		Dominican Rep. India Paraguay
Independently floating (40)							Brazil Chile	Mexico UK	US

Fonte: FMI (2008).

2008), exceto os países com dolarização oficial (por exemplo, Panamá, El Salvador e Equador), mais de quinze países latino-americanos praticam políticas cambiais basicamente fixas, incluindo Venezuela e Argentina. Bolívia, Nicarágua e Costa Rica praticam o *crawing peg*, enquanto Colômbia, Guatemala, Peru, Uruguai e Paraguai praticam políticas de câmbio flutuante administrado. Países que praticam políticas de câmbio independente e flutuante são Brasil, Chile, México etc. Os resultados dessa pesquisa coincidiram com nosso argumento: os países que têm câmbio fixo ou já realizaram a substituição da moeda local ou apresentam a possibilidade de fazê-la. A Tabela 2.5 mostra o arranjo cambial e o quadro monetário dos demais países da América Latina e do Caribe.

O regime institucional e o nível de governança dos países latino-americanos

Conforme aponta a pesquisa de De la Toree e Schmulker (2004), a falta de eficácia institucional pode gerar dúvidas em relação à execução do contrato em um país, levando cidadãos a encurtar o prazo de contratos ou efetuar transações em um terceiro país com um quadro legislativo mais adequado. Em 1996, o Banco Mundial levou a cabo um projeto chamado Indicadores de Governança Mundial (*The Worldwide Governance Indicators* – WGI). Utilizando dados de 32 fontes independentes de informação estatística, disponibilizadas por trinta organizações, a equipe de Kaufmann definiu seis categorias para avaliar o nível de governança estatal:

1. Voz e Prestação de Contas (*Voice and Accountability*), que avalia o nível de direitos políticos, civis e humanos no país;
2. Estabilidade Política e Violência (*Political Stability and Violence*), que avalia a probabilidade de ocorrência de ameaças de força e de mudanças de regime, inclusive a ameaça do terrorismo;
3. Eficiência do Governo (*Government Effectiveness*), que avalia a eficiência dos órgãos burocráticos e a qualidade dos serviços públicos;
4. Carga Regulamentar (*Regulatory Burden*), que avalia a probabilidade de ocorrência de políticas contrárias aos princípios de mercado;
5. Estado de Direito (*Rule of Law*), que avalia o nível da aplicação da lei no país nas áreas de cumprimento de contratos,

polícia e tribunal, inclusive a independência judiciária e a taxa de criminalidade;

6. Combate à Corrupção (*Control of Corruption*), que avalia o nível de corrupção, inclusive a "corrupção a nível mais baixo" (abuso de poder em proveito próprio) e a "corrupção a nível mais alto" (a dominação nos demais aspectos no país pelas camadas sociais privilegiadas).

A Tabela 2.6 mostra os Indicadores de Governança de alguns dos países latino-americanos.

Tabela 2.6 – Indicadores de Governança dos países latino-americanos (selecionados)

País	Voz e prestação de contas	Estabilidade política e violência	Eficiência do governo	Carga regulamentar	Estado de Direito	Combate à corrupção
Argentina	57,7	53,8	48,8	25,1	33,3	42,2
Brasil	63,8	46,2	55,5	55,9	55,4	63
Chile	81,2	65,1	83,9	93,4	88,3	91,9
Colômbia	44,6	12,3	62,6	61,1	47,9	46,4
Cuba	7	57,5	46	4,3	35,2	69,2
República Dominicana	50,7	49,1	34,6	46	26,3	22,3
Equador	37,6	22,6	35,1	15,6	13,6	21,3
México	53,5	25,5	63,5	60,7	39	45,5
Peru	51,6	25,9	49,3	68,7	32,4	54
Venezuela	24,4	10,4	13,3	6,2	1,4	7,6

Fonte: Worldbank (2013).

Considerando a situação de alguns países da América Latina, os indicadores do regime institucional e governança de Venezuela, Equador, Cuba e Colômbia estão bastante baixos no *ranking* mundial, mostrando que a governança desses países tem ainda muitos aspectos por melhorar. Evidentemente, também não se pode ignorar que a maioria desses países, particularmente, segue uma linha ideológica oposta àquela dos Estados Unidos, razão pela qual os resultados dessa pesquisa podem ter sido distorcidos.

Se analisarmos a América Latina como uma variável, podemos constatar que os países da região têm mantido um crescimento econômico estável, um nível inflacionário sob controle, e um relacionamento comercial e de investimento ainda bastante estreito com os Estados Unidos na última década. Apesar de que a confiança em suas moedas nacionais seja minada por alguns fatores, tais como políticas cambiais inadequadas e falhas de governança, de modo geral, a região ainda não apresenta um porte econômico para abandonar suas moedas locais ou moedas estrangeiras (o dólar norte-americano em maior parte). Ou seja, a região não dispõe de condições para substituí-las pelo renminbi, e a intenção chinesa de ampliar a área de circulação do renminbi na América Latina certamente sofrerá restrições decorrentes do lado de demanda.

Internacionalização do renminbi e as cooperações financeiras entre China e América Latina

No cenário mundial de concorrências monetárias, a internacionalização da moeda chinesa é um processo em curso que será gradualmente aperfeiçoado. À medida que as condições de internacionalização e o mercado financeiro chinês vão amadurecendo, a área de circulação e a influência da moeda chinesa aumentarão a cada dia que passa. A estratégia da internacionalização do renminbi na América Latina tem que levar em consideração o papel do dólar. Neste momento, as condições para o renminbi se tornar uma moeda alternativa nos países latino-americanos ainda são insuficientes, razão pela qual temos de continuar acompanhando de perto as novas tendências de desenvolvimento econômico da região e as oportunidades que poderão surgir ao longo do tempo. Uma estratégia viável seria buscar maior competitividade e efeito de escala do renminbi na América Latina pela ampliação do âmbito de cooperações monetárias entre China e América Latina e do alargamento e aprofundamento da rede de transações do renminbi na região, de forma a aumentar, passo a passo, a área de circulação da moeda. Espera-se que quando as condições estiverem maduras, o renminbi possa desempenhar o papel de um produto público na região.

Intensificar as cooperações financeiras com a América Latina

As cooperações financeiras com as diversas regiões são um caminho muito importante que leva ao aumento do reconhecimento e da influência do renminbi no mundo. Atualmente, a principal área de circulação externa do renminbi ainda se limita às regiões de Hong Kong e Macau e a países ao redor da China. Nos países em desenvolvimento, os da América Latina apresentam um nível de desenvolvimento relativamente avançado, uma formação ideológica diversificada e um nível de dolarização relativamente alto. Além disso, o sistema de pagamento e compensação regional e a moeda virtual estão em curso de formação gradual. Essas caraterísticas tornam ainda mais difícil a ampliação da área de circulação do renminbi na região.

Nesse contexto, intensificar as cooperações financeiras com os países da América Latina parece ser uma alternativa viável para promover a utilização regional do renminbi. Tais cooperações podem ser realizadas em vários níveis: em primeiro lugar, no nível multinacional, a China pode cooperar com o Brasil e outros países nas reformas do sistema financeiro global e na construção de uma nova ordem financeira internacional, o que é essencial para os países em desenvolvimento obterem mais financiamento e maior espaço de desenvolvimento econômico. Em segundo lugar, no nível regional, como membro do Banco Interamericano de Desenvolvimento, a China pode participar nas atividades financeiras regionais visando o desenvolvimento regional. Ao mesmo tempo, no nível bilateral, a China deve empenhar-se na criação de mais acordos de *swap* com os países latino-americanos, melhorar o quadro regulamentar e de supervisão financeira, aperfeiçoar os mecanismos de assistência mútua e intensificar as cooperações com os bancos centrais e os bancos comerciais dos países latino-americanos em todos os aspectos e em vários níveis. Atualmente a China já formou acordos de *swap* com o Brasil e com a Argentina, entretanto o acordo com o primeiro ainda não teve operações substanciais, e o acordo com a segunda ainda não foi renovado após o vencimento do prazo. Além disso, uma série de bancos de compensação do renminbi foi criada em Hong Kong, Taiwan da China e Singapura, e o mercado *offshore* do renminbi em Londres também está em crescimento próspero. Então, apesar de as relações entre China e América Latina terem experimentado um salto, tais arranjos institucionais e negócios do renminbi do mesmo gênero continuam ausentes na América Latina. Portanto, as cooperações financeiras com os países da América Latina ainda estão na fase inicial, com objetivos em vista e com tarefas definidas, mas precisam ser levadas a etapas mais avançadas, e um impulso substancial nesse sentido requer uma grande sabedoria política de todas as partes.

Reforçar as relações de comércio e de investimento com a América Latina

A China tem intensificado os laços de comércio e de investimento com a América Latina de forma surpreendente ao longo dos anos, o que certamente favorece a constituição do efeito de escala e das vantagens de custo do renminbi como unidade de conta e como meio de pagamento. Porém, os desafios permanecem múltiplos: primeiro, o protecionismo regional continua gerando impactos negativos, e os atritos comerciais têm sido frequentes: Argentina, Chile, México e Brasil estão entre os que mais levantam anualmente investigações de *antidumping* contra a China. Segundo, o desequilíbrio comercial continua sendo uma questão de grande preocupação para os países latino-americanos, pois a China tem mantido, com poucas exceções, superávit comercial ante a maioria dos países da região. Terceiro, os países latino-americanos têm ficado insatisfeitos com a estrutura comercial bilateral com a China. O país tem sido um grande importador de recursos naturais da região, mas a importação dos produtos industriais tem sido bastante limitada, por causa da baixa competitividade da América Latina nos setores. Quarto, o nível de facilitação comercial e de investimento na região ainda é relativamente baixo, com diversas barreiras, o que impede a entrada das empresas chinesas no mercado latino-americano. E por fim, a China e a América Latina ainda precisam encontrar caminhos para construir mecanismos de cooperação em nível mais avançado, como aqueles já construídos entre China e países da África. Essas dificuldades precisam ser superadas partindo-se de uma visão estratégica sobre o contexto geral das relações entre China e América Latina. As soluções para esses problemas têm de ser, acima de tudo, inovadoras e pragmáticas, que levem os dois lados a procurar pontos em comum e abandonar as divergências, para juntos encontrar um caminho de ganha-ganha (*win-win*). Na perspectiva da China, algumas medidas prioritárias, como promoção da utilização da moeda chinesa no pagamento, na fixação de preços e nos investimentos diretos das empresas chinesas na região, concessão de empréstimos em renminbi pelos bancos comerciais chineses para as empresas importadoras da região e alocação de investimentos e dos fundos de ajuda em renminbi têm de ser incluídas na agenda e colocadas em prática com maior rapidez e eficácia.

Expandir a rede de negócios do renminbi na América Latina

A ampliação da rede de negócios do renminbi propicia a economia de escala da moeda, pois ela tende a diminuir os custos de circulação e de transação. Porém, a expansão da rede não é uma decisão subjetiva, mas sim um resultado da escolha pelo mercado. Para atingir esse objetivo, algumas estratégias e táticas devem ser seguidas: primeiro, eliminar, de forma gradativa, as restrições nas transações da conta de capital do renminbi, visando a convertibilidade total e uma melhor aceitação pelo mercado. Segundo, promover o aumento dos fluxos de circulação do renminbi na América Latina e viabilizar, de acordo com as possibilidades, a utilização do renminbi como meio de pagamento e como moeda de denominação, visando uma maior frequência de utilização. Terceiro, promover a emissão dos títulos em renminbi, bem como lançar outros produtos financeiros denominados na moeda chinesa, e se for possível, permitir a utilização do renminbi *offshore* para o investimento no mercado doméstico de títulos pelos cidadãos estrangeiros. Quarto, aumentar a liquidez do renminbi para diminuir os custos de transporte, os custos de detenção e os custos de informação do renminbi. Nesse sentido, deve-se aumentar a quota máxima do dinheiro em renminbi que pode ser carregada por cidadãos chineses em suas viagens ao exterior, apoiar a ida de cartões *UnionPay* em renminbi para a América Latina e promover as operações de cartões bancários chineses nos diversos países da região. Além disso, deve-se esforçar-se também pela utilização do renminbi como o meio mais importante nas trocas iniciais dos operadores cambiais para diminuir os custos de procura da moeda. Quinto, potencializar os efeitos de *path dependence* (ou autorreforço) e de *lock-in* do renminbi, por meio de uma melhoria contínua e duradoura do nível de facilitação das transações do renminbi. Se tudo ocorrer bem, é de esperar que o renminbi fortifique sua posição na região e que algum tipo de substituição aconteça sob certas condições.

Aumentar a estabilidade do renminbi

O fundamento para a confirmação da posição do renminbi na América Latina é a estabilidade da própria moeda e a confiança por ela assegurada. O aumento da estabilidade política, econômica e financeira da China, então, será essencial para reforçar a estabilidade da moeda chinesa ao longo do processo de sua internacionalização. Porém, a estabilidade da moeda é uma meta maior e mais difícil de alcançar, comparando com a criação da economia de escala e o aumento da liquidez da moeda (Uncta, 2012). A China precisa estar preparada, tanto no âmbito político e econômico quanto no âmbito social, para fazer frente aos desafios que poderão surgir no futuro próximo.

Para os detentores do renminbi e dos ativos denominados em renminbi, uma das questões de maior preocupação é a habilidade da moeda de preservar e incrementar o valor, pois esse é o critério mais importante de avaliar se uma moeda é a melhor escolha para garantir a segurança e a diversidade de seus investimentos. Se a resposta do renminbi for positiva, a moeda ganhará competitividade no pagamento dos comércios internacionais, no investimento e nas reservas. A taxa de rendimento dos ativos, a riqueza de variedade de ativos, a capacidade do mercado financeiro de absorver e amortecer os riscos e a perspectiva de crescimento da moeda chinesa são todas questões diretamente vinculadas ao desenvolvimento econômico e industrial da China, especialmente no que toca sua amplitude e profundidade. O ideal é que o mercado de importações cresça de forma a favorecer a saída do renminbi para o mercado internacional de moedas, e que os detentores estrangeiros da moeda chinesa possam voltar a gastá-la para comprar da China produtos necessários, e que dessa maneira se forme um círculo completo de *outflow* e *inflow* do renminbi. Portanto, podemos concluir que a continuação do desenvolvimento e aumento estável da economia chinesa será o fator mais fundamental na determinação dos resultados da ampliação da área de circulação do renminbi na América Latina.

Referências bibliográficas

ANDREW, S. *Official Dollarization as a Monetary Regime*: its Effects on El Salvador. Washington: International Monetary Fund, 2011. (Work Papers, 11/129).

BANK FOR INTERNATIONAL SETTLEMENTS (BIS). Securities Statistics and Syndicated Loans. *BIS Quarterly Review*, n.12, 2012.

BENJAMIN, C. J. *The Geography of Money*. S. l.: Cornell University Press, 1998.

BERG, A.; BORENSZTEIN, E. Debate sobre la dolorización. *Finanzas Y Desarrollo – Publicación Trimestral Del Fondo Monetario Internacional Y Del Banco Mundial*, 2000.

BERGSTEN, C. F. *The Dilemma of the Dollar*: the Economics and Politics of United States International Monetary Policy. New York: New York University Press, 1975.

______. The Euro versus the Dollar: Will There be a Struggle for Dominance?. *Journal of Policy Modeling*, n.24, 2002.

BLOCH, D. S.; WILLIAM Jr., R. N. *Dollarization in El Salvador*: The Costs of Economic Stability. Latin America: Law and Business Report, 30 abr. 2003.

BOKE, J.; QINGLONG, Z. Internacionalização da moeda: revisão bibliográfica sobre seus determinantes e suas influências. *New Finance*, n.8, 2005.

BRUNNER, K.; MELTZER, A. The Use of Money. *The American Economic Review*, n. 61, p.784-805, 1971.

BRZEZINSKI, Z. *The Grand Chessboard*: American Primacy and its Geostrategic Imperatives. Tradução de Instituto de Estudos Internacionais da China, Shanghai: Shanghai People's Publishing House, 1998.

CALVO, G. A. On dollarization. *The Economics of Transition*, v.10, n.2, p.393-403, 2002. Disponível em: <http://ssrn.com/abstract=317345>.

______; VEGH, C. *Currency Substitution in Developing Countries*: an Introduction. Washington: International Monetary Fund, 1992. (Work Papers, 92/40).

CHINN, M.; FRANKEL, J. Will the Euro Eventually Surpass the Dollar as Leading International Reserve Currency? In: CLARIDA, R. *International Reserve Currency*. G7 Current Account Imbalances: Sustainability and Adjustment. Chicago: University of Chicago Press, 2005.

CHRYSTAL, A. K. Demand for International Media of Exchange. *The American Economic Review*, v.67, n.5, p.840-50, 1984.

COHEN, B. J. *The Geography of Money*. Ithaca; London: Cornell University Press, 1998.

CORBO, V. Is it Time for a Common Currency for the Americas? *Journal of Policy Modeling*, v.23, n.3, p.241-8, 2001.

DOMINICK, S. *The Dollarization Debate*. S. l.: Oxford University Press, 2003.

DUMA, N. *Dollarization in Cambodia*: Causes and Policy Implications. Washington: International Monetary Fund, 2010. (Work Papers, 11/49).

EICHENGREEN, B. When to Dollarize. *Journal of Money Credit & Banking*, v.34, n.1, p.1-24, 2002.

EMEAP. Local Currency Bond Markets and the Asian Bond Fund 2 Initiatives. BIS, 14 jul. 2011.

FANG, Y.; CHAOYUN, D. A concorrência entre as moedas sob o atual sistema monetário internacional – uma abordagem do Modelo de Duopólio. *Shanghai Finance*, n.4, p.45, 2012.

FMI. *Estatísticas Financeiras Internacionais*, v.4, n.32, 2006.

______. De Facto Classification of Exchange Rate Regimes and Monetary Policy Frameworks, 31 de abril de 2008.

GALIANI, S. et al. Financial Dollarization and Debt Deflation Under a Currency board. *American Research Network*, Buenos Aires, v.4, n.3, p.340-67, 2003.

GALINDO, A. J.; LEIDERMAN, L. *Living with Dollarization and the Route to Dedollarization*. New York: Social Science Electronic Publishing, 2005.

GIOVANNI, A. Turtelboom, Bart. *Currency Substitution*, NBER4232, n.12, 1992.

GOODHART, C. A. E. What is the Essence of Money? *Cambridge Journal of Economics*, n.29, p.5, 2005.

GOLDSTERN, M. *Managed Floating Plus*. Washington: IIE, 2002.

HAIXIA, S. *Estudos sobre as condições de internacionalização da moeda*: com base nos três papéis da moeda internacional. 2011. Tese (Doutorado) – Universidade Fudan. Shanghai, 2011.

HERRERA, L. O.; VALDÉS, R. O. Dedollarization, Indexation and Nominalization: The Chilean Experience. *Journal of Policy Reform*, v.8, n.4, p.281-312, 2005.

HIRSCH, F. *Money International*. New York: Doubleday Press, 1969.

IMF. *World Economic Outlook*, n.10, 2012.

KOKENYNE, A.; LEY, J.; VEYRUNE, R. Dedollarization. *Social Science Electronic Publishing*, v.10, n.88, 2010.

LEVY YEYATI, E.; STURZENEGGER, F. *Dollarization*. Cambridge: MIT Press, 2003.

JÁCOME, L. I.; LÖNNBERG, Å. Implementing Official Dollarization. *Social Science Electronic Publishing*, v.10, n.106, p.1-31, 2010.

JIMÉNEZ, L. F.; MANUELITO, S. Latin America: Financial Systems and Financing of Investment: Diagnostics and Proposals. *Cepal Review*, n.103, p.45-71, s. d.

JING, L.; TAO, G.; FAN, H. Atualidades da circulação transfronteiriça do renminbi e suas implicações para a economia chinesa. *Management World*, n.9, 2004.

KAMPS, A. The Euro as Invoicing Currency in International Trade. *ECB Working Paper Series*, v.8, n.665, p.43-55, 2006.

LACAYO, A. D. Dollarization: El Salvador's Third Earthquake. *Envio*, n.3, 2001.

LAMDANY, R.; DORLHIAC, J. The Dollarization of a Small Economy. *The Scandinavian Journal of Economics*, p.91-102, 1987.

LIM, E.-G. The Euro's challenge to the Dollar: Different Views From Economists and Evidence from COFER (Currency Composition of Foreign Exchange Reserves) and Other Data. Washington: International Monetary Fund, 2006. (Work Papers, 06153).

MATSUYAMA, Y. M. Towards Theory of International Currency. *Review of Economic Studies*, v.6, n.2, p.283-320, 1993.

McKINNON, R. *Private and Official International Money*: The Case for the Dollar. Essays in international Finance. Princeton: Princeton University, 1969.

MORRIS, G. *Managed Floating Plus*. IIE, 2002.

MUNDELL, R. A. The International Financial System and Outlook for Asia Currency Collaboration. *The Journal of Finance*, v.58, n.4, p.3-7, 2003.

NOMBULELO, D. *Dollarization in Cambodia*: Causes and Policy Implications. Washington: International Monetary Fund, 2010. (Work Papers 11/49).

REINHART, C. M.; ROGOFF, K. S.; SAVASTANO, M. A. Debt Intolerance. *Brookings Papers on Economic Activity*, n.1, p.1-62, 2003.

RENNHACK, R.; NOZAKI, M. *Financial Dollarization in Latin America*. Washington: International Monetary Fund, 2006. (Work Paper, 06/7).

ROBERT, R.; MASAHIRO, N. *Financial Dollarization in Latin America*. Washington: International Monetary Fund, 2006 (Work Paper, 06/7).

ROSALES, O. Melhorando as relações econômico-comerciais entre a América Latina e a China. *Cepal Review*: edição especial em chinês. Beijing: China Development Press, 2012, p.34.

SALVATORE, D. *The Dollarization Debate*. s. l.: Oxford University Press, 2003.

SWISTON, A. *Official Dollarization as a Monetary Regime*: Its effects on El Salvador. Washington: Intrernational Monetary Fund, 2011. (Work Paper, 11/129).

SWOBODA, A.; MUNDELL, R. A. *Monetary Problems of the International Economy*. Chicago: University of Chicago Press, 1969.

TALVAS, G. S. Internationalization of Currencies: The Case of us Dollar and its Challenger Euro. *International Executive*, v.39, n.5, p.581-97, 1997.

TRIENNIAL CENTRAL BANK SURVEY. Report on Global Foreign Exchange Market Activity in 2010. *Monetary and Economic Department*, n.12, 2010.

UNCTA. World Investment Report, 2012.

WORLDBANK. Wolrdwide Governance Indicators. Worldbank, 2013.

WTO. Statistics Database Online, 2012.

YU, C. Estudo sobre o nível de abertura comercial dos países latino-americanos. *Journal of Latin American Studies*, n.4, 2011.

YU, C.; SHENGGANG, L. Estudo sobre o grau de abertura econômica dos países latino-americanos. Sub-projeto do projeto "Tendência econômica dos países latino-americanos e as Alternativas de cooperação econômica e comercial entre a China e a América Latina", capitaneado por Su Zhenxing da Chinese Academy of Social Sciences (CASS). Artigo para discussão, dezembro de 2012.

YUYAN, Z. A natureza da moeda e as futuras escolhas do renminbi. *Contemporary Asia-Pacific Studies*, n.2, 2008.

3
A segurança do fornecimento energético externo da China e as futuras cooperações com a América Latina em energia

Wu Baiyi
Zhou Zhiwei

Como uma das questões mais estudadas pelo meio acadêmico internacional, a energia não deve apenas ser entendida e discutida como um importante recurso natural ou uma *commodity* internacional, mas também deve ser vista como uma variável relevante nas mudanças de relação entre demanda e oferta do mercado mundial e na manutenção da paz e da prosperidade global. Isso porque, no mundo de hoje,

> a energia já se tornou numa 'moeda corrente', em um fator decisivo para a formação da estrutura hierárquica de poder entre os Estados, e até num peso extra na balança de sucesso e progressos materiais. O acesso à energia é a tarefa prioritária acima de tudo do século XXI (Yuyuan; Qingyou, 2009).

Desde que, em 1993, a China se tornou um país importador líquido de petróleo, a segurança energética tem sido cada vez mais importante no desenvolvimento e na segurança econômica do país. É preciso ver que três fatores vêm fomentando a demanda chinesa por esse produto ao longo dos anos: primeiro, o processo extremamente acelerado de industrialização, informatização e urbanização da China gerou uma demanda endógena vultosa e constante; segundo, o fato de a China ser um país carente de recursos naturais e posicionado por longo tempo na parte mais baixa da cadeia de valor de produção durante todo o percurso de globalização econômica implica que o país será um grande consumidor de recursos naturais do mundo; terceiro, em meio às turbulências da ordem política e econômica internacional ao longo das últimas duas décadas, impacto contínuo tem sido causado ao equilíbrio da relação oferta/demanda de energia, razão pela qual a China está enfrentando uma dependência externa cada vez maior. Ao mesmo tempo, as flutuações violentas dos preços do mercado e os riscos de disponibilidade decorrentes dos problemas de comércios de energia, investimento e transporte também estão acontecendo com maior gravidade.

O presente capítulo visa abordar a importância da América Latina e do Caribe na futura segurança energética da China a partir de quatro questões mais relevantes: a tendência de demanda chinesa por energia e a estrutura mundial de energia, o estoque de energia da América Latina e sua importância, as políticas energéticas e as preferências de cooperação internacional dos países latino-americanos, as experiências, as dificuldades e as futuras opções de cooperação energética entre a China e a América Latina.

A tendência de demanda chinesa por energia e a estrutura mundial de energia

Embora as perspectivas de recuperação econômica mundial pós-crise não pareçam animadoras, e embora a economia chinesa tenha encontrado numerosas resistências e dificuldades para adaptar-se de um modelo orientado pelas demandas externas para um modelo orientado pelas demandas internas, bem como enfrente múltiplas pressões de inflação importada e de desaceleração econômica, as propriedades básicas e a escala da economia chinesa ainda nos fazem acreditar em sua futura tendência de desenvolvimento. Primeiro, a China continuará sendo a segunda maior economia do mundo em termos do PIB, e o maior país detentor de reservas de divisas. Segundo, como um país com população de 1,3 bilhão e com uma grande área territorial, a China apresenta diferenças regionais no que tange às características geográficas, culturais e de recursos naturais, pondo em forma o atual mapeamento de desenvolvimento e de modernização, o que implica uma força endógena significativa. Terceiro, as vantagens da China em indústria manufatureira correspondem, em geral, às condições atuais de desenvolvimento do país e às exigências da divisão internacional de trabalho, revelando a necessidade de continuar destacando a indústria secundária como o pilar da transformação e do progresso da economia chinesa. E por último, mas não menos importante, com o término do período de transição após o ingresso chinês na OMC, a economia chinesa obterá automaticamente o "*status* pleno de economia de mercado", e as políticas de protecionismo que ainda existem em alguns setores domésticos, em particular no setor de serviços financeiros, chegarão ao fim. As duas mudanças tendem a incentivar tanto o investimento chinês no exterior quanto o investimento estrangeiro na China, o que implica um maior grau de abertura e liberalização da economia chinesa.

Se olharmos para o consumo de petróleo da China nos últimos vinte anos, perceberemos uma tendência de crescimento linear muito clara. Atualmente a China é o segundo maior país consumidor e importador de petróleo do mundo. Segundo estatísticas da Agência Internacional de Energia (IEA), desde a década de 1990, a ascensão da economia chinesa começou a engendrar um crescimento galopante da demanda mundial por petróleo. A participação da China no consumo acrescido mundial de petróleo subiu de 25% para 30% em 2003, e 56,3% em 2010. Em concreto, entre 2001 e 2010, o volume das importações chinesas de petróleo bruto cresceu de 60,3 milhões de toneladas para 234,6 milhões, registrando uma taxa de crescimento anual de 16,3%, e o volume das importações chinesas de produtos derivados de petróleo cresceu de 28 milhões de toneladas para 59,9 milhões de toneladas, registrando uma taxa de crescimento anual de 8,82%, muito maior do que a taxa média de crescimento anual das importações mundiais no mesmo período, sendo, respectivamente, de 1,21% e 5,32%. Conforme o Plano Quinquenal para a Indústria Petrolífera e Química, elaborado pelos órgãos competentes do governo chinês, até o ano 2015 a demanda chinesa por petróleo refinado chegará a 320 milhões de toneladas, com um crescimento de 30,53% em relação a 2010. Além disso, segundo os cálculos, se a China visa atingir o objetivo de quadruplicar seu PIB (em relação ao PIB chinês dos anos 1980) até 2020, a demanda chinesa por petróleo bruto será de 920 milhões de toneladas. Mesmo que o país consiga duplicar a eficiência de utilização de petróleo, 460 milhões de toneladas ainda serão necessárias, enquanto o volume máximo de produção doméstica de petróleo da China é de 180 a 200 milhões de toneladas, ficando assim uma carência de 250 a 300 milhões de toneladas a ser suprida pela oferta externa.

COLUNA 3.1

Plano Quinquenal para a Indústria Petrolífera e Química

Em fevereiro de 2012, o Ministério da Indústria e Tecnologia Informática da China lançou o Décimo Segundo Plano Quinquenal para a Indústria Petrolífera e Química (doravante designado por Plano). Do lado da "demanda", o Plano aponta que, com base na situação do consumo dos produtos da indústria petrolífera e química durante o período do Décimo Primeiro Plano Quinquenal, e levando em consideração a situação do desenvolvimento da economia nacional e dos setores industriais relacionados durante o período do Décimo Segundo Plano Quinquenal, foram feitas projeções, por diversos métodos, que previam um crescimento da demanda por *commodities* e por produtos petrolíferos e químicos menor do que o crescimento do PIB chinês no mesmo período, e um crescimento da demanda por produtos petrolíferos e químicos de ponta levemente maior do que o crescimento do PIB chinês no mesmo período. Além disso, previa-se que, até o ano 2015, a demanda total do petróleo refinado seria de aproximadamente 320 milhões de toneladas, o que representaria um crescimento anual médio de 5,5%.

Sintetizando os fatos e as estimativas referidas, parece seguro afirmar que a economia chinesa ainda terá uma perspectiva bastante positiva ao crescimento, e que a demanda chinesa por energia ainda apresentará um dinamismo considerável durante um bom período de tempo. Mais especificamente, a demanda chinesa por petróleo e gás, tanto a importação líquida quanto o grau de dependência externa, também tende a manter um crescimento constante durante pelo menos vinte ou trinta anos. Essa tendência assinala, sem dúvida, que a China já entrou em um período de altos riscos de fornecimento de energia, em particular o petróleo e o gás.[1]

A segurança (ou falta de segurança) energética de um país refere-se principalmente ao relativo equilíbrio (ou desequilíbrio) na relação oferta/demanda de energia. No caso chinês, a situação que o país enfrenta é a de que, enquanto o volume das importações chinesas de energia, em particular de petróleo, vem aumentando continuamente, a produção mundial

1 Já em 2006, estudiosos norte-americanos como Kenneth Lieberthal e William Davidson (s. d.) apontaram que "a segurança energética já deixou de ser apenas uma questão de política econômica doméstica, mas um tema de alto valor político, muito relevante na segurança nacional da China".

de petróleo permanece basicamente inalterada, podendo estar em uma fase que os analistas chamam de "fase de platô". Com base nos resultados dos relatórios da Agência Internacional de Energia em 2003 e da Agência de Informação de Energia dos Estados Unidos em 2008, um grupo de acadêmicos chineses efetuou uma simulação dos dados, mostrando que a taxa de crescimento da produção convencional mundial de petróleo no período 2020-2030 será de 1%, e de produção não convencional, 5,6%. De acordo com seus cálculos, o volume total de petróleo comerciável mundial em 2020 será de 2,58 bilhões de toneladas, sendo o de produção convencional, 2,3 bilhões de toneladas. Até lá, a demanda chinesa por petróleo chegará a 570 milhões de toneladas, dentre as quais 370 milhões de toneladas serão provenientes da importação. Ou seja, a demanda chinesa de importação será equivalente a 16,3% da produção convencional comerciável mundial, e 14,5% da produção comerciável mundial total (Xiaoguang; Lin; Rulang, 2009). Isso significa que a oferta externa de petróleo da China tende a apertar-se, podendo não só causar tensão nas relações entre a China e os principais consumidores de petróleo, como os Estados Unidos, países da Europa e o Japão, mas também formar um novo quadro de disputa nos interesses entre a China e as economias emergentes, como a Índia e o Brasil. Naturalmente, como já tornado um bem estratégico internacional que ultrapassa o próprio caráter econômico, o petróleo constitui um fator que afeta a segurança de fornecimento externo da China, o que envolve ainda a situação geopolítica global e regional, o ambiente doméstico e as relações sociais internas dos países produtores, a segurança dos canais de comércio internacional, as normas e a sustentabilidade das cooperações entre a China e o exterior, a competitividade abrangente empresarial o investimento no exterior e a capacidade das relações públicas etc. (Zweig; Fiambai, 2005; Yuyan; Qingyou, 2009).

Na perspectiva da estrutura mundial de oferta de energia, após vários conflitos e compromissos, e até grandes crises e guerras locais há mais de um século, no mundo estabeleceu-se um mecanismo de apreçamento dominado pela Organização dos Países Exportadores de Petróleo (Opep) que representa a maioria dos produtores e um canal mundial de comercialização de petróleo assegurado pela força militar dos Estados Unidos (e de seus aliados ocidentais). A relação entre os dois lados é relativamente equilibrada, marcada por um alto grau de "interdependência". É previsível que a Opep, responsável por 70% das reservas comprovadas do mundo e cerca de 40% da oferta real, continuará sendo a principal fonte de fornecimento mundial e um grupo monopolista com um papel dominante no mercado energético mundial de longo prazo. Ao mesmo tempo, como a principal força na manutenção da "estabilidade do sistema monetário internacional", "abertura do mercado mundial" e "estabilidade do preço do petróleo", os Estados Unidos e seus aliados, embora tenham sofrido uma queda de influência nos últimos tempos, continuarão com uma posição inabalável. Porém, com a aceleração do processo de mundialização econômica, com a ascensão das economias emergentes, com o reforço da tendência de um "multilateralismo funcional" e com o aumento das explorações de recursos de petróleo e gás não convencionais como as areias betuminosas, a ordem mundial de oferta e demanda de energia já começou a apresentar alguns sinais de mudança significativos:

1. O "polo" de produção mundial de petróleo deixa de ser apenas o Oriente Médio, à medida que vêm surgindo no mundo vários "polos", nas demais regiões do Mar Cáspio, da Sibéria, do Golfo da Guiné, das Cordilheiras Andinas e do Canadá. Além disso, graças aos avanços de inovação tecnológica na extração do óleo e gás de xisto, espera-se que os Estados Unidos atinjam um alto grau de independência energética até 2030 (Zhenglong, 2012).
2. O "centro de gravidade" do comércio mundial de energia parece estar se deslocando para o leste. À medida que os Estados Unidos vêm diminuindo sua dependência energética em relação ao Oriente Médio, os principais países petrolíferos estão aumentando suas exportações para a Ásia, e os comércios e as cooperações transpacíficas entrarão em uma nova fase.
3. O mecanismo de apreçamento do petróleo, antes dominado pelo dólar, está enfrentando grandes desafios. Países como Irã e Venezuela adotaram sucessivamente a cotação do preço do petróleo em euro, e a Rússia também está avançando com sua iniciativa de pagamento dos comércios de óleo e gás em rublo nos países membros da Comunidade dos Estados Independentes, além de sua intenção de estender essa experiência na Europa e na Ásia.
4. Novos mecanismos regionais de cooperação de petróleo começaram a surgir. Países petrolíferos como Irã, Venezuela e Rússia estão em negociação sobre o estabelecimento de uma nova

> aliança de óleo e gás, sendo já concluídos alguns acordos de comércio de permuta entre esses e alguns de seus países vizinhos. Além disso, também está sendo negociada entre países a criação de uma nova bolsa de petróleo independente ou conjunta. Os esforços de promover cooperações energéticas regionais e estabelecer novas reservas energéticas estratégicas têm sido constantes por vários anos no Leste da Ásia, ao passo que alguns mecanismos internacionais, como os Brics, também se mostraram interessados em desenvolver cooperações energéticas multilaterais (Yuenai; Wei. 2007; 2012).

Em um panorama energético mundial em mudança acelerada e dramática, a China será confrontada com grandes desafios e oportunidades no que diz respeito à sua disponibilidade energética. A futura estratégia energética do país terá de corresponder às perspectivas de desenvolvimento energético nacional e internacional, atender às necessidades imediatas e de longo prazo, de forma a construir uma nova visão de segurança energética conforme os princípios de cooperação, desenvolvimento diversificado e fornecimento assegurado e coordenado, para poder, enfim, aproveitar ao máximo os recursos energéticos do mundo. A experiência norte-americana indica que a exploração dos recursos energéticos internos é fundamental para garantir a segurança e a independência energética (Monan, 2012). Apesar das crescentes dificuldades, a produção interna de petróleo na China ainda apresenta algumas perspectivas de crescimento. Segundo a estimativa, as reservas de petróleo ainda não descobertas no Leste da China totalizam cerca de 18 bilhões de toneladas, e as reservas a serem comprovadas, cerca de 6,8 bilhões de toneladas. As atividades de exploração na Região Oeste do país ainda estão em uma fase inicial, mas estima-se que as reservas ainda não descobertas nessa região atinjam um total de mais de 11,4 bilhões de toneladas. As reservas de petróleo *offshore* a serem comprovadas totalizam 8.631 bilhões de toneladas, das quais apenas 29% delas foram comprovadas, razão pela qual a China está ainda em uma fase auge de descoberta das reservas. Portanto, as reservas no *offshore* e na Região Oeste do país são as mais potenciais e que mais contribuirão para o aumento da produção nacional de petróleo da China. Entretanto, não podemos deixar de continuar colocando em prática a estratégia de "ir para fora", ou seja, ampliar a fonte de fornecimento externa de óleo e gás. Devem-se aproveitar os mecanismos de mercado internacionais, aplicar de forma mais eficiente os capitais, inovar os diversos e flexíveis modelos de colaboração com o exterior e aperfeiçoar a rede da diplomacia econômica visando numerosas parcerias na área de energia pelo mundo afora, para poder, enfim, diversificar a fonte de fornecimento externa e aliviar a situação de dilema enfrentada no que tange à segurança de petróleo. A China deve aumentar a profundidade e a amplitude de suas estratégias internacionais, visando aproveitar melhor os mecanismos internacionais de energia e identificar melhor as oportunidades de cooperação energética internacional para evitar ou pelo menos diminuir os riscos de fornecimento externo de petróleo e gás.

As reservas energéticas da América Latina e sua importância

De modo geral, a América Latina teve quase sempre um papel de destaque na história mundial de desenvolvimento de petróleo. Já em meados do século XIX, os norte-americanos perfuraram o primeiro poço de petróleo nos Estados Unidos, e a partir daí começaram sua exploração dos recursos petrolíferos, sucessivamente, na América do Norte, na América Central e na América do Sul. Além disso, descobriram e promoveram o amplo uso do petróleo para a iluminação, para o engenho de combustão interna e até para a indústria militar, fazendo com que o petróleo, um combustível fóssil, inicialmente descoberto nas Américas, substituísse muito rapidamente o carvão e se tornasse a principal mercadoria nos comércios internacionais de energia, inaugurando assim uma fase importante do processo de desenvolvimento mundial de energia, chamada "a Era do Golfo do México".

Segundo as estatísticas da companhia petrolífera inglesa British Petroleum (BP), em 2011 as reservas de petróleo comprovadas da América Latina e do Caribe totalizam 336,8 bilhões de barris, equivalentes a 20,4% das reservas comprovadas do mundo, sendo a segunda maior região produtora de petróleo do planeta, atrás apenas do Oriente Médio (BP, 2012). Medidos pelo montante de reserva e de produção, os principais países latino-americanos produtores de energia são: Venezuela, Brasil, México, Equador, Argentina, Colômbia, Peru e Trinidad e Tobago. Esses, juntos, são responsáveis por 98,5% do total das reservas comprovadas de petróleo na região. Entre os países, a Venezuela possui a maior reserva comprovada do mundo, com 296,5 bilhões de barris; o Brasil, a 14ª maior reserva comprovada do mundo, com 15,1 bilhões de barris; e o México, a 18ª maior reserva do mundo. Além disso, em termos de crescimento das reservas comprovadas, Venezuela e Brasil também têm um papel de destaque na região. A reserva venezuelana cresceu 373% em relação ao ano de 1991, enquanto a reserva brasileira cresceu 214,6% durante o mesmo período. Em termos de produção, em 2011 a produção diária média de petróleo da América Latina é de 10.319 mil toneladas, ou 13,1% da produção diária média mundial, sendo essa a terceira maior região produtora de petróleo do mundo, atrás apenas do Oriente Médio (32,6%) e da Europa e continente euroasiático (21%). Em termos de produção nacional, em 2011, a produção diária média do México era de cerca de 2.938 mil barris, sendo esse o maior produtor de petróleo na região. Venezuela e Brasil são o segundo e o terceiro maior país produtor, com a respectiva produção diária média de 2.720 mil barris e 2.193 mil barris (BP, 2012). Em termos da relação R/P (Reserva Comprovada Total/Produção Anual), devido ao aumento brusco das reservas da Venezuela e do Brasil, a relação R/P da América Latina é de cerca de 120, ou seja, o dobro da relação R/P mundial (54,2). Isso significa que o grau de abundância de reserva de petróleo da América Latina é evidentemente mais alto do que as restantes regiões do mundo. A região se tornará um elo importante na cadeia de fornecimento de petróleo global em médio e longo prazos.

Se formos, porém, analisar o nível de produção de petróleo na América Latina nos últimos dez anos, verificaremos que há um hiato entre os principais países produtores em relação à tendência de aumento/redução de produção. Por exemplo, o México, após ter atingido o pico de produção diária média de 2.830 mil barris em 2008, tem reduzido sua produção de petróleo em sete anos consecutivos, registrando uma redução total de 23,3%. Argentina e Venezuela também estão confrontadas com o mesmo problema. De 2001 a 2011, a produção de petróleo da Argentina caiu de forma contínua, com a queda de produção de 26,9%, enquanto a produção da Venezuela tem sofrido graves flutuações durante o mesmo período, e reduziu em 13,4% em 2011 em relação à produção recorde em 2001 de 3.142 mil barris (Tabela 3.1). Embora o Equador tenha conseguido um aumento de produção de 2,8% em 2011, seu nível de produção ainda é evidentemente inferior ao seu nível máximo durante os últimos dez anos (545 mil barris em 2006).

Tabela 3.1 – A reserva e a produção de petróleo dos principais países da América Latina e do Caribe

País	Reservas comprovadas (100 milhões de barris)		Produção diária média (10 mil barris)		Participação no total da reserva mundial (%)	Reserva Comprovada Total/ Produção Anual
	2001	2011	2001	2011		
Venezuela	777	2965	314,2	272,0	17,9%	Acima de 100
Brasil	85	151	133,7	219,3	0,9%	18,8
México	188	114	356,8	293,8	0,7%	10,6
Equador	46	62	41,6	50,9	0,4%	33,2
Argentina	29	25	83	60,7	0,2%	11,4
Colômbia	18	20	62,7	93,0	0,1%	5,9
Peru	10	12	9,8	15,3	0,1%	22,2
Trinidad e Tobago	10	8	13,5	13,6	0,1%	16,7
O resto da América Latina	14	11	13,7	13,4	0,1%	22,1
Toda a América Latina	1176	3368	1029,0	1031,9	20,4%	Acima de 100

Fonte: BP. *BP Statistical Review of World Energy*, n.6, p.6-9, 2012.

Ao contrário, Brasil, Colômbia e Peru têm apresentado uma mudança positiva no que diz respeito à sua produção de petróleo nos últimos dez anos. O Brasil tem mantido um crescimento de produção contínuo e estável, com um aumento total extraordinário de 64%. A Colômbia, embora não seja um dos principais produtores de petróleo, tem aumentado sua produção em sete anos consecutivos desde 2004, registrando uma taxa de aumento de produção de 68,8%, uma das maiores do mundo. Com isso, o país ultrapassou a Argentina em 2009 para se tornar o quarto maior país produtor de petróleo da América Latina. O Peru também tem apresentado um aumento constante de produção em sete anos consecutivos desde 2003, e sua produção em 2010 cresceu 57,6% em relação ao ano de 2003. Não obstante, sua produção caiu levemente em 2011, em 6,5%.

Em termos de capacidade de refino, o Brasil, em 2011, tinha uma capacidade instalada de 2.216 mil barris por dia, isto é, 2,3% da capacidade mundial, registrando um aumento de 14,4% em relação ao ano de 2001. Com isso, o Brasil está no primeiro lugar da América Latina e na oitava posição do mundo. A capacidade instalada do México e da Venezuela é de 1.606 mil barris e 1.303 mil barris por dia, respectivamente. O México aumentou sua capacidade de refino em 8,4% em relação ao ano de 2001, enquanto a da Venezuela se manteve quase inalterada (sua capacidade diária de refino de 2001 foi de 1.269 mil barris). Além desses três países, apenas a Argentina (com uma capacidade de refino de 649 mil barris por dia) e as Antilhas Holandesas (com uma capacidade de refino de 320 mil barris por dia) apresentam uma capacidade de refino plausível. De forma geral, a América Latina apresenta uma capacidade de refino relativamente baixa, com o total da capacidade de toda a região de 8.196 mil barris por dia, o que equivale a apenas 8,8% da capacidade mundial e a menos de um terço da capacidade da Ásia e do Pacífico (29.135 mil barris por dia). O crescimento da capacidade de refino da América Latina, em relação a 2001, foi de 469 mil barris por dia, registrando um aumento de 6%, o que revela que o setor de refino de petróleo da região não obteve avanços significativos durante os últimos dez anos. A falta da capacidade de refino já se tornou uma dificuldade para a maioria dos países latino-americanos, mesmo para aqueles que apresentam um desempenho um pouco melhor, como Brasil e México, cuja indústria de refino de petróleo está recebendo uma crescente atenção política por ter um grande potencial de crescimento e um alto valor estratégico na realização dos planos nacionais de eficiência energética. Segundo a AIE, prevê-se que a capacidade de refino da América Latina aumente em um milhão de barris por dia nos próximos cinco anos, e o Brasil será o principal responsável por esse aumento (Tissot, 2012, p.8).

Em termos de consumo do petróleo, a América Latina, como um todo, apresenta uma oferta maior que a procura, o que se deve a diversos fatores. Como a escala da economia da maioria dos países da região é limitada, o crescimento econômico da região ainda não ganhou velocidade etc. Em 2011, o consumo médio diário de petróleo da América Latina foi de 8.268 mil barris, o que equivale a 21% do consumo da China durante o mesmo período, registrando um excedente médio diário de 2.051 mil barris (BP, 2012, p.8-9). Atualmente, entre os países latino-americanos, apenas o Brasil apresenta um consumo médio diário superior à oferta média diária, sendo este de 2.653 mil barris, o que coloca o país como o maior consumidor de petróleo na América Latina e o sétimo maior do mundo (seu consumo é equivalente a apenas 3% do consumo mundial). Os demais países produtores de petróleo apresentam, sem exceção, um excedente de oferta (o consumo médio diário do México foi de 2.027 mil barris, ou 2,2% do consumo mundial; da Venezuela, 832 mil barris, ou 0,9% do consumo mundial; da Argentina, 609 mil barris, ou 0,7% do consumo mundial).

Comparado com o petróleo, que é um recurso energético bastante abundante na América Latina, o gás natural tem uma reserva relativamente escassa na região. A maioria dos países latino-americanos precisa importar o produto para compensar a escassez de oferta doméstica. Segundo as estatísticas da British Petroleum, o total da reserva comprovada de gás natural da América Latina em 2011 foi de 8 trilhões de metros cúbicos, o que equivale a 3,8% do total das reservas comprovadas do mundo, sendo essa região uma das mais carentes desse recurso do mundo. Em termos de produção, o total da produção de gás natural da América Latina em 2011 foi de 220,2 bilhões de metros cúbicos, ou seja, 6,7% da produção mundial, o que coloca a região em penúltimo lugar do mundo, ficando na frente apenas da África. De modo geral, a demanda de importação de gás natural da América Latina tende a aumentar. Em 2011 a região importou um total de 44,6 bilhões de metros cúbicos de gás natural. O maior fornecedor de gás natural da América Latina foram os Estados Unidos, que exportaram um total de 14,5 bilhões de metros cúbicos para a região, dentre os quais 14,1 bilhões de metros cúbicos somente para o México. Além disso, Qatar e Nigéria também são importantes fornecedores para a região. O montante de exportação pelo Qatar foi, em 2011, de 1,7 bilhão de metros cúbicos. Entre os países latino-americanos, Bolívia e Trinidad e Tobago são os principais exportadores de gás natural, que juntos são responsáveis por 43,5% do total das importações da região. Em 2011, a Bolívia exportou um total de 13,3 bilhões de metros cúbicos de gás natural para o Brasil e a Argentina, enquanto Trinidad e Tobago exportou um total de 6,1 bilhões de metros cúbicos para a Argentina, o Chile e outros países da região (ibidem, p.20-5).

A América Latina apresenta uma perspectiva muito positiva no que diz respeito à reserva e ao consumo potencial das energias renováveis. Em 2011, o consumo total da energia hidrelétrica da região foi de 1.760 milhões de toneladas equivalentes de petróleo, ou seja, 22,3% do consumo total mundial, ficando atrás apenas da região Ásia-Pacífico (31,3%). Especificamente, o consumo do Brasil de energia hidrelétrica, em 2011, foi de 97,2 milhões de toneladas equivalentes de petróleo, o que equivale a 12,3% do consumo total mundial, sendo o país o segundo maior consumidor do mundo, atrás apenas da China (19,8%). Entre os outros países da região, Venezuela (18,9 milhões de toneladas equivalentes de petróleo), Colômbia (10,9 milhões de toneladas equivalentes de petróleo), Argentina (9 milhões de toneladas equivalentes de petróleo) e México (8,1 milhões de toneladas equivalentes de petróleo) também têm um consumo de gás natural relativamente grande. A tendência nos últimos dez anos indica que o consumo de energia hidrelétrica na América Latina veio crescendo com poucas exceções (o consumo no Chile e em poucos outros países apresentou uma tendência geral de declínio), e o Brasil registrou o maior crescimento, com um aumento de mais de 60% nos últimos dez anos (ibidem, p.36).

A América Latina também é uma das regiões mais avançadas no mundo na área de desenvolvimento dos biocombustíveis. Em 2011 a produção dos biocombustíveis no Brasil atingiu 13,196 mil toneladas equivalentes de petróleo, ou seja, 22,4% da produção mundial total, sendo o país o segundo maior produtor de biocombustível do mundo, atrás apenas dos Estados Unidos (28,251 mil toneladas, 48% da produção mundial). A Argentina ficou como o segundo maior produtor de biocombustível na região, e sua produção em 2011 foi de 2,233 mil toneladas equivalentes de petróleo, ou 248 vezes maior em relação à sua produção de dez anos atrás. Como um dos países que registraram um crescimento mais rápido no setor de biocombustíveis do mundo, a Argentina aumentou drasticamente sua produção ao longo dos anos, com a participação atual de 3,8%, o que coloca o país no 4º lugar do mundo, atrás dos Estados Unidos, do Brasil e da Alemanha. Ademais, a Colômbia também obteve um grande avanço em seu setor de biocombustíveis nos últimos dez anos, e sua produção em 2011 foi de cerca de 387 mil toneladas equivalentes de petróleo, ou seja, 0,7% da produção mundial (ibidem, p.39).

No que tange à produção das outras fontes renováveis, também se percebe uma grande discrepância entre os diversos países da região. Em 2011, o montante total das energias renováveis do Brasil foi de 7,5 milhões de toneladas equivalentes de petróleo, ou seja, 57,3% do montante total das energias renováveis da América Latina, e 3,8% do montante total do mundo, o que coloca o país entre os primeiros do mundo, atrás apenas de Estados Unidos, Alemanha, China, Espanha e Itália. Os demais países latino-americanos ainda não possuem uma indústria de energias renováveis suficientemente sólida, razão pela qual sua produção manteve-se basicamente estagnada durante os últimos dez anos. O México apresenta um desempenho um pouco melhor, e sua produção em 2011 foi de 1,8 milhão de toneladas equivalentes de petróleo. Afora esses dois, nenhum dos outros países latino-americanos obteve uma produção de energias renováveis superior a um milhão de toneladas equivalentes de petróleo.

Em resumo, essa discrepância deve-se a vários fatores, externos e internos. A seguir são listados os principais fatores internos:

1. *A disparidade regional em termos de relação R/P (Reserva Comprovada Total/Produção Anual).* Embora a América Latina, como um todo, apresente uma relação R/P superior a 100, pelo que a região é considerada a de maior relação R/P do mundo, entre os países latino-americanos, apenas a Venezuela apresenta uma relação R/P significativamente alta, enquanto nos demais países da região essa relação é relativamente baixa. No ano de 2010, a produção de petróleo do México foi a 7ª maior do mundo, sendo o montante de suas reservas o 17° maior do mundo; enquanto o México teve uma produção equivalente a 25% da produção da Arábia Saudita, suas reservas equivalem a apenas 5% das reservas sauditas. Nos níveis atuais de produção, as reservas de petróleo no México serão esgotadas em cerca de dez anos, e naquela altura o país passará de exportador líquido para importador líquido de petróleo (Talwani, 2011, p.9-10).
2. *A insuficiência de investimento.* Sabe-se que a taxa baixa de investimento é geral em quase todos os países latino-americanos. O nível de investimento, tanto atual quanto planejado, nas infraestruturas energéticas, como as de produção de carvão, petróleo e gás natural na América Latina, é inferior ao das outras regiões em desenvolvimento do mundo (incluindo a África), e apenas o setor de eletricidade apresenta uma perspectiva de aumento do investimento relativamente positiva para os próximos anos (Caspary, 2007). Em razão da insuficiência de investimento nos setores energéticos, os países produtores de petróleo da América Latina não foram, durante longo tempo, capazes de aproveitar os fatores favoráveis do mercado internacional de energia, tais como a alta dos preços ou o aumento da demanda, para elevar de forma substancial sua produção. Essa insuficiência de investimento está

impedindo que os países latino-americanos ponham em pleno jogo suas vantagens energéticas. Conforme as previsões da AIE, entre 2011 e 2035 a demanda de investimento da América Latina nos setores de infraestrutura energética totaliza cerca de 3,5 trilhões de dólares, sendo 1,9 trilhão de dólares somente no setor de petróleo. E segundo a Organização dos Países Exportadores de Petróleo (Opep), nos próximos 25 anos a demanda de investimento no setor de refino de petróleo na América Latina chegará a mais de 100 bilhões de dólares (Tissot, 2012, p.16).

3. *Políticas internas*. O novo ciclo de *boom* dos preços de petróleo, iniciado em 2004, coincidiu com o apogeu de desenvolvimento do novo populismo latino-americano. Durante esse período de tempo, os diversos países petrolíferos da região entraram em uma fase em que os partidos esquerdistas assumiram o poder, e a alta dos preços internacionais de petróleo serviu de uma condição extremamente favorável para a realização de suas políticas sociais internas, voltadas para a redução da pobreza. Ao mesmo tempo, alguns países (especialmente os andinos) adotaram políticas mais radicais, inclusive a "nacionalização" dos recursos energéticos, em meio ao aumento das vozes de "nacionalismo dos recursos". Diferentemente das antigas manifestações do "nacionalismo dos recursos", as políticas de nacionalização nos países latino-americanos de hoje têm por objetivo maximizar os interesses de *rent-seeking*, ou seja, espremer em grande medida os lucros das empresas energéticas privadas ou de capital estrangeiro. Isso causou um forte encolhimento de investimento desses no setor de petróleo, o que acabou em queda da produção.

Políticas energéticas e preferências de cooperação dos países latino-americanos

A América Latina é uma das regiões mais ricas em recursos naturais do mundo. Porém, a dotação de recursos extremamente favoráveis não produziu um crescimento econômico contínuo e estável na região, mas, ao contrário, reforçou a inércia dos países de desenvolverem suas economias principalmente por meio das exportações dos bens primários intensivos em recursos naturais, o que levou, consequentemente, a uma estrutura econômica singular e afetou a capacidade de transformar o quanto antes as vantagens comparativas de comércio em competitividade abrangente, caracterizada pelas vantagens em recursos humanos, inovações tecnológicas e refinamento profissional. Durante a primeira década do século XXI, o cenário econômico global começou a apresentar, com maior claridade, as caraterísticas tridimensionais. À medida que as economias desenvolvidas da Europa e da América do Norte dominavam o setor terciário por possuírem vantagens comparativas e que se intensificou a tendência de tais países passarem por um processo acelerado de "desindustrialização", a capacidade manufatureira real foi transferida rapidamente para a China, a Índia e países do Leste Asiático, e os preços das *commodities* foram impulsionados a subir constantemente, assim, incentivando muitos países da América Latina a optarem pelo "atalho" ao crescimento econômico via exportações de produtos primários. Em 2009, as exportações líquidas da América Latina totalizaram cerca de 206 bilhões de dólares, dos quais 46% provenientes do setor agrícola, e 33%, do setor energético, principalmente de petróleo (Lihong, 2011, p.121). De um lado, essa estratégia teve resultados positivos no sentido de incentivar um crescimento econômico robusto, ampliar o saldo do balanço de pagamentos, aliviar o peso das dívidas externas e tornar as economias mais resistentes a choques externos. De outro lado, essa opção também acabou adiando os reajustes estratégicos na economia, reproduzindo e reforçando a estrutura produtiva de baixo nível, e agravando a dependência externa e a fragilidade das economias da América Latina. Há mais de um século a trajetória de desenvolvimento da América Latina tem seguido um padrão pendular de "voltado para fora – voltado para dentro – voltado para fora". A demanda externa não se tornou necessariamente força motriz do crescimento da demanda interna, mas, ao contrário, acabou produzindo um efeito negativo ao crescimento qualitativo e duradouro da região (Bienweng; Yunxia, 2012).

Obviamente, em meio às profundas mudanças e às crescentes incertezas do cenário de disputa econômica global, e levando em consideração as necessidades históricas de desenvolvimento, exige-se que os países latino-americanos transformem seu modelo de crescimento e abram novas oportunidades de desenvolvimento. Porém, os diversos países tiveram diferentes percepções e, portanto, diferentes reações. As políticas dos países petrolíferos latino-americanos na área de energia variam bastante, especialmente no que diz respeito à prioridade e ao ponto de partida, ao objetivo de desenvolvimento e à orientação das cooperações, e à intensidade dos reajustes e preferências políticas. Brasil, México e Colômbia mantêm uma política energética relativamente aberta para as cooperações internacionais, apesar de alguns reajustes, feitos apenas com o objetivo de assegurar a autonomia e ampliar as vantagens competitivas de seu setor energético. Venezuela, Bolívia, Equador e Argentina, entretanto, realizaram reajustes de política energética com maior intensidade, com características de "nacionalismo dos recursos", tendo como objetivo principal "nacionalizar os recursos energéticos". Conforme essa observação, prevê-se que cooperações internacionais nos países petrolíferos latino-americanos apresentarão duas configurações bastante distintas, uma relativamente positiva e outra relativamente negativa.

Como uma das principais economias emergentes e membro dos Brics, o Brasil pratica uma política energética com objetivo estratégico basicamente voltado para assegurar a "autossuficiência", no sentido de assentar uma base sólida para o desenvolvimento da indústria manufatureira de tecnologia intensiva com vantagens competitivas. No horizonte do Plano Nacional de Energia (PNE 2030) projeta-se um consumo total que supera 555 milhões de toneladas equivalentes de petróleo e um consumo *per capita* de cerca de 2.300 toneladas equivalentes de petróleo em 2030, estimando-se crescimento médio anual de 3,7% entre 2010 e 2020, e de 3,5% entre 2020 e 2030. Para fazer frente a essa situação, os formuladores de políticas energéticas elaboraram uma estratégia, visando aumentar a produção nos quatro setores seguintes de energia para garantir um grau de autossuficiência superior a 90%.[2]

1. Aumentar o investimento para a exploração e extração do petróleo, de forma a melhorar a relação R/P, desenvolver prioritariamente as tecnologias de refino, melhorar o nível de autossuficiência do óleo leve e elevar a produção diária do petróleo para 3.600 mil barris até 2030.
2. Aumentar o investimento para o setor de gás natural, visando aumentar a produção diária do gás natural para 250 milhões metros cúbicos e aumentar sua participação no consumo total de energia do Brasil para acima de 15%.

---

2 Cf. Empresa de Pesquisa Energética. Plano Nacional de Energia-PNE 2030, 26 jun. 2007.

3. Continuar o apoio ao setor de etanol, visando encontrar meios alternativos de extração do etanol, promover o uso do etanol na indústria elétrica e aumentar a participação do etanol no consumo total de energia do Brasil para 19% até 2030, de forma que essa se torne a segunda maior fonte de energia do país, atrás apenas do petróleo.
4. Diminuir a participação da energia hidrelétrica e promover prioritariamente o uso de energias termoelétricas para que essas sejam responsáveis por 18% do consumo total de energia elétrica do país até 2030; desenvolver ativamente as fontes alternativas renováveis, como biomassas, eólica, solar e lixos urbanos, visando aumentar sua participação no consumo total para 5% até 2030.

Para atingir esses objetivos, o Brasil precisará investir, ao menos, cerca de 800 bilhões de dólares, dos quais 80% serão destinados para o setor de petróleo e de eletricidade. A média anual do investimento no setor energético deverá ocupar 2,2% do PIB brasileiro. Além de aumentar o investimento público interno e reforçar as parcerias de cooperação entre os setores públicos e privados, a atração e a utilização mais eficiente dos capitais estrangeiros e o estabelecimento de novas parcerias de cooperações tecnológicas também são condições indispensáveis para o futuro desenvolvimento do setor de energia do Brasil. Em 1997, com o objetivo de encorajar a disputa saudável do setor de petróleo e atrair os capitais estrangeiros, bem como regulamentar o setor energético do país, o governo brasileiro lançou a nova "Lei do Petróleo", autorizando a abertura do setor de petróleo e gás natural aos capitais privados e estrangeiros, por meio do processo público de licitação e de concurso ou da apresentação de solicitações de permissão para as operações de exploração, refino, transporte e para os negócios a jusante (*downstream*) junto à Agência Nacional do Petróleo e Gás (ANP) do Brasil, desde que estes cumprissem os determinados critérios de entrada. Não obstante, a Petrobras, com o apoio e a proteção do governo, continua exercendo monopólio na exploração e extração do petróleo e do gás natural no Brasil. Em agosto de 2009, após a descoberta das novas jazidas do pré-sal, o governo brasileiro lançou um novo projeto de política, estipulando que os contratos devem seguir o modelo de partilha de produção, em vez do antigo modelo de contratos de licença. Essa política estipula a participação da Petrobras em todos os projetos como integrante obrigatória do consórcio na proporção mínima de 30% do projeto nos blocos licitados; e criação da empresa estatal Pré-Sal Petróleo S.A. como a responsável pelos contratos de partilha de produção e pelo repasse do produto; a criação de um fundo social, que arrecadará recursos financeiros para viabilizar o desenvolvimento social e regional; e a autorização à Petrobras pelo Governo Federal sobre a gestão das áreas do pré-sal que não foram liberadas para a exploração.

No âmbito de cooperações energéticas internacionais, o PNE também sublinhou a importância da transferência de tecnologias e prestação de serviços. O Brasil continuará divulgando, prioritariamente, nos países em desenvolvimento, o uso dos biocombustíveis tradicionais, a tecnologia de cogeração e de sistema integrado de energia, além de procurar novos mercados externos e novas parcerias de cooperação na área de plantação de biomassa, conversão de biomassa em carvão vegetal e tecnologias de aplicação de carvão vegetal etc. Nas áreas de produção de carvão vegetal a partir de biomassa e do sistema integrado de cogeração a biomassa, o Brasil poderá vir a transferir tecnologias até para os países desenvolvidos.

Em suma, as políticas energéticas e as preferências de cooperação externa do Brasil apresentam um significado avançado especial na região:

1. A garantia da segurança energética dará um maior impulso para o próprio desenvolvimento econômico sustentável. Em médio e longo prazos, o setor energético será umas das prioridades econômicas, cujo papel de liderança no crescimento econômico do país se revelará de forma cada vez mais clara. Além disso, apoiar a integração energética regional já se tornou uma parte importante da "estratégia regional do Brasil na América do Sul". O planejamento e a introdução das estratégias energéticas regionais do Brasil (em particular o aumento do financiamento do governo brasileiro para a integração energética regional) favorecerão uma melhor exploração do potencial energético da região, o que conduzirá a uma revitalização econômica da América do Sul e de toda a América Latina. Ademais, o plano energético do Brasil que focaliza na "expansão de produção" e na "diversificação de fontes de energia" também ajudará a reduzir os riscos do fornecimento energético global e do desequilíbrio entre a oferta e a demanda do mercado internacional. O Brasil, país com

relativa estabilidade política e econômica e grandes vantagens de recursos energéticos, desempenhará um papel ainda mais ativo na salvaguarda da segurança energética global, se essas vantagens forem completamente aproveitadas no sentido de garantir a autossuficiência do país e de fazer parcerias de cooperação internacional bem-sucedidas. Em razão do mencionado, pode-se notar que o reforço das cooperações com o Brasil na área de energia já se tornou um dos pontos cruciais das relações bilaterais entre ele e os principais países fora da região.

2. Apesar de algumas orientações restritivas, as políticas de cooperação energética externa do Brasil ainda deixaram um espaço de manobra bastante considerável para os capitais estrangeiros, especialmente no tocante ao acesso ao mercado e à perspectiva de lucros. Os reajustes previstos nas políticas energéticas do Brasil têm como objetivo principal melhorar a capacidade de gestão sobre os rendimentos dos recursos energéticos (nomeadamente o petróleo) do país. Embora a imposição das políticas como "a criação da empresa estatal Pré-Sal Petróleo S.A." e "a participação da Petrobras em todos os projetos como integrante obrigatória do consórcio na proporção mínima de 30% do projeto nos blocos licitados" assinale um maior grau de controle estatal sobre a área de energia, os trabalhos de exploração e extração dos recursos petrolíferos do Brasil (localizados principalmente em áreas de águas profundas) terão de ser levados a cabo sob a coordenação e colaboração externa, devido às enormes dificuldades tecnológicas. Espera-se, então, que a meta básica das cooperações não se altere, e os projetos de cooperação internacional de curto e médio prazos possam ser realizados sem sofrer grande impacto.
3. A necessidade das tecnologias mais avançadas, indispensáveis para o futuro desenvolvimento das energias, como as tecnologias de refino, as tecnologias de utilização e armazenamento de energia eólica e solar, a rede inteligente e o sistema integrado de energia para veículos elétricos etc., também levará as demais partes interessadas estrangeiras a participar na concorrência e no desenvolvimento das tecnologias de ponta.

COLUNA 3.2

Perspectivas de oferta de petróleo da América Latina

Segundo previsões da AIE, nos próximos cinco anos a capacidade média diária de produção de petróleo da América Latina aumentará em um milhão de barris, sendo o Brasil o principal país responsável pelo aumento. O aumento da capacidade de refino foi entendido, pelos governos, como a resposta aos problemas da dependência da região de importação de petróleo leve e do descompasso entre a oferta e a produção do petróleo (a falta de capacidade de converter o óleo pesado e extrapesado em óleo leve) na região. A iniciativa do melhoramento da capacidade de refino da região foi capitaneada pelas Petrolíferas Estatais (NOG), pois a indústria de refino na América Latina é altamente controlada pelo Estado e governo, por meio direto ou indireto de cooperação com a China e com outros países. Por exemplo, a CNPC formou um contrato no valor de 12 bilhões de dólares norte-americanos com a PDVSA e a PetroEcuador para executar o projeto de refino no Equador; a PDVSA e a empresa sul-coreana Hyundai assinaram um memorando de entendimento no valor de 2,9 bilhões de dólares norte-americanos para o financiamento das operações de refino; a PetroChina adquiriu a refinaria de petróleo da Valero Energy em Aruba etc.

Fonte: Tissot (2012, p.8).

O México, grande produtor tradicional de petróleo na América Latina, fez ajustes da política energética doméstica sob três desafios enfrentados. Primeiro, ante a queda constante da relação R/P (de 12 em 2009 para 10,6 em 2011), medidas foram tomadas para acelerar o processo de exploração e extração de petróleo em águas profundas, de forma a garantir a segurança energética do país. Segundo, ante a dependência excessiva das importações de gás natural e a grave insuficiência de oferta interna, ajustes foram feitos para dar maior impulso para a exploração e extração do gás natural em águas profundas. Terceiro, ante a insuficiência de financiamento da Petroleos Mexicanos (Pemex), políticas foram lançadas para diversificar as fontes de financiamento, aumentar a produção de petróleo e gás e melhorar a capacidade de refinação.

Como se pode observar, as cooperações energéticas internacionais do México, em futuro próximo, terão como ponto central a atração dos capitais estrangeiros e o avanço das tecnologias de perfuração em águas profundas. Em outubro de 2008, o governo mexicano aprovou o Projeto de Reforma Energética, flexibilizando as restrições impostas às parcerias de cooperação entre a Pemex e as empresas privadas e estrangeiras, permitindo uma maior autonomia da Pemex no que diz respeito à assinatura de contratos de prestação de serviços, a emissão de títulos e a abertura de novos canais de financiamento. Levando em conta a baixa participação da arrecadação dos impostos internos no PIB mexicano e a alta participação dos impostos pagos pela Pemex (quase 50%), o governo mexicano não poderá reduzir significativamente a carga tributária dessa empresa estatal em detrimento de sua receita fiscal, razão pela qual, em uma perspectiva futura, a mobilização de capitais estrangeiros se tratará de uma escolha sensata e necessária para compensar a escassez de capital e garantir o desenvolvimento sustentável da Pemex e de todo setor energético do México. Segundo o relatório da organização Diálogo Interamericano, durante os 75 anos de controle da produção de petróleo pelo governo mexicano, depois da nacionalização do petróleo no país em 1936, o montante das reservas e das produções vem declinando, e o setor de petróleo do país tende a se abrir de forma gradativa. Graças à crescente flexibilidade e à diversidade do modelo de cooperação, é de esperar que o setor de petróleo do México torne-se altamente atrativo para investimentos em um futuro próximo. Além do exposto, uma série de outros fatores positivos, tais como a vizinhança com os Estados Unidos, a abundante reserva de petróleo e gás, o ambiente legislativo adequado que preserve o direito dos investidores à proteção de seus interesses, e recursos humanos competentes e experientes, também contribuirão para que o México seja um dos destinos prioritários para a maioria das empresas petrolíferas internacionais (Tissot, 2012, p.11-2).

Em comparação com o México, a Colômbia é ainda mais aberta às cooperações internacionais na área de energia. Desde meados dos anos 1990, o governo colombiano tem realizado uma série de reformas nas políticas energéticas e no sistema administrativo na área de energia (a reforma de 2004 em particular), o que impulsionou o aumento das atividades de exploração e extração. Uma mudança interessante na administração energética na Colômbia foi a criação de uma "taxa de *royalty*", que flexibilizou a política de investimentos por meio da extensão flexível do prazo de exploração e extração, o que acarretou uma entrada maior de capitais estrangeiros no setor energético do país. Em tempos recentes, o governo colombiano baixou novamente o valor dessa taxa de 25%

para 8% e até 5%, consoante o montante da reserva em diferentes campos petrolíferos, o que atraiu um número considerável de empresas petrolíferas estrangeiras de pequeno e médio porte a investir ou estabelecer parcerias de cooperação na Colômbia. Outro fato que merece uma maior atenção é que o governo colombiano permitiu que empresas petrolíferas privadas e estrangeiras retivessem 100% do rendimento da produção (exceto a de óleo leve).

Em geral, as políticas energéticas da Colômbia têm como principais objetivos:

1. aumentar a exportação de petróleo, favorecer as cooperações externas na área de energia para garantir a contribuição contínua do setor de energia para os comércios e para a receita fiscal;
2. incentivar a entrada de empresas privadas no setor de produção energética para aumentar a produtividade e a competitividade do setor energético;
3. acelerar o desenvolvimento do setor de gás natural de forma a aumentar a participação desse produto no consumo doméstico total e impulsionar a produção e a exportação desse produto;
4. desenvolver as tecnologias de energia nova para melhorar a eficiência de utilização dos recursos energéticos;
5. elevar a capacidade de transporte do petróleo, visando aumentar a capacidade média diária de transporte de 1.100 barris em 2011 para 2.200 barris em 2016.

A partir de 2004, Venezuela, Bolívia, Equador e Argentina lançaram, sucessivamente, novas políticas energéticas, cuja preocupação principal é retomar o controle estatal na área de energia e reestabelecer o papel dominante das empresas estatais em todos os segmentos da indústria energética, de forma a elevar o grau de estatização na área de energia. Em 2005 o governo venezuelano aumentou a taxa de utilização das jazidas para 30%, além de impor um requisito obrigatório de formação de *joint-ventures* entre as empresas estrangeiras com a Petroleo de Venezuela S.A. (PDVSA), com uma proporção mínima de 51% desta (essa percentagem subiu para 60% em 2007). Em 2009, com a Lei de Controle Estatal sobre os Bens e Serviços da Indústria do Petróleo, o governo venezuelano ampliou o âmbito das medidas de estatização à área de serviços energéticos. Em fevereiro de 2012, o Congresso venezuelano aprovou outra vez a lei, aumentando a taxa do imposto sobre o rendimento das sociedades com operações na faixa de petróleo pesado do Orinoco para 50%. O Equador, por sua vez, aprovou uma lei em outubro de 2007 impondo uma taxa extraordinária de 70% a todas as empresas petrolíferas privadas com operações no território equatoriano, e a recusa de cumprimento dos termos pode levar à aquisição de seus ativos pelo governo. Em maio de 2010, o governo do Equador promulgou a nova Lei do Petróleo e Gás Natural, estipulando que todas as empresas estrangeiras entregassem 50% de seus lucros excessivos ao Estado, e o não cumprimento levará à nacionalização forçada das empresas. A Bolívia também declarou, em maio de 2006, a nacionalização da indústria energética do país, obrigando que as empresas energéticas estrangeiras abrissem mão das instalações de produção petrolífera, e que todas as *joint-ventures* aceitassem a reestruturação societária, fazendo com que a Yacimientos Petroliferos Fiscales Bolivianos (YPFB) detivesse no mínimo 51% das ações. Em abril de 2012 a Argentina iniciou o processo de nacionalização de seu setor de energia com a nacionalização parcial da empresa Yacimientos Petrolíferos Fiscales (YPF), petrolífera argentina controlada pela espanhola Repsol, por deter uma participação acionária de 51%. Antes disso, o Congresso argentino havia aprovado a nova Lei de Nacionalização das Companhias Petrolíferas, declarando o controle estatal sobre os recursos de petróleo e sobre as operações das empresas petrolíferas. É óbvio que, após concluído o processo de nacionalização nos setores de serviços públicos, de bancos, do sistema de pensões e da indústria aeronáutica, a nacionalização na área de energia na Argentina já era inevitável.

Assim, os quatro países latino-americanos aqui referidos realizaram, em uníssono, a nacionalização no setor energético. Embora suas medidas variassem, foram percebidas nelas as mesmas orientações econômicas de tendência esquerdista e os mesmos objetivos práticos:

1. Nos países andinos, como Venezuela, Bolívia e Equador, as forças progressistas radicais de orientação nacionalista permanecem no comando político dos países, razão pela qual vêm exercendo medidas tais como a restrição de abertura aos capitais estrangeiros no setor energético que são correspondentes aos valores e aos princípios políticos esquerdistas de salvaguardar a predominância do Estado no desenvolvimento econômico e de "compartilhar os ganhos dos recursos com todo o povo". Essas medidas, por

natureza, tiveram como objetivos finais a "desglobalização" e a "independência econômica".

2. As medidas de aumentar a carga tributária das empresas energéticas podem, de um lado, reduzir as margens de lucro das empresas privadas e estrangeiras e, assim, diminuir seu controle sobre o setor energético do país. E de outro lado, podem fomentar a receita fiscal do governo, favorecendo, assim, a elevação do padrão de vida do povo por via de redistribuição de renda, e por conseguinte, a reafirmação do apoio do povo, o que é extremamente favorável para os partidos esquerdistas permanecerem no poder.
3. As políticas de "nacionalização" na Argentina parecem ter sido adotadas para tentar inverter a tendência de decadência do setor de petróleo do país.[3] Por meio da lei de "nacionalização" da petrolífera YPF, o governo argentino lançou uma orientação alarmista para as empresas estrangeiras no país, obrigando-as a aplicar seus lucros na reprodução a fim de aumentar a oferta interna de óleo e gás na Argentina. Porém, ao avaliar os efeitos reais, essa política, em vez de alertar para que o mesmo não acontecesse com as demais petrolíferas estrangeiras no país, causou efeitos negativos bem maiores do que os previstos. Entretanto, essa atuação não teve motivação ideológica, mas, sim, foi resultado de uma "correção excessiva" das políticas anteriores.

Cooperação energética entre os parceiros: experiências, problemas e perspectivas

Resumindo, a demanda chinesa relativamente rígida de fornecimento externo de energia para seu futuro desenvolvimento, o potencial relativamente grande da América Latina como um fornecedor energético regional e as necessidades reais de cooperação entre os dois lados determinaram naturalmente que as empresas chinesas procurassem

3 Nos últimos dez anos, a produção média diária de petróleo na Argentina declinou de 830 mil barris em 2001 para 607 mil barris em 2011, e a produção do gás natural encolheu significativamente de um excedente de 4,3 bilhões de metros cúbicos em 2006 para uma insuficiência de 7,7 bilhões de metros cúbicos em 2011.

parcerias energéticas na região, o que também constitui um componente importante da estratégia chinesa de "ir para fora". Ao mesmo tempo, as "barreiras" políticas e institucionais, a ecologia política e social bem complexa e a tradição cultural bastante distinta de alguns dos países petrolíferos da região também indicam que as cooperações da China com os países latino-americanos serão mais difíceis e arriscadas do que com os países africanos.

Em janeiro de 1997, o então presidente chinês Jiang Zemin fez uma observação muito importante por ocasião da apresentação de relatório da China National Petroleum Corporation (CNPC): "se nossas petrolíferas não conseguirem 'ir para fora', e se empenhar na exploração do mercado internacional, não darão certo" (Xiaoguang, 2004). As cooperações entre China e América Latina na área de energia começaram no final do século XX, e é um sequencial da realização com toda força da estratégia nacional de "ir para fora". Essa data também assinalou a entrada da China, como um país emergente, nas concorrências internacionais por recursos de óleo e gás do mundo, com os Estados Unidos, os países da Europa, o Japão, entre outros. A retrospectiva da história de cooperação entre China e América Latina no setor energético nos últimos dez anos revela algumas experiências que merecem ser lembradas, e alguns problemas que precisam ser resolvidos:

1. Valendo-se do bom momento no cenário político latino-americano, com a esquerda à frente de vários governos, que queriam diversificar as suas relações exteriores e procuravam diminuir a dependência do mercado norte-americano na área de energia, abrimos sucessivamente a porta de cooperação de petróleo e gás junto a Bolívia, Venezuela e Brasil, para alcançar e construir um ponto de apoio para as futuras operações de exploração de petróleo na região.[4]
2. De acordo com os princípios de "complementaridade das vantagens" e com as necessidades reais de cooperação entre China e América Latina, os dois lados procuram inovar os modelos de

4 Alguns estudos da área apontam que para os países que chegaram depois na arena de disputa multilateral, uma das estratégias mais efetivas é "transformar os conflitos políticos internos ou as contradições estratégicas entre as demais partes interessadas na própria vantagem na exploração dos recursos". Ver Xuefeng e Habin (2008, p.240).

cooperação, levando a cabo os mecanismos de cooperação bilateral como o de "Empréstimo por Petróleo" entre China e Brasil, de "Fundo de Desenvolvimento Bilateral" entre China e Venezuela, e de "Financiamento por Petróleo" entre China e Colômbia. Isso fez com que a China obtivesse grande avanço na participação do mercado e na ampliação dos canais e da esfera de cooperação.[5]

3. Entrar no mercado da América Latina por meio de aquisição exclusiva ou conjunta das ações de empresas locais ou de terceiros países com operações locais. A maior vantagem em utilizar esses meios puramente econômicos reside na redução da resistência das empresas competidoras (inclusive as empresas que chegaram anterior ou posteriormente), e facilita também uma adaptação mais rápida das empresas chinesas ao ambiente institucional e aos padrões industriais nos países produtores de energia da região. Além disso, essa forma de cooperação ajuda a parte detentora dos recursos a aceitar a participação e o investimento chinês sob o modelo atual de cooperação, encurtando, assim, o melhor possível o "período de entrosamento".

COLUNA 3.3

Aquisição de petrolíferas latino-americanas por empresas chinesas

Em 2006, a Corporação Nacional de Petróleo da China (doravante designada como CNPC) e a Companhia Petroquímica da China (doravante designada como Sinopec, sua sigla em inglês) concluíram, por meio de sua *joint-venture*, a Andes Petroleum, a aquisição dos ativos em petróleo e oleoduto da Encana, petrolífera canadense, no Equador. Além disso, uma *joint-venture* constituída pela Sinopec e a Oil and Natural Gas Corporation Ltd. da Índia (ONGC) concluiu a aquisição de 50% das ações de uma petrolífera colombiana, pelo valor de 800 milhões de dólares norte-americanos. Em novembro de 2009, uma *joint-venture* sino-equatoriana (60% pela parte equatoriana e 40% pela chinesa) declarou

5 Cf. "Relações econômico-comerciais entre China e Colômbia entram na nova fase". Site oficial da Câmara de Comércio de Importação e Exportação de Produtos Mecânicos e Elétricos da China. Disponível em: <http://pub2.cccme. org.cn/trade/jixiejichujian/news-content-198863.aspx>. Acesso em: 14 maio 2012.

sua participação nas operações de exploração na jazida de petróleo na região amazônica no Equador, com um investimento total de 1,1 bilhão de dólares norte-americanos. Em março de 2010, a China National Offshore Oil Corporation (doravante designada como CNOOC) concluiu a aquisição de 50% das ações da petrolífera argentina, a Bridas Corporation, pelo valor à vista de 3,1 bilhões de dólares norte-americanos, por meio da qual a empresa chinesa passou a deter indiretamente parte dos direitos e interesses da segunda maior produtora de óleo e gás e da maior exportadora de óleo bruto da Pan American Energy na Argentina. Em abril de 2010, a CNPC e a Petróleos de Venezuela (PDVSA) assinaram um acordo para formar uma *joint-venture*, que exerceria as atividades de exploração e extração em Junin-4, na região do Rio Orinoco, na Venezuela, com uma produção prevista total de 2,9 bilhões de barris de óleo extrapesado em 25 anos. Em outubro de 2010, a International Petroleum Exploration and Development Co., LTD, controlada pela Sinopec, concluiu uma aquisição das novas ações emitidas pela Repsol Brasil, após a qual a empresa chinesa deteria 40% de suas ações. No mesmo mês, a Sinochem Corporation concluiu um contrato de aquisição de 40% das operações da petrolífera norueguesa, a Statoil ASA, nas jazidas *offshore* de Peregrino, no Brasil. Em novembro de 2010, a CNOOC concluiu de novo a aquisição de 60% das ações da Pan American Energy, empresa controlada pela British Petroleum, por meio da Bridas Corporation.

Fonte: Shenjian (2006; 2012).

4. Para os países-alvo com restrições rigorosas ao investimento, as empresas chinesas, valendo-se de sua rica experiência em operações internacionais bem-sucedidas e das suas vantagens competitivas em tecnologia, têm antecipado a participação no setor energético desses países por meio de contratos de empreiteira nas áreas de prospecção geofísica de petróleo, perfuração de poços, *workover* e instalação de oleodutos e/ou gasodutos, assentando uma base para explorar futuras oportunidades de cooperação.[6]

6 O México é o sexto maior produtor de petróleo do mundo, sendo a maior parte de sua produção exportada para os Estados Unidos. Apesar de a Petroleos Mexicanos (Pemex) ser uma empresa fechada ao capital estrangeiro, de acordo com as legislações mexicanas, há possibilidades de cooperação em alguns dos negócios da empresa. Ver: "Perspectivas de cooperação China-México em energia". Disponível em: <http://www.oilboss.cn/firstnews/Article/ShowArticle.asp?ArticleID=6349>. Acesso em: 13 set. 2005; Dapeng, Bin e Guiping (2010).

5. Os fatores de riscos políticos têm sido uma variável importante na avaliação do ambiente de investimento no setor energético da América Latina, que iniciou bem cedo o processo de modernização e democratização, e, no momento, a maioria dos países da região já tem construído uma democracia constitucional relativamente estável. Mesmo os governos dirigidos por partidos esquerdistas foram todos escolhidos pelas eleições gerais com a ampla participação dos eleitores. Por essa razão, no que toca às políticas internas, esses partidos autodenominados representantes dos interesses das camadas sociais de base e massas vulneráveis são muitas vezes mais suscetíveis a sofrer pressões por parte das organizações trabalhistas, ONGs e comunidades de grupos étnicos minoritários, que os forçam a mudar sua posição.[7] Múltiplos fatores, tais como apelo ambiental, protecionismo e nacionalismo dos recursos e estratégias de campanha eleitoral, são muitas vezes misturados, formando um ambiente ecológico sociopolítico muito complexo. Nessas circunstâncias, o capital estrangeiro tem sido alvo de ataques de alguns dos políticos, partidos e grupos sociais que aproveitam como um meio importante para divulgar suas posições e convicções políticas e ganhar maior voz e influência política, com a finalidade de angariar apoio popular mais amplo. O que é mais importante, os governos desses países, chefiados seja por partido de esquerda, seja por partido de direita, procuram em medida diferenciada maximizar os benefícios de *rent-seeking* com os recursos naturais e torná-los uma ferramenta política para consolidar seu poder, o que implica possibilidade de frequentes mudanças nas formas de cooperação internacional. Na verdade, os principais países detentores de recursos energéticos têm apresentado, em diferentes graus, tendências de volatilidade nas políticas energéticas. Entre estes, os com um nível de nacionalização superior têm maiores riscos de armadilha de política. Em 12 de outubro de 2007, o governo equatoriano promulgou um decreto presidencial

7 Segundo o Observatório de Conflitos na Mineração da América Latina, até julho de 2012, 161 casos de conflitos de grande escala ocorreram na região, envolvendo 173 projetos no Peru, Argentina, Chile, Brasil, Colômbia e México (Disponível em: <http://www.olca.cl/ocmal/>).

para nacionalizar 99% dos rendimentos extras das petrolíferas estrangeiras no país. A CNPC e a Sinopec, após a ocorrência dessa mudança de política, sofreram uma grande perda, calculada em milhões de dólares norte-americanos (Hongbo, 2012b; 2007).

6. Apesar da estabilidade em geral da situação política da maioria dos países produtores de petróleo e gás da América Latina, e da rara ocorrência de graves conflitos políticos, a aplicação de políticas radicais pelo governos, de esquerda na Venezuela e na Bolívia acaba aumentando controvérsias internas e externas, e devido à alternância de governos é difícil afastar as possibilidades de as políticas definidas de cooperação externa serem mudadas. Além disso, embora seja favorável a ideia de aproveitar as crescentes tensões entre esses países e os Estados Unidos para promover os interesses das empresas chinesas na região, é possível que isso cause alerta e inquietação dos Estados Unidos, agravando sua dúvida estratégica, o que pode afetar os interesses de segurança da China em outros aspectos (Qiang, 2005; Qingyou; Fan, 2007).
7. Equador, Colômbia e Peru ainda se encontram em situações de conflitos nas áreas fronteiriças, que são justamente ricas em petróleo. Semelhantemente, no Golfo do México, as operações de extração de petróleo e gás estão sendo realizadas simultaneamente pelas empresas dos Estados Unidos, de Cuba e do México. Não obstante já assinado anteriormente o Acordo Fronteiriço Estados Unidos-México-Cuba, é difícil dizer que não aconteçam discrepâncias entre as três partes à medida que as atividades de extração aumentam (Hongbo, 2012a, p.23). Ademais, recentemente, o conflito entre Argentina e Reino Unido sobre a questão da soberania das Ilhas Malvinas tem apresentado sinais de exacerbação, o que não só terá impactos negativos às perspectivas das atividades de exploração do petróleo no litoral da Argentina, como também poderá levar a flutuações repentinas do preço de petróleo no mercado internacional e aumento dos custos de cooperação internacional na área de produção petrolífera na região.
8. Atualmente, as cooperações entre China e países latino-americanos têm seguido principalmente o modelo de "cooperação bilateral vertical", ou seja, "o investimento chinês em troca do acesso ao petróleo e ao gás", razão pela qual continua ausente entre

China e outros países "competidores" um mecanismo de "cooperação multilateral horizontal". Isso pode, de um lado, causar o julgamento errado e até o "bloqueio" destes em relação à China, e, de outro, a parte chinesa ficaria em uma situação difícil de aproveitar eficientemente as normas internacionais e de mobilizar a opinião pública externa, ou em uma posição passiva de lutar sozinha, para lidar com as disputas junto ao país de recursos (Shoujun, 2010).

9. Dado o fato de que as reservas petrolíferas de boa qualidade já estão nas mãos dos "gigantes" multinacionais do Ocidente, as empresas chinesas não têm muitas opções de participação nos interesses petrolíferos na região, se não a aquisição das ações desses a preços bastante elevados, ou a tentativa de desenvolver negócios em zonas remotas já abandonadas por eles ou pelos próprios países. Em nenhum dos casos se admite otimismo sobre a qualidade do produto ou rendimentos. Na perspectiva de custo de fornecimento, a América Latina tem vantagem menor que o Oriente Médio, especialmente se levarmos em consideração a distância de transporte e a qualidade dos produtos petrolíferos (Qiang, 2005, p.28-9).
10. Com a forte consciência de proteção ao meio ambiente nos países latino-americanos, e sendo seus critérios de avaliação ambiental e supervisão governamental cada vez mais rigorosos, as empresas chinesas estão enfrentando os riscos de investimento adicional obrigatório. Entre 1990 e 2005, por causa do desmatamento excessivo (20% da área florestal do país) em razão das atividades de extração de petróleo no Equador, o governo equatoriano fez ajustes nas políticas, reivindicando uma renegociação de contratos originais com as petrolíferas estrangeiras para que essas pagassem por danos ambientais anteriores. No mesmo período, o governo venezuelano também estipulou que todas as petrolíferas estrangeiras no país extraíssem 1% de seus lucros pré-taxação a ser utilizado para apoiar os projetos de desenvolvimento social na vizinhança dos campos de petróleo (Hongbo, 2009, p.21).

Em razão do exposto, não seria difícil perceber que os objetivos básicos de cooperação energética da China com a América Latina foram alcançados de forma geral e as relações de cooperação estão entrando em uma nova fase, em que a parte chinesa visará uma intervenção mais profunda e uma expansão efetiva dos direitos e interesses que dizem principalmente respeito ao acesso ao petróleo e ao gás. As experiências das cooperações energéticas internacionais indicam-nos que, após a entrada nessa nova fase, as relações entre as partes demandantes e ofertantes, bem como as outras competidoras, se tornarão mais complexas e intricadas. Por isso, é necessário elaborarmos um planejamento estratégico mais abrangente e mais proativo, adotando medidas mais sensatas e posturas mais flexíveis, de forma a elevar nossa influência global e assegurar o apoio contínuo das partes ofertantes às nossas iniciativas. Ao mesmo tempo, deve-se reforçar nossa participação nos mecanismos de cooperação do mercado internacional de energia, de modo a reduzir ao máximo os entraves e as barreiras impostas por nossos competidores (Xuefeng; Habin, 2008, p.240; Qingyuo; Fan, 2007, p.52-3). Para esse fim, as futuras cooperações da China com a América Latina no setor energético precisam ser ajustadas e corrigidas sob um quadro estratégico global, pensando principalmente em esforços para alcançar os objetivos seguintes.

1. Deve-se utilizar por completo o poderio abrangente e as vantagens institucionais da China, no sentido de formar uma aliança mais sólida e melhorar a sinergia entre a China e os principais países fornecedores, de forma a assegurar da melhor maneira a segurança e a sustentabilidade dos comércios e dos investimentos no setor de petróleo e gás. Portanto, é necessário reforçar o nível de planificação nacional sobre as cooperações externas de energia e aprimorar o mecanismo de coordenação dos investimentos chineses ao exterior no setor de petróleo e gás. De acordo com o escopo dos trabalhos dos departamentos governamentais para a garantia da segurança energética, e levando em conta as características do sistema político e administrativo da China, recomenda-se a criação, em tempo oportuno, de uma Comissão de Segurança Energética dentro do próprio Conselho de Estado, presidida pelo primeiro-ministro ou pelo vice-primeiro-ministro e composta por representantes de setores governamentais e entidades pertinentes, tais como: Comissão Nacional de Desenvolvimento e Reforma, Conselho Nacional de Energia, Ministério das Finanças, Ministério dos Negócios Estrangeiros, Ministério do Comércio, Ministério dos Transportes, Ministério da Segurança, Estado-Maior Geral da Comissão Militar Central,

Banco Central, Banco de Importação & Exportação (Eximbank), Banco do Desenvolvimento da China (CDB) e as três principais petrolíferas, CNPC, Sinopec e CNOOC. Essa Comissão terá como tarefa principal coordenar e concertar as posturas de todas as partes, estudar e avaliar regularmente as tendências do mercado, aprimorar o *layout* estratégico global e formular políticas adequadas para promover a diplomacia energética entre a China e os países-alvo, aumentar a capacidade de previsão e negociação nos casos de mudanças radicais de política e construir novos paradigmas de resolução de emergências mediante a diplomacia pública e os procedimentos legislativos. Recomenda-se também a criação de um mecanismo de partilha de informações e de avaliação dinâmica dos riscos, visando o estabelecimento de critérios rigorosos para regulamentar as operações chinesas nos países com diferentes níveis de riscos, no que diz respeito a restrições ao investimento, medidas preventivas e planos de emergência. Sob a administração do Conselho Nacional de Energia, a implementação desse mecanismo deve ser capitaneada pelas três principais petrolíferas chinesas e deve contar com a participação de pessoas provenientes dos três domínios: funcionários dos departamentos funcionais governamentais, administradores empresariais e especialistas e técnicos em diversos campos.

2. Deve-se envidar maiores esforços para pesquisas, pré-análises e planos de controle de riscos sobre os investimentos chineses no setor de petróleo e gás em terceiros países, visando um planejamento estratégico nacional mais científico, que permita um maior benefício econômico às empresas chinesas. De um lado, recomenda-se a criação de uma Comissão Especial Conjunta, composta por representantes dos ministérios competentes, dos bancos competentes (CDB e Eximbabk) e das três principais petrolíferas (CNPC, Sinopec e CNOOC), que serão responsáveis pelos trabalhos de análise e avaliação dos mercados energéticos (de petróleo e gás) internacionais, dos fatores econômicos, financeiros e políticos que podem afetar os investimentos chineses em médio e longo prazos, das condições nacionais, cultura, sistema político, ambiente legislativo, estrutura social e relações externas dos países que são destinos dos investimentos chineses. A Comissão também se responsabilizará pela avaliação geral dos

planos de investimentos das empresas chinesas no estrangeiro, pela formulação de políticas orientadas para os projetos de cooperação e pelo aconselhamento referente às decisões empresariais de investimento no sentido de guiá-las a expandirem seus investimentos na forma de aquisição de ações em países com uma política firme e moderada, um sistema legislativo sólido, uma estabilidade social plausível e um nível de segurança pública elevado; e procurarem formas alternativas de investimento, como a prestação de serviços e a transferência de tecnologias em países que não dispõem dos requisitos mencionados. Além disso, deve-se reforçar os regulamentos relativos ao investimento e à gestão das empresas estatais de petróleo e gás no estrangeiro, colocando em prática os modelos de operação de capital intensivo e de responsabilidade retroativa dos investimentos, no sentido de impor um maior grau de autorrestrição e uma melhor capacidade de previsão às empresas chinesas dos fatores de risco como flutuações cambiais e do preço internacional do petróleo e recessão cíclica da economia global, de modo a evitar práticas de investimento por impulso ou expansão com baixo rendimento.

3. Reorientar e incentivar o aumento de investimentos, via políticas fiscais e de crédito, em direção às indústrias a jusante, tais como: transporte através de oleoduto/gasoduto, construção naval, refino e purificação do petróleo, logística, vendas e distribuição. Atualmente as cooperações entre China e América Latina no setor de energia têm sido concentradas nas indústrias a montante, nomeadamente as de exploração e extração dos recursos energéticos. Esse modelo de cooperação é determinado, principalmente, pela relação complementar de oferta/demanda de capital/energia entre os dois lados. Porém, há claras indicações de que as futuras cooperações entre os dois lados terão perspectivas muito favoráveis para se expandirem em outras áreas. Nos últimos dez anos, os países latino-americanos têm iniciado uma série de projetos de construção de oleodutos e gasodutos, quer entre as diferentes zonas do mesmo país, quer entre países vizinhos ou entre diferentes subcontinentes (América do Sul, América Central e Caribe), visando uma integração energética com base na complementaridade de oferta/demanda. A China possui *expertise* e experiências bem-sucedidas na área de contratação de

engenharia, enquanto a América Latina tem necessidades consideráveis de infraestrutura, pelo que as cooperações nesse domínio não só são completamente viáveis, como também terão um grande significado para ampliar o âmbito de cooperação energética entre China e América Latina. Por exemplo, as reservas de petróleo *offshore* do Brasil representam mais de 90% do total de suas reservas de petróleo, e as descobertas recentes de campos de petróleo em águas profundas puseram um desafio enorme à capacidade de transporte marítimo de petróleo do país. A resposta dada pelo governo brasileiro a esse problema foi o incentivo à revitalização de sua indústria de construção naval, área em que a China tem potencial muito grande de cooperação com o Brasil. Além disso, é curioso que os três maiores países produtores de petróleo da América Latina – Venezuela, México e Brasil – apresentam um desequilíbrio constante em sua estrutura de importação e exportação de petróleo: eles exportam um montante muito grande de petróleo pesado e importam um determinado montante de petróleo leve. Isso se deve à falta de capacidade de refino. Nesse aspecto, a China, além de possuir a segunda maior capacidade de refino do mundo, é o país detentor das mais variadas tecnologias de refino e mais avançadas do mundo. Por isso, é indubitável afirmar que as perspectivas de cooperação no domínio da refinação de petróleo são extremamente promissoras.

COLUNA 3.4

Perspectivas de oferta de petróleo da América Latina

Segundo previsões da AIE, nos próximos cinco anos, a capacidade média diária de produção de petróleo da América Latina aumentará em um milhão de barris, sendo o Brasil o principal país responsável pelo aumento. O aumento da capacidade de refino foi entendido, pelos governos, como a resposta aos problemas da dependência da região de importação de petróleo leve e do descompasso entre a oferta e a produção do petróleo (a falta de capacidade de converter o óleo pesado e extrapesado em óleo leve) na região. A iniciativa do melhoramento da capacidade de refino da região foi capitaneada pelas Petrolíferas Estatais (NOG), pois a indústria de refino na América Latina é altamente controlada pelo Estado e governo, por meio direto ou indireto de cooperação com a China e com outros países. Por exemplo, a CNPC formou um contrato no valor de 12 bilhões de dólares norte-americanos com a PDVSA e a PetroEcuador para executar o projeto de refino no Equador; a PDVSA e a empresa sul-coreana Hyundai assinaram um memorando de entendimento no valor de 2,9 bilhões de dólares norte-americanos para o financiamento das operações de refino; a PetroChina adquiriu a refinaria de petróleo da Valero Energy em Aruba etc.

Fonte: Tissot (2012, p.8).

4. Deve-se promover com maior intensidade as cooperações com os países latino-americanos na área de energias renováveis. O estabelecimento de um sistema nacional de inovações tecnológicas que tem como o corpo principal as empresas energéticas, a redução da dependência dos combustíveis fósseis e o incentivo ao desenvolvimento das energias renováveis é a prioridade das políticas energéticas dos diversos países do mundo. Quanto ao desenvolvimento das energias renováveis, existe uma certa diferença entre a China e os principais países da América Latina, mas também respectivas vantagens tecnológicas e um potencial de cooperação entre os dois lados. A China é mundialmente avançada em tecnologias de geração de energia eólica, energia solar e energia nuclear, enquanto os países da região, como o Brasil, alcançaram notáveis êxitos em produção de etanol e biodiesel a partir da biomassa. Devido à crescente preocupação ambiental em relação à geração de energia hidrelétrica e de biomassa, é possível que os países latino-americanos procurem focar as energias renováveis, com ênfase na energia eólica, solar e nuclear, o que proporcionará oportunidades consideráveis para a formação de parcerias entre eles e a China.
5. Deve-se reforçar o compromisso das petrolíferas com as responsabilidades sociais, visando a formação de uma equipe de gestores profissionais modernos, que são conhecedores de sua área de atuação e das atualidades do exterior, que sabem lidar com as relações públicas e com os assuntos fora dos negócios e que podem aplicar a estratégia de localização de recursos humanos qualificados. De forma geral, os investimentos da China em países em desenvolvimento têm sido concentrados em setores

"sensíveis", como energia, recursos naturais e agricultura, que são estreitamente ligados aos interesses nacionais e ao bem-estar do povo, o que tem acarretado, somados às reportagens negativas da mídia ocidental ou às influências das ONGs, questionamento ou críticas por parte de forças antigovernamentais, organizações de opinião pública e uma parte da população dos países. Até foram registrados casos de resistência pacífica ou violenta contra empresas ou pessoal da China. Diante dessa situação, o Estado deve determinar que as empresas estatais envolvidas organizem periodicamente cursos de treinamento sobre as condições nacionais dos países em que operam, incluindo o Legislativo, as políticas industriais, a situação social, a responsabilidade social empresarial, as relações públicas, os conhecimentos humanos, linguísticos e culturais etc., bem como os princípios das relações da China com o exterior e as normas éticas e da conduta da cidadania. Além disso, deve-se dar ênfase ao treinamento de dirigentes das empresas chinesas. Os cursos de formação podem ser ministrados na Escola do Partido Comunista (em nível governamental e empresarial) e mediante os demais meios de formação (instituições e centros de formação, seminários de estudos avançados, palestras e cursos fornecidos por renomados *think tanks* e universidades), de forma a melhorar o conhecimento dos líderes empresariais sobre o exterior e aprimorar suas capacidades de lidar com os assuntos externos. Ademais, deve-se considerar a possibilidade de ligar o resultado final da formação ao sistema de gestão empresarial dos recursos humanos, com o objetivo de promover o crescimento dos funcionários que, além de terem competências profissionais abrangentes, sabem como lidar com os assuntos estrangeiros. O governo chinês também deve encorajar, mediante políticas de redução e isenção tributária, as empresas energéticas estatais com um investimento avultado no estrangeiro a aplicar uma boa parte de seus lucros à promoção do bem-estar social, de forma a fornecer apoio financeiro aos governos locais nas áreas de infraestrutura, assistência social e caridade. Ao mesmo tempo, as empresas devem prestar mais atenção a erguer e divulgar a boa imagem empresarial por meio de empresas de relações públicas, mídia e líderes comunitários nos países onde operam, e melhorar suas relações com a população local.

> Nesse sentido, as empresas energéticas chinesas ainda precisam aumentar a consciência de proteção ao meio ambiente, familiarizar-se com a legislação ambiental e leis ou regulamentos pertinentes locais e dar importância às religiões das comunidades indígenas locais e a cultura ecológica, de forma a evitar o investimento às cegas ou o impedimento do desenrolar de projetos por causa da avaliação insuficiente dos riscos. Além disso, as empresas chinesas também devem dedicar mais atenção à absorção e ao recrutamento dos recursos humanos locais, de forma a realizar o melhor possível a estratégia da localização, reduzir as barreiras culturais, atenuar eficientemente os problemas de segurança pública, evitar os conflitos étnicos e de camadas sociais e, enfim, minimizar os riscos de operação externa e prevenir-se contra os impactos que possam resultar dos fatores acima citados.

Por último, deve-se intensificar, entre múltiplos aspectos, a interligação e integração entre a indústria petrolífera chinesa e o mecanismo do mercado global de petróleo, de forma a evitar ou aliviar as pressões competitivas vindas dos países de recursos e dos terceiros países competidores. Em primeiro lugar, as empresas devem ser as protagonistas nas cooperações. Deve-se respeitar e basear as atividades empresariais nos princípios de mercado, e ao mesmo tempo debilitar o cunho geopolítico e ideológico, de modo a promover o diálogo e a comunicação com os outros grandes países consumidores de energia, em particular Estados Unidos, Japão e países da Europa. Em segundo lugar, as empresas energéticas chinesas devem estreitar as relações com as organizações regionais e internacionais de energia, visando uma participação mais ativa e uma voz mais forte, abrindo, assim, novas oportunidades de cooperação com elas. Em terceiro lugar, a China deve preconizar os mecanismos intergovernamentais de cooperação energética no Leste Asiático, de modo a desempenhar um papel relevante e melhor utilizar os recursos potenciais da própria região, como o novo polo do consumo mundial de energia, para aumentar seu poder de influência nas interações com os países fornecedores de energia. Em quarto lugar, a China deve realizar com maior eficiência a iniciativa de "petrorenminbi", promover o uso da moeda chinesa no apreçamento e no pagamento dos comércios com os países exportadores de energia, de forma a evitar perdas cambiais, facilitar as trocas comerciais e criar condições mais favoráveis à internacionalização do renminbi e à mudança progressiva da situação de desvantagem que o país enfrenta nas negociações internacionais sobre o preço internacional do petróleo.

Desde que a China se tornou um país importador líquido de petróleo, em 1993, a taxa de dependência externa do país desse produto subiu drasticamente, de menos de 6% em 1993 para 56,5% em 2011, o que ultrapassou o nível de alerta, 50%. Na verdade, os efeitos de "gargalo" da insuficiência de fornecimento de energia já se fazem sentir na economia chinesa, e esse problema pode tornar-se mais gritante em curto e médio prazos. Segundo as previsões, a taxa de dependência externa da China do petróleo pode chegar a 70% em 2020. Embora o governo chinês tenha lançado uma série de políticas visando atenuar a insuficiência energética (especialmente do petróleo), por exemplo, a transformação do modelo de crescimento econômico chinês para um modelo de economizar a energia, o melhoramento da eficiência energética e a diversificação da estrutura do consumo energético do país, é de reconhecer que esses objetivos só serão alcançados em um período de tempo relativamente longo. Portanto, a garantia de abastecimento externo de energia é uma questão urgente e deve ser estudada com maior cuidado.

Atualmente, os principais fornecedores de petróleo da China são os países petrolíferos do Oriente Médio, da África e da Ásia Central. Porém, a situação de instabilidade política no Oriente Médio e no Norte da África que havia surgido em dezembro de 2010 tem revelado a fragilidade chinesa em seu fornecimento de petróleo. É premente para o governo chinês buscar a diversificação das importações do produto. Em contraste, a América Latina tradicionalmente ocupava um lugar secundário nas importações chinesas de petróleo, o que se deve a vários fatores, como distância geográfica e fase ainda inicial da cooperação energética bilateral. Entretanto, nos últimos anos, a região vem assumindo uma importância crescente como fonte de fornecimento energético da China. No *ranking* dos principais exportadores de petróleo para a China, a Venezuela ocupava o 11º lugar em 2009, o Brasil ocupava o 10º lugar em 2010, e a Venezuela subiu para o 10º lugar em 2011. Os países petrolíferos da América Latina, representados pela Venezuela e pelo Brasil, tornaram-se uma alternativa importante para realização da estratégia chinesa de diversificação das importações do petróleo, e os bons resultados iniciais obtidos das cooperações eram justamente baseados nas reservas abundantes da região e nas políticas adequadas e favoráveis à sua utilização.

A América Latina tem uma dotação de recursos energéticos muito grande, sendo o montante de suas reservas energéticas (principalmente o petróleo) o segundo maior do mundo, atrás apenas do Oriente Médio, e a relação Reserva/Produção mais alta do mundo, equivalente a mais do dobro do nível médio mundial. Entre os maiores países petrolíferos da América Latina, a Venezuela possui a maior reserva de petróleo do mundo, o Brasil tem registrado a maior taxa de crescimento de reserva de petróleo do mundo nos últimos anos, o México é um membro muito importante da Opep, e Equador, Peru, Colômbia e Argentina também são países com reservas de petróleo consideráveis. Todos esses países contam com uma oferta superior à demanda no setor petrolífero, além de apresentar vantagens tecnológicas notáveis na área de energias renováveis. Entretanto, os países latino-americanos têm grandes diferenças no que diz respeito às políticas energéticas: Brasil, México e Colômbia mantêm uma política energética relativamente aberta às cooperações externas, enquanto Venezuela, Bolívia, Equador e Argentina têm uma política energética marcada por conotação de "nacionalismo dos recursos", sendo o objetivo essencial de suas políticas a "nacionalização energética" e a maximização dos benefícios do *rent-seeking*, e não a suposta expulsão do capital privado e estrangeiro do mercado nacional de petróleo. Portanto, levando em consideração a situação atual de reservas e o potencial de exploração dos recursos de energia e as orientações políticas no setor energético dos países da região, a América Latina será um elo no planejamento estratégico da China no sentido de realizar a diversificação das importações do petróleo, melhorar a segurança de abastecimento de energia e promover as cooperações internacionais na área de tecnologias energéticas.

Desde a entrada das empresas chinesas no mercado energético da região na segunda metade dos anos 1990, as cooperações entre China e América Latina têm produzido frutos notáveis, e os objetivos fundamentais de cooperação foram atingidos. A prova disso é o crescente volume dos comércios bilaterais de petróleo e dos investimentos chineses no setor energético da região. Hoje em dia as cooperações estão avançando na direção de uma nova fase, com intervenção chinesa mais profunda e maior extensão aos direitos e interesses do petróleo e gás. Na próxima fase de cooperação de natureza mais estratégica, a China precisa se empenhar de forma mais decisiva na coordenação dos mecanismos de cooperação sob seu quadro da estratégia nacional de segurança energética no aperfeiçoamento dos arranjos institucionais de cooperação, na formulação de planos e medidas eficazes para a garantia do abastecimento energético do país e na elaboração de políticas específicas, diferenciadas e apropriadas para atender às prioridades de cooperação de todos os países latino-americanos, com base em um estudo minucioso sobre o ambiente interno e externo de cada um deles. Para esses fins, a percepção das diferenças entre os diversos países da região é uma necessidade essencial, à qual deve ser dada maior importância na cooperação energética entre a China e a América Latina.

Referências bibliográficas

BINWEN, Z.; YUNXIA, Y. Cem anos de altos e baixos na América Latina: o papel e as limitações da demanda externa. *Latin American Research Report*, n.6, 2012.

BP. *BP Statistical Review of World Energy*, n.6, p.6, 2012.

CASPARY, G. The Energy Sector in Latin America: Key Prospects, Risks And Opportunities. *Deutsche Bank Research*, v.9, n.5, 2007.

DAPENG, L.; BIN, N.; GUIPING, Q. Explorar o México: a Sinopec ganha fama em Tampico. *Jornal da Sinopec*, 10 out. 2010. Disponível em: <http://www.17huanbao.com/news/shiyouzixun/news_50361.html>.

HONGBO, S. Equador anunciou de repente a imposição de taxas sobre lucros extraordinários de petróleo, empresas chinesas sofrem perdas pesadas. *Beijing Business Today*, 23 nov. 2007. Disponível em: <http:// www.china.com.cn/news/txt/2007-11/23/content_9277065.htm>.

______. Ajustes na política de cooperação externa no setor de petróleo dos países da América Latina e suas implicações para as cooperações energéticas entre China e América Latina. In: ZHENXING, S. *Relatório do Desenvolvimento da América Latina e do Caribe*. Beijing: Social Sciences Academic Press, 2009. p.21.

______. Algumas avaliações sobre os riscos políticos no setor de petróleo e gás da América Latina. *International Petroleum Economics*, n.8, 2012a.

______. Tipos, casos e contramedidas dos riscos políticos dos investimentos chineses no setor de óleo e gás na América Latina. Relatório do Instituto da América Latina da Academia Nacional de Ciências Sociais da China, n.9, 2012b.

LIEBERTHAL. K.; WILLIAM, D. Estudos sobre a segurança energética na China: implicações para a política dos Estados Unidos. S. d. Disponível em: <www.ccwe.org.cn/journal/3/13.pdf>.

LIHONG, Z. *Maldição dos recursos e o Modelo de Desenvolvimento Voltado para as Exportações Primárias dos Países Latino-Americanos*. Beijing: The Contemporary World Press, 2011.

MONAN, Z. O planejamento estratégico chinês num panorama nergético mundial em mudança dramática. *China Review News*, 3 jul. 2012. Disponível em: <http://www.zhgpl.com/doc/1021/5/3/5/102153504.html?coluid=137&kindid=7850&docid=102153504&mdate=0703001944>.

QIANG, L. Algumas considerações sobre as cooperações no setor de petróleo entre China e América Latina. *Journal of Latin American Studies*, n.1, 2005.

QINGYOU, G.; FAN, H. A segurança energética da China e as cooperações energéticas internacionais. *World Economics and Politics*, n.11, 2007.

SHENJIAN, J. Empresa chinesa concluiu a aquisição das petrolíferas latino-americanas e tornou-se a maior empresa estrangeira no Equador. *International Herald Tribune*, 13 de março de 2006. Disponível em: <http://business.sohu.com/20060313/n242264046.shtml>.

______. A Sinopec intensificou sua presença na América Latina com várias aquisições de grande porte. Disponível em: <http://oil.in-en.com/html/oil-09350935691361160.html>. Acesso em: 18 abr. 2012.

SHOUJUN, C. Escolhas chinesas do modelo de cooperação energética internacional. *Contempo Rary International Relations*, n.11, 2010.

TALWANI, M. Oil and gas in Mexico: Geology, Production Rates and Reserves. James A. Baker III Institute for Public Policy. Rice University, 29 de abril de 2011.

TISSOT, R. Latin America's Energy Future. *Inter-American Dialogue Working Paper*, n.8, 2012.

XIAOGUANG, T. A implementação da estratégia "ir para fora" e o melhor aproveitamento dos recursos externos de óleo e gás. *Journal of Land and Resources*, n.2, p.7, 2004.

XIAOGUANG, T.; LIN, Z.; RULANG, W. Algumas reflexões sobre a dependência externa da China em relação ao petróleo. *Journal of Economics and Management*, Beijing, n.1, 2009.

XUEFENG, S,; HABIN, W. Escolhas estratégicas de países grandes para o acesso aos recursos globais de petróleo. Centro de Estudos Estratégicos Internacionais da Universidade de Beijing. *International Strategic Review*: compilação dos relatórios de estudo. 2008. p.240.

YUENAI, X.; WEI, W. A Cúpula do Leste Asiático aprovou a Declaração de Sebu de segurança energética. *Diário do Povo*, 15 jan. 2007.

______. A Declaração de Nova Déli dos Brics. Xinhua Net. Disponível em: < http://news.cn.yahoo.com/ypen/20120330/958156.html>. Acesso em: 30 mar. 2012.

YUYAN, Z.; QINGYOU, G. A estrutura mundial de energia e a segurança energética da China. *The Journal of World Economy*, n.7, p.17-30, 2009.

ZHIWEI, Z. A internacionalização e a estratégia de desenvolvimento empresarial da Petrobras. *Journal of Latin American Studies*, n.5, 2010.

ZHENGLONG, W. Novas mudanças na estrutura internacional de energia. *China Economic Times*, 11 mar. 2012.

ZWEIG, D.; FIANBAI, B. China's Global Hunt for Energy. *Foreign Affairs*, n.9, p.25-38, 2005.

4

Os recursos de trabalho na América Latina e as perspectivas de cooperação com a China

Fang Lianquan

A China é um país com vastíssimos recursos de trabalho. Nos últimos trinta e poucos anos da Reforma e Abertura, o mercado chinês de trabalho viveu um constante e notável excesso da oferta de mão de obra. A força de trabalho de baixo custo constituía uma grande vantagem comparativa para o aumento de nosso comércio exterior e para o crescimento dos nossos investimentos no exterior. Porém, nos próximos dez anos ou mais (período considerado "de oportunidades estratégicas" para a China), devido à desaceleração do crescimento demográfico e ao processo acelerado de envelhecimento, o perfil do mercado de trabalho da China, antes marcado por uma oferta maior que a demanda, experimentará mudanças notáveis. Segurar essas mudanças e reajustar a tempo a estrutura macroeconômica e a estratégia de utilização dos recursos laborais, no comércio e investimento exteriores, são tarefas essenciais para o planejamento do país em longo prazo, visando um desenvolvimento socioeconômico sustentável. Como uma das regiões emergentes no mundo, a América Latina desempenha um papel muito importante no comércio e investimento exteriores da China. O presente capítulo tem como objetivo analisar, a partir de uma avaliação da situação atual e das condições de disponibilidade da força de trabalho na América Latina, as perspectivas de cooperação entre a China e a América Latina no âmbito de recursos de trabalho no período que se entende por "período de oportunidades estratégicas".

Análise do "período de oportunidades estratégicas" da China na perspectiva das condições do mercado de trabalho

O início do século XXI é considerado o "período de grandes oportunidades estratégicas" da China. Conforme assinalou o relatório do 16º Congresso Nacional do Partido Comunista da China, "Sob uma visão global, os primeiros vinte anos do século XXI foram um 'período importante de oportunidades estratégicas, que deve ser aproveitado ao máximo para fazer grandes progressos'". Essa afirmação foi reiterada mais tarde, pelo relatório do 18º Congresso Nacional do Partido Comunista da China, que acrescentou:

> Após feita uma análise abrangente sobre a situação interna e externa do país, concluiu-se que a China ainda está num período de importantes oportunidades estratégicas, em que grandes avanços de desenvolvimento poderão vir a ser conquistados.

Entretanto, nos próximos dez anos a situação de oferta e demanda no mercado chinês de força de trabalho passará por mudanças drásticas, o que afetará de forma significativa a estrutura econômica geral e as estratégias de comércio e investimento exteriores da China.

Mudanças na situação de oferta e demanda do mercado de trabalho da China nos últimos dez anos

A transição da fase de desenvolvimento populacional é historicamente inevitável. De modo geral, a evolução populacional mundial pode ser dividida em três fases: fase de alta taxa de natalidade e alta taxa de mortalidade, fase de alta taxa de natalidade e baixa taxa de mortalidade, e fase de baixa taxa de natalidade e baixa taxa de mortalidade. Durante as transições demográficas, se a taxa de população economicamente ativa de um país sobe durante um determinado período, a população total produz um pleno "dividendo demográfico" favorável ao crescimento econômico. Ao contrário, se a taxa de crescimento vegetativo demográfico do país sofre uma queda brusca, surge uma escassez da força de trabalho, o que afeta o desenvolvimento sustentável da economia. No caso da China, devido ao "duplo efeito" da política de planejamento familiar e do desenvolvimento socioeconômico do país, a China concluiu, em apenas cerca de trinta anos, o processo de transição demográfica que os países desenvolvidos levaram mais de um século: a China já entrou na fase de "reprodução", marcada pelas baixas taxa de natalidade, taxa de mortalidade e por baixo crescimento demográfico. O Gráfico 4.1 assinala as mudanças na população total e na taxa de crescimento vegetativo da China desde o ano 2002. Em 2002, a população total da China era de 1,28 bilhão, e em 2011, 1,35 bilhão, registrando um crescimento de 5,46%. Porém, a taxa de crescimento vegetativo da China nos últimos anos apresentou uma tendência de queda, de 12,8‰ em 2002 para 4,79‰ em 2011.

Gráfico 4.1 – A população total e a taxa de crescimento natural da China (2002-2011)

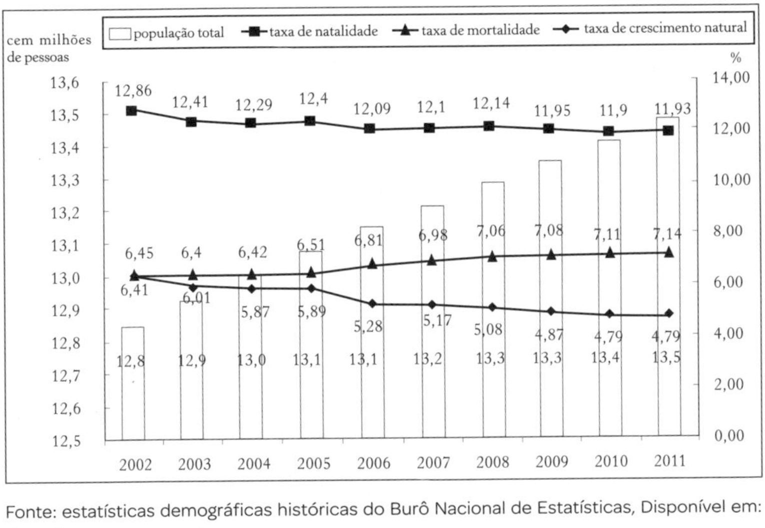

Fonte: estatísticas demográficas históricas do Burô Nacional de Estatísticas, Disponível em: <http://www.stats.gov.cn/>

Na perspectiva da oferta, a taxa de crescimento da população economicamente ativa da China está com um atraso de vinte anos em relação ao ritmo de transição demográfica geral do país, e parece estar no meio de um caminho de evolução igual ao percorrido pela taxa de crescimento demográfico. Segundo as previsões da ONU, a população chinesa chegará ao pico de 1,47 bilhão de pessoas em 2030, e a partir daí começará a experimentar declínios; e segundo as previsões chinesas, a partir do ano 2015, quando a população ativa chinesa (de 15 a 64 anos) totalizará aproximadamente 1 bilhão de pessoas, o crescimento do número absoluto dos chineses em idade ativa começará a cair. Na verdade, a taxa de crescimento da população ativa da China já entrou, neste momento, em um processo de redução contínua. Estima-se que nos próximos vinte a trinta anos a taxa de crescimento da população ativa da China desacelerará mais ainda, chegando a um nível inferior ao nível médio dos países em desenvolvimento e do mundo, até inferior ao nível médio dos países desenvolvidos da América do Norte.[1] Além disso, os dados do Burô Nacional de Estatísticas da China revelaram que o número absoluto de população ativa (de 15 a 59 anos) registrou um declínio de 3,45 milhões de pessoas em 2012 em relação a 2011.[2] Tudo isso indica que estamos em um ponto de inflexão, e que o mercado de trabalho da China está passando por uma mudança histórica, caracterizada pelo reverso histórico na relação oferta/demanda, o aumento da taxa de dependência econômica (a população inativa em percentagem da população total), a perda acentuada do dividendo demográfico que antes sustentava o crescimento econômico acelerado do país, e a insuficiência agravante de mão de obra.

Essa mudança do mercado de trabalho acarretará, além de uma escassez de mão de obra, o aumento do custo da força de trabalho e a desaceleração econômica. Por exemplo, a partir de 2002, as províncias do "Delta do Rio das Pérolas" já começaram a enfrentar uma "escassez de trabalhadores migrantes do campo", problema que permanece até hoje e que tende a piorar nos últimos anos. A partir de 2005, a escassez de mão de obra migrante começou a atingir outras regiões da China. Partindo das cidades mais desenvolvidas como Shenzhen e Dongguan, o problema estendeu-se para o sudeste da Província de Fujian e o sudeste da Província de Zhejiang, e depois para toda a região do "Delta do Rio Yangtze", e ultimamente até para algumas províncias e cidades do interior da China, como Beijing, Tianjin, Shanghai, Hunan e Jiangxi, onde as empresas estão com dificuldades de contratar funcionários adequados. A falta de pessoal é especialmente grave quando se trata de trabalhadores jovens (de 18 a 25 anos), que têm pelo menos nove anos de escolaridade, com habilidades técnicas de trabalho necessárias e uma

---

1 World Population Prospects. Disponível em: <http://esa.un.org/wpp/>.

2 Site do Burô Nacional de Estatísticas da China. Disponível em: <http://www.stats.gov.cn/>.

capacidade operacional adequada. Os setores que têm registrado a maior escassez de mão de obra são os intensivos em trabalho, como o setor de vestuário, calçados, produtos têxteis de algodão e lã, malas e bolsas, montagem de eletrônicos, serviços de restaurante e serviços domésticos. Esse fenômeno levou alguns estudiosos a argumentarem que o país "está passando pelo 'ponto de viragem' da relação oferta/demanda do mercado de trabalho", conceito inicialmente proposto por William Arthur Lewis. Ou seja, eles argumentam que o mercado de trabalho da China, ao longo do processo de transformação econômica do país, está chegando a um ponto crítico em que a oferta da força de trabalho deixa de ser abundante (como era anteriormente) e começa a ficar cada vez mais escassa, e o nível salarial que permanecia o mesmo durante longo tempo começa a subir de modo geral.[3]

Reajustes na estratégia do desenvolvimento dos recursos de trabalho no comércio e investimento exteriores da China

As mudanças no perfil dos recursos de trabalho da China lançam graves desafios para a elaboração da estratégia do desenvolvimento macroeconômico do país no futuro próximo. No que diz respeito a uma visão de longo prazo, a estratégia do desenvolvimento dos recursos de trabalho terá de dar conta das seguintes questões que são de grande importância nas transformações estruturais da economia chinesa: 1. a transformação do modelo de crescimento econômico do país, ou seja, a transformação

3 O "Ponto de Viragem" de Lewis é um conceito econômico inicialmente proposto por W. A. Lewis, ganhador do Prémio Nobel de Ciências Econômicas por seu trabalho sobre o modelo de transição demográfica, em 1972. É o termo usado para descrever o ponto no qual o excedente de trabalho rural alcance um saldo zero. Segundo ele, durante a industrialização, o excedente da força de trabalho rural desloca-se em direção a setores não agrícolas, e eventualmente uma escassez de trabalho começa a surgir na economia. A chegada do "ponto" pode ser identificada por meio de três mudanças características na economia: a subida contínua do nível salarial em geral e a redução da diferença salarial entre os setores de produção tradicional e os de produção moderna para menos de 30%, o declínio da taxa de natalidade, a integração do mercado de trabalho e o término da "economia dual" (a industrialização e a urbanização dos países em desenvolvimento).

do modelo extensivo para o intensivo, visando o melhoramento da qualidade e eficiência do trabalho; 2. a transformação da estrutura industrial da economia chinesa, ou seja, a transformação de uma estrutura tradicional em que predominam os setores intensivos em trabalho em uma estrutura moderna em que predominam os setores intensivos de capital e tecnologia, visando a transferência de uma parte de indústrias ou do excesso da capacidade produtiva para países em desenvolvimento da Ásia, África e América Latina, onde há falta dessas indústrias; 3. o reequilíbrio da demanda interna e externa, ou seja, a reestruturação da pauta das exportações, visando a substituição dos produtos manufatureiros e processados tradicionais pelos produtos com inovação e originalidade. A realização desses três objetivos depende, evidentemente, de uma reconsideração integral e de uma modificação cuidadosa da estratégia da internacionalização dos recursos laborais da China, no sentido de melhor aproveitar os mercados e os recursos domésticos e internacionais em termos de comércio e investimento. Trata-se de uma questão de grande relevância para o desenvolvimento estratégico da China a transformação do modelo tradicional de exportação de forças de trabalho domésticas para o modelo de captação e utilização dos recursos externos de trabalho.

Na abordagem da teoria da divisão internacional do trabalho, a condição básica para a participação de um país nos comércios internacionais consiste nas vantagens comparativas dos fatores produtivos. Durante um longo período, a competitividade da indústria manufatureira chinesa no mercado internacional provém do baixo nível salarial. Por exemplo, segundo um *ranking* das indústrias manufatureiras mundiais de acordo com seu custo unitário médio do trabalho entre 1995 e 1999, entre os 79 países desenvolvidos e em desenvolvimento, onde dados podem ser obtidos, a China ocupa o quarto lugar a contar do fim, com um nível equivalente a 7,3% do nível médio de todos os países pesquisados (Fang, 2005). No entanto, apesar de o nível salarial geral da China, em termos absolutos, continuar sendo inferior ao de todos os países desenvolvidos e ao de uma grande parcela dos países em desenvolvimento, o nível salarial na indústria manufatureira chinesa está subindo de forma excepcional, registrando uma taxa de maior aumento em relação a todos os outros países do mundo, sejam eles desenvolvidos, sejam em desenvolvimento, sejam países em transição. Os dados mostram que, de 2000 a 2006, devido ao aumento salarial e do custo de benefícios e à valorização do renminbi, o custo nominal do trabalho da indústria manufatureira da China registrou um crescimento anual médio de 13,25%, muito maior do que o dos Estados Unidos (3,7%) e do México (0,05%) (Cong; Zhang; Wangui, 2009). Além disso, conforme o relatório da consultoria norte-americana Boston Consulting Group em 2011, o custo médio do trabalho da indústria manufatureira da China entre 2005 e 2010 era equivalente a 22% ao dos Estados Unidos, enquanto o crescimento médio dos salários e dos benefícios na China foi de 19%, muito maior do que o dos Estados Unidos, que foi de 4%. O salário médio da indústria manufatureira da China era equivalente a 3% do dos Estados Unidos em 2000, o que subiu para 9% em 2010. Uma análise mais aprofundada indica que a China está perdendo, perante os Estados Unidos, suas vantagens de custo na indústria manufatureira, porque sua taxa de crescimento da produtividade não conseguiu neutralizar a alta do custo do trabalho: a estimativa é de que, entre 2010 e 2015, o crescimento anual médio da produtividade *per capita* na indústria manufatureira chinesa seja de 8,5%, equivalendo apenas à metade do crescimento do nível salarial. Se levarmos em conta os fatores de reajuste da produtividade do trabalho, em 2005 o custo médio do trabalho na indústria manufatureira da China era equivalente a cerca de 22% do dos Estados Unidos, o que já subiu para 31% em 2010. Uma comparação entre a região do Delta do Rio Yangtze da China e a Região Sul dos Estados Unidos indica que, em 2010, o salário por hora dos trabalhadores chineses nas fábricas foi de 8,62 dólares norte-americanos, e dos trabalhadores norte-americanos, 21,21 dólares americanos (Tabela 4.1) (Boston Consulting Grupo, s. d.). Os dados aqui apresentados mostram que as vantagens do baixo custo que a China possuía estão desaparecendo, fato que teve como consequência a "retirada" de algumas multinacionais de manufatura do país nos últimos anos.

Em um futuro próximo, trata-se de um imperativo estratégico para a China a realização de alguns ajustes necessários de sua economia: transformação do modelo de crescimento, reequilíbrio das demandas internas e externas, otimização geral da indústria e transferência do excesso de sua capacidade produtiva interna. Todos esses ajustes precisam ser feitos com base na utilização e exploração sensata e equilibrada dos recursos laborais internos e externos. Sendo o Continente onde fica um grande número de países emergentes, a América Latina desempenha um papel extremamente importante na estratégia global da China,

Tabela 4.1 – Custo de mão de obra da China e dos Estados Unidos na indústria manufatureira

Características do mercado de trabalho em regiões selecionadas	Indicador	2000	2015
Região sul dos Estados Unidos: sindicatos flexíveis/alta mobilidade de trabalho; aumento do salário mínimo; alta produtividade do trabalho *per capita*	Salário na indústria manufatureira (US$/hora)	15,81	24,81
	Produtividade do trabalho na indústria manufatureira (%)	100	100
Região da Delta do Rio Yangtze: escassez de mão de obra; aumento do nível salarial geral; baixa produtividade do trabalho *per capita* (em comparação com a dos Estados Unidos)	Salário na indústria manufatureira (US$/hora)	0,72	6,31
	Produtividade do trabalho na indústria manufatureira (%)	13	42
	Custo ajustado de mão de obra na indústria manufatureira (US$)	8,62	15,03

Fonte: Boston Consulting Group (s. d.).

especialmente na área de energia e de comércio exterior. A China e a América Latina são duas grandes economias em desenvolvimento, que dispõem de certas caraterísticas básicas em comum no que diz respeito aos recursos de trabalho. Entretanto, analisando a estratégia anterior de cooperação da China com a América Latina, constatamos que faltava um planejamento estratégico em recursos do trabalho, e que as questões vinculadas à exploração dos recursos energéticos, aos comércios exteriores e às diferenças sociais entre os dois lados não foram tratadas com devida atenção. Nessas circunstâncias, as empresas chinesas têm encontrado, durante longo tempo, diversas dificuldades ou discrepâncias na utilização dos recursos laborais locais para a expansão dos comércios e investimentos na região. Atualmente, as empresas chinesas na América Latina, de modo geral, preferem enviar o pessoal chinês para trabalhar no estrangeiro, o que pode causar sérios problemas: de um lado, é bem questionável que esse modelo de emprego seja sustentável, levando em consideração o aumento constante do custo de mão de obra chinesa, de outro, para cumprir a meta de ampliar a taxa de emprego interno, um crescente número de países latino-americanos está exercendo pressões às empresas chinesas na contratação laboral, alegando que essas empresas devem contribuir para a absorção de mãos de obra locais. Porém, em razão da distância geográfica, das diferenças culturais e das barreiras linguísticas, as empresas chinesas não conhecem o suficiente sobre a situação dos recursos laborais locais, as políticas e regulamentações de trabalho e emprego locais, o funcionamento dos sindicatos locais e as culturas laborais da região, razões pelas quais a contratação do pessoal local tem sido bastante problemática. Ao mesmo tempo, a complexidade da questão de trabalho, o regime de trabalho pouco flexível, os poderosos sindicatos e o enorme mercado de trabalho informal, de certa forma resultaram em uma baixa eficiência do mercado de trabalho da América Latina. As empresas chinesas enfrentam frequentemente problemas de disputas trabalhistas, greves, custos altíssimos de gestão e baixa produtividade, o que explica sua preocupação em relação aos investimentos na região. Pode-se afirmar que a questão trabalhista já se tornou um grande fator restritivo para o sucesso dos investimentos chineses no mercado latino-americano.

COLUNA 4.1

Problema trabalhista encontrado pelo Grupo Shougang, complexo siderúrgico da China

Desde a conclusão da aquisição dispendiosa da siderúrgica peruana, a Hierro Peru, em 1992, a empresa siderúrgica chinesa Shougang Group não parou de ser incomodada pelos problemas trabalhistas. Após alguns anos de operação, embora a *performance* da empresa tivesse melhorado de forma explícita, a produção tivesse dobrado e o valor total das vendas e dos lucros tivesse subido de forma drástica, e embora a empresa tivesse garantido o emprego de mais de mil funcionários, cujos salários e benefícios estejam no topo do ramo, as reclamações trabalhistas jamais se apaziguaram. Os funcionários não paravam de pedir o aumento salarial, e os sindicatos continuavam convocando greves pela mesma causa. Isso tudo causou uma perda imensurável de tempo e energia da administração da empresa, sem mencionar que as atividades de produção da empresa foram gravemente atrapalhadas. Entretanto, quando a empresa recorria ao apoio do governo peruano, este constantemente tomava decisões em favor dos trabalhadores, e os problemas permaneciam. Entre junho de 2005 e junho de 2006, na Shougang Hierro Peru ocorreram três greves em massa. Em 19 de junho de 2006, outra greve foi convocada na empresa, apresentando uma série de reivindicações, inclusive o aumento salarial. Essa greve causou à empresa uma perda diária direta de 400 mil dólares e uma perda de produção de 18 mil toneladas de ferro por dia. Após várias rodadas de negociações inconclusivas entre trabalhadores e empregadores, o Ministério do Trabalho do Peru determinou que a empresa devia dar um aumento salarial de 3,3 pesos por dia, e um subsídio pontual de 570 pesos, para todos os funcionários, colocando um fim nesse episódio. Porém, o problema estava longe de ser realmente resolvido: logo depois, em 8 de julho, mais de seiscentos operários temporários da empresa declararam-se em greve para pedir a igualdade de remuneração com os empregados permanentes e o reemprego de três funcionários temporários que haviam sido dispensados. Os grevistas bloquearam as ruas de acesso à fábrica, a empresa foi obrigada a cessar temporariamente todas as atividades de produção, e as negociações entre os dois lados entraram em um impasse. No final das contas, de novo, sob a intervenção do governo peruano, a empresa teve que se comprometer para pôr fim à greve: recuperou o emprego dos três funcionários temporários e aumentou o salário diário de todos os funcionários temporários de acordo com a tabela salarial dos funcionários permanentes.

Fonte: notas do autor.

Análise da situação atual dos recursos laborais dos países latino-americanos

Como uma região composta por países em desenvolvimento, a América Latina tem uma população grande e, portanto, dispõe de uma abundância de recursos humanos e um mercado de trabalho em transição. A presente seção visa analisar a situação atual dos recursos laborais da região sob três ópticas: a estrutura geral da força de trabalho, o nível de emprego informal e as políticas do mercado de trabalho.

Perfil geral dos recursos laborais da América Latina

População

A população é um fator determinante no fornecimento total da força de trabalho. Em termos absolutos, a América Latina tem a quarta maior população do mundo, atrás da Ásia, África e Europa. De modo geral, durante quase um século a região tem registrado uma das taxas mais altas de crescimento demográfico do mundo. Historicamente, antes do ano 1930, a região tinha uma base populacional bastante reduzida e uma taxa baixa de crescimento vegetativo, e a imigração era o principal fator de crescimento. Dos anos 1920 a meados de 1960, a América Latina passou por dois períodos de "*boom* demográfico": o primeiro foi entre os anos

1920 e 1930, quando a região registrou uma taxa média anual de crescimento demográfico de 29,5‰; e o segundo foi entre 1950 e 1965, quando a região registrou a maior taxa de crescimento demográfico do mundo, 28‰ (durante o mesmo período, 21‰ na África, 22‰ na Ásia, e 12‰ nos países desenvolvidos em geral). A partir da década de 1970, uma série de países latino-americanos começou a adotar políticas de controle de natalidade, o que levou, de certo modo, ao abrandamento do crescimento na região a partir dos anos 1980. Entre 1990 e 1999, a taxa média anual de crescimento demográfico da América Latina foi de apenas 16‰ (Ying, 2000). No século XXI, essa taxa continua em declínio, chegando a um nível inferior de cerca de 10‰. A população total da América Latina em 2012 era de 603 milhões. A Tabela 4.2 demonstra a evolução populacional dos dez países mais populosos da região (incluindo América do Sul e Central e Caribe) desde 2006. Em 2012, a população do Brasil e do México em conjunto representava mais de 50% da população total da região.

De modo geral, a estrutura etária da América Latina indica que a região tem uma população relativamente jovem. A Tabela 4.3 mostra a tendência de evolução do nível de envelhecimento dos dez países selecionados da região nos próximos trinta anos, em comparação com a China. Mediante o indicador "a população acima dos 65 anos em percentagem da população total", é possível detectar que o nível de envelhecimento da China é superior ao nível médio da América Latina, e que essa diferença provavelmente se tornará maior nos próximos trinta anos.

Tabela 4.2 – População dos principais países da América Latina (10 mil pessoas)

	2006	2007	2008	2009	2010	2011	2012
América Latina	56.380	57.044	57.701	58.355	59.008	59.663	60.317
Brasil	18.818	19.014	19.200	19.379	19.550	19.713	19.868
México	10.617	10.733	10.847	10.959	11.068	11.174	11.278
Colômbia	4.370	4.436	4.501	4.566	4.630	4.693	4.756
Argentina	3.914	3.954	3.994	4.034	4.074	4.113	4.152
Peru	2.818	2.851	2.884	2.916	2.950	2.983	3.017
Venezuela	2.719	2.766	2.812	2.858	2.904	2.950	2.995
Chile	1.647	1.664	1..680	1.697	1.713	1.730	1.745
Guatemala	1.303	1.336	1.369	1.403	1.438	1.473	1.509
Equador	1.320	1.335	1.349	1.363	1.377	1.392	1.408
Cuba	1.120	1.120	1.120	1.120	1.120	1.121	1.121

Fonte: Eclac (2011).

Tabela 4.3 – Proporção da população acima de 65 anos nos países latino-americanos (%)

	2010	2020	2030	2040
Argentina	16,4	18,3	20,6	23,8
Brasil	10,2	13,6	19,7	26,5
Chile	13,5	17,9	26,2	32,5
Colômbia	8,6	12,1	17,3	22,4
Cuba	17,5	23,7	34,5	50,6
Equador	10,6	13,5	17,3	21,4
Guatemala	8,2	8,5	8,8	10,2
México	10	13,3	18,4	26,8
Peru	9,3	11,5	15,1	19,8
Venezuela	8,7	11,9	16,1	20,1
América Latina	10,6	13,4	18,2	23,7
China	11	17	24	37
Estados Unidos	20	25	33	35

Fonte: ONU (2012)

Total dos recursos de mão de obra

O impacto das mudanças populacionais sobre o mercado de trabalho tem "efeitos retardados". O fornecimento total da mão de obra na América Latina apresentou uma tendência acentuada de crescimento entre os anos 1950 e 1970, mas começou a abrandar a partir dos anos 1990, não obstante uma clara tendência de aumento da população economicamente ativa. A taxa de participação da mão de obra é um indicador muito importante para avaliar o fornecimento real da força de trabalho. Essa taxa nos países latino-americanos, desde os anos 1990, tem subido de forma contínua e significativa em cerca de 0,2% ao ano. Uma das principais causas desse aumento é a crescente participação feminina no mercado de trabalho, especialmente na Argentina, no Chile e na Venezuela. A Tabela 4.4 demonstra a mudança da taxa de participação da mão de obra dos países latino-americanos de 2000 a 2040 (previsão), na qual podemos ver que esse número é crescente na maioria dos países da região. Devido a um ligeiro aumento populacional e a um contínuo aumento da taxa de participação, é de esperar que o fornecimento total de força de trabalho na América Latina continue crescendo a um nível razoável.

Tabela 4.4 – A taxa de participação da mão de obra (população acima de 15 anos) nos dez países latino-americanos selecionados (%)

	2000	2010	2020	2030	2040
Argentina	58,2	62,6	65,2	67,0	68,2
Brasil	69,1	70,3	70,3	70,3	70,3
Chile	55,2	58,3	61,2	61,9	63,0
Colômbia	68,1	69,7	70,6	70,9	70,8
Cuba	50,1	52,8	54,2	52,9	51,4
Equador	64,1	66,8	69,5	71,8	73,7
Guatemala	59,1	62,9	67,0	71,1	74,7
México	58,1	61,7	64,5	66,4	67,4
Peru	68,2	70,6	72,7	73,5	73,8
Venezuela	55,1	58,8	61,5	63,3	64,8
América Latina	63,2	66,0	67,7	68,8	69,7

Fonte: Eclac (2011).

Qualidade dos recursos laborais

O nível de educação dos trabalhadores é uma variável importante na avaliação da qualidade dos recursos laborais. Na América Latina, já em meados de 1990, a maioria dos países da região atingiu o nível de escolaridade de quase 100% no ensino fundamental. Além disso, de modo geral, o nível de educação da América Latina não fica atrás das outras regiões do mundo, especialmente no ensino fundamental e no superior. Porém, o ensino médio nos países latino-americanos é relativamente atrasado, especialmente por causa da elevada taxa de evasão escolar. Além disso, o desequilíbrio na alocação dos recursos da educação, desfavorável ao desenvolvimento do ensino médio e da formação profissional, também agravava o problema. A América Latina está com um enorme atraso em relação aos países do Leste Asiático no que diz respeito à qualidade do ensino médio e da formação profissional. Conforme Barro e Lee (Tabela 4.5), em 2000, a escolaridade média da população acima de 25 anos na América Latina é de 5,92 anos, sendo de 12,25 nos Estados Unidos, 11,43 no Canadá e 11,36 na Suécia, ou seja, o dobro do nível médio da região. Naturalmente, existe uma diferenciação entre os diversos países latino-americanos: o país com a menor escolaridade é a Guatemala (3,12 anos), e o com a maior escolaridade é a Argentina (8,49 anos).

Tabela 4.5 – Nível de educação da população dos países latino-americanos e de outros países e regiões do mundo (%)

		Escolaridade média				Proporção da população com ensino médio completo			
		1960	1980	2000	Taxa de variação entre 1960 e 1980	1960	1980	2000	Taxa de variação entre 1960 e 1980
Países do Leste Asiático	Coreia do Sul	3,23	6,81	10,46	1,83	8,4	27,6	60,3	32,70
	Singapura	3,14	5,52	8,12	1,30	7,7	8,4	23,8	15,40
	Taiwan (China)	3,32	6,37	8,53	1,08	8,8	22,6	42,0	19,40
	Tailândia	3,45	3,77	6,10	1,17	2,2	5,2	15,4	10,20
Países desenvolvidos	Estados Unidos	8,66	11,91	12,25	0,17	35,4	76,9	71,7	-5,20
	Canadá	8,37	10,23	11,43	0,60	34,4	53,4	64,9	11,50
	Japão	6,87	8,23	9,72	0,75	21,7	29,7	41,4	11,70
	Suécia	7,65	9,47	11,36	0,94	25,9	51,1	66,0	14,90
Países da América Latina	Argentina	4,99	6,62	8,49	0,94	8,3	14,7	30,1	15,40
	Bolívia	4,22	4,00	5,54	0,77	13,2	12,9	20,4	7,50
	Brasil	2,83	2,98	4,56	0,79	6,0	7,7	13,8	6,10
	Chile	4,99	5,96	7,89	0,97	13,1	18,8	30,9	12,10
	Colômbia	2,97	3,94	5,01	0,54	5,8	10,9	18,5	7,60
	Costa Rica	3,86	4,70	6,01	0,66	5,1	12,8	23,3	10,50
	Equador	2,95	5,40	6,52	0,56	4,0	15,5	27,0	11,50
	Guatemala	1,43	2,34	3,12	0,39	1,5	4,4	8,6	4,20
	Honduras	1,69	2,33	4,08	0,88	2,2	4,6	12,5	7,90
	México	2,41	4,01	6,73	1,36	2,9	10,5	24,6	14,10
	Nicarágua	2,09	2,86	4,42	0,78	3,9	7,5	13,7	6,20
	Panamá	4,26	5,91	7,90	1,00	6,7	19,8	35,9	16,10
	Paraguai	3,35	4,64	5,74	0,55	3,8	10,6	17,5	6,90
	Peru	3,02	5,44	7,33	0,95	6,7	20,8	35,2	14,40

		Escolaridade média				Proporção da população com ensino médio completo			
		1960	**1980**	**2000**	**Taxa de variação entre 1960 e 1980**	**1960**	**1980**	**2000**	**Taxa de variação entre 1960 e 1980**
	Salvador	1,70	3,30	4,50	0,60	2,5	6,9	14,3	7,40
	Uruguai	5,03	5,75	7,25	0,75	10,0	13,0	21,8	8,80
	Venezuela	2,53	4,93	5,61	0,34	3,7	16,2	22,0	5,80
	Média da América Latina	3,20	4,42	5,92	0,75	5,85	12,21	21,77	9,56
Países do Caribe	República Dominicana	2,38	3,36	5,17	0,91	1,5	7,2	19,2	12,00
	Barbados	5,22	6,84	9,11	1,14	5,7	12,7	25,6	12,90
	Jamaica	2,46	3,60	5,22	0,81	2,1	6,4	15,2	8,80
	Trinidad e Tobago	4,19	6,60	7,62	0,51	4,2	6,9	17,3	10,40
	Média do Caribe	3,11	4,57	6,19	0,81	3,38	8,30	19,33	11,03

Fonte: Barro et al. (s. d.).

O atraso da América Latina na formação profissional teve como uma das consequências a escassez de trabalhadores técnicos altamente qualificados. De acordo com dados da Economist Intelligence Unit (EIU), a pontuação média dos países da América Latina no índice "disponibilidade de profissionais altamente qualificados" foi menor do que 3 (pontuação máxima de 5, ver o Gráfico 4.2), ou seja, uma pontuação reprovada em comparação com os países que têm um mercado de trabalho avançado.

Gráfico 4.2 – Pontuação dos países latino-americanos no índice "disponibilidade de profissionais altamente qualificados"

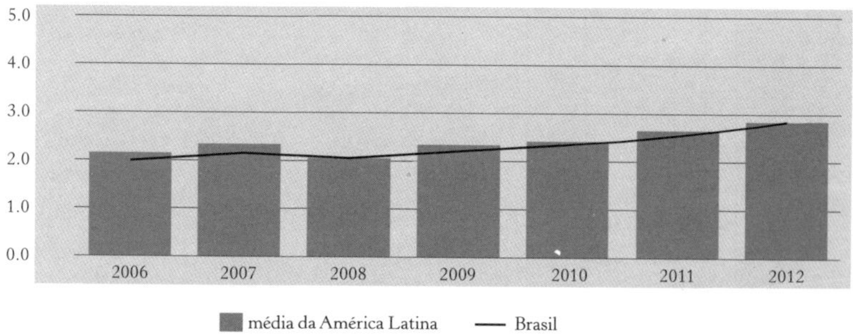

Fonte: EIU (2011)

Características da estrutura do emprego da América Latina

Estrutura do emprego em diferentes setores

Entre 1950 e 1980, a estrutura setorial da economia dos países latino-americanos passou por grandes mudanças. O setor manufatureiro experimentou um crescimento acelerado, o que trouxe consigo mudanças significativas para a distribuição setorial da força de trabalho. Mais tarde, nos anos 1980, a eclosão das crises da dívida também teve impactos contundentes na estrutura geral do emprego dos países da região, e a importância do setor terciário no emprego cresceu ainda mais. A Tabela 4.6 apresenta dados importantes, pelos quais podemos identificar a tendência da mudança da participação do trabalho em diferentes setores nos países da região entre 2000 e 2010: a participação do trabalho no setor agrícola declinou de forma gradativa, enquanto a do setor da indústria e do serviço vinha crescendo.

Tabela 4.6 – Participação do trabalho nos três setores da economia dos países da América Latina (participação do trabalho em cada setor %)

	Agricultura			Indústria			Serviço		
	2000	2005	2010	2000	2005	2010	2000	2005	2010
Argentina	0,8	1,1	1,3	23,6	23,5	23,2	75,6	75,4	75,5
Bolívia	37,1	32,3	33,2	19,9	21,6	20,5	43,0	46,0	46,4
Brasil	19,7	19,7	16,5	19,7	21,6	22,3	60,0	58,7	61,2
Chile	13,0	12,5	11,4	24,5	25,0	21,8	62,2	61,4	65,7
Colômbia	23,0	20,3	18,1	18,0	20,2	19,9	59,0	59,6	62,0
Costa Rica	19,4	15,0	15,0	23,4	21,6	19,5	57,2	63,4	65,6
Equador	-	30,4	27,6	-	17,6	18,8	-	52,1	53,6
Salvador	20,5	18,4	21,2	23,9	23,9	21,2	55,6	57,7	57,5
Guatemala	37,2	30,6	-	22,0	23,8	...	40,8	45,6	-
Honduras	34,0	35,1	36,2	22,4	22,0	19,0	43,6	42,9	44,8
México	17,5	13,9	13,3	28,3	25,7	25,2	54,2	60,4	61,5
Nicarágua	32,4	33,6	-	18,3	19,7	-	49,3	46,6	-
Panamá	21,1	19,3	17,4	16,4	17,0	18,7	62,5	63,7	63,9
Paraguai	30,8	31,3	25,6	17,4	16,4	19,2	51,9	52,4	55,2
Peru	35,2	32,4	31,1	14,1	16,0	16,6	50,7	51,6	52,3
República Dominicana	16,6	14,7	14,4	21,4	22,5	18,1	62,0	62,8	67,4
Uruguai	-	11,0	9,8	-	21,9	21,6	-	67,2	68,6
Venezuela	10,2	9,7	8,7	22,7	20,8	22,1	67,1	69,5	69,2

Fonte: Eclac (2011).

Taxa de desemprego

Como ilustrado na Tabela 4.7, embora a taxa de desemprego dos países da América Latina tenha baixado ligeiramente nos últimos dez anos, o nível de desemprego da região continua preocupante. Desde o início do século XXI, todos os países latino-americanos foram, de certo modo, atingidos pela crise financeira, o que pode ser constatado pela baixa taxa de crescimento do PIB e alta taxa de desemprego. Apesar de a taxa de desemprego nos países ter caído de forma moderada durante algum período, o problema parece ter voltado nos últimos dois anos, devido à eclosão da crise financeira internacional.

Tabela 4.7 – Taxa de desemprego nos países latino-americanos

	2000	2004	2005	2006	2007	2008	2009	2010
Argentina	15,1	13,6	11,6	10,2	8,5	7,9	8,7	7,7
Brasil	7,1	11,5	9,8	10,0	9,3	7,9	8,1	6,7
Chile	9,7	10,0	9,2	7,7	7,1	7,8	9,7	8,2
Colômbia	17,3	15,8	14,3	13,1	11,4	11,5	13,0	12,4
Cuba	5,4	1,9	1,9	1,9	1,8	1,6	1,7	2,5
Equador	9,0	9,7	8,5	8,1	7,4	6,9	8,5	7,6
Guatemala	–	4,4	–	–	–	–	–	4,8
México	3,4	5,3	4,7	4,6	4,8	4,9	6,6	6,4
Peru	8,5	9,4	9,6	8,5	8,4	8,4	8,4	7,9
Venezuela	13,9	15,3	12,4	10,0	8,4	7,3	7,8	8,6
América Latina	10,4	10,3	9,0	8,6	7,9	7,3	8,1	7,3

Fonte: Eclac (2011)

Características da informalidade do emprego

A economia dos países latino-americanos apresenta uma típica "dualidade". Segundo a metodologia de recolha de estatísticas da Cepal, o emprego informal refere-se às ocupações profissionais que não estejam incluídas nos setores formais da economia (exceto os trabalhadores informais rurais), por exemplo, empregados domésticos, trabalhadores autônomos (exceto administradores de empresa, especialistas, técnicos que trabalham por conta própria e pessoas que trabalham temporariamente em negócios familiares) e microempreendedores. Nos últimos trinta anos, a proporção dos empregos informais no total dos empregos na América Latina tem subido constantemente. Os empregos informais respondiam por 40% do mercado de trabalho em 1980, e essa taxa subiu para 52% em 1990, 57% em 1996, e cerca de 60% em 2009 (Qingbo, 2010). O mercado de trabalho informal apresenta as seguintes características:

1. O emprego informal é mais comum entre a população pobre. Por exemplo, no Brasil, segundo as estimativas, a proporção dos trabalhadores informais (que trabalham sem carteira assinada) na população ativa total do país é de 42%-59%. Entretanto, esse número é 76%-86% entre a população pobre. Na Colômbia, a proporção dos empregos informais no total dos empregos é de 61%, e entre a população pobre, 91%. O nível de emprego informal na Argentina é relativamente mais baixo, algo em torno de 36% nas cidades (Lindert; Skoufias; Shapiro, s. d.).

2. De modo geral, os trabalhadores informais têm escolaridade curta e baixa qualificação, e a maioria deles trabalha em postos de trabalho "ruins", ou seja, de mau ambiente, baixa remuneração e instabilidade.
3. A maioria dos trabalhadores informais não se beneficia de nenhum tipo de segurança social. Isso porque, ou trabalham em mercados de trabalho isolados, ou recebem uma remuneração baixa e, portanto, insuficiente para pagar o seguro da previdência social, ou mesmo escapam em pagamento do seguro. De forma geral, devido às mudanças da estrutura etária e de gênero da população ativa, os reajustes setoriais da economia e a alta taxa de desemprego após a crise financeira internacional, o emprego informal está tornando-se mais comum nos países latino-americanos. Como os empregos informais são de fácil acesso, têm contribuído para melhorar a taxa de emprego dos países e aumentar a renda dos trabalhadores, o que certamente ajudou no combate à pobreza na região.

Políticas do mercado de trabalho

A partir da década de 1990, com os reajustes econômicos em países latino-americanos, um grande número de empresas estatais foi privatizado, razão pela qual a capacidade de absorção de trabalho do setor público vem diminuindo, ao passo que o mercado de trabalho informal vem crescendo. Essas mudanças apresentaram demandas cada vez mais sofisticadas para as políticas do mercado de trabalho, especialmente no que se refere ao serviço de intermediação no mercado de trabalho, à formação profissional e ao seguro de desemprego. As políticas do mercado de trabalho podem ser classificadas em dois tipos: políticas ativas e políticas passivas. As políticas ativas visam promover a empregabilidade da população por meio de apoios ao emprego, fornecimento de cursos de capacitação etc., enquanto as políticas passivas visam a proteção social dos trabalhadores de baixa renda e dos grupos menos favorecidos por meio da concessão de subsídios e das políticas de redistribuição de renda. As principais políticas praticadas nos mercados de trabalho na América Latina são:

1. *Serviços de intermediação de emprego*. Nos países latino-americanos, os serviços de emprego são fornecidos principalmente pelas

agências nacionais de intermediários. Por exemplo, Brasil, Chile e México estabeleceram, nos anos 1970, seu sistema nacional de emprego e de formação com base em grandes agências estatais de intermediários. Mediante uma série de reformas, essas agências vêm reforçando suas funções e aperfeiçoando seus serviços ao longo do tempo. Nos últimos anos, um crescente número de empresas privadas e organizações civis sem fins lucrativos também vem fornecendo serviços de intermediários de emprego. Porém, por estarem em uma fase inicial, suas operações ainda são muito limitadas (Hua, 2009).

2. *Formação profissional e técnica.* O sistema de formação profissional nos países latino-americanos é tradicionalmente fraco. Porém, a partir dos anos 1990 os países vêm atribuindo uma maior importância à formação profissional e técnica, o que certamente melhorou o desempenho do sistema. As políticas adotadas são: ampliação dos programas de apoio ao reemprego, maior atenção aos grupos menos favorecidos no mercado de trabalho, sobretudo os trabalhadores do gênero feminino e os jovens desempregados, criação de programas de formação para empreendedores autônomos e microempreendedores, conforme as demandas atuais, e aumento dos apoios fiscais etc.
3. *Criação de novos postos de trabalho.* A partir dos anos de 1980, para atenuar os impactos das crises econômicas, os países latino-americanos adotaram uma série de programas diretos e temporários para acelerar a criação de postos de trabalho, tais como: o "Plano de Trabalho" na Argentina, o "Programa Especial de Emprego Temporário" no México, o "Projeto Frentes Temporárias de Trabalho" no Brasil, o "Projeto de Assistência Mútua para o Emprego" no Chile, o "Programa de Apoio Temporário ao Rendimento" no Peru, o "Plano de Emergência para o Emprego" no Panamá etc.; além disso, outras políticas indiretas de criação de postos de trabalho, como o apoio às pequenas e microempresas e ao empreendedorismo autônomo e o subsídio às empresas privadas para a criação de novas oportunidades de trabalho, também foram levadas a cabo.
4. *Seguros desemprego.* O mecanismo de seguros desemprego é uma típica política passiva do mercado de trabalho. Entretanto, essa política ainda não foi aplicada de forma generalizada na América

> Latina. Apenas uns poucos países, como Brasil, Argentina e Chile, possuem um sistema parcial de seguro desemprego, atendendo principalmente aos trabalhadores nos setores formais de trabalho. O sistema pode tomar duas formas diferentes. A primeira, colocada em prática na Argentina, é um tipo de programa de segurança social: ambos os empregadores e os trabalhadores contribuem para um fundo comum de seguro (sob administração social), e se os trabalhadores perderem seus empregos, terão direito a um seguro mensal, cujo valor é declinante de acordo com o tempo em que continuam desempregados (para incentivar um rápido reemprego); e a segunda, realizada no Chile, é um tipo de fundo de seguros depositado em uma conta pessoal de poupança, que conta com a contribuição dos empregadores, dos trabalhadores e do governo (principalmente pelos empregadores e trabalhadores). Essa conta é usada em pagamento do seguro de desemprego, cujo valor é baseado no valor acumulado na conta.

Nos anos 1990, os países latino-americanos levaram a cabo uma série de reformas em seu sistema trabalhista visando a desregulamentação do mercado de trabalho, de forma a eliminar as barreiras à alocação livre dos recursos laborais, diminuir os custos de mão de obra e promover a disputa entre as empresas e a criação de novas oportunidades de emprego por meio do aumento da mobilidade da força de trabalho. As principais medidas tomadas foram: eliminação das restrições relacionadas à demissão dos funcionários, redução da indenização por demissão, término do regime do salário mínimo, redução de benefícios não salariais, abandono dos regulamentos relativos a salário e condições de trabalho, flexibilização dos contratos de trabalho, cancelamento das negociações coletivas de trabalho etc. (Yong, 2010).

As políticas ou medidas tomadas pelos países latino-americanos na reforma do mercado de trabalho após a crise econômica internacional de 2009 foram: 1. assegurar os postos de trabalho através da redução das horas de trabalho, redução do nível das contribuições sociais pagas pelos empregadores e trabalhadores e concessão de subsídios; 2. reforçar os planos de emergência, de forma a incentivar o desenvolvimento dos setores de trabalho intensivo e melhorar as infraestruturas sociais; 3. aumentar a acessibilidade dos seguros de desemprego para elevar o nível de renda geral; 4. implementar projetos de formação profissional, de forma a aumentar a empregabilidade dos trabalhadores desempregados; 5. conceder subsídios aos jovens de famílias pobres para aumentar a taxa de emprego entre os jovens; 6. aumentar o nível do salário mínimo para salvaguardar o poder de compra real; 7. introduzir o regime de pensão não contributiva para melhorar o nível de segurança social; 8. aumentar a acessibilidade dos serviços de segurança social contributivos entre a população pobre.

Desde o segundo semestre de 2011, à medida que a taxa de emprego vem se recuperando na região, a maioria dos países vem preferindo manter suas políticas de trabalho durante a crise a lançar novas políticas de intervenção no mercado. Em 2012, as políticas do mercado de trabalho dos países tinham como ponto fundamental a promoção do crescimento econômico, o alívio dos encargos fiscais das empresas de trabalho intensivo e o desenvolvimento de alguns projetos temporários de apoio ao emprego como forma de melhorar as condições do mercado de trabalho.

Análise das condições de disponibilização dos trabalhadores na América Latina

As condições de disponibilização dos trabalhadores referem-se a todos os fatores que podem afetar a acessibilidade aos recursos laborais de um determinado país ou região: custos de mão de obra, legislações trabalhistas e ambiente institucional geral. As condições de disponibilização dos trabalhadores constituem um dos fatores mais importantes a serem levados em consideração pelos investidores estrangeiros em seu plano de investimento exterior. Então a presente seção visa avaliar as condições de disponibilização dos trabalhadores da América Latina a partir de quatro aspectos: a eficiência do mercado de trabalho, as legislações trabalhistas, o regime de negociação coletiva de trabalho e os benefícios obrigatórios para os trabalhadores.

A eficiência do mercado de trabalho

A eficiência do mercado de trabalho de um país pode ser avaliada pelo Índice de Eficiência do Mercado de Trabalho, cujo cálculo tem em conta a competitividade desse mercado em sete aspectos: a relação entre trabalhadores e empregadores, o mecanismo de decisão sobre o salário, a rigidez

Tabela 4.8 – *Ranking* de Brasil, México, Argentina e Chile no Índice de Eficiência do Mercado de Trabalho

	Subindicador	Brasil		México		Argentina		Chile	
		Pontuação	*Ranking*	Pontuação	*Ranking*	Pontuação	*Ranking*	Pontuação	*Ranking*
1	A relação entre trabalhadores e empregadores	4,2	79	4,3	63	3,3	135	4,8	40
1	O mecanismo de decisão sobre o salário	4,3	115	4,8	99	2,7	139	5,5	29
3	A rigidez de emprego	46,0	118	41	108	21	52	18	44
4	O custo da contratação e demissão dos funcionários	2,9	128	3,1	123	2,7	135	3,4	109
5	O custo não salarial de mão de obra	46	84	47	85	95	124	52	89
6	A eficiência do pagamento e da produção	3,7	83	3,7	84	2,7	138	4,3	43
7	A dependência da gestão de carreiras	4,8	39	4,1	75	4,3	64	5,2	27
8	Êxodo de talentos	4,4	30	3,4	61	3,4	65	5,0	14
9	Participação feminina (em relação à masculina)	0,75	78	0,55	120	0,71	91	0,6	111
	Pontuação final	4,2	83	3,9	114	3,5	131	4,6	39

Fonte: World Economic Forum (2011-2012).

de emprego, o custo das demissões, a eficiência produtiva, a dependência da gestão de carreiras e o êxodo de talentos. Segundo os dados de estatísticas do relatório Global Competitiveness Report 2011-2012 do World Economic Forum (WEF), os resultados sobre a eficiência do mercado de trabalho dos países latino-americanos apresentam poucas razões para otimismo. Entre os 142 países e regiões do mundo, os países da América do Sul (menos o Chile, que ficou no 39º lugar do *ranking*) ficaram entre os últimos lugares do *ranking*. Como constata a Tabela 4.8, os três maiores mercados de trabalho da América Latina, Brasil, México e Argentina, ficaram atrás do 80º colocado do *ranking*. Pior ainda, para os subindicadores "o mecanismo de decisão sobre o salário", "a rigidez de emprego" e "o custo das demissões", eles ficaram entre os últimos quarenta, o que revela a falta de flexibilidade dos seus mercados de trabalho e o alto custo da contratação dos funcionários locais.

Legislações trabalhistas

A América Latina começou cedo a ter suas primeiras legislações trabalhistas. Já no início do século XX, os primeiros países a realizarem a industrialização começaram a elaborar legislações que diziam respeito às questões de horas de trabalho, salário mínimo, trabalho noturno e limitação do uso do trabalho infantil etc. Em 1929 o México promulgou sua primeira Lei Trabalhista, e depois disso os outros países latino-americanos começaram a incluir cláusulas relativas ao direito de trabalho e de organização em sua Constituição. Ao mesmo tempo, órgãos responsáveis pela elaboração e supervisão dessas legislações, como o Ministério do Trabalho, foram criados na maioria dos países da região. Alguns países criaram "comissões trilaterais", compostas pelos representantes dos trabalhadores, dos empregadores e do governo, sendo um exemplo a Comissão Trilateral para a Fixação do Salário Mínimo no México. Após o término da Segunda Guerra Mundial, com a realização da Estratégia de Desenvolvimento via Substituição das Importações na maioria dos países latino-americanos, os governos começaram a interferir de forma mais ativa na economia, o que acelerou significativamente o desenvolvimento das leis trabalhistas. Em meados de 1960, quase todos os países latino-americanos já tinham concluído o processo de legislação trabalhista e estabelecido um sistema de proteção social, composto de seguro desemprego, seguros de pensão, serviços de saúde, seguro maternidade e seguros contra acidentes. Desde então, os trabalhadores dos países latino-americanos já têm seus direitos básicos estabelecidos.

De modo geral, a Lei Trabalhista dos países latino-americanos é constituída em quatro partes:

1. *Regras de proteção ao emprego e indenização por demissão.* Para impedir os empregadores de demitirem arbitrariamente os trabalhadores, na maioria dos países foi estabelecido o sistema de indenização por demissão. Na maioria dos casos, o valor da indenização é baseado no tempo de serviço na empresa. As regras de indenização por demissão estipulam que, após o término do período de experiência, os trabalhadores têm direito ao cargo permanente, e que nos casos de uma demissão sem justa causa os trabalhadores têm direito à indenização. A Lei também estabelece os critérios para determinar se uma demissão foi feita com ou sem justa causa. Além disso, a Lei também especifica o prazo de aviso-prévio da comunicação de demissão e o valor da indenização. Em alguns países (Brasil, Colômbia, Peru e Venezuela), sempre que haja uma rescisão do contrato de trabalho (não importa se o pedido é feito pelo empregador ou se pelo trabalhador), o empregador deve pagar indenização.
2. *Regras de limite das horas de trabalho e direito às férias.* Na maioria dos países latino-americanos, a Lei Trabalhista estipula uma jornada máxima de trabalho de 48 horas por semana, além de restrições rigorosas à autorização de horas extras. Além dos feriados oficiais, os trabalhadores na América Latina têm direito a férias pagas, cujo prazo varia de 15 a 35 dias por ano.
3. *Proteção do salário.* A maioria dos países da América Latina adota o sistema de salário mínimo. O valor do salário mínimo é, na maioria dos casos, por volta de 60% do salário médio nos países. Além disso, há regras muito rigorosas em relação ao pagamento das horas extras (nos dias de trabalho, nos feriados e no horário noturno).
4. *Requisitos de saúde e segurança do trabalho e regras de proteção especial.* Na maioria dos casos, a Lei Trabalhista estipula um limite das horas de trabalho menor para os tipos de trabalho prejudiciais à saúde, sendo o mais comum de 36 horas por semana.

> Há regras de proteção específicas para os trabalhadores infantis, trabalhadores do gênero feminino e trabalhadores com deficiência. Em alguns países, a Lei Trabalhista também estipula o pagamento de vale-transporte, subsídios familiares, fundo de habitação, auxílio-creche etc. Em outros países onde não há esses tipos de benefício, geralmente os trabalhadores têm direito à negociação coletiva, por meio da qual podem vir adquirindo benefícios parecidos (Yuan, 1997).

Na América Latina, o estabelecimento da Lei Trabalhista é baseado nos princípios do Direito Civil, ou seja, as legislações trabalhistas especificam tipo, prazo e duração da interrupção do contrato de trabalho. Entretanto, na maioria dos países do Caribe, a Lei Trabalhista é baseada no sistema de Direito Comum (*Common Law*), ou seja, os termos do contrato são definidos conjuntamente e somente pelas duas partes signatárias, razão pela qual em muitos dos países caribenhos não existe nenhum órgão supervisor especial que regula as relações jurídicas entre o empregador e o trabalhador, ficando por conta do Tribunal. De modo geral, na América Latina a Lei Trabalhista protege muito mais os trabalhadores com contrato de trabalho em tempo integral do que os com contrato de trabalho de tempo fixo ou temporário, no sentido de que a interrupção do primeiro tipo de contrato se sujeita à limitação rigorosa. A Lei estipula que, antes da interrupção de um contrato, o empregador tem que avisar o trabalhador com um prazo mínimo de antecedência e pagar a este um determinado valor de indenização, no caso de uma demissão sem justa causa. Em alguns casos, a empresa só pode demitir seus trabalhadores se a demissão for aprovada pelas organizações sindicais. Em alguns países, a Lei Trabalhista também outorga ao trabalhador demitido em um caso de demissão sem justa causa o direito de retorno ao antigo posto de trabalho por meio de uma petição. Na maioria dos países, é obrigatório que o empregador deposite parte do salário mensal do trabalhador para criar um fundo fiduciário que será utilizado para o pagamento da indenização por demissão (o trabalhador receberá o principal e os juros). A partir dos anos 1990, alguns países da região começaram a reformar sua Lei Trabalhista para aumentar a flexibilidade do mercado de trabalho e diminuir o custo das demissões.

Os mecanismos de negociação coletiva

As organizações sindicais desempenham um papel muito importante nas relações entre o trabalho e o capital. Historicamente, os sindicatos eram uma força motriz nos movimentos operários. Após décadas de luta intransigente, os sindicatos hoje têm assegurado sua legitimidade e seus direitos de reunião, greve e negociação coletiva. Os sindicatos dos países da América Latina são geralmente organizados a partir de empresa ou indústria. Na maioria dos casos, o governo tem uma intervenção no registro, na nomeação de pessoal e no processo de negociação coletiva dos sindicatos, e às vezes também desempenha o papel de mediador nos casos de conflitos e no processo de arbitragem (como na Argentina e no México). Os sindicatos latino-americanos não contam com um poder de influência tão grande como os sindicatos europeus. A Tabela 4.9 apresenta a taxa de sindicalização no México e no Chile em comparação com os outros países da OCDE, na qual podemos ver que os sindicatos latino-americanos têm uma densidade de representação parecida com os dos Estados Unidos, mas evidentemente menor do que os sindicatos europeus.

Tabela 4.9 – Densidade de representação sindical (a proporção de trabalhadores sindicalizados no total dos trabalhadores) em países selecionados (em %)

	1999	2000	2001	2002	2003	2004	2005	2006	2007	2008	2009	2010	2011
Chile	13,5	13,3	13,1	13,3	14,1	14	13,5	13,7	13,9	15	15,8	15	–
México	13,5	13,7	14	13,9	14,9	15,5	15,1	14,8	15,2	14,3	13,9	13	13,2
Dinamarca	74,9	74,2	77,9	73,2	72,4	71,7	71,7	69,4	69,1	67,6	68,8	–	–
Alemanha	25,3	24,6	23,7	23,5	23,0	22,2	21,7	20,7	19,9	19,1	18,8	18,5	–
Inglaterra	30,1	30,2	29,6	29,3	29,6	29,4	28,4	28,1	27,9	27,1	27,2	26,5	25,8
Estados Unidos	13,4	12,9	12,9	12,8	12,4	12	12	11,5	11,6	11,9	11,8	11,4	11,3
Média dos países da OCDE	20,8	20,2	19,9	19,6	19,4	19	18,7	18,1	17,9	17,8	17,9	17,5	17

Fonte: OCDE (s. d.).

Como um dos direitos mais importantes das organizações sindicais, o mecanismo de negociação coletiva é um dos métodos mais eficientes para o reajuste da relação entre o trabalho e o capital. Por intermédio dos sindicatos, trabalhadores e empregadores podem negociar um contrato de trabalho coletivo, com termos de trabalho que são aceitos por ambos os lados. Esse mecanismo impediu que um trabalhador, no caso de negociação individual, fosse incapaz de defender seus direitos por causa de seu *status* econômico e social desfavorável. Após décadas de aperfeiçoamento, o mecanismo de negociação coletiva na América Latina já conta com um quadro institucional bem estruturado. Esse mecanismo, na América Latina, pode tomar três formas: a primeira é um mecanismo de negociação coletiva setorial em nível nacional – por exemplo, na Argentina, a maioria dos trabalhadores tem seu contrato de trabalho negociado por esse meio; a segunda é um mecanismo de negociação coletiva em termos de empresa – por exemplo, no Chile, a Lei Trabalhista estipula que as negociações coletivas só podem ser feitas entre empresas e sindicatos locais. Apenas uns pouquíssimos sindicatos podem negociar contratos em nível setorial e no âmbito nacional, mas os resultados da negociação servirão somente de referência para as negociações de determinadas empresas; a terceira é um mecanismo misto, ou seja, a combinação dessas duas formas de negociação (em âmbito nacional, entre trabalhadores, empregadores e governo; e em âmbito setorial, entre sindicatos e empresas). A maioria dos países latino-americanos pratica esse último mecanismo.

Custos de bem-estar dos trabalhadores

A América Latina é uma das primeiras regiões do Ocidente a estabelecer o sistema de bem-estar. De modo geral, a história do desenvolvimento dos sistemas de bem-estar na América Latina pode ser dividida em duas etapas: na primeira, do início do século XX aos anos 1980, os países latino-americanos receberam influências dos países do continente Europeu e começaram a estabelecer seus próprios sistemas de bem-estar, caracterizados pelos seguros sociais; e na segunda, depois dos anos 1980. A partir da reforma de privatização de seu sistema de pensões do Chile em 1981, mais de dez países latino-americanos levaram a cabo sucessivamente uma série de reformas do sistema de bem-estar, com tendência de maior nível de liberalização e mercadização. Atualmente a maioria dos países latino-americanos tem um sistema de bem-estar social relativamente completo, que se constitui em seguros de pensão, serviços de saúde, seguro desemprego e subsídios familiares (que são em grande parte pagos pela contribuição salarial dos trabalhadores), proteção contra doenças profissionais e acidentes de trabalho, seguro maternidade, subsídios por doença e férias obrigatórias. Na perspectiva de custos de bem-estar dos trabalhadores, de modo geral, os países que já realizaram reformas de privatização plena ou parcial (como Chile e Bolívia) têm um nível de custos relativamente mais baixo, enquanto os países que mantêm os regimes públicos assentes na repartição têm um nível de custos relativamente mais alto. A Tabela 4.10 apresenta a taxa de contribuição dos seguros sociais de Chile, Argentina, México e Brasil. Todos esses países têm uma taxa superior a 20%, sendo a mais baixa a do Chile, com 21%, e a mais alta, de cerca de 40%, na Argentina.

Tabela 4.10 – Taxa de contribuição dos seguros sociais (em proporção do salário) no Brasil, no Chile e na Argentina

	Seguros de pensão	Seguros de saúde	Seguro desemprego	Seguros contra acidentes de trabalho	Total
Brasil	28	–	–	–	28
Argentina	23,7	14,6	1		39,3
Chile	10	7	3	1	21

Fonte: Social Security Agency (2011).

Perspectivas de cooperação entre os parceiros em recursos de trabalho

A estratégia da utilização dos recursos do trabalho é uma questão muito abrangente, que envolve fatores diversos, como estrutura econômica, culturas sociais, ordem política e jurídica, ambiente linguístico etc. Nas futuras cooperações econômico-comerciais com a América Latina, a China deve dedicar maior atenção à resolução dos antigos problemas no que toca à adaptação das empresas chinesas nos mercados de trabalho locais, de forma a diminuir a dependência da exportação dos recursos laborais domésticos, ganhar maior espaço de manobra no reajuste das relações com os trabalhadores locais e integrar-se de forma mais ativa no ambiente dos recursos de trabalho da região. Tais questões têm incidência direta sobre a sustentabilidade das cooperações entre China e América Latina, cuja resolução depende de uma percepção completa, tanto em termos estratégicos quanto em termos práticos.

É necessário que nós, de um lado, enxerguemos o grande potencial e as boas oportunidades da exploração e utilização dos recursos do trabalho locais, e reconheçamos a questão como prioridade, de valor estratégico para o desenvolvimento sustentável das relações; e, de outro lado, temos que responder eficazmente às dificuldades reais das cooperações, de forma a elaborar uma estratégia adequada e bem-sucedida de utilização dos recursos de trabalho da América Latina.

Reconhecer plenamente o potencial da exploração e utilização dos recursos de trabalho da América Latina

A América Latina é composta por países em desenvolvimento, e a maioria deles está em uma fase de transição para se tornarem países de alta renda. De forma resumida, os recursos de trabalho da região apresentam as seguintes características:

1. *População numerosa e abundância de recursos de mão de obra.* Antes dos anos 1930, a população da América Latina era relativamente pequena, sobretudo composta por imigrantes. Entre os anos 1950 e 1980, a região viveu um "*boom* demográfico", razão pela qual o total de seus recursos de trabalho atingiu um pico nas duas décadas seguintes. Além disso, a taxa de envelhecimento na América Latina é a segunda mais baixa do mundo (precedida apenas pela África), muito mais baixa em relação à da China. A população total da América Latina é de aproximadamente 600 milhões, sendo a média etária da população economicamente ativa de 27,5 anos (Celade, 2011). Em curto prazo, a população da região ainda está crescendo moderadamente, registrando uma taxa de crescimento maior em relação aos países desenvolvidos e a uma boa parte dos países em desenvolvimento. A expectativa é de que a América Latina ultrapasse a Europa em torno do ano 2040, para se tornar o terceiro continente mais populoso do mundo, atrás da Ásia e da África. As perspectivas muito positivas das tendências de crescimento econômico e de expansão dos recursos de mão de obra na América Latina proporcionarão oportunidades significativas para os investimentos chineses na região.

2. *Problemas estruturais continuam gritantes no mercado de trabalho e do emprego, e a questão de oferta maior que a demanda permanece.* Conforme ilustrado na Tabela 4.4, a taxa de participação da mão de obra na América Latina tem registrado um aumento constante, o que garantiu, em certa medida, a oferta abundante de mão de obra na região. Porém, devido à desaceleração econômica, à insuficiência da demanda interna e à incapacidade de absorção do trabalho, a taxa de desemprego nos países da região mantém-se em um nível bastante elevado. Por meio de uma análise horizontal do emprego em diferentes setores (Tabela 4.6), pode-se afirmar que o setor terciário, sobretudo o setor dos serviços, tem sido responsável por mais de 60% dos empregos, o que revela o problema do subdesenvolvimento do setor secundário nos países latino-americanos. Ao mesmo tempo, nos últimos dez anos, a participação do emprego informal no mercado de trabalho da América Latina registrou um aumento acentuado, sendo mais de 50% na maioria dos países da região. O desequilíbrio estrutural do emprego e a alta taxa de emprego informal contribuíram para o excesso geral da oferta de trabalho, o que resulta em um baixo nível e baixa qualidade dos empregos. Porém, isso abriu novas oportunidades para a entrada de investimentos estrangeiros altamente intensivos em trabalho, o que também demonstra que os recursos de trabalho locais ainda apresentam um potencial a ser explorado.
3. *Baixo nível de qualidade profissional e escassez de profissionais altamente qualificados.* Conforme demonstrado pela Tabela 4.5, o nível de educação geral da população latino-americana é inferior ao da população dos países com o mesmo nível de desenvolvimento econômico, e muito inferior ao dos países desenvolvidos. As principais causas disso são a má distribuição dos recursos de ensino e o atraso significativo no desenvolvimento do ensino médio e da formação profissional. Além disso, a escassez de profissionais técnicos altamente qualificados constituiu um defeito estrutural do mercado de trabalho da América Latina. Nesse contexto, para as empresas chinesas que visam explorar o mercado de trabalho na América Latina, uma forma importante seria reforçar a educação e a formação profissionais dos trabalhadores locais, aproveitando nossas vantagens de tecnologia e de recursos

humanos. A utilização racional da mão de obra local pode, de um lado, compensar a deficiência de pessoal técnico e de pessoal de gestão nas operações, e de outro, facilitar a familiarização das equipes chinesas com as legislações locais, o ambiente natural e as relações sociais do mercado local, e dessa forma melhorar a eficiência da gestão das empresas chinesas no estrangeiro.

4. *O ambiente das políticas no mercado de trabalho tem conhecido algumas mudanças positivas, porém, ainda deixa muito a desejar.* A partir dos anos 1990, uma série de reformas de políticas tem sido colocadas em prática nos mercados de trabalho dos países da América Latina, visando a resolução dos problemas de difícil acesso ao emprego, alta taxa de desemprego e de emprego informal. As reformas têm como principais objetivos criar mais empregos, melhorar os serviços de intermediação de trabalho, reforçar a formação profissional e aumentar os seguros de desemprego. Entretanto, de modo geral, as políticas do mercado de trabalho da América Latina ainda têm um papel muito limitado no sentido de apoiar o emprego e capacitar os trabalhadores. Uma das causas mais importantes é a falta dos recursos financeiros e da coerência das políticas. Por isso, as empresas chinesas que visam entrar na América Latina precisam levar em consideração os problemas de adaptação às políticas do mercado de trabalho local mencionadas.

Encontrar respostas para os principais desafios do mercado de trabalho da América Latina

De modo geral, o mercado de trabalho dos países da América Latina apresenta uma eficiência relativamente baixa. Segundo o relatório Global Competitiveness Report do World Economic Forum (WEF), no indicador "eficiência do mercado de trabalho", a maioria dos países latino-americanos ficou atrás da centésima posição do *ranking*, o que revela que as condições de investimento da América Latina em termos de recursos humanos são pouco favoráveis. Os fatores que contribuíram para a baixa competitividade dos mercados do trabalho na América Latina são: altos custos de contratação de pessoal, legislações trabalhistas complexas e rigorosas, baixa flexibilidade do mercado etc. Para as empresas chinesas que visam expandir negócios na América Latina, as seguintes questões merecem maiores atenções:

1. Na perspectiva da relação entre o trabalho e o capital, as empresas chinesas precisam conhecer, estudar, se adaptar e cumprir plenamente as legislações trabalhistas dos países da região para garantir uma relação harmoniosa com os trabalhadores locais. O sistema jurídico da maioria dos países latino-americanos foi inicialmente formado com base no modelo judicial continental (europeu). Porém, após anos de desenvolvimento e aperfeiçoamento, a Lei Trabalhista dos países da região já tem uma estrutura consolidada, com especificações muito complexas em relação a todos os aspectos do mercado de trabalho, tais como: horário de trabalho, formato de contratos coletivos, políticas de proteção da força de trabalho etc. Quanto à execução das leis, a maioria dos países da região estabeleceu órgãos específicos para a execução das leis trabalhistas. Ademais, a Procuradoria do Trabalho é responsável pela supervisão da aplicação das leis e pela aplicação da penalidade administrativa às empresas infratoras das leis, e os Tribunais do Trabalho são responsáveis pela mediação e pela decisão final dos litígios trabalhistas. Na decisão dos litígios entre empregadores e trabalhadores, os tribunais costumam ser favoráveis aos trabalhadores. As legislações relativas à proteção dos benefícios dos trabalhadores geralmente são rigorosas, o que pode trazer influências negativas às empresas estrangeiras que operam no local. Além disso, nos países com organizações sindicais poderosas como Argentina e Brasil, os sindicatos geralmente têm uma voz importante no processo de contratação dos trabalhadores. As empresas são, muitas vezes, obrigadas a aceitar os termos dos contratos de negociação coletiva, o que também pode acarretar riscos e gerar tensões na hora de demissão.
2. Os custos de mão de obra são relativamente elevados, com baixo nível normativo. Na perspectiva da gestão empresarial, o custo de mão de obra em muitos países latino-americanos mantém-se em um nível relativamente alto, especialmente nos setores formais. De um lado, a força de trabalho da região apresenta um baixo nível de qualificação e baixa produtividade, o que leva o

custo real de mão de obra a subir; de outro lado, as legislações muito rigorosas da proteção à força de trabalho também acabam fazendo com que o custo de contratação de pessoal local fique mais elevado. Por exemplo, em muitos países latino-americanos, o salário mínimo é equivalente a cerca de 60% do salário médio dos países, o que é bastante alto, e o pagamento dos seguros sociais e impostos chega a representar mais de 30% do salário, o que eleva ainda mais os custos de mão de obra local. Além disso, há uma enorme variedade de benefícios – por exemplo, no Brasil, é exigido que as empresas paguem vale-refeição (ou vale-alimentação) para os trabalhadores, e plano de saúde e seguro odontológico para seus filhos menores de idade, e no caso de trabalho em um canteiro de obras, é obrigatório que, antes de começar as operações, a empresa tenha um médico e um nutricionista em tempo integral para atender os empregados. Ademais, os custos muito elevados de demissão também constituem um outro fator muito importante a ser levado em consideração pelas empresas. Na maioria dos países da América Latina, as empresas devem pagar um valor muito alto no caso de demissão, além do salário normal durante o processo legal.

3. A mobilidade da força de trabalho nos mercados de trabalho da região é extremamente alta, ou seja, os trabalhadores trocam empregos e pedem demissão com frequência, o que constantemente traz impactos indesejáveis para as empresas e eleva o custo da gestão empresarial. Na maioria dos países latino-americanos não há medidas de controle da mobilidade da população. Com a crescente informalidade do mercado, a circulação da força de trabalho entre diferentes regiões geográficas e entre diferentes setores da economia está acontecendo a cada dia que passa. Por exemplo, para os cargos-chave, que exigem um alto nível de qualificação em gestão ou em formação técnica, os sindicatos costumam pedir um aumento de salário bastante exagerado. Se a empresa recusar o pedido, é muito provável que o funcionário peça demissão e deixe a empresa correr pressões na gestão de recursos humanos.
4. Dificuldades derivadas das barreias linguísticas e das diferenças culturais. A cultura tradicional na América Latina tem como pano de fundo a cultura ocidental de imigrantes. A maior parte

da população segue o catolicismo, o que é bastante diferente das religiões e crenças orientais. Essa diferença se reflete em diversos aspectos, como atitude em relação ao trabalho, espírito de solidariedade e cooperação, divisão do trabalho no grupo, bem como atitude em relação ao lazer e às férias. As características culturais bastante personalizadas têm sua presença muito forte na gestão e no funcionamento das empresas, podendo afetar diretamente a eficácia e a produtividade do trabalho. Ao mesmo tempo, as empresas chinesas também apresentam dificuldades para se integrar nas comunidades locais e na vida social local de forma harmoniosa.

Adotar uma estratégia positiva de exploração e utilização dos recursos de trabalho locais da América Latina

Tanto no nível estratégico nacional, quanto a aumentar o comércio e o investimento exteriores, quanto no nível empresarial, de satisfazer as necessidades concretas das empresas chinesas no tocante aos recursos de trabalho, devemos reconsiderar as questões de exploração e utilização dos recursos de trabalho locais da América Latina, de forma a renovar nossas ideias, contemplar medidas de longo prazo, adotar uma estratégia positiva de intervenção no mercado de trabalho local e ao mesmo tempo coordenar as políticas para consolidar as relações econômico-comerciais entre China e América Latina em geral.

1. Deve-se incluir a questão de exploração e utilização dos recursos de trabalho da América Latina em nossa estratégia econômico-comercial internacional, de forma a elaborar planos de orientação para as empresas chinesas investirem mais na contratação e no desenvolvimento dos recursos humanos locais da região. Para isso, devem-se reforçar os estudos e as pesquisas sobre os mercados de trabalho latino-americanos, visando conhecer de maneira abrangente a vida econômica, cultural e social dos países e as legislações trabalhistas da região, acompanhar de perto as condições de oferta e demanda dos recursos de trabalho locais e estabelecer um sistema de alerta de riscos com base nos indicadores do mercado de trabalho local, de modo a fornecer apoio,

orientação e serviços de consultoria para as empresas chinesas que almejam desenvolver negócios na região. Deve-se estabelecer uma estratégia proativa de exploração e utilização dos recursos de trabalho locais, de modo a mudar completamente a prática do passado de dependência excessiva da exportação da força de trabalho doméstica, e investigar a fundo as características da estrutura do mercado de trabalho da América Latina, objetivando um melhor aproveitamento do potencial dos recursos humanos da região em favor dos investimentos e de projetos de construção das empresas chinesas na região. As chaves para desenvolver essa estratégia são: incluir a área de recursos humanos nas cooperações econômico-comerciais entre China e América Latina, de modo a elaborar uma estratégia de desenvolvimento dos recursos humanos estrangeiros, sustentável e de longo prazo; dar maior importância à geração dos benefícios sociais das empresas chinesas na região, em vez de olhar só para os benefícios econômicos; contribuir de forma mais significativa para a criação de empregos, alívio do desemprego e elevação da renda familiar na sociedade local; promover a inserção ativa da empresas chinesas na vida cultural e social da América Latina para construir um círculo virtuoso de cooperação em todos os aspectos entre a China e a América Latina.

2. Reforçar o ensino e a formação profissional da mão de obra local, e intervir de forma mais ativa nos mercados de trabalho da América Latina. Com a acelerada atualização dos setores industriais, as futuras cooperações entre China e região tendem a requerer uma quantidade maior de talentos altamente qualificados para exercerem as funções administrativas e técnicas. Levando em conta as características do mercado de trabalho da América Latina, ou seja, a abundância relativa da força de trabalho e o atraso no ensino e na formação profissional dos trabalhadores, recomenda-se que as empresas chinesas aproveitem suas vantagens em tecnologia e em recursos humanos na formação da força de trabalho local e, dessa maneira, melhorem a eficiência das cooperações. De um lado, a melhoria da qualidade da formação profissional pode trazer mudanças significativas para a capacitação dos trabalhadores locais, o que é extremamente favorável para as empresas chinesas que necessitam de funcionários qualificados;

e de outro, as atividades de formação profissional podem promover a comunicação e a confiança mútua entre as empresas chinesas e a população local, o que certamente contribuirá para uma integração mais harmoniosa das empresas chinesas nas comunidades locais. As formações podem ser realizadas em dois níveis: no nível nacional, podemos utilizar como referência nossas experiências bem-sucedidas de formação dos estudantes africanos e incentivar mais estudantes latino-americanos a estudar na China e voltar depois para exercer cargos importantes nas empresas chinesas que operam nos seus países de origem; e no nível empresarial, podemos enviar formadores chineses para ministrar cursos de formação para os funcionários locais e mesmo para os trabalhadores excedentes na sociedade, para aumentar seu nível de profissionalismo e melhorar sua empregabilidade. As medidas viáveis são: criação de fundos especiais em nível nacional para a formação de trabalhadores estrangeiros para setores ou cargos com forte demanda; lançamento de políticas preferenciais ou de subsídio para financiar a formação profissional dos trabalhadores latino-americanos; incentivo às grandes instituições de ensino e às empresas multinacionais para desenvolverem suas atividades de formação profissional na América Latina, de acordo com as demandas de mercado; e valendo-se das instituições de formação ou intercâmbio cultural como os Institutos Confúcio na América Latina para desenvolver atividades de ensino da língua chinesa e de divulgação da cultura chinesa para alargar o conhecimento da sociedade latino-americana sobre a China. Na área de cooperações em educação e em formação profissional com a América Latina, alguns outros países asiáticos (como Japão e Coreia do Sul, cujas empresas têm desenvolvido atividades de formação profissional de grande escala) já obtiveram resultados muito importantes. Por exemplo, o Japão tem fornecido assistência aos países latino-americanos em diversos domínios desde os anos 1970. Além dos acordos bilaterais de livre comércio, o governo japonês lançou o programa de Assistência Oficial para o Desenvolvimento na região, sendo um dos projetos-chave do programa a educação e a formação da população local. A partir dos anos 1990, o Japão assinou acordos de cooperação em formação com vários países latino-americanos, cuja área de atuação abrange o ensino fundamental (por exemplo, a doação de livros e materiais didáticos para as escolas na América Central), o ensino especializado na área de agricultura, silvicultura e geologia, a formação sobre as políticas de finanças e comércios internacionais e a formação dos funcionários públicos. Além disso, as empresas manufatureiras japonesas desde cedo têm fornecido cursos de formação para os trabalhadores latino-americanos, o que também serve de referência para as empresas chinesas.

COLUNA 4.2

As atividades de ensino e formação das empresas manufatureiras japonesas no México

Após a Segunda Guerra Mundial, o desenvolvimento das empresas japonesas no exterior passou por três etapas: nos anos 1950 e 1960, as empresas japonesas exportavam principalmente produtos manufaturados, e seu investimento na América Latina era concentrado no setor mineral e energético. A partir dos anos 1960, a economia do Japão começou a decolar, e os custos de mão de obra doméstica começaram a subir constantemente, levando as empresas a deslocarem-se em direção aos países com mão de obra barata – inicialmente para os países do Sudeste Asiático, e mais tarde para a América Latina. Desde os anos 1980, sob a pressão dos países alvo de investimento, as empresas japonesas começaram a deslocar a maior parte das atividades produtivas para os países estrangeiros, visando uma maior utilização dos recursos laborais locais. Uma das bases mais importantes das empresas manufatureiras japonesas na América Latina fica na Zona Maquiladora de Processamento e Exportação, situada nas regiões fronteiriças do México. A Zona Franca de Maquiladora era uma grande base de processamento de automóveis e produtos eletrônicos, que seriam exportados para o mercado norte-americano. Antes de 1986, a Zona era dominada pela presença de empresas dos Estados Unidos. Entretanto, empresas japonesas começaram a entrar em grande quantidade após essa data. Em 2012, a Zona conta com a presença de mais de 1.900 empresas e mais de 50 mil funcionários, sendo mais de 15% deles contratados pelas empresas japonesas.

Quanto ao uso dos recursos de trabalho, apesar de o México ter vantagens em custo de mão de obra, e uma série de políticas de incentivo, as empresas japonesas, no início, tiveram de enfrentar sérios desafios em relação à gestão dos recursos humanos: primeiro, os trabalhadores locais em geral apresentavam um baixo nível de qualificação, e muitos deles provenientes de áreas montanhosas remotas, razão pela qual não possuíam experiência e habilidades adequadas; segundo, a mobilidade da força de trabalho nas áreas fronteiriças era muito grande, tornando, assim, extremamente difícil lidar com os trabalhadores; terceiro, devido ao choque cultural, os trabalhadores locais geralmente tinham receio de trabalhar nas empresas estrangeiras, nem conheciam bem o modelo de gestão empresarial dos países asiáticos. Perante essa situação, as empresas japonesas tiveram de passar por um período de transição e mudar sua estratégia de gestão dos recursos humanos locais, sendo a ação mais importante tomada por elas o fortalecimento da educação e formação para os trabalhadores locais. Tradicionalmente, as empresas japonesas dão grande importância à formação profissional dentro das empresas. Os funcionários são obrigados a participar, ao longo de sua vida profissional, de um sistema de formação técnica e da "cultura empresarial". A formação geralmente se realiza por meio de ensino ao aprendiz pelo mestre, ou seja, os funcionários mais novos (os aprendizes) são formados pelos funcionários mais experientes (os mestres). No México, as empresas japonesas repetiram esse sistema, e exploraram os recursos humanos locais de forma eficiente por meio da formação dos funcionários locais. Os funcionários recém-contratados são obrigados a realizar uma grande variedade de cursos de formação básicos, alguns deles feitos em parceria com as escolas comunitárias locais, e outros, nas próprias empresas. Por exemplo, na Toyota México há um centro de formação na planta principal, e os funcionários, antes de começarem as operações, são obrigados a completar duas mil horas de formação (nas salas de aula e nos laboratórios), que abrange das técnicas operacionais básicas às habilidades profissionais mais avançadas, como a adaptação à cultura empresarial e a lida das relações entre os trabalhadores e os empregadores. Com o passar do tempo, as empresas japonesas conseguiram instituir suas estratégias de gestão de recursos humanos locais e se integrar de forma harmoniosa e duradoura no ambiente trabalhista mexicano. A Nissan México, por exemplo, lança anualmente um plano rigoroso de contratação e formação dos novos funcionários. Em junho de 2012, a Nissan México anunciou um plano de contratação e formação de cerca de três mil funcionários novos para exercerem funções no novo complexo automotivo da empresa em Aguascalientes. Para garantir a competência dos funcionários, a empresa elaborou um processo seletivo muito rigoroso: os candidatos precisam, primeiro, entregar os currículos; segundo, fazer entrevistas, pelas quais será decidido se eles têm a capacitação adequada para participarem nos cursos de formação; terceiro, completar um curso de formação de seis meses nas escolas da Nissan, constituído por quatro partes: apresentação dos principais negócios da empresa, apresentação do processo produtivo, conhecimento das práticas operacionais e avaliação de desempenho; e quarto, passar pela avaliação de uma equipe técnica da empresa, para, enfim, conseguir o cargo.

Fonte: site oficial da Nissan, Disponível em: <http://nissannews.com/en-US/nissan/usa/channels/us-united-states-corporate/releases/nissan-begins-ambitious-recruitment-and-training-program-for-3-000-employees-for-its-new-automotive-complex-in-mexico>.

3. Conhecer e se familiarizar totalmente com as legislações trabalhistas dos países latino-americanos, de forma a oferecer assistência jurídica e serviços de consultoria legal para as empresas chinesas na região, visando uma melhor relação entre estas e os trabalhadores locais. O sistema jurídico trabalhista dos países da região é extremamente complexo, o que em certa medida aumentou a frequência da ocorrência de disputas entre trabalhadores e empregadores. A solução desse problema é vital para a sobrevivência e crescimento sustentável das empresas. Portanto, recomenda-se que a China explore a possibilidade de estabelecer mecanismos de concertação e cooperação em nível intergovernamental (entre os órgãos jurídicos do trabalho), de forma a reforçar o diálogo e as cooperações com os países em torno do procedimento legislativo e de arbitragem de assuntos trabalhistas, e dessa maneira oferecer assistências jurídicas e serviços de consultoria legal para as empresas chinesas na região. Ao mesmo tempo, conforme as características do mercado de trabalho dos países latino-americanos, tais como rigidez do mercado, rigorosidade das medidas de proteção do trabalho e poder dos sindicatos e de outras organizações terceiras de intervenção, deve-se fazer uma avaliação dos fatores de risco ao longo da exploração e utilização dos recursos de trabalho locais. De acordo com o ambiente trabalhista dos diferentes países da América Latina, deve-se elaborar planos de resposta de emergência, para evitar que os efeitos negativos das disputas trabalhistas atrapalhem o funcionamento das empresas. Ademais, esforços devem ser envidados para estudar e fazer uso das leis e dos regulamentos internacionais do trabalho, reforçar a formação da equipe administrativa das empresas e orientar e capacitar as empresas no sentido de maximizar suas vantagens, minimizar os riscos, otimizar seu ambiente de negócio e proteger seus direitos e interesses legítimos na América Latina.
4. As empresas chinesas devem transformar seu conceito tradicional de utilização do trabalho, de forma a desenvolver uma visão atualizada e internacional. As empresas chinesas que visam se estabelecer no mercado latino-americano devem ter sempre em mente a necessidade de desenvolver estratégias de participação ativa na disputa internacional, através de uma perspectiva global,

uma adaptabilidade multicultural e as habilidades de comunicação profunda e coordenação com as outras empresas estrangeiras na região. Por isso, a gestão atual dos recursos humanos das empresas chinesas precisa evoluir e transformar-se, para uma gestão estratégica e abrangente de desenvolvimento dos recursos humanos. As empresas devem tomar a iniciativa de compreender as condições do mercado de trabalho da América Latina e elaborar estratégias de exploração e utilização dos recursos de trabalho locais e de gestão de riscos de acordo com as características do mercado de trabalho dos países onde operam. Um possível caminho seria criar *joint-ventures* com as empresas da América Latina para facilitar o uso de administradores locais na gestão dos recursos humanos, ou estabelecer parcerias com as grandes empresas multinacionais, aproveitando suas experiências, contratar e gerenciar a força de trabalho local. No nível operacional, as empresas devem esforçar-se por coordenar todos os aspectos de gestão de recursos humanos, tais como recrutamento de pessoal, firmação do contrato, gestão dos recursos humanos, avaliação de desempenho dos trabalhadores etc. E para aliviar os sintomas de "aclimatação difícil" das empresas chinesas na região, deve-se renovar e adaptar o modelo de gestão empresarial de acordo com as características dos mercados de trabalho locais e evitar a simples "reprodução" dos hábitos e das ideias predominantes no mercado doméstico. Deve-se seguir o princípio de "Em Roma, como os romanos", ou seja, inteirar-se do conhecimento pleno das leis e dos regulamentos trabalhistas locais, obedecer aos padrões de negócios internacionais e de gestão dos recursos humanos e reforçar a realização das políticas de trabalho conforme os padrões da OMC e as práticas e normas internacionais.

5. Integrar-se de forma harmoniosa no ambiente cultural latino-americano e intensificar ativamente as iniciativas de responsabilidade social empresarial. Na perspectiva do desenvolvimento da empresa de longo prazo, a consolidação dos valores sociais e da identidade cultural das empresas é o fator essencial na captação e retenção dos talentos. Em comparação com as empresas europeias mundialmente renomadas, as empresas chinesas contam com menos prestígio e popularidade. Na verdade, a construção de uma "cultura empresarial chinesa" marcante e reconhecida

pelos países do mundo ainda está em uma fase inicial. A América Latina tem uma longa história e uma grande diversidade cultural, que no contexto da globalização deixa marcas profundas na cultura trabalhista da região, que neste momento passa também por mudanças. Devido às diferenças culturais, as empresas chinesas constantemente se encontram em uma posição menos favorável, e são alvos de preconceitos e discriminações. Há também gente que acusa os investimentos chineses no exterior de serem práticas de "neocolonialismo". Tudo isso exige que as empresas chinesas dediquem uma maior importância aos fatores culturais na gestão de recursos humanos na América Latina, buscando compreensão abrangente das características da cultura corporativa dos países latino-americanos (ver anexo Tabela A4.1) e a construção de uma cultura empresarial inclusiva e atrativa, de modo a incentivar uma melhor identificação dos valores corporativos e um espírito de equipe entre os funcionários estrangeiros, e assim, aumentar a coesão dentro das empresas. Podem-se criar plataformas de comunicação *online*, estabelecer fundos especiais de incentivo e realizar atividades variadas e recreativas, encorajar os trabalhadores estrangeiros a participar na formação e na gestão das equipes, e encontrar pontos em comum entre a cultura da América Latina e a chinesa, para aumentar a atratividade das empresas etc. Além disso, as empresas chinesas devem tornar-se parceiras firmes do movimento de responsabilidade social empresarial, estabelecendo objetivos de desenvolvimento sustentável de longo prazo e integrando-se às comunidades locais, de modo a contribuir de forma mais significativa para causas de benefício comum (por exemplo, a proteção ambiental e dos recursos, a educação e formação da população e as atividades de bem-estar social) e dessa maneira conquistar a confiança da população local e o reconhecimento da sociedade em geral.

Conclusões

Os recursos de trabalho são um elemento básico do desenvolvimento econômico e uma condição básica para o sucesso dos investimentos estrangeiros e das cooperações econômico-comerciais internacionais.

O presente capítulo parte das possíveis mudanças na relação oferta/demanda do mercado de trabalho chinês e global e desvenda os desafios de escassez e de custos elevados de mão de obra no setor manufatureiro que o país enfrentará em um futuro próximo. Como uma região emergente e em desenvolvimento rápido, a América Latina desempenhará um papel cada vez mais importante na configuração de relações internacionais da China, especialmente no que diz respeito ao acesso a recursos energéticos, à promoção dos comércios e investimentos chineses no exterior e à inserção da China no sistema mundial. Com o processo acelerado da globalização econômica, as cooperações entre China e América Latina têm sido cada vez mais intensas, e um número crescente de empresas chinesas está aumentando seus investimentos no mercado latino-americano. Apesar de a América Latina ter se tornado um dos destinos favoritos dos investimentos chineses, devido às diferenças políticas, econômicas e culturais, as empresas chinesas encontram frequentemente dificuldades de gestão e problemas de integração na região, sendo um dos problemas mais delicados a gestão das relações com os trabalhadores locais. Por isso, nas futuras cooperações econômico-comerciais com a região, as empresas chinesas devem destacar a prioridade das estratégias de exploração e utilização do trabalho e reavaliar o potencial da América Latina em termos de recursos humanos.

Após análises sobre a situação atual dos recursos de trabalho da América Latina, chegamos à conclusão de que o mercado de trabalho da região apresenta várias características: grande oferta da força de trabalho (população), estrutura etária relativamente jovem, nível de capacitação profissional relativamente baixo, taxa crescente de participação do trabalho e forte tendência à informalidade do emprego. Ao mesmo tempo, constata-se que as políticas trabalhistas dos países da região estão passando por algumas mudanças, mas a eficiência geral do trabalho continua baixa, e o ambiente legislativo e institucional trabalhista da região, complexo. Porém, por meio de uma avaliação geral, podemos afirmar que as condições de disponibilidade da força de trabalho latino-americanas são relativamente favoráveis, o que constitui um fator extremamente importante para as cooperações econômico-comerciais com a região. A China e a América Latina são grandes economias em desenvolvimento e apresentam vários pontos em comum no que diz respeito aos recursos de trabalho. Portanto, as perspectivas de cooperação entre os parceiros no âmbito de recursos de trabalho, no período de oportunidades estratégicas dos próximos vinte anos ou mais, têm uma grande potencialidade e um espaço amplo de desenvolvimento.

Para encontrar a resposta para os problemas mais salientes das cooperações entre China e América Latina na área do trabalho, o presente capítulo apresenta uma estratégia ativa de exploração e utilização dos recursos laborais locais, propondo que as medidas sejam tomadas em nível estratégico nacional e empresarial: 1. elaborar um planejamento independente de desenvolvimento dos recursos do trabalho da América Latina que incentive as empresas chinesas a explorar melhor os recursos laborais locais; 2. reforçar a educação e formação profissional dos trabalhadores locais, por meio de iniciativas governamentais e de parcerias com as empresas multinacionais, visando uma intervenção mais ativa no mercado de trabalho da América Latina; 3. promover o conhecimento e a familiarização das leis e dos regulamentos trabalhistas dos países da região e melhorar os serviços de assistência jurídica e de consultoria legal às empresas chinesas ao lidar com os trabalhadores locais; 4. transformar o conceito tradicional das empresas chinesas de utilização da força de trabalho, de forma a abrir uma visão atualizada e internacional e atuar em conformidade com os padrões trabalhistas internacionais, sendo uma estratégia viável a criação de *joint-ventures* com as empresas locais ou com as empresas multinacionais que operam no mercado latino-americano para promover a gestão dos recursos humanos locais por administradores locais; e 5. reforçar a responsabilidade social empresarial das empresas chinesas para que estas integrem-se à vida das comunidades locais e adaptem-se à na cultura latino-americana de forma harmoniosa.

Referências

BARRO, R. J.; LEE, J.-W. *International Data on Educational Attainment*: Updates and Implications. Boston: Harvard University, s. d. (Working Paper n.42),

BOSTON CONSULTING GROUP. Made in America, Again. Why Manufacturing Will Return to the U.S. s. d. Disponível em: <http://www.bcg.com/documents/file84471.pdf>.

CELADE. Population Division of ECLAC. 2011 Revision.

CONG, H.; ZHANG, R.; WANGUI, M. Estudo comparativo do custo nominal do trabalho da indústria manufatureira mundial. *Journal of Financial Research*, n.7, 2009.

ECLAC. Statistical Yearbook for Latin America and the Caribbean, 2011.

EIU – Human Resource in Brazil'Prepare for Opportunity. 2011. Disponível em: <https://www.eiu.com/public/topical_report. aspx?campaignid =BrazilHR2011>.

FANG, C. Escassez da força de trabalho: devemos tomar precauções ou não. *Chinese Journal of Population Science*, n.6, 2005.

HOFSTEDE, G. H. *Culture's Consequences*: International Differences in Work-Related Values. Abridged edition. Newbury Park,CA: Sage,1982.

HUA, L. Situação do emprego, mercado de trabalho e coesão social: a realidade e os desafios na América Latina. *Journal of Latin American Studies*: suplemento, 2009.

LINDERT, K.; SKOUFIAS, E.; SHAPIRO, J. Redistributing Income to the Poor and the Rich: Public Transfers in Latin America and the Caribbean. The World Bank. Banco de dados da OECD. S. d. Disponível em: <http://stats.oecd.org/Index.aspx?DataSetCode=U_D_D>.

OCDE – Banco de dados da OCDE. s. d. Disponível em: <http://stats.oecd.org/Index.aspx?DataSetCode=U_D_D>.

ONU, World Population Prospects (Revisão 2012). Disponível em: <http://esa.un.org/wpp/>.

QINGBO, G. O mercado de trabalho e o emprego informal na América Latina. *Journal of Latin American Studies*, n.4, 2010.

SOCIAL SECURITY AGENCY – Agência de Segurança Social dos Estados Unidos. Segurança social global 2011. Disponível em: <http:// www.ssa.gov>.

WORLD ECONOMIC FORUM. Global Competitiveness Report 2011-2012. Disponível em: <http://www. weforum.org/reports/global-competitiveness-report-2011-2012>.

WORLD POPULATION PROSPECTS. Disponível em: <http://esa.un.org/wpp/>.

YING, Z. Desenvolvimento e problemas do mercado de trabalho da América Latina. *Journal of Latin American Studies*, n.5, 2000.

YONG, Z. O mercado de trabalho e as políticas de emprego na América Latina. In: ZHENXING, S. et al. *A perplexidade na transição sociais dos países latino-americanos*. Beijing: China Social Sciences Press, 2010.

YUAN, L. Estudo preliminar sobre as reformas da Lei Trabalhista nos países latino-americanos. *Journal of Latin American Studies*, n.6, 1997.

Apêndice: Índice de cultura empresarial das empresas estrangeiras na América Latina

De acordo com a teoria da comunicação intercultural de Hofstede, as diferenças das culturas corporativas em diferentes países podem ser quantificadas por meio de quatro fatores (índices): 1. a "distância do poder", ou seja, o sentimento de distância entre os diferentes níveis de poder da empresa. Quanto menor for o índice, quanto mais forte o sentimento de igualdade entre os funcionários; 2. o "individualismo", ou seja, a preferência à ação coletiva dos funcionários. Quanto maior for o índice, menor o senso de coletividade entre os funcionários; 3. a "evitação da incerteza", ou seja, a tendência dos funcionários de evitar o acontecimento de eventos futuros incertos. Quanto maior for o índice, maior grau de evitação de incerteza dos funcionários, e maior possibilidade de os funcionários dedicarem maior atenção aos aspectos emocionais e apresentarem um maior senso de urgência e iniciativa; 4. a "masculinidade", ou seja, o quanto autoconfiantes, arbitrários e agressivos são os funcionários. Quanto maior for o índice, maior possibilidade de as principais decisões da empresa serem feitas pela hierarquia superior, maior tendência a os funcionários mudarem de emprego devido à falta de identidade com a empresa, e menor possibilidade de os funcionários participarem ativamente na gestão da empresa. A Tabela A4.1 mostra os resultados da avaliação da cultura corporativa em diferentes países latino-americanos, de acordo com os quatro índices.

Tabela A4.1 – Avaliação da cultura corporativa nos países latino-americanos

	Distância do poder	Individualismo	Afastamento da incerteza	Masculinidade
Panamá	95	11	86	44
Guatemala	95	6	101	37
México	81	30	82	69
Venezuela	81	12	76	73
Equador	78	8	67	63
Brasil	69	–	76	49
Colômbia	67	13	80	64
Salvador	66	19	94	40
Peru	64	16	87	42
Chile	63	23	86	28
Uruguai	61	–	100	38
Argentina	49	–	86	56
Costa Rica	33	15	86	21

Fonte: Hofstede (1982).

5

A governança estatal dos países latino-americanos e as implicações para as cooperações econômicas bilaterais

Wang Peng
Wei Ran

Durante mais de três décadas após a realização da política de Reforma e Abertura, a China tem vivenciado um crescimento constante e acelerado, suscitando a atenção internacional. Ao mesmo tempo, o país adotou uma posição ativa sem precedentes no processo do jogo econômico global, aprofundando de forma inédita a comunicação e a interação com as demais regiões do mundo, estreitando com elas cada vez mais as relações de interesse comum. É nesse contexto histórico grandioso que a China começou a incorporar a América Latina em seu esforço de explorar o mercado global, absorver recursos internacionais e aumentar o investimento no estrangeiro. Assim, uma região localizada no distante hemisfério ocidental, a vasto oceano da Ásia Oriental, veio a se constituir na "nova fronteira" da economia chinesa. No século XXI, os comércios entre China e América Latina continuam crescendo, e as empresas chinesas têm aumentado seu investimento, instalando novas fábricas na região. Assim, relações sino-latino-americanas entraram em uma nova faixa rápida, revelando um apreciável dinamismo de desenvolvimento omnidirecional, de ampla gama e a vários níveis.

A América Latina é, sem dúvida, um solo fértil para a "garimpagem". Composta por países em desenvolvimento, a região possui recursos naturais notavelmente ricos e um mercado gigantesco. Tendo registrado um crescimento econômico constante nos últimos anos, os países latino-americanos em sua maioria mantêm-se politicamente estáveis e apresentam uma demanda exuberante pelos produtos, capital e tecnologias da

China. Tais fatores fizeram da região uma ótima opção para as empresas chinesas em sua diversificação geográfica de investimento. Porém, as oportunidades são acompanhadas de riscos e desafios. No mapa mundial, a América Latina é um conjunto multidimensional relativamente independente. Os países latino-americanos possuem características bem distintas em relação à China, tanto no que diz respeito ao seu sistema político e sua cultura política quanto ao seu paradigma de relacionamento Estado-sociedade. Se as empresas chinesas visarem assegurar um andamento seguro e um posicionamento digno na América Latina, será indispensável que aprofundem sua compreensão sobre a ecologia político-social dos países da região, de modo que um caminho próprio de ação adequado seja estabelecido com base no conhecimento mútuo.

Introdução: origem da questão e arcabouço analítico

No contexto da globalização econômica e com base no crescimento robusto da economia chinesa, as empresas chinesas estão fortificando sua presença no mundo. O que mais importa para elas, ou seja, sua chave do sucesso, é a capacidade de se adaptar aos mercados exteriores. Para potencializar essa capacidade, as empresas precisam conhecer de forma adequada e abrangente a realidade dos destinos de investimento e dos países parceiros, avaliar os riscos potenciais, aperfeiçoar os mecanismos de mitigação dos riscos e proteger ao máximo seus interesses no caso de mudanças abruptas.

Os riscos políticos são uma questão que não recebeu atenção suficiente nos programas de gestão de riscos das empresas chinesas. Esse tipo de risco parece ser algo de pequena probabilidade, entretanto, seu ataque pode ser tão rápido quanto um relâmpago, e seu impacto alastra-se de forma súbita e desastrosa em um âmbito muito extenso, deixando as empresas sem tempo para se esquivar. Um exemplo pertinente é o tumulto na Ásia Ocidental e no Norte da África em 2011, o que causou perdas pesadas para as empresas chinesas. Portanto, as empresas precisam reforçar sua conceituação acerca da participação efetiva nas cooperações e concorrências econômicas internacionais, não só avaliando os riscos conforme os indicadores técnicos da economia, mas também conhecendo bem o ambiente político, as tendências políticas e o sistema político dos destinos de investimento e dos países parceiros, de forma a englobar os riscos políticos no processo de gestão de riscos, consolidar a base das avaliações de riscos e fortalecer a capacidade de reagir às emergências.

O presente trabalho busca retratar e analisar de forma sumativa o ambiente macropolítico da América Latina sob o quadro analítico do "modelo de governança estatal", a fim de proporcionar referências e consultas para auxiliar o conhecimento das empresas chinesas sobre as situações da região. Conforme a definição conceitual, o "modelo de governança estatal" é um sistema institucional composto por diferentes arranjos institucionais, formas organizacionais e mecanismos de governança que conjuntamente sustentam a ordem de governança de um Estado, com base na qual os recursos são coordenados e alocados de modo a promover um desenvolvimento socioeconômico saudável. O modelo de governança estatal geralmente é entendido como uma estrutura institucional integral, cuja composição é resultante do acoplamento mútuo entre governo, mercado e sociedade. Focalizando na relação simbiótica, complementar e coordenada entre os três atores, o modelo tem por objetivo final viabilizar um desenvolvimento socioeconômico duradouro, abrangente e equilibrado que atenda às demandas dos membros da sociedade, por meio de uma ótima coordenação entre o governo, o mercado e a sociedade e uma alocação eficiente dos recursos (Keping, 2002, p.1-15).

Da perspectiva do "modelo de governança estatal", a América Latina está caminhando em direção a um modelo ternário, em que governo, mercado e sociedade civil coexistem e se complementam. Nos países latino-americanos, a estrutura principal da governança estatal é constituída por três partes: governo, mercado e sociedade civil. A partir dos anos 1980, os movimentos democratizantes tiveram um impacto acentuado na trajetória dos países, acarretando vários reajustes no modelo de governança estatal e no padrão de relacionamento dos três componentes, tais como a transformação do papel do governo, a elevação do papel do mercado e a descentralização e a transição do poder político do governo à sociedade civil. Os três elementos se interagem e se adaptam, enquanto seus comportamentos de ação e suas funções também permanecem em constante mutação. De um lado, o alcance do controle do governo sobre as atividades econômicas e sociais começa a diminuir, ao mesmo passo em que os meios de governança se tornam mais diversificados, dando maior enfoque à eficácia; de outro, a economia de mercado e a sociedade civil começam a crescer, de modo que estão desempenhando um papel cada vez mais importante no processo da governança estatal e do desenvolvimento econômico do país. Partindo dessas hipóteses, o trabalho segue o "nacionalismo" e o "populismo" como a principal linha de argumento, analisando os riscos políticos que o atual modelo de governança estatal dos países latino-americanos implica e desvendando a complexidade e a diversidade que eles apresentam. Com base nisso, o trabalho visa, no fim, sintetizar os principais riscos políticos que as empresas chinesas enfrentam na América Latina.

A formação dos modelos de governança estatal dos países latino-americanos

No final do século XX, a América Latina passou por um processo de redemocratização. Os movimentos democráticos já se faziam presentes nos finais da década de 1970, quando os regimes de ditadura da região entregaram sucessivamente o poder aos governos eleitos pelo voto popular. Em 1994, quando a ditadura militar haitiana desistiu do poder, os países latino-americanos em sua maioria já tinham estabelecido o regime de democracia representativa. A política democrática é o tema principal da história moderna do desenvolvimento político da América Latina. Ainda que ela seja limitada, incompleta e frágil, vários avanços foram conseguidos nessa fase inicial de seu desenvolvimento. A região continua seu percurso da consolidação da democracia, com suas normas democráticas e procedimentos constitucionais em ação real. Comparada com seu passado, quando a alternância no poder acontecia em um pequeno espaço de tempo entre ditadores individuais, regimes civis e regimes da ditadura militar, deve-se dizer que as conquistas da América Latina no âmbito político foram realmente extraordinárias.

Sob o impulso do processo de democratização, as eleições vieram a ser plenamente aplicadas e executadas como arranjos institucionais básicos. Na grande maioria dos países latino-americanos, os ocupantes dos principais cargos públicos têm de ser eleitos por voto popular, e seu mandato é de revezamento periódico. Os países da região, de forma geral, instituíram órgãos eleitorais constitucionalmente independentes para assegurar a justiça, a transparência e a democracia das eleições via a imposição de um mecanismo credível de supervisão no processo eleitoral. A legitimidade processual garante o reconhecimento pela sociedade geral dos resultados das eleições, o que, por sua vez, outorga uma autoridade inabalável aos eleitos. Embora controvérsias eleitorais aconteçam às vezes, tanto as elites quanto as massas consideram as eleições como a regra suprema do jogo político. Alguns países adotaram o processo eleitoral como meio de transição à democracia. Por exemplo, o México pôs fim à governança do Partido Revolucionário Institucional, que havia permanecido no poder por 71 anos, por meio das eleições gerais realizadas em 2000. Em alguns países, partidos de esquerda subiram ao poder pela primeira vez na história pelo voto popular, como no caso do Partido dos Trabalhadores no Brasil. A eficácia das regras eleitorais foi exposta de forma evidente na eleição presidencial mexicana em 2006, talvez a mais competitiva e cheia de suspense da história, quando o candidato do Partido Acción Nacional, Felipe Calderón, acabou ganhando a eleição por apenas 1% de diferença de voto, porém obteve o reconhecimento da grande maioria dos partidos políticos mexicanos. As manifestações do partido da oposição, por mais maciças que fossem, não podiam abalar a legitimidade do governo de Calderón.

Sob o atual contexto, a alteração de regime por meios inconstitucionais, como o golpe militar, não será aprovada pelo próprio povo, nem receberá apoio dos outros países na região. Por exemplo, em 2002 houve um golpe militar contra o governo legítimo de Hugo Chávez. No entanto, os golpistas logo caíram em pleno isolamento na região. Até o governo mexicano de Fox Quesada, com o qual o governo venezuelano mantinha uma relação tensiva, condenou veementemente os atos de golpe. Mesmo que o golpe conseguisse tomar o poder, os golpistas não poderiam ficar à frente do governo. Os novos governantes têm que ser eleitos pelo voto popular. Por exemplo, quando desencadearam o golpe militar em Honduras em 2009, os golpistas tinham, logo em seguida, de promover as eleições gerais e entregar o poder ao novo governo civil eleito para conter os impactos negativos que o golpe trouxera para o país.

A democratização fomentou o grande desenvolvimento da política partidária dos países latino-americanos. O sistema democrático abriu espaços vastos de participação de forças políticas representantes do interesse de diferentes classes, camadas e grupos sociais, nos quais as diferentes facções políticas (incluindo os grupos progressistas da esquerda e as forças conservadoras da direita) competem entre si para a tomada de poder ou para a imposição de influência no processo político do país, no âmbito institucional da participação política. A partir dos anos 1980, os demais partidos políticos – velhos ou novos, da direita ou da esquerda – entraram na arena política, onde cada um faz o máximo para mostrar suas habilidades. A política democrática implica um alto grau de concorrência política, o que é propício à formação de relações partidárias competitivas, sendo as eleições a única via pela qual o vencedor ganha o poder. Por exemplo, tanto o político venezuelano Hugo Chávez quanto o político equatoriano Lucio Gutiérrez recorreram ao golpe militar para intervir no processo político de seu país, entretanto, ambos acabaram por atingir suas ambições políticas por meio da participação política dentro do quadro institucional mediante a criação de partidos políticos e a candidatura às eleições.

A encarniçada concorrência partidária e as bruscas transformações sociais reconfiguraram a estrutura partidária dos países latino-americanos, de modo que muitos partidos passaram por um período intenso de diferenciação e reagrupamento. Partidos tradicionais foram enfraquecidos, ou até desintegrados. Ao mesmo tempo, um número de partidos e uniões partidárias emergiam ou experimentavam uma ascensão rápida. Os partidos de esquerda formaram a força principal desses partidos emergentes, sendo os mais influentes deles o Partido de la Revolución Democrática (PRD), do México, o Partido dos Trabalhadores (PT), do Brasil, e o Partido Socialista Unido de Venezuela (PSUV). No fim do século XX, uma onda de substituição de partidos de direita pelos de esquerda atingiu a América Latina, e alguns países tiveram pela primeira vez na história os partidos de esquerda no poder. Por exemplo, o brasileiro Luiz Inácio Lula da Silva e o uruguaio Tabaré Vázquez, eleitos em 2002 e em 2005, respectivamente, tornaram-se os primeiros presidentes provenientes de um partido de esquerda na história dos dois países.

COLUNA 5.1

Hugo Chávez e as eleições presidenciais da Venezuela em 2012

Na missa de Páscoa de 2012, em Caracas, o então presidente venezuelano Hugo Chávez rezou com lágrimas, pedindo a Deus que não o levasse embora, pois ele precisava "fazer mais pelo povo". A partir de julho de 2011, ele já tinha viajado mais de dez vezes a Cuba para receber tratamentos de radioterapia, visando inibir a progressão do câncer. À medida que a data das eleições se aproximava, ele insistia estar "em boa condição de saúde". Entretanto, é inegável que sua taxa de exposição na mídia reduziu-se em 60% em relação aos anos anteriores desde que sua doença fora anunciada ao público.

Apesar de Chávez ter entrado na arena política da Venezuela como uma figura apoiada pelos militares, e apesar de muitos comentaristas terem-no identificado como um "homem forte", ele implementou seus pensamentos de reforma sob o quadro da Constituição durante os quatorze anos de mandato. Foi reeleito duas vezes, com uma margem considerável, em 2006 e em 2012. Ele recorria aos meios de entrevistas na televisão e discursos públicos para conquistar a confiança das massas e estabelecer o consenso da sociedade. Portanto, ainda que tenha sido marcado por algum determinado gesto populista, esse modelo de governança é essencialmente diferente dos regimes de ditadura militar que se repetiam na história da América Latina.

Antes do acontecimento das eleições presidenciais em 2012, muitos analistas alertaram sobre a influência militar. Porém, conforme provado pelos fatos, tanto os seguidores de Chávez quanto os militares e os políticos da oposição mantinham entre si um consenso básico em relação à democracia e ao constitucionalismo. O ministro da Defesa, Henry Rangel Silva, afirmou em uma entrevista na véspera das eleições que "Quem vencer as eleições em 7 de outubro ganhará nosso reconhecimento". Preocupado com a ligação sensível entre o governo e os militares, o famoso jornalista latino-americano Andres Oppenheimer tinha dado seu palpite sobre as três possibilidades da evolução das eleições: "Um, nada vai acontecer e as eleições serão realizadas tranquilamente; dois, Hugo Chávez vai nomear um sucessor; e três, no caso de rápida deterioração da saúde e de falecimento do presidente Chávez, um golpe militar ocorrerá no país". Porém, segundo Miguel Tinker Salas, professor da Universidade de Califórnia, os militares também não são um "bloco monolítico", sendo os "institucionalistas" mais passíveis de respeitar a Constituição. Além disso, ele afirmou ainda que "qualquer regime militar fora do limite da fase transitória será condenado pela comunidade internacional". No dia 5 de março de 2013, após anunciado o falecimento do presidente Chávez, o que aconteceu no país comprovou esta última afirmação, e as eleições continuam sendo o único acesso legítimo pelo qual as diversas forças políticas venezuelanas podem conquistar o poder.

Sob o impulso da pressão das eleições, os partidos políticos da América Latina, na generalidade, tendem a adotar uma posição intermédia, buscando incorporar ao máximo os interesses de diferentes classes, camadas e grupos sociais, a fim de angariar mais votos possível. Isso fez com que suas ideologias e diretrizes políticas fossem cada vez mais moderadas e semelhantes. Muitos partidos de esquerda emergentes, representados pelo Partido dos Trabalhadores (PT), seguiram esse rumo. Como o partido de esquerda mais poderoso no Brasil, o PT lançou seu principal líder, Luiz Inácio Lula da Silva, como candidato à presidência, conhecido por ter um posicionamento político extremamente progressista. Lula já tinha se candidatado à presidência do Brasil três vezes consecutivas, em 1989, 1994 e 1998, sem ganhar nenhuma vez. Ele e o próprio PT tiveram de reajustar sua estratégia eleitoral, comprometendo-se a dar continuidade às políticas macroeconômicas vigentes, e ampliando seu eleitorado mediante uniões com outros partidos do centro e da direita. A estratégia foi bem-sucedida: finalmente, em 2002, Lula foi eleito presidente brasileiro. A escolha dos partidos políticos por um posicionamento mais "do centro" pode ser vantajosa, pois garante a estabilidade e a continuidade das estratégias nacionais de desenvolvimento, protegendo-as do rompimento e da constante mudança, o que a alternância frequente dos partidos pode ocasionar. No caso do Brasil, o PT, mesmo após a tomada de posse, herdou a grande maioria das políticas macroeconômicas do governo de Fernando Henrique Cardoso. Além disso, o presidente peruano Ollanta Moisés Humala, apesar da origem de esquerda, assegurou com sucesso a estabilidade das macropolíticas do país. A experiência da América Latina nos diz que a discordância entre os partidos políticos não é um antagonismo fundamental, pois as disputas acontecem dentro do quadro constitucional. Um exemplo é a Venezuela, embora exista uma divergência aguçada entre o partido da situação e os da oposição, que não recorreriam a meios não constitucionais como o golpe militar ou a revolução violenta para derrubar o partido governista.

Ao mesmo passo em que os países latino-americanos se democratizaram, foram estabelecidos os princípios de reformas econômicas visando a criação de um modelo de desenvolvimento orientado pelo mercado. Na década de 1980, os países foram atropelados pela crise de dívida externa e foram obrigados a levar a cabo as reformas econômicas neoliberais, iniciando assim um processo de grande transformação do modelo de desenvolvimento. Os países da região, em sua maioria, desistiram do modelo de substituição das importações, e passaram a adotar uma estratégia de desenvolvimento orientado pelas exportações, dando maior ênfase ao papel básico do mercado no crescimento econômico. Tal transformação alterou essencialmente o papel do governo dos países latino-americanos: antes da realização das reformas, o governo desempenhava um papel predominante na vida econômica dos países, não só controlando de forma direta as grandes empresas estatais, mas também impondo vários tipos de regulações às atividades econômicas; após feitas as reformas, uma grande parte das empresas estatais foi privatizada, as regulações foram eliminadas, e a intervenção do Estado no âmbito econômico e social foi notavelmente diminuída.

Uma sociedade civil latino-americana florescente vem surgindo, sob o impulso duplo da política democrática e da economia de mercado, tornando-se o "terceiro setor", de importância equivalente à do governo e do mercado. Tendo como o cerne as comunicações públicas, a sociedade civil vem libertando as massas do controle do governo e do mercado. A preocupação com os próprios interesses vitais tem incentivado o entusiasmo das massas em participar de forma autônoma nos assuntos políticos, buscando envolver-se de forma mais ativa na vida política dos países, com vistas à inclusão de suas reivindicações na prática das políticas públicas. Tal sociedade civil, crescente e dinâmica, pode vir a alterar o equilíbrio de poder entre o Estado e a Sociedade e levar à formação de uma "oposição emparelhada", gerando assim um *status quo* que é considerado uma das qualidades do regime democrático moderno (White, 2000).

Ao longo dos mais de trinta anos desde o início do processo de redemocratização, a América Latina tem permanecido politicamente estável, em contraste com o que acontecia no passado. Conforme as reformas neutralizantes têm sido colocadas em prática nas forças armadas, o papel e a influência dos militares na estrutura política dos países vêm declinando. Ademais, o atual regime democrático e o atual mecanismo de distribuição de benefício ganharam amplo reconhecimento das forças armadas. A presença de militares apoiadores da democracia está redefinindo a distribuição de poder dentro da caserna, conduzindo a um equilíbrio favorável à manutenção da democracia. Golpes militares, embora ainda ocorram uma vez ou outra, acontecem com baixíssima frequência e de forma esporádica e acidental, sem nenhuma possibilidade de reverter a tendência geral à estabilidade regional. A democracia foi amplamente instituída e confirmada em um crescente número de países na região, as eleições acontecem regularmente, e a transição dos governos civis ocorre de forma suave. Além disso, a controvérsia e a contestação no domínio político nos países latino-americanos podem ser resolvidas de forma legal e por meios institucionalizados, o que denota a eficácia da democracia posta em prática na região. Por exemplo, na Bolívia, sinais nítidos de conflitos políticos internos começaram a se manifestar a partir em 2008, quando as quatro províncias mais abastadas do norte do país anunciaram sua pretensão de independência. O presidente boliviano Evo Morales levou imediatamente a efeito um plebiscito, no qual ganhou uma maior proporção de votos e, assim, assegurou o mandato popular para se manter no posto, e dessa forma fez malograr as forças separatistas, consolidou a autoridade do governo vigente e salvaguardou a unidade nacional.

Em uma perspectiva global, a América Latina é uma das regiões mais pacíficas e estáveis do mundo. Isso se deve parcialmente ao estabelecimento dos regimes democráticos, o que faz os países na região mais aptos a aceitar e respeitar as normas e regulamentações comuns. Adicionalmente, uma série de mecanismos de integração regional e sub-regional e de cooperação vêm sendo introduzidas capazes de coordenar as ações e dissolver as controvérsias e discórdias entre os países da região. Desde o término da Guerra das Malvinas, em 1982, a região nunca mais foi atingida por guerras de grande escala. A soma absoluta das despesas militares da região, de forma geral, mantém-se em um nível consideravelmente baixo em relação ao resto do mundo. As despesas militares da América do Sul em 2010 totalizaram US$ 63,3 bilhões, o que se iguala a apenas 4% da conta global. No que concerne às disputas territoriais, os países da região também costumam recorrer a meios pacíficos, como a mediação, a arbitragem e o pleito em juízo. Por exemplo, as questões de fronteira entre Peru e Equador e entre Costa Rica e Nicarágua foram resolvidas por meio de uma arbitragem junto ao Tribunal Internacional de Haia. Como a maior disputa territorial ainda não resolvida entre um país da região e outro fora da região, a questão das Ilhas Malvinas também visará uma solução pacífica, à qual ambas as partes envolvidas, a Argentina e o Reino Unido, mostraram-se dispostas. Em uma perspectiva de curto a médio prazos, é pouco provável que algum grande conflito armado aconteça entre países da região. Dentre os países latino-americanos, Colômbia e Paraguai são os mais perturbados pelo terrorismo: as Fuerzas Armadas Revolucionarias de Colombia (Farc), da Colômbia, e o Ejército del Pueblo Paraguayo (EPP), do Paraguai, são identificados como grupos terroristas. Porém, com o combate persistente dos governos, tais grupos saíram enfraquecidos e se esconderam em um canto do território, sem poder interferir seriamente na ordem social normal.

O modelo de governança estatal na América Latina

O modelo de governança estatal dos países latino-americanos ainda está em processo de evolução, porém algumas características estruturais relativamente estáveis já podem ser identificadas. De modo geral, os países da região estão se transformando de um modelo de governança estatal dominado pelo governo para um modelo ternário de governança estatal moderna, onde governo, mercado e sociedade civil coexistem e coordenam e interagem entre si. Resumem-se aqui alguns pontos-chave desse modelo: o governo obtém sua legitimidade por meio das eleições, e a função regulatória e controladora do Estado é exercida mediante as políticas macroeconômicas; no que tange ao relacionamento Estado-sociedade, houve uma diferenciação efetiva, enquanto o Estado passa a delegar grande parte de seu poder à sociedade; a sociedade civil vem crescendo e ganhando força, e participa do processo da tomada de decisão política e da formulação das políticas públicas, que antes era monopolizado pelo governo; no âmbito econômico, o papel do mercado consolida-se ao mesmo passo em que a intervenção do governo diminui, dando destaque para os setores privados da economia.

A primeira tendência: a democratização conduziu a uma descentralização da governança interna dos países latino-americanos, ao mesmo passo em que se estabeleceu uma estrutura de poder diversificada; o antigo "governo onipotente" que tinha se transformando no "governo pequeno" tende a se transitar, na próxima etapa, para o "governo limitado"

O processo de redemocratização proporcionou um encerramento aos debates acerca da legitimidade do governo dos países latino-americanos. A legitimidade provém não só da ideologia democrática, mas também dos processos democráticos e das realizações políticas do governo (entre as quais o crescimento econômico é um importante critério). O poder deixa de ser altamente concentrado no governo, e as ações governamentais estão sendo cada vez mais submetidas à avaliação da sociedade civil. Sendo assim, o governo passa a praticar mais sua função em administração pública.

Os países latino-americanos também estão mais comprometidos a garantir a diversificação na autoridade decisória, exigindo maior transparência no processo de tomada de decisão. O contrabalanço entre os departamentos funcionais do governo tende a ser mais consistente. Atualmente, uma grande parte dos países latino-americanos pratica o sistema presidencialista, pelo qual o presidente e os setores administrativos devem constituir o centro do poder político nacional. Para evitar excesso de poder, uma série de reformas políticas foi realizada (como maior restrição ao poder legislativo do presidente, e ampliação do poder de nomeação e demissão de altos funcionários pelo Congresso Nacional), objetivando um mecanismo mais potente de supervisão mútua entre os órgãos, fazendo que o Poder Legislativo adquira de forma gradativa a força para contrabalançar o Poder Executivo. O Congresso Nacional dos países latino-americanos, em geral, tem o direito de examinar as atividades comerciais de maior importância. Os projetos de construção, de investimento e os contratos de fusão e aquisição empresariais de maior envergadura normalmente precisam ser aprovados pelo Congresso Nacional. Por exemplo, apesar de Hugo Chávez ter sido um presidente muito poderoso, as decisões mais relevantes do governo precisam ser votadas no Congresso Nacional venezuelano, cuja aprovação é indispensável para sua realização. Desde a década de 1980, os países latino-americanos têm realizado várias reformas com o objetivo de elevar a independência do Poder Judiciário, mesmo porque nos anos 1990 houve casos de *impeachment* do presidente no Brasil e na Venezuela: os resultados das investigações do Judiciário levaram o Legislativo a destituir o presidente do país, o que jamais tinha acontecido na história da América Latina.

Algumas outras medidas mais relevantes na modificação do modelo de governança estatal dos países latino-americanos são a intensificação da participação de diferentes setores e atores no processo de tomada de decisão e a fortificação do mecanismo de responsabilização do governo. Para erradicar a doença crônica do imobilismo do governo, tanto a sociedade civil quanto o mecanismo de mercado dão grande importância à transparência e ao acesso de informação das contas públicas, exigindo que os planejamentos do governo sejam divulgados de forma precisa e apropriada, e que sua formulação, deliberação e supervisão sejam feitas com participação de todos os setores governamentais. A partir dos anos 1990, as principais economias latino-americanas realizaram reformas fiscais visando melhor regulamentação orçamentária. A realização da Lei de Responsabilidade Fiscal assegurou o estabelecimento de uma estrutura orçamentária válida por vários anos, impondo restrições legais às despesas públicas, ao déficit fiscal e às dívidas públicas (Development Assistance..., 2009, p.25). Em princípio, o planejamento orçamentário precisa mostrar e assegurar a habilidade do governo de manejar os gastos de acordo com as receitas.

Ao entrar no século XXI, os países latino-americanos vêm reconhecendo a necessidade de transitar-se do "governo fraco" ao "governo limitado", elevando a capacidade interventiva do governo no âmbito econômico e social. Na região, o governo era outrora visto como o principal gerador de problemas, ao mesmo passo que o mercado era visto como a única solução. Desde os anos 1990, as três maiores economias da região, México, Brasil e Argentina, foram sucessivamente atingidas pela crise econômica. Muitos acadêmicos latino-americanos observaram o fato de que a realização da economia de mercado não podia alterar de forma fundamental a posição desfavorável dos países da região na disputa econômica global. Além disso, a trajetória de desenvolvimento dos países latino-americanos durante a década de 1990 deixou claro que o crescimento econômico não podia elevar de forma automática o nível de desenvolvimento social. Tais fatores levaram o governo dos países latino-americanos a rever seu papel e reforçar sua intervenção social por meio da realização de políticas eficientes de redistribuição, com o objetivo geral de viabilizar um desenvolvimento mais equilibrado. Durante a realização da Cúpula das Américas em Santiago do Chile, em abril de 1998, o Consenso de Santiago foi proposto em contraste ao Consenso de Washington, apontando que não se devia menosprezar o papel do Estado no processo de desenvolvimento social.

A segunda tendência: no setor econômico estabeleceu-se um modelo de desenvolvimento voltado para fora, com base na economia de mercado. Na medida em que o papel do mercado veio a ser reconhecido e fortalecido, a intervenção governamental na economia foi enfraquecida e restringida, e o setor privado vem conquistando cada vez mais espaço

Em meio às crises de dívida nos anos 1980, os países latino-americanos levaram a cabo as reformas econômicas neoliberais, tais como introdução do mecanismo de mercado, liberalização e privatização, visando uma maior abertura e uma participação mais ativa no processo da globalização. Com essas reformas, os países passaram de economias com forte presença do governo em economias de mercado, nas quais o mercado veio substituindo o governo no comando da alocação dos recursos. O mecanismo de disputa foi estabelecido em prol da melhor eficiência da economia, e os setores privados passaram a assumir a responsabilidade como a principal fonte do crescimento econômico, de onde vinha o maior ímpeto de expansão das produções e das exportações (Foxley, 2010, p.5). O tamanho dos setores públicos vem diminuindo, e grande parte das empresas estatais foi privatizada. Os países latino-americanos, em sua maioria, apenas mantiveram um número muito limitado de empresas estatais em setores estratégicos, por exemplo, a Petróleos Mexicanos (Pemex), a Petróleo Brasileiro S.A. (Petrobras) e a Corporación Nacional del Cobre de Chile (Codelco).

As reformas econômicas neoliberais levaram os países a adotar um modelo de desenvolvimento voltado para fora. Os mercados domésticos foram abertos, os comércios foram liberalizados, e ao setor das exportações foi dado maior incentivo com vistas a estimular a qualidade da economia nacional por meio da participação nas concorrências internacionais, e, portanto, o papel das exportações como motor do crescimento econômico veio sendo reforçado progressivamente. A prioridade de desenvolvimento foi dada para as indústrias competitivas dos países, que passaram por um processo gigantesco de renovação dos equipamentos e um *upgrade* tecnológico, em busca de uma competitividade em âmbito internacional. Os países latino-americanos têm explorado suas vantagens comparativas, impulsionando as exportações de matérias-primas e produtos intensivos em recursos naturais. O México, aproveitando sua vantagem geoeconômica por ser contígua aos Estados Unidos, vem desenvolvendo suas indústrias conforme as demandas do mercado consumidor norte-americano. Semelhantemente, os países da América Central e do Caribe também vieram desenvolvendo as indústrias de exportação voltadas para os Estados Unidos, segundo os termos preferenciais sob a Iniciativa da Bacia do Caribe (Caribbean Basin Initiative, abreviado como CBI). Durante a década de 1990, a América Latina tornou-se uma das regiões que apresentavam maior taxa de crescimento em comércios externos no mundo. De 1990 a 1999, a taxa média anual do crescimento das exportações de mercadorias da região foi de 8,5%, muito à frente do resto do mundo, ultrapassado por apenas sete países asiáticos, incluindo a China. Ao mesmo tempo, suas importações de mercadorias também registraram um crescimento anual de 11,1%, sendo o segundo maior do mundo, precedido apenas pela China (Eclac, 2003).

Esse modelo de desenvolvimento voltado para o exterior levou os países latino-americanos a modificarem suas políticas em relação ao capital estrangeiro, atraindo ativamente o capital estrangeiro, em vez de restringi-lo. Vinham ampliando por etapas os demais setores ao investimento externo, facilitando os procedimentos de sua inscrição e aprovação, liberalizando a aquisição parcial das empresas estatais por capital estrangeiro e aumentando o montante de remessas de lucros das empresas multinacionais. Em 2011, o Investimento Direto Estrangeiro (IDE) destinado à América Latina foi de US$ 153,991 bilhões, equivalente a 10% do volume total do IDE mundial, registrando um aumento a largo passo, em comparação com o desempenho do ano 2008 (US$ 137,001 bilhões) e batendo o recorde do influxo do IDE na região (idem, 2012). Para elevar o grau de liberalização comercial, os países da região cortaram em grande medida as tarifas alfandegárias: dos anos 1980 ao ano 2012, a tarifa média (tarifa nominal) da região reduziu dos 37% para 12%, ao mesmo passo em que o Coeficiente de Abertura Comercial (a participação das importações e exportações no PIB) subiu drasticamente, dos 23% nos anos 1970 e 1980 para 40% no período de 2002 a 2006 (Brid; Caldentey, 2009).

Hoje em dia esses países vêm-se inserindo de forma aprofundada no sistema de comércio internacional, participando ativamente nas negociações multilaterais da OMC. Ao mesmo tempo, eles vêm buscando firmar acordos de comércio livre bilaterais com os demais países e as demais regiões fora da América Latina. México e Chile são dois desses países que praticam políticas comerciais mais abertas, seguindo as principais estratégias de promover a liberalização comercial por meio dos acordos de comércio livre, atrair investimentos estrangeiros e expandir seus mercados de exportação. Portanto, esses dois países também estão entre aqueles que têm mais acordos de comércio livre com outros membros da OMC. De 1994 a 2002 o México firmou doze acordos de comércio livre com 44 países (Villarreal, 2012). De 1997 a 2012 o Chile firmou dezessete acordos de comércio livre com países ou regiões como União Europeia, Canadá e América Central (Sice, s. d.). Colômbia, Peru e países da América Central e organizações de integração regional como o Mercado Comum do Sul (Mercosul) e a Comunidade do Caribe (Caricom) também participaram, um após o outro, nos demais tipos de acordos de livre comércio.

As reformas econômicas que os países latino-americanos levaram a cabo durante os anos 1980 ancoravam-se inicialmente na hipótese do "fundamentalismo de mercado". Após ter acarretado uma série de controvérsias e problemas, essa hipótese foi revisada, e vários reajustes foram feitos pelo governo dos países da região. Porém, o modelo de desenvolvimento econômico voltado para o exterior e baseado no mercado foi um produto do processo da evolução da economia latino-americana. Apesar de suas demais limitações, esse modelo ainda apresenta uma grande vitalidade e poucos sinais de crise estrutural no presente momento, especialmente quanto ao modelo de Industrialização por Substituição de Importações que experimentava nos anos 1980. No futuro previsível, espera-se que o presente modelo mantenha seu bom funcionamento, na medida em que o bom crescimento econômico também requer a abertura comercial, a participação das concorrências globais e a manutenção da estabilidade macroeconômica.

A terceira tendência: ao longo do amadurecimento da sociedade civil, a consciência subjetiva das massas de participação política vem-se fortalecendo, enquanto as diversas organizações não governamentais de interesse público também estão se atualizando de forma cada vez mais ativa no processo de desenvolvimento social

O regime democrático disponibilizou um amplo espaço para o crescimento da sociedade civil dos países latino-americanos. O valor central da sociedade civil é promover a participação dos membros da comunidade social na vida política, por meio da qual eles podem desfrutar dos direitos e das liberdades iguais e exprimir sua oposição abertamente. Desde os anos 1980, a consciência subjetiva das massas de participação política na América Latina vem se fomentando de modo notável, e vêm florescendo as unidades organizacionais da sociedade civil, as diversas organizações não governamentais (tais como as organizações indígenas, as cooperativas, as federações profissionais, os movimentos de mulheres, as organizações comunitárias, os sindicatos, as organizações de consumidores e as organizações de caridade). O espaço público de diversidade e de democracia vem sendo criado, e uma maior atenção foi dada aos temas sociais como a proteção ao meio ambiente, os cuidados com grupos vulneráveis e a preservação de culturas e costumes tradicionais. A presença acentuada das organizações não governamentais na região é uma reflexão da relação de pesos e contrapesos existente entre a sociedade civil e o Estado. Nos países latino-americanos, a exigência de crescimento econômico muitas vezes implica que o governo ficava impossibilitado de dar atenção à proteção ambiental e ao desenvolvimento sustentável, área em que as organizações não governamentais vêm assumindo maior responsabilidade. Elas são protagonistas, executoras e supervisoras das iniciativas de desenvolvimento sustentável, fazendo apelos constantes em favor da proteção ambiental e da defesa dos diretos e interesses de sobrevivência dos moradores, participando de forma direta no planejamento e na colocação em prática dos programas de proteção ambiental, e interferindo diretamente no processo de desenvolvimento do país por meios de protestos, negociações e consultas. O governo deixa de ser uma instituição burocrática fechada e superior à sociedade e passa a intensificar as interações com as massas em busca de atender e suas necessidades diversificadas.

O que mais chama a atenção é que os grupos sociais antigamente marginalizados (como o povo indígena, os camponeses sem terra, os desempregados e os trabalhadores no setor informal) tornaram-se a massa crítica dos movimentos sociais modernos. Com sua capacidade de organização e mobilização crescente, e por meio dos meios institucionais de luta, eles são atualmente capazes de reivindicar correções e reajustes no sistema de distribuição. Em muitos países da América Latina, as organizações não governamentais de interesse público tendem a designar os líderes dos partidos de esquerda como seus porta-vozes, enquanto elas também constituem uma fonte importante de votos em tais partidos, e assentam uma base sólida de opinião pública favorável à conquista de poder desses últimos.

Nos países latino-americanos, o reconhecimento e o apoio dos moradores locais e das organizações não governamentais que os representam revestem-se de um significado especial, sem os quais qualquer projeto de desenvolvimento de grande escala não poderia adquirir sua plena legitimidade. Com a vocação da defesa dos benefícios dos grupos vulneráveis e do equilíbrio ecológico, as organizações não governamentais possuem uma força impressionante, capaz de mobilizar os moradores de uma determinada região a fazer queda de braço com o governo ou empresas, até obrigando estes a deixar seus objetivos já definidos. Por exemplo, em 2001 o governo mexicano planejava expropriar 5.000 hectares de terra no nordeste da Cidade do México em uso da construção de um novo aeroporto, visando aliviar a subcapacidade de carga do Aeroporto Internacional da Cidade do México. Porém, esse projeto encontrou forte objeção por parte das organizações não governamentais de defesa dos interesses dos camponeses locais, e essa oposição até evoluiu em conflitos sangrentos entre os manifestantes e os policiais. Dada essa situação, o governo mexicano acabou por desistir do projeto em agosto de 2002.

Riscos inerentes ao modelo de governança estatal dos países latino-americanos

O modelo de governança estatal dos países latino-americanos é um *continuum* que englobou todos os elementos derivados da história e da atualidade, das tradições e da modernidade da região, cujo funcionamento é influenciado e sofre interferência de uma série de fatores. Apesar de o regime democrático ter criado a base institucional e política para a maioria dos países, a consolidação da democracia ainda levará tempo, dado que os conflitos sociais existentes tendem a tomar novas formas sob o contexto da política eleitoral. Embora o modelo de desenvolvimento "voltado para fora" seja estabelecido, muitos países latino-americanos ainda o vêm com desconfiança, em virtude da grande pressão competitiva internacional, recorrendo, em determinadas situações, a instrumentos políticos em resposta aos comportamentos do mercado. Portanto, o modelo de governança estatal dos países latino-americanos implica alguns riscos inerentes, que não podem ser ignorados. O populismo e o nacionalismo, além de serem elementos que compõem a base ideológica e teórica dos pensamentos políticos da América Latina, são um tipo de psiquismo e sentimento político de ampla influência na região. Eles estão intimamente ligados às mudanças políticas importantes e às incidências políticas atualmente ocorridas nos países latino-americanos, razão pela qual formam duas linhas principais de argumento por meio das quais se pode compreender o modelo de governança estatal dos países latino-americanos.

Em primeiro lugar, o populismo é, em grande medida, uma opção realista dos países latino-americanos de superar as contradições sociais e quebrar o impasse político. Os líderes populistas tendem a lançar políticas de reformas bastante radicais após a tomada da posse. Portanto, sua chegada ao poder muitas vezes implica uma maior possibilidade de alterações significativas na política de um país.

O populismo é uma marca profunda que o processo de modernização deixou para a América Latina. Em poucas palavras, ele é o produto da política eleitoral, pois a base da sociedade latino-americana é composta por uma ampla classe. Sob o quadro da política eleitoral, a população da classe C, que antes tinha pouco acesso à participação política, veio apoiar, com seus votos na mão, os líderes políticos que se dizem comprometidos em mudar a situação atual, visando derrubar o grupo da elite e levar a cabo as transformações e reformas do país nos âmbitos político, econômico e social. Nas práticas políticas, os movimentos e os partidos populistas geralmente contam com a colaboração das diversas classes sociais, tais como a classe operária, a classe camponesa, a classe média e os pequenos empresários. A realização e a continuação dessa colaboração, portanto, requerem que o cargo do líder político seja ocupado por uma pessoa altamente carismática.

A presença de líderes políticos populistas é constante e coerente. Na "família" dos presidentes populistas latino-americanos, temos o presidente brasileiro Getulio Vargas e o presidente argentino Juan Perón na primeira metade do século XX o presidente peruano Alan García nos anos 1980 e depois o presidente argentino Carlos Menem nos anos 1990 e o recém-falecido presidente venezuelano, Hugo Chávez. Tais líderes podiam ter diferentes posturas políticas, mas todos eles eram perfeitamente cientes das insatisfações na vida social do país e eram extremamente aptos a mobilizar as massas em direção à sua permanência no poder e às grandes transformações nacionais.

Em segundo lugar, no processo da abertura da América Latina ao exterior, o nacionalismo tem sido sempre uma determinante nos comportamentos e nos sentimentos políticos dos países da região, o que levou os tomadores de decisão dos países a adotarem políticas específicas a fim de proteger o mercado interno e assegurar a capacidade de produção industrial nacional.

De um lado, a função sentimental do nacionalismo pode fomentar a coesão e a solidariedade nacionais, com base nas quais a mobilização das massas será feita; de outro, o nacionalismo como uma ideologia pode influir sobre o comportamento político dos países latino-americanos na forma de orientação sobre o valor, assim desempenhando um papel crucial na manutenção da legitimidade do governo. Por isso, ao longo do processo de promoção da abertura econômica nos países latino-americanos, os governos precisam atribuir grande importância às diversas reivindicações econômicas de cunho nacionalista, atendendo-as quando é preciso.

O nacionalismo possui uma raiz histórica muito profunda na América Latina. Nascido na era dos movimentos independentistas, veio crescendo ao longo da primeira metade do século XX e chegou ao ápice com a extrapolação da identificação nacional e da aspiração à independência econômica. O centro das preocupações dos nacionalistas latino-americanos é a questão do desenvolvimento. Desde os anos 1930, governos de vários países latino-americanos, representados pelos governos mexicano de Lázaro Cárdenas, argentino de Juan Perón e brasileiro de Getulio Vargas, vêm apresentando propostas políticas de cunho nacionalista como "soberania política" e "independência econômica", sinalizando a exploração ativa de um caminho de desenvolvimento independente. Adotaram-se políticas típicas da abordagem do nacionalismo econômico, como restrição à entrada de capital estrangeiro, estatização das empresas estrangeiras e criação de grandes empresas estatais, com o objetivo de impulsionar o crescimento econômico. Logo após o término da Segunda Guerra Mundial, os acadêmicos latino-americanos, entre os quais o mais conhecido é Raúl Prebisch, criaram a Teoria Estruturalista do Desenvolvimento. Sob a óptica de sua concepção, a economia mundial é dividida em duas partes, conforme a tradicional divisão internacional de trabalho: um "centro", ou seja, o mundo industrializado, e uma "periferia", ou seja, o mundo que fornece os produtos primários ao "centro". A divisão de trabalho entre o "centro" e a "periferia" é desigual, pois a periferia à qual pertence a América Latina acaba assumindo uma posição de dependência em relação ao "centro". Para reverter essa tendência, segundo a teoria, os países latino-americanos precisavam adotar uma perspectiva nacionalista na economia com vistas à promoção do processo da industrialização e à capacitação das economias nacionais em termos de suas habilidades de sobrevivência.

O processo de desenvolvimento econômico e social da região sofreu, porém, graves atropelos nos anos 1980, levando a América Latina a vivenciar um período chamado de "década perdida". O então modelo de desenvolvimento começou a apresentar falhas, e o nacionalismo econômico teve de dar lugar às reformas políticas de cunho neoliberal. Sob esse contexto, os países latino-americanos vieram abrindo os mercados internos que antes eram altamente protegidos, e o influxo do capital estrangeiro começou a subir em flecha. Muitas empresas estatais de grande porte que antes representavam o orgulho nacional foram sendo adquiridas por capital estrangeiro, e um elevado número de empresas pequenas e médias foram obrigadas a declarar falência em meio a uma fortíssima concorrência internacional. Perante essa situação, os nacionalistas manifestaram-se extremamente preocupados, receando que a busca das "vantagens comparativas" pudesse conduzir a economia latino-americana à perda da capacidade de desenvolvimento sustentável, argumentando que a concorrência externa cada vez mais acirrada tende a minar a capacidade de produção industrial que os países tanto lutaram para obter, e que os preciosos recursos naturais da região tendem a sofrer uma espoliação das empresas multinacionais. Por causa disso, países como Brasil, Argentina e México não deixaram de adotar as demais medidas protecionistas em prol do mercado doméstico e das empresas nacionais, apesar de sua participação na disputa do mercado global. Por exemplo, o governo brasileiro de Dilma Rousseff anunciou, em 2011, o Plano Brasil Maior, prevendo a concessão de subsídios especiais a fim de proteger as indústrias nacionais e estimular a exportação de produtos industriais.

Em terceiro lugar, sob o atual ambiente político da América Latina, o populismo e o nacionalismo tendem a formar uma vinculação estreita, de forma que os pedidos dos nacionalistas possam se traduzir em políticas concretas por intermédio dos líderes populistas.

A partir da década de 1990, os países latino-americanos sofreram graves reveses no processo de desenvolvimento socioeconômico, fomentando de novo um crescente sentimento de nacionalismo na região. Líderes políticos de forte tendência populista, tais como o presidente venezuelano Hugo Chávez, o presidente boliviano Evo Morales e o presidente equatoriano Rafael Correa, foram subindo ao poder em meio a esse nacionalismo, cujas posições políticas são evidentemente de cunho nacionalista: são opositores acérrimos contra a globalização, o neoliberalismo, as atividades das instituições financeiras ocidentais e a livre disputa de mercado. Por exemplo, o presidente Rafael Correa condenava publicamente o Banco Mundial, acusando-o de ter exercido intervenção e chantagem sobre os países em desenvolvimento. Além disso, ele apelava para que todos os países latino-americanos se unissem na rejeição à interferência das potências ocidentais e das instituições financeiras multilaterais a elas subordinadas, para defender sua própria soberania econômica (Junyang; Shuhong, 2011). Tais líderes políticos populistas abraçam a ideia de intervenção estatal, considerando a nacionalização como um instrumento político essencial para juntar os recursos, e assim o governo pode vir a desempenhar de forma mais ativa suas funções sociais, como o aprimoramento do sistema de educação, de saúde e de segurança social, com o objetivo de elevar o nível de desenvolvimento social do país.

O sentimento de nacionalismo dos líderes políticos populistas da América Latina geralmente é mais aguçado nos setores de recursos naturais dos países. O ressurgimento do nacionalismo dos recursos é uma das formas de expressão do nacionalismo latino-americano moderno. Os nacionalistas, além de serem fortes proponentes do desenvolvimento das indústrias nacionais, são partidários resolutos do controle do Estado sobre os recursos naturais do país. Em seu ponto de vista, a nacionalização dos recursos estratégicos, como o petróleo e o gás natural, é uma importante via pela qual os países latino-americanos podem reduzir sua dependência externa e viabilizar um desenvolvimento independente. A esse respeito, a nacionalização do petróleo do México nos anos 1930 foi um marco importante na história da região. Dos anos 1950 a 1970, uma série de países na América Latina realizou a nacionalização das empresas multinacionais, retomando o controle sobre os recursos naturais, em particular o petróleo. Muitos desses países foram pressionados a reprivatizar parte de sua indústria do petróleo nos anos 1980 e 1990 em meio a graves crises econômicas, mas essa prática sempre foi muito criticada pelos líderes nacionalistas da região, que insistem em defender o controle estatal sobre o petróleo considerado como vital para a economia dos países. Dado esse fato, acredita-se que os países latino-americanos são fortemente inclinados a repetir essa experiência e nacionalizar novamente sua indústria petrolífera, assim que surgirem condições internas e externas favoráveis. Alguns sinais têm se revelado: a partir de 2004, o governo venezuelano de Hugo Chávez veio adotando uma série de políticas visando retomar o controle total da indústria venezuelana do petróleo, modificando o modelo de parceria com as empresas estrangeiras, reduzindo a proporção das ações dos investidores estrangeiros e aumentar o nível de tributação sobre o petróleo. Em 2006, o governo boliviano de Evo Morales realizou a nacionalização dos recursos de gás natural, forçando as empresas de capital estrangeiro a abrir mão da produção e gestão desse produto.

As empresas multinacionais ocidentais que saíram ganhando no processo de privatização da América Latina durante as décadas 1980 e 1990 começaram a enfrentar sérios desafios nos últimos anos perante a tendência à nacionalização na região. As empresas de capital espanhol, que viviam seus dias de glória na América Latina, sofreram impactos muito graves. Nos anos 1990, elas aproveitaram a oportunidade de abertura econômica dos países da região comprando numerosas empresas estatais de grande porte de setores estratégicos, como os de recursos naturais, serviços básicos e serviços bancários, tendo até ultrapassado os Estados Unidos em certos momentos como o maior país investidor na América Latina. Perante essa situação, muitos nacionalistas latino-americanos mostraram-se preocupados, com receio de que a região estivesse passando por uma "reconquista espanhola" cujo objetivo seria a extração da "mais-valia" da região. Sob o impulso dessa preocupação, líderes populistas como Hugo Chávez, Evo Morales e Cristina Fernández de Kirchner anunciaram a nacionalização de várias empresas de capital espanhol que operavam nesses países. Em 2008, o governo venezuelano nacionalizou o Banco de Venezuela (BDV), o terceiro maior banco do país, antes controlado pelo grupo espanhol Santander; em 2012, o governo argentino nacionalizou a Yacimientos Petrolíferos Fiscales (YPF), a maior empresa petrolífera do país, antes controlada pelo grupo espanhol Repsol; e em 2013, o governo boliviano nacionalizou a Servicios Aeropuertos Bolivianos SA., antes gerenciada por uma empresa espanhola.

Riscos do modelo de governança estatal dos países latino-americanos para as empresas chinesas

De forma geral, a América Latina tem sido uma das regiões mais estáveis no cenário mundial atual, com pouca probabilidade de agitações políticas regionais como as que aconteceram na Ásia Ocidental e no Norte da África. Porém, levando em consideração as características gerais do Modelo de Governança Estatal dos países latino-americanos, os investidores chineses precisam dispensar maior atenção a quatro possíveis desafios.

A alternância do partido no poder pode gerar riscos políticos como instabilidade política e mudanças extremas das políticas vigentes, causando uma deterioração do ambiente de investimento regional e prejudicando de forma direta e indireta os interesses das empresas chinesas

As eleições e a decorrente alternância constante de governos e de partidos no poder são o ponto-chave que afeta a situação política nos países latino-americanos, da indicação para observar a estabilidade política e do sinal para avaliar mudança de riscos estatais. Nos últimos anos, partidos de esquerda tiveram vitória histórica nas eleições em vários países latino-americanos. Porém, percebe-se uma divisão muito distinta no que diz respeito à sua orientação de governança: em países como Brasil, Chile e Uruguai, os partidos de esquerda que permanecem (ou permaneciam) no poder têm adotado uma postura mais suave, sem alterar o modelo de desenvolvimento voltado para o mercado e dando o enfoque de reforma política à maior intervenção estatal no processo de redistribuição social a fim de construir uma sociedade mais justa e equitativa. Ao mesmo tempo, em países como Venezuela, Equador, Bolívia, Argentina e Nicarágua, os partidos de esquerda no poder adotaram uma postura mais radical, procedendo a várias correções significativas no modelo de desenvolvimento. Para permanecer no poder, eles têm dado continuação a uma orientação populista de governança, promulgando políticas muito generosas de redistribuição de renda, em troca do apoio da classe média e de baixa renda. E para levar a cabo essas políticas, muitas vezes recorrem a medidas nacionalizantes, reconfigurando a estrutura dos interesses instituídos da sociedade. Tal situação fez com que o ambiente de investimento dos países sofresse graves perturbações além do esperado, colocando em dilema o investimento já efetuado no país pelos investidores internacionais.

O caso da Venezuela mostra de forma muito típica como são bruscas as mudanças causadas ao ambiente de investimentos, devido à alternância entre um partido direitista e um esquerdista e à tomada de poder por um partido de esquerda radical.

Em primeiro lugar, o cenário político da Venezuela tem sido mantido por um equilíbrio frágil, implicando várias incertezas que impedem a previsibilidade sobre as tendências em longo prazo. Desde que o candidato da coalizão de esquerda Hugo Chávez assumiu a presidência em 1999, vem desenrolando-se um movimento de "Revolução Bolivariana", objetivando a redistribuição do poder político e econômico no país. Tal orientação de governança vai opor-se severamente aos interesses dos grupos de elite domésticos, levando o país a uma preocupante turbulência política. Um golpe militar quase derrubou o governo de Chávez em 2002, e o confronto entre os grupos pró e contra Chávez permanece até hoje, parecendo uma bomba-relógio que facilmente poderá explodir, provocando uma nova rodada de conflitos políticos.

Em segundo lugar, as políticas econômicas da Venezuela passaram por graves mudanças durante o mandato de Hugo Chávez. A privatização da década de 1990 veio a ser a principal culpada do desequilíbrio na distribuição de renda e das crises econômicas que atropelaram o país. O presidente Chávez tentou reforçar a intervenção estatal na vida econômica e social do país com intenção de corrigir a desigualdade de renda que desde cedo existia na sociedade venezuelana e viabilizar um desenvolvimento econômico mais equilibrado. Durante seu mandato, o governo venezuelano realizou uma nacionalização em grande escala, por meio da qual o Estado veio a exercer intervenção e controle sobre a produção de setores estratégicos nacionais: o setor de petróleo foi o primeiro a ser nacionalizado, seguido pelos setores de telecomunicação, eletricidade, cimento, ferro e aço e ouro. O processo de nacionalização fez a mudança de políticas aumentar tanto em frequência como em amplitude, e enfraqueceu a proteção aos direitos e interesses dos investidores, causando uma preocupação generalizada sobre sua propriedade. Além disso, disputas econômicas internacionais em termos do pagamento da indenização têm acontecido com grande frequência.

Os investidores chineses chegaram relativamente tarde ao mercado da América Latina, razão pela qual ainda não foram alvos diretos da mudança radical das políticas da região. Porém, enfrentam os enormes riscos potenciais. Na Venezuela, a intervenção demasiada do governo de Chávez já acarretou um certo grau de distorção na economia, gerando problemas graves, como a escassez dos produtos básicos, a alta inflação e a carestia de energia, deteriorando o ambiente empresarial e comercial local e trazendo prejuízos aos investidores chineses. Ademais, a política rígida de controle cambial do governo venezuelano, além de ter dificultado a remessa do lucro das empresas chinesas, implica grandes riscos de depreciação cambial, resultando em perdas potenciais para os investidores chineses.

A exacerbação do "nacionalismo dos recursos" nos países latino-americanos levou os líderes populistas a tomarem medidas unilaterais para alternar o atual modelo de parceria em produção petrolífera, visando reconfigurar a estrutura de distribuição de interesses

Entrando no século XXI, o mercado internacional tem apresentado forte demanda pelo petróleo. Ao mesmo tempo, a limitação das reservas do petróleo também se tem manifestado de forma cada vez mais explícita. Tais fatores faziam com que o preço internacional de petróleo permanecesse em alta, aumentando drasticamente e cada vez mais a rentabilidade das produções petrolíferas. Com esse estímulo, o sentimento de "nacionalismo dos recursos" veio se fomentando. Nesse contexto, os países latino-americanos extremamente ricos em recursos naturais e com partidos esquerdistas radicais no poder, como Venezuela, Bolívia e Equador, adotaram uma postura dura diante dos investimentos estrangeiros nesse campo, obrigando-os a aceitar várias modificações no modelo de cooperação produtiva. O objetivo seria exercer o controle total sobre a indústria petrolífera, considerada como sustentáculo econômico desses países, e reter ao máximo os lucros por ela gerados. Levando em consideração a baixa rentabilidade dos outros setores produtivos, esses países, na verdade, não teriam alternativa senão aproveitar o retorno elevado da produção petrolífera para manter em equilíbrio as finanças públicas e, ao mesmo tempo, realizar uma redistribuição social de característica populista, que mantém sua permanência no poder.

Venezuela, Bolívia e Equador também têm reforçado, de forma geral, o controle nacional sobre os setores de recursos energéticos. Após a tomada de poder de Chávez, o governo venezuelano declarou, por meio de uma emenda constitucional, que a maior empresa produtora de petróleo do país, a PDVSA, tornar-se-ia uma empresa 100% estatal, excluindo a possibilidade de ser privatizada. O governo venezuelano iniciou e promoveu o processo de nacionalização da indústria petrolífera, por meio do qual as empresas estrangeiras com operação no país e as empresas nacionais privadas de extração de petróleo foram obrigadas a entregar seu controle acionário ao Estado. Caso semelhante aconteceu na Bolívia: em 2006, o presidente Morales levou a cabo a nacionalização dos recursos energéticos, e várias empresas petrolíferas controladas pelo capital estrangeiro foram nacionalizadas. No Equador, o presidente

Correa, após sua posse em 2007, declarou que as empresas petrolíferas estrangeiras pagariam um "imposto sobre lucros extraordinários" de 99%. Em junho de 2011, o governo equatoriano nacionalizou um campo petrolífero controlado pelo capital norte-americano.

Os recursos energéticos constituem grande motivo dos investimentos chineses na região. Atualmente, as três maiores empresas petrolíferas chinesas – a PetroChina, a Sinopec e a CNOOC – procederam a investimentos muito volumosos na América Latina. Para elas, as implicações de uma mudança radical na política dos governos regionais em relação aos recursos energéticos já começaram a gerar pressões intensas. Por exemplo, a Venezuela tem aumentado constantemente o imposto sobre a extração de petróleo. Em 2005, o governo venezuelano ordenou que a filial venezuelana da PetroChina pagasse um "imposto atrasado" de 11 milhões de dólares norte-americanos, conforme a nova lei (Nan, 2006). No Equador, a cobrança do "imposto sobre lucros extraordinários" pelo governo de Correa causou perdas pesadas para a Andes Petroleum, da qual a PetroChina e a Sinopec são acionistas. O imposto superalto minou uma grande parte da margem de lucro da empresa, colocando suas matrizes chinesas em uma situação difícil de não conseguir retorno dos investimentos. A situação só melhorou após árduas negociações com o governo de Correa (Zhengzhi, 2008). Na Bolívia, com as políticas de nacionalização dos recursos energéticos realizadas pelo governo de Morales em 2006, as empresas chinesas foram obrigadas a deixar seus anteriores planos de desenvolvimento de negócios e aceitar os novos acordos com o governo boliviano, com condições mais exigentes (Haiyan; Anping, 2012). Na Argentina, quando o governo de Cristina declarou a nacionalização da maior companhia petrolífera do país, a YPF, a Sinopec estava em meio a uma negociação secreta com a Repsol sobre uma possível aquisição de ações – caso as duas tivessem terminado a negociação e efetuado a aquisição antes desse acontecimento, era certo que a Sinopec sofreria uma prejuízo enorme de dezenas de bilhões de dólares.

Os grupos de interesse domésticos nos países latino-americanos têm-se movimentado ativamente em prol de um protecionismo comercial no mercado contra os produtos importados da China, e as reivindicações protecionistas podem prejudicar os interesses de empresas chinesas

A instituição da democracia promove a participação política da sociedade civil, na qual os grupos de interesse são atores principais. Sua atuação é principalmente orientada pelo próprio interesse, ou seja, o interesse de apenas uma parte dos membros da sociedade. Tais grupos podem fazer reivindicações – como o "porta-voz" de seus membros – junto ao governo e influenciar o processo de elaboração de políticas e até barrar as políticas do governo, para que políticas e legislações favoráveis à realização de seus interesses e objetivos sejam colocadas em prática. Na América Latina, as diversas organizações setoriais e federações industriais ou comerciais são os grupos de interesse típicos da região. Ademais, os governantes de muitos países latino-americanos, por motivos da política eleitoral e em razão da proteção dos interesses nacionais, manifestam-se dispostos a incorporar as reivindicações dos grupos de interesse no processo de decisão política e de percepção e elaboração das políticas públicas.

Desde os anos 1980, os países da região têm realizado uma série de reformas econômicas, fazendo da América Latina uma das zonas econômicas mais abertas do mundo. Porém, devido à baixa competitividade dos produtos, a política de abertura econômica trouxe impactos graves ao setor industrial dos países, o que acarretou uma preferência geral dos governos regionais de recorrerem aos instrumentos *antidumping* e às medidas mais discretas de proteção comercial, a fim de salvaguardar seus próprios interesses. Em 2012, países como México, Argentina e Brasil promulgaram políticas unilaterais de restrições de importações, tendo como objetivo dificultar a entrada dos produtos chineses.

As medidas de protecionismo comercial são muitas vezes propostas, no primeiro instante, por algumas determinadas empresas ou alguma associação industrial e, portanto, têm como prioridade defender os interesses industriais, e não o interesse dos consumidores. Tais grupos, na verdade, representam apenas o interesse das facções protecionistas do mercado. Entretanto, eles são bem organizados e estritamente vinculados aos principais partidos políticos, razão pela qual suas atuações, em nome da defesa dos interesses nacionais, são facilmente aceitas e apoiadas pelo governo. Por exemplo, um desses grupos, a Associação Nacional da Indústria de Pneumáticos (Anip), do Brasil, tem iniciado, desde 2008, uma série de investigações *antidumping* em relação aos pneus de borracha dos veículos leves de origem chinesa. Em setembro de 2009, a Câmara de Comércio Exterior (Camex) do Brasil decidiu a taxação de impostos altíssimos de *antidumping* aos produtos chineses da mesma categoria em cinco anos consecutivos (Yuming, 2009), o que prejudicou seriamente a competitividade de tais produtos chineses, que antes eram competitivos principalmente por causa de seu baixo preço.

De modo geral, as leis *antidumping* dos países latino-americanos não têm deixado muito espaço para a expressão plena do desejo dos consumidores. As empresas importadoras da região almejam aumentar a importação de produtos chineses para atender à grande demanda dos consumidores em geral pelos produtos de boa qualidade e de baixo custo que a China exporta. Se esses produtos forem todos impedidos de cruzar as fronteiras da América Latina, o nível de preços dos países subirá, e o custo de vida do povo também, o que implica uma perda de interesse dos próprios países. Por isso, no caso do Brasil, o governo teve de adiar por seis meses a taxação dos pneus chineses, conforme a Lei Antidumping proclamada em setembro de 2009, para acompanhar as iniciativas do governo de estimular o consumo interno dos veículos por meio da redução do Imposto sobre Produtos Industrializados (IPI) (Yuming, 2009).

Os sindicatos e as organizações não governamentais são fatores cruciais na criação de um "ambiente suave" que oferece segurança às empresas chinesas e garante o sucesso das suas operações na América Latina

Desde a década de 1930, os países latino-americanos vêm estabelecendo as Leis Trabalhistas para exercer um alto grau de proteção às forças de trabalho. Essas leis são, às vezes, muito complexas e muito exigentes para os empregadores, que outorgam poderes extraordinários às organizações sindicais, o que constitui o fator principal limitador da eficiência do mercado de trabalho da América Latina. O sistema de trabalho em alguns países chegou a ser engessado. Por exemplo, a nova Lei Trabalhista venezuelana (Marcano; Deniz, 2012) que entrou em vigor em 2012 visava assegurar de forma absoluta (em vez de ser relativa) a manutenção dos empregos, o que torna impossível a extinção do contrato de trabalho por decisão do empregador – ou seja, o término de uma relação de trabalho só pode acontecer quando o empregado pede demissão.

Tal mecanismo de proteção aos direitos e benefícios dos trabalhadores outorga enorme espaço de manobra às organizações sindicais. Historicamente, os sindicatos sempre foram um ator ativo na vida política, econômica e social dos países latino-americanos. O processo de redemocratização conferiu-lhes a legitimidade completa de exercer suas influências via negociações, greves e manifestações. Sob o contexto de política eleitoral, os sindicatos também se tornaram uma força política muito importante, cujo apoio está sendo disputado entre todas as facções políticas. Os partidos políticos tradicionais costumam manter seus vínculos com a base social por meio do controle de determinadas organizações sindicais; enquanto os partidos políticos emergentes também atribuem grande importância às reivindicações dos sindicatos, cujo apoio será indispensável na construção de sua base popular.

Faltam, da parte das empresas chinesas, esforços para entender às políticas sindicais e ao funcionamento dos sindicatos da América Latina, e suas experiências de lidar com questões sindicais também são muito limitadas. Na verdade, frequentemente as empresas chinesas encontram-se em conflitos trabalhistas e que gastar muito tempo e energia na reconciliação com os sindicatos locais. Por exemplo, a siderúrgica Grupo Shougang, um dos pioneiros no desenvolvimento ultramarino das empresas chinesas, efetuou a aquisição de uma quase falida empresa estatal peruana de minério de ferro em 1992. Porém, jamais parou de enfrentar graves problemas trabalhistas: os sindicatos locais sucessivamente recorriam a greves para pedir aumento do salário e dos benefícios dos trabalhadores. Em agosto e setembro de 2011, sua filial no Peru ficou parada devido a uma greve por aumento salarial, e em outubro de 2012, uma greve indefinida foi convocada pelos mais de mil funcionários na Minas de Marcona, também gerenciada pelo grupo chinês. Frequentes greves resultaram em enormes perdas econômicas das empresas, pois significam aumento de seu custo operacional. Além disso, as empresas foram obrigadas a pagar multas muito pesadas, e sua imagem empresarial também ficou desgastada.

Na América Latina, as organizações não governamentais geralmente permanecem em um elevado estatuto moral, com poder de contrariar ou até barrar as decisões do governo por meio da organização de manifestações e protestos. São extremamente influentes nas áreas como proteção ambiental e democracia, em que são quase sempre capazes de impor suas condições às empresas estrangeiras. Portanto, as empresas chinesas precisam ter muita cautela ao lidar com tais organizações, cujo papel político está tornando-se cada vez mais destacado. Por exemplo, muitas empresas chinesas participam na extração dos recursos naturais em regiões muito sensíveis da América Latina, onde vivem comunidades indígenas. Tendo contato só com o governo local e as empresas parceiras, as empresas muitas vezes desconhecem a importância das outras partes envolvidas, inclusive as organizações não governamentais, com as quais podem entrar em conflitos. A exemplo da Andes Petroleum, que opera na região Amazônica do Equador, suas operações são frequentemente interrompidas pelos grupos de defesa dos direitos indígenas, que a acusam de ter causado danos à natureza. Os conflitos foram exacerbados em junho de 2007, quando os manifetantes chegaram a prender dezenas de funcionários da companhia petrolífera. O episódio só chegou ao fim com a intervenção da tropa da polícia militar, ordenada pelo governo equatoriano para atenuar a tensão.

O modelo de governança estatal dos países latino-americanos ainda está em processo de formação e evolução. Ele seria um produto das voltas e reviravoltas que aconteceram durante o longo percurso da América Latina desde sua independência, duzentos anos atrás, o que tem raízes muito profundas na história e na atualidade da região. Sua formação, mesmo em uma etapa ainda preliminar, representa um novo patamar de desenvolvimento no que diz respeito aos arranjos institucionais, às formas organizacionais e aos mecanismos de governança na região, o que não só lançou a base de um crescimento econômico duradouro e um desenvolvimento mais equilibrado para os países, mas também construiu uma plataforma adequada por meio da qual as empresas chinesas podem entrar e enraizar-se na região. Levando em conta as grandes potencialidades da América Latina, em particular seu enorme mercado e seus recursos naturais muito abundantes, as empresas chinesas devem ver a região como uma importante opção em sua estratégia de intensificar as cooperações e expandir os investimentos no âmbito internacional, com a qual devem aprofundar cada vez mais as relações econômicas e comerciais. Assim, novas oportunidades de desenvolvimento e nova força motriz de crescimento podem ser injetadas na economia chinesa.

As oportunidades sempre vêm com os riscos. Uma análise sobre o modelo de governança estatal dos países latino-americanos pode ajudar as empresas chinesas a conhecer de forma mais adequada a complexidade do sistema político e do ambiente social dos países da região, o que leva à diminuição dos riscos políticos. Sob a perspectiva da consolidação da democracia, os líderes dos países latino-americanos ainda se mostram inclinados a adotar posições populistas em sua governança, o que pode acarretar graves mudanças de política em relação ao capital estrangeiro. Apesar de a economia regional ser aberta ao exterior de modo geral, os sentimentos nacionalistas ainda podem levar a algumas políticas econômicas em favor dos interesses nacionais e em detrimento dos benefícios das empresas estrangeiras. Ainda que estas possam contar com boas vindas e apoio por parte de governo, são muitas vezes mal vistas e hostilizadas por outros atores no cenário nacional (por exemplo, as organizações não governamentais), razão pela qual não se pode desconsiderar as dificuldades que elas possam encontrar em sua operação na região.

O reconhecimento dos riscos mencionados deve servir para uma melhor consciência e maior habilidade em lidar com eles. Devido em grande medida à boa evolução das relações bilaterais entre a China e a América Latina, as empresas chinesas estão fortificando cada vez mais sua presença no mercado latino-americano desde o início do século XXI. Com o crescimento acelerado da economia chinesa, as exportações para esse país estão se tornando um dos pilares de crescimento econômico dos países latino-americanos. Ao mesmo tempo, os volumosos investimentos chineses também constituem uma alternativa importante de financiamento para esses países, fato que diminuirá com certeza a dependência destes em relação aos investidores norte-americanos e europeus, como sempre foi. As relações bilaterais amistosas com a América Latina conferiram às empresas chinesas uma condição muito favorável, em que elas, como principiantes, podem minimizar os grandes riscos políticos. Como foi colocado antes, as políticas de nacionalização de países como Venezuela, Bolívia e Argentina tinham como maior preocupação dissolver ameaças provenientes das empresas multinacionais, controladas pelo capital norte-americano e europeu. Esses países são, de modo geral, amigáveis com as empresas chinesas, que supririam as necessidades econômicas dos países após a saída das multinacionais ocidentais.

Porém, em médio e longo prazos, as empresas chinesas ainda precisam, por si mesmas, dar boa conta desses riscos. Isso depende, em primeiro lugar, de sua capacidade de adotar uma verdadeira visão estratégica em suas operações no mercado latino-americano, para combinar da melhor forma seu próprio crescimento empresarial com os interesses de desenvolvimento nacional dos países latino-americanos. Deve-se buscar um novo mecanismo de internacionalização, no qual as empresas possam dar grande importância às suas responsabilidades sociais da mesma forma que dão aos lucros. Só assim a velha experiência das empresas ocidentais não se repetirá com as empresas chinesas. Nesse sentido, as empresas chinesas com a intenção de entrar na América Latina devem, além de estudar às "variáveis tangíveis" da região – como localização, reserva dos recursos, tamanho do mercado e infraestruturas –, buscar entender também as "variáveis não tangíveis" – como o sistema social e as correntes de pensamento mais predominantes da região, para criar, com base nesses conhecimentos, um ambiente favorável ao estabelecimento de uma imagem empresarial positiva.

Referências bibliográficas

BRID, J. C. M.; CALDENTEY, E. P. Trade and Economic Growth: A Latin American Perspective on Rhetoric and Reality. In: ECLAC Subregional Office in Mexico. México: Eclac, 2009, p. 20. Disponível em: <http://www.cepal.org/publicaciones/xml/3/38143/L945.pdf>.

CASTAÑEDA, J. G.; MORALES, M. A. *Leftovers*: Tales of the Latin American Left. New York; London: Routledge, 2008.

CHOMSKY, A. *Neoliberalism and Global Order*. Tradução de Xu Haiming, Ji Haihong. Nanjing: Jiangsu People's Publishing House, 2000.

DEVELOPMENT Assistance Center of Economic Cooperation and Development (OECD). *Latin American Economic Outlook (2008)*. Tradução de Yue Yunxia et al. Beijing: World Affairs, 2009. p.25.

DONGZHEN, Y. Estudo sobre o mecanismo de decisão governamental dos países latino-americanos. *Journal of Latin American Studies*, n.5, 1991.

ECLAC. A Decade of Light and Shadow:Latin America and the Caribbean in the 1990s. Santiago: Eclac, 2003. p.72.

______. Foreign Direct Investment in Latin America and the Caribbean 2011. Santiago: Eclac, 2012, p.7. Disponível em: <http://www.cepal.org/publicaciones/xml/2/46572/liei2011eng.pdf>.

ELLNER, E.; HELLINGER, D. *Venezuelan Politics in the Chavez Era*: Class, Polarization & Conflict. Colorado: Lynne Rienner Publishers, 2004.

FAN, Z. Latin America's Democratization and Governability. *Journal of Latin American Studies*, n.4, 2008.

FOXLEY, A. Market Versus State:Postcrisis Economics in Latin America. *Carnegie Endowment*, 2010, p.5. Disponível em: <http://www.carnegieendowment.org/files/market_versus_state.pdf>.

GELLER, E. *Nations and nationalism*. Tradução de Han Hong. Beijing: Central Compilation & Translation Press, 2002.

GOTT, R. *Hugo Chavez and the Bolivarian Revolution*. London: Verso, 2005.

HAIYAN, W.; ANPING, J. Empresas chinesas são atingidas pela nova "onda de estatização" na América Latina. *International Herald Tribune*, 5 jul. 2012.

HELD, D. *Patterns of Democracy*. Tradução de Yan Jirong et al. Beijing: Central Compilation & Translation Press, 1998.

HONGGANG. C. *Objective of the Government's Behavior and Institution Translation*. Beijing: Social Sciences Academic Press, 2007.

HUIJUN, Z. A reconstrução do modelo de governança estatal no processo de transformação: uma análise comparativa institucional – um estudo de caso da Europa Central e da Rússia. *Russian Studies*, n.2, 2006.

HUIJUN, Z. A transformação econômica e a evolução do modelo de governança estatal – um estudo de caso da China. *Reform of Economic System*, n.2, 2009.

HUNTINGTON, S. *The Third Wave*: Democratization in the Late Twentieth Century. Trad. Liu Junning. Beijing: SDX Joint Publishing Company, 1998.

______. *Political order in changing societies*. Trad. Wang Guanhua et al. Shanghai: Shanghai People's Publishing House, 2008.

JIANHUA, Z.; FENGFEI, L. O nacionalismo como uma tendência mundial. *World Economics and Politics*, 1996.

JINGGEN, O. Uma análise da sequência da consolidação democrática. *Social Sciences Shanghai China*, 2004 (3).

JINGHONG, W.; ZHENHUI, H. Do desenvolvimento político à transformação política – a evolução do paradigma da pesquisa sobre o processo de democratização contemporâneo. *Open Times*, n.7, 2009.

JINGSHENG, D. O populismo no processo da modernização da América Latina. *World History*, 2004 (4).

JOHN, B. *Nationalism and the State*. Chicago: The University of Chicago Press,1982.

JUN. Z. *O arranjo institucional da ordem pública – o quadro do relacionamento Estado-Sociedade e suas práticas*. Beijing: Academia Press, 2005.

JUNYANG, F.; SHUHONG, Y. Entrevista com o presidente equatoriano Rafael Correa: os países latino-americanos precisam defender sua soberania econômica. *Xinhuanet*, 30 out 2011. Disponível em: <http://news.xinhuanet.com/world/2011-10/30/c_111133623.htm>.

KEPING, Y. *Emerging of Civil Society and its Significance to Governance in Reform China*. Beijing: Social Sciences Academic Press, 2002.

LINZ, J.; STEPAN, A. *Problems of Democratic Transition and Consolidation*: Southern Europe, South America, and Post-Communist Europe. Trad. Sun Long et al. Hangzhou: Zhejiang People's Publishing House, 2008.

LUMMIS, D. *Radical Democracy*. Tradução de Liu Yuanqi. Beijing: China Renmin University Press, 2008.

MALLOY, J. *Authoritarianism and Corporation in Latin America*. Pittsburgh: University of Pittsburgh Press, 1977.

MARCANO, E.; DENIZ, R. Venezuelan Labor Law Bans Layoffs not Agreed with Workers. *El Universal*, 2012. Disponível em: <http://www.eluniversal.com/economia/120504/venezuelan-labor-law-bans-layoffs-not- agreed-with-workers>.

NAN, Y. O governo venezuelano cobra impostos extra de cinco empresas petrolíferas, incluindo a filial da PetroChina. Disponível em: <http:// news.xinhuanet.com/overseas/2006-09/08/content_5065096.htm>. Acesso em: 8 set. 2006.

PATEMAN, C. *Participation and Democracy Theory*. Shanghai: Shanghai People's Publishing House, 2006.

PING, C.; ZHENXING, S. Neoliberalism and Privatization in Latin America. *Academic Journal of Graduate School of Chinese Academy of Social Sciences*, n.2, 2005.

QI, H. Alguns problemas no estudo sobre o estruturalismo latino-americano. *World History*, n.2, 2008.

SHICHENG, X. Legislature System in Latin America. *Journal of Latin American Studies*, n.3, 2000.

SHIHUI, Y. Latin America's practice of antidumping against Chinese exports: characteristics, causes and counter-measures for China. *Latin American Studies*, n.4, 2002.

SICE. Trade Agreements in Force. S. d. Disponível em: <http://www.sice.oas.org/agreements_e.asp>.

SKIDMORE, T. *Modern Latin America*. Tradução de Jiang Shixue. Beijing: World Affairs Press, 1996.

SMITH, P. H.; HORISAKA, K.; NISHIJIMA, S. *East Asia and Latin America*: The Unlikely Alliance. New York: Rowman & Littlefield Publishers, Inc., 2003.

STIGLITZ, J. *Globalization and its Discontents*. Trad. Xia Yeliang. Beijing: China Machine Press, 2004.

TORRE, C. de la. The Resurgence of Radical Populism in Latin America. *Constellations*, n.3, 2007.

VELIA, C.; LEI, F. Da revolução para a mobilização – confluências da sociedade civil e democracia na América Latina. *Journal of Latin American Studies*, n.5, 2011.

VILLARREAL, M. A. Mexico's Free Trade Agreements. *CRS Report for Congress*, 2012, Disponível em: <http://www.fas.org/sgp/crs/row/R40784.pdf>.

WEIMIN, J.; YUANFENG, X. A evolução do modelo de governança estatal da Rússia e as implicações para a China. *Russian, East European & Central Asian Studies*, n.1, 2009.

WHITE, G. *Civil society, democratization and development*: clearing the analytical ground. Tradução de He Zengke et al. Beijing: Social Sciences Academic Press, 2000. Disponível em: <http://www.cctb.net/zjxz/expertarticle/200502/t20050224_4875.htm.>

WIARDA, H. *Political Development of Emerging Countries* – is There Still a Third World? Tradução de Liu Qing, Niu Ke. Beijing: Peking University Press, 2005.

XUEHUA, S. *The Principle of Political Science*. Guangzhou: Zhongshan University Press, 2001.

XUELIANG, D. *Debating the Chinese Model*. Beijing: Social Sciences Academic Press, 2011.

YAN, D.; DAYONG, A.; DONGLIANG, C. An Empirical Study on The Determinants of Chinese Outward Investment to Africa. *China Economic Quarterly*, n.2, 2011.

YONGJIU, G.; JI, C. On Nationalism's Political Attribute. *Journal of South-Central University for Nationalities* (Humanities and Social Sciences), n.1, 2009.

YONGSHENG, W. Implicações do desenvolvimento dos grupos de interesse dos Estados Unidos para a China. *Academics in China*, n.2, 2008.

YUMING, B. O Brasil cobra taxas de antidumping dos calçados e dos pneus para veículos leves importados da China. Disponível em: <http://news.xinhuanet.com/fortune/2009-09/10/content_12030932.htm>. Acesso em: 9 set. 2009.

ZHENGZHI, Y. Análise dos riscos de investimento chinês no setor petrolífero da América Latina. *International Petroleum Economics*, n.3, 2008.

ZHENXIN, S. New Structuralism in Latin America. *Journal of Latin American Studies*, n.2, 1991.

______. Algumas questões de modernização dos países latino-americanos. *Academic Exploration*, n.2, 2006.

ZHONGMIN, L. China's Overseas Economic Interests Protection: A Strategic Analysis. *World Economics and Politics*, n.8, 2012.

6

Os desafios futuros das cooperações em segurança entre os parceiros

Wu Baiyi

Nos estudos atuais sobre as relações entre China e América Latina no meio acadêmico chinês, a cooperação entre esses dois países na área de segurança tem sido um tema pouco abordado. Na maioria dos casos, a questão de segurança só aparece em um estudo quando envolve algum terceiro país, e geralmente se confunde com temas de caráter diplomático, carecendo de estudos específicos, precisos e contínuos.[1] Isso porque entre a China e a América Latina há poucos conflitos de interesses

1 A intervenção mais antiga do governo chinês em assuntos de segurança da América Latina aconteceu em 1962, durante "a crise dos mísseis de Cuba". No entanto, além de expressar a solidariedade com o governo cubano contra a "provocação militar dos Estados Unidos" para "defender as conquistas das revoluções comunistas", a China tinha uma preocupação maior de mostrar para o mundo sua oposição tanto à política imperialista dos Estados Unidos de "chantagem nuclear" quanto ao "aventureirismo" e a "capitulação tática" da União Soviética, o que já assinalou a estratégia chinesa das relações exteriores, chamada de "luta contra os inimigos com os dois punhos". Em 1980, a China manteve essa política por meio de mecanismos do Conselho de Segurança da ONU e de outros fóruns internacionais. Em esforços de resistir à hegemonia das duas superpotências, a China desempenhou um papel importante no protesto mundial contra a invasão norte-americana em Granada e a intervenção provocativa norte-americana em Nicarágua, ambos situados na América Latina. Durante a guerra das Ilhas Malvinas entre Argentina e Reino Unido, o governo chinês exprimiu sua simpatia e apoio à Argentina e também defendeu que as duas partes resolvessem a disputa por meio de negociações pacíficas, em conformidade com as resoluções pertinentes das Nações Unidas. Ver (Mingxing; Zhenlan, 2008; Yixian, 2002, p.398-401,408-9).

diretos de segurança, dado o fato de que ambos pertencem ao mundo em desenvolvimento e dada a enorme distância geográfica que os separa. As preocupações centrais de segurança dos dois lados dizem principalmente respeito às questões relevantes no cenário de segurança internacional, perante as quais têm compartilhado a mesma postura e o mesmo princípio moral.

Com o desenvolvimento de saltos das relações entre China e América Latina no século XXI, as cooperações econômico-comerciais, os contatos diplomáticos e as interações entre os povos têm-se intensificado de uma forma sem precedentes. De acordo com as estatísticas do Ministério do Comércio da China, em 2011, o estoque de investimentos diretos da China na América Latina totalizava US$ 55,1 bilhões, e o fluxo do ano dos investimentos aplicados foi de US$ 1,19 bilhão, ou 15,99% do total dos investimentos chineses não financeiros no exterior, fazendo com que a América Latina se tornasse o segundo maior destino de investimentos chineses (Burô, 2012, p.261). Esse fato trouxe múltiplos impactos para ambos os lados:

1. A América Latina, com seus múltiplos recursos e seu grande potencial do mercado, com certeza constituirá uma motivação exógena muito relevante para o desenvolvimento sustentável da China, que é uma economia gigantesca em rápido desenvolvimento. As cooperações entre a China e a América Latina com base nas vantagens comparativas apresentam um significado estratégico sem igual e perspectivas muito promissoras.
2. Os fatores internos e externos do cenário de desenvolvimento econômico da China estão remodelando as cooperações com a América Latina no sentido de "expansão simultânea dos comércios e dos investimentos", o que não só corresponde à regra geral de *upgrade* estrutural das economias, mas também representa as necessidades de aprofundamento das relações entre os dois lados.
3. Por fim, um fato que mais chama a atenção do autor é a crescente preocupação chinesa em relação ao ambiente de segurança da América Latina, e a dúvida da parte chinesa sobre a disponibilidade e a capacidade da região de cooperar com a China no âmbito de segurança, bem como as formas viáveis de cooperação. Como uma consequência natural da ampliação dos investimentos chineses na região, a crescente consciência chinesa sobre a urgência

das cooperações com a América Latina em segurança exige não só a renovação de conceitos dos dois lados, mas também o reforço do consenso em torno da criação de um modelo de cooperação que atenda à necessidades dos dois lados e do estabelecimento de políticas que garantam um ambiente saudável de investimento da região. Essas questões são de grande relevância para o desenvolvimento saudável e estável das relações entre China e América Latina, e também constituem o ponto de partida da presente pesquisa.

Na perspectiva da segurança dos comércios e dos investimentos da China na América Latina, o presente trabalho visa discutir, primeiro, a particularidade da América Latina como uma nova variável no cenário de segurança externa da China, objetivando uma avaliação das condições básicas e das fontes da convergência dos interesses entre os dois lados na área de segurança. Em seguida, partindo da hipótese de que os próximos dez anos serão um período de grandes oportunidades estratégicas para a China e de grandes transformações das relações de cooperação entre China e América Latina, o trabalho analisará os diversos fatores que poderão conduzir ao aumento das cooperações dos dois na área de segurança. Aplicando as teorias e as práticas de cooperação internacional de segurança, o trabalho visa avaliar a possibilidade de surgimento de uma visão ampla de cooperação entre China e América Latina de segurança e apresentar os princípios básicos, o conteúdo, os fatores de "dependência do caminho" (*path dependence*) e as opções políticas possíveis que a compõem.

O papel especial da América Latina no cenário de segurança externa da China

A investigação sobre o cenário externo de segurança da China é uma tarefa excepcionalmente difícil, porque ela terá de abordar as análises estáticas (o passado e o presente, em certa medida) e dinâmicas (fatores de incerteza real e as possíveis tendências) a partir dos pontos de vista da China, para enfim identificar as variáveis na segurança externa do país, o que é justamente o objetivo da presente pesquisa. Em outras palavras, as posturas da China não podem ser tomadas como fatores independentes da pesquisa, mas sim como o "fio lógico" das análises. As necessidades de desenvolvimento da China, suas preocupações de segurança e suas estratégias de manutenção da segurança constituem uma "externalidade" da análise. Então a pesquisa sobre as relações de segurança entre a China e o exterior tem de levar em consideração as variáveis no cenário nacional, no cenário internacional e a interação entre estes dois; as possíveis mudanças das principais contradições existentes; as possíveis mudanças nas condições específicas de que as questões de segurança derivam; e, sobretudo, a evolução e o processo de transformação das condições favoráveis e desfavoráveis para a cooperação.

Se tomarmos o ano de 2012 como o ponto de partida de nossa pesquisa, quais mudanças tiveram lugar no cenário de segurança externa da China? Durante o 18º Congresso Nacional do Partido Comunista da China, recentemente concluído, o presidente chinês Hu Jintao fez um informe político em nome do 17º Comitê Central do PCC, em que assinala:

> O mundo de hoje está passando por mudanças profundas e complexas, porém, a paz e o desenvolvimento continuam sendo o tema principal de nossa era. Com a crescente multipolarização e globalização econômica, com os avanços da diversidade cultural e da sociedade da informação, e com os novos progressos da revolução tecnológica, as cooperações globais estão ampliando seu âmbito em todos os níveis e aspectos. A força dos países de mercados emergentes e dos países em desenvolvimento, como um todo, está aumentando, o equilíbrio de poder internacional está se movendo a favor da manutenção da paz mundial, e as condições para salvaguardar a estabilidade na situação geral da segurança global estão sendo consolidadas. Entretanto, ainda há muitos fatores de intranquilidade. A crise financeira internacional teve impactos muito profundos e duradouros, gerando cada vez mais fatores de incerteza e instabilidade no cenário do crescimento econômico mundial. Os desequilíbrios do desenvolvimento global estão se agravando, e a hegemonia, a política de poder e o neointervencionismo têm ganhado força; as turbulências regionais estão ocorrendo com frequência, e os riscos da segurança alimentar, energética, de recursos e da internet estão se tornando mais proeminentes. (Jintao, 2012, p.43)

Essas avaliações da liderança chinesa foram fundadas em uma análise objetiva sobre o mundo de hoje, tomando-se a plena consciência do fato de que a situação internacional concebe aspectos positivos e negativos que interagem entre si. Segundo essa visão, os desafios de segurança tornar-se-ão ainda mais complexos e terão impactos maiores e mais generalizados sobre o crescimento econômico mundial, as relações internacionais e a estabilidade e o desenvolvimento sustentável global.

Essa observação dialética e científica tem um forte poder explicativo para as atuais circunstâncias de segurança externa da China. Em primeiro lugar, o sistema internacional começou a viver mudanças profundas e complicadas. O excessivo desequilíbrio no antigo cenário do poder político e econômico internacional já foi parcialmente corrigido, as economias emergentes e os países em desenvolvimento têm conseguido manter uma tendência ascendente de desenvolvimento, apesar de alguns tropeços, ao mesmo passo em que os países desenvolvidos, incluindo os Estados Unidos, têm entrado em um período bastante prolongado de recessão econômica e de intensificação dos conflitos políticos e sociais internos. Ao mesmo tempo, o mundo ocidental, nomeadamente os Estados Unidos, que é a única superpotência mundial, tem apresentando uma crescente dúvida e inquietação em relação à ascensão chinesa. A crescente desconfiança e ansiedade dos Estados Unidos têm sido reveladas pela realização acelerada de sua estratégia de contenção à China, que tem por objetivos a interrupção do processo de revitalização da China, o maior controle da região Ásia-Pacífico e, a partir disso, a construção de uma nova configuração internacional de segurança desfavorável, capaz de controlar, impedir e até romper o processo de internacionalização chinesa no futuro.

Em segundo lugar, na perspectiva do processo da globalização econômica, a crise financeira internacional de 2008 teve impactos e desdobramentos sem precedentes à ordem internacional. Ela não só mudou profundamente a alocação dos recursos do mercado global e o *layout* da cadeia da indústria, como também deu início a um processo de revolução da estrutura de poder internacional, acelerando a tendência de diferenciação e polarização, fazendo com que os "vencedores" formassem um "centro do poder" e os "perdedores" fossem vítimas de "marginalização". Portanto, a disputa global entre os países tende a se tornar mais intensa, e é possível que a China enfrente a dupla pressão, proveniente de ambas as economias, desenvolvidas e as em desenvolvimento. Algumas dessas pressões podem tomar a forma de políticas comerciais e de investimento desfavoráveis à China, enquanto outras podem revelar-se nos aspectos políticos e de segurança, por exemplo, a oposição e a alienação política, ou até tentativas de provocações ou perturbações. Esses problemas podem até resultar em destacar os problemas de "gargalo", como a segurança dos ativos chineses no exterior, o fornecimento de energia e a importação de alimentos, que afetam cada vez mais o crescimento estável econômico da China.

Em terceiro lugar, com o aumento da participação da China no processo de realocação do mercado e dos recursos globais, os regimes e as regras de governança internacional tendem a influenciar e colocar exigências mais rigorosas para o desenvolvimento dos sistemas institucionais internos do país. Os países ocidentais estão aproveitando cada vez mais seus pontos fortes tradicionais para submeter a China à sua vontade, porém percebe-se uma evidente assimetria de poder na arena dos jogos entre estes e a China quando se tratam de questões sensíveis e vitais para a fase atual do desenvolvimento institucional da China (nomeadamente na área de segurança social), o que pode acarretar, em longo prazo, novos conflitos e atritos. Portanto, é essencial que reconheçamos que a conservação do regime político não seria necessariamente o melhor "talismã" para a salvaguarda da segurança nacional, especialmente quando as condições históricas já não se sustentam mais. Na verdade, para a China, um país em ascensão, a melhor saída seria a renovação contínua dos regimes institucionais, de modo que os valores fundamentais, as tradições e os padrões de comportamento e culturais chineses sejam mais compatíveis, interpretativos e flexíveis com o mundo exterior. Apenas por meio de uma abertura inteligente é que poderemos reconstruir a civilização moderna da nação chinesa, melhorar a competitividade mundial da cultura chinesa e, por fim, criar um cenário de segurança externa mais sustentável e duradouro. O alcance deste último alvo é mais crucial para a China do que a mera consolidação da força física do país.

Uma vez que as condições internacionais mencionadas podem estar em rápida mutação, o papel da América Latina no sistema de segurança externa da China tende a se tornar, sem dúvida, cada vez mais importante. Do ponto de vista geopolítico, uma parte considerável dos países latino-americanos está localizada na Costa Leste do Pacífico, de frente para a Ásia Oriental. Os países da região apresentam grandes interesses em estreitar relações com a Ásia Oriental, e o fato de que entre as duas não há confrontos diretos de interesse torna mais fácil a cooperação entre as duas regiões no âmbito de política e de segurança. Graças à engenhosidade e persistência do governo chinês ao estruturar as relações com a região, é de esperar que a América Latina, apesar da grande distância geográfica, se torne um de nossos maiores parceiros em termos da cooperação em segurança externa, além de um importante aliado moral na defesa de nossos interesses essenciais de segurança. A China e a América Latina estão no mesmo barco e têm de remar juntas para reagir de forma sensata às futuras mudanças do cenário da concorrência econômica mundial e da ordem internacional. Seu comprometimento comum pelo desenvolvimento e sua relação de complementaridade mútua também tendem a criar uma maior interdependência entre os dois na área de segurança. Além disso, cientes da crueldade das concorrências da economia internacional, que seguem o princípio de "sobrevivência do mais apto", a China e a América Latina também terão de reequilibrar a assimetria de desempenho econômico. A China terá de reajustar sua estratégia econômica de modo a evitar que os conflitos de interesse coloquem em xeque todos os nossos esforços anteriores que buscavam aumentar as cooperações de segurança com a região.

Por fim, deve-se reconhecer que o futuro processo da ascensão chinesa ainda estará inserido em um sistema internacional sob os auspícios da civilização ocidental. Embora os países latino-americanos pertençam ao mundo em desenvolvimento, seu sistema político, sua cultura institucional e sua estrutura social seguem a mesma linha do Ocidente, razão pela qual existe uma certa dificuldade para entenderem e aceitarem as realidades da China que parecem heterogêneas. Essa dificuldade já tem se revelado em casos recentes de alguns países latino-americanos adotarem uma postura desfavorável à entrada das empresas chinesas no mercado local. Então, como reforçar a confiança política mútua entre a China e a América Latina para evitar de forma eficiente os riscos de cooperação bilateral de segurança? Essa questão, que foi refletida no aperto recente de alguns países ao investimento chinês no setor de energia na região, está despertando uma atenção cada vez maior da parte chinesa em nível governamental, empresarial e social. À medida que a China se torna um grande, senão o maior, fator determinante no desenvolvimento da América Latina, a região também vem aumentando sua importância no cenário externo de segurança e no processo de evolução política e institucional da China, podendo vir a exercer impactos diretos nas futuras reformas políticas e institucionais da China com suas experiências nesse campo.

Isso talvez explique o principal significado e a natureza de uma possível relação de cooperação entre China e América Latina em segurança. Claro, essa relação implicará para a China alguns aspectos negativos, mas com certeza os aspectos positivos prevalecerão. É de reconhecer que a definição do que é positivo e do que é negativo não pode ser feita de forma absoluta, pois os aspectos positivos e negativos interagem entre si, podendo conduzir a resultados distintos sob diferentes condições. A literatura clássica do marxismo nos indica:

> O que na passagem da história humana foi realidade, ao longo do tempo, perderia sua base de existência... e o que é racional nas mentes das pessoas, um dia se tornará numa realidade, não importa quão absurdo e contraditório este parece ser quando comparado com a realidade presente (Engels, 1997, p.7).

Como sujeitos de pesquisa, países são assim, e as relações entre eles também. Quando os interesses econômicos da China e da América Latina atingem um maior grau de simbiose, os pontos de simetria e assimetria existentes no padrão dos interesses de segurança entre os dois tendem a alterar-se de forma mais acentuada, em comparação com os existentes nas relações entre a China e seus países vizinhos e as potências ocidentais. Esse fato constituiu a base racional das futuras cooperações entre China e América Latina na área de segurança.

A simetria no padrão dos interesses de segurança entre a China e a América Latina

O maior divisor comum entre a China e a América Latina na área de segurança é a convergência de suas ideias relativas à construção de uma ordem de segurança internacional mais razoável e um sistema de governança global mais justo. A China e muitos países latino-americanos tiveram um passado histórico semelhante e, portanto, compartilham as mesmas aspirações ao desenvolvimento e ao estabelecimento de um cenário externo mais estável e equitativo para alcançar a prosperidade econômica e o desenvolvimento social sustentável. Como países em desenvolvimento ou emergentes, tanto a China quanto os países latino-americanos atribuem grande importância para a salvaguarda de sua soberania nacional e a democratização das relações internacionais. Todos eles opõem-se à política de força, à interferência estrangeira, à hegemonia e à imposição de sua vontade aos outros países, e também mantêm uma posição positiva e construtiva na participação no processo de reestruturação das relações globais e regionais de segurança.

> A China defende a igualdade e democracia nas relações internacionais, busca a cooperação *win-win* e o desenvolvimento comum com as outras nações, almeja promover a justiça e a eficácia na governança global, cultiva uma civilização internacional pluralista, e salvaguarda a segurança global em meio a uma interdependência geral entre os países.[2]

Ao mesmo tempo, os países da América Latina e do Caribe também defendem sua soberania nacional, a coesão regional e o desenvolvimento comum. Ao longo da história, a América Latina foi atingida por diversos problemas de coesão, tais como a diferença entre os sistemas políticos e os modelos de desenvolvimento econômico, os confrontos militares, as disputas fronteiriças, os atritos comerciais, os conflitos de interesse de desenvolvimento e de segurança e a intervenção e dissensão por parte das potências estrangeiras. Tais fatores enfraqueciam a coesão regional, dificultavam o processo de integração e unificação da região e impediam que a região, como um todo, desempenhasse um papel mais importante na arena política internacional. Para superar esses problemas, no início de dezembro de 2011 os chefes de Estado ou representantes dos 33 países da América Latina e do Caribe reuniram-se e declararam em conjunto o estabelecimento da Comunidade da América Latina e do Caribe. Assinaram 22 documentos de cooperação, incluindo a Declaração de Caracas, alegando que

> [...] a organização reconhece o direito de todos os países à construção pacífica e livre de seu próprio sistema político e econômico, desde que todos tenham os seguintes princípios: respeito ao direito internacional; solução pacífica de controvérsias; proibição ao uso ou à ameaça da força militar; respeito à

2 Cf. "O chanceler chinês Yang Jiechi participa e discursa na 67ª Assembleia Geral da ONU". Site oficial do Ministério de Negócios Estrangeiros da República Popular da China, 2012. Disponível em: <http:// www.fmprc.gov.cn/chn/pds/wjb/wjbz/zyhd/t974865.htm>.

> autodeterminação; respeito à soberania; respeito à integridade territorial; não intervenção de um nos assuntos internos do outro; e proteção e promoção dos direitos humanos e da democracia, e que todos envidem esforços para fomentar o desenvolvimento sustentável comum, a cooperação e a integração política e econômica, visando a construção conjunta de um mundo pacífico, multipolar, democrático, justo e equilibrado, livre do colonialismo e da ocupação militar.[3]

Apesar da variação semântica das duas declarações, o entendimento da China e da América Latina sobre os interesses essenciais de segurança é uniforme, o que constitui uma base política sólida para as cooperações. Ao longo dos trinta anos da Reforma e Abertura na China, o Partido Comunista Chinês e os principais partidos políticos dos países da América Latina estabeleceram um mecanismo de intercâmbio e comunicação livre das barreiras ideológicas e vêm consolidando os consensos em torno das cooperações em assuntos globais e regionais de segurança, por meio das Nações Unidas e dos outros mecanismos multilaterais da América Latina. Por exemplo, a partir do século XXI a China tem cooperado de forma mais estreita com o Brasil e com os outros grandes países latino-americanos no âmbito das Nações Unidas para a resolução dos assuntos internacionais de alta sensibilidade, como a guerra contra o Iraque, a situação nuclear no Irã e as questões de direitos humanos na Líbia e na Síria, e a taxa de convergência de votação entre eles tem aumentado significativamente ao longo dos anos.[4]

---

3 Disponível em: <http://www.celac.gob.ve/index.php?option=com_docman&task=doc_download&gid=47&Itemid=21&lang=es>.

4 O autor agradece ao dr. Sun Hongbo, pesquisador associado do Instituto da América Latina da Academia de Ciências Sociais da China, pelos dados não publicados, obtidos por meio do cálculo dos resultados das votações da China, Brasil, México, Argentina e Estados Unidos para moções gerais e especiais na Assembleia da ONU entre 2000 e 2011, divulgados pelo Departamento Internacional do Conselho de Estado dos Estados Unidos. Ao mesmo tempo, o autor lamenta a falta de métodos quantitativos nas pesquisas chinesas sobre a política externa da China e apela a que todos os acadêmicos chineses trabalhem juntos para fazer progressos nesse campo de pesquisa.

A assimetria no padrão dos interesses de segurança entre a China e a América Latina

A China não faz fronteiras com a América Latina e, portanto, nunca teve com ela disputas fronteiriças. Como um dos Estados nucleares, a China deixou claro, já em 1972 e em 1983, seu respeito e apoio à iniciativa de construção de uma zona livre de armas nucleares na América Latina, além de seu compromisso de não utilizar, ou ameaçar utilizar, armas nucleares contra os países na América Latina, não testar, produzir, armazenar ou instalar armas nucleares na região e não atravessar o território, as águas territoriais ou o espaço aéreo dos países latino-americanos com veículos equipados com armas nucleares. Desde então, a China tem repetidamente reiterado essa posição junto à Organização da Proscrição das Armas Nucleares na América Latina. Por isso, quer agora, quer no futuro, o principal conteúdo da relação de segurança entre a China e a América Latina não dirá respeito às áreas tradicionais de segurança, mas, sim, aos assuntos de segurança não tradicionais.

Mesmo assim, em um futuro próximo, ainda é grande a possibilidade de os interesses de segurança entre a China e a América evoluírem em direção à assimetria e ao desenvolvimento desequilibrado, devido principalmente à assimetria entre os dois em relação ao fluxo de comércio bilateral, de investimento e de pessoal. As cooperações econômico-comerciais entre a China e a América Latina são baseadas nos princípios da economia de mercado. Nesse contexto, os produtos intensivos de recursos naturais da América Latina, por apresentarem baixo valor agregado de mão de obra, padrões técnicos simples e alto grau de facilitação aduaneira, são os mais competitivos e, portanto, os principais produtos comercializados entre a região e a China. Ao mesmo tempo, devido às diferenças da estrutura industrial e das condições de liquidez, e principalmente devido às diferenças das políticas (seja as de atração do investimento estrangeiro, seja as de barreiras comerciais) e das perspectivas do mercado, as empresas chinesas estão investindo cada vez mais nos países da América Latina. Nos próximos dez a vinte anos, com a reestruturação econômica e o contínuo *upgrade* industrial da China, é possível que o país transfira ainda mais sua capacidade produtiva para a América Latina, o que é favorável, porque propiciará uma melhor exploração do mercado e melhor utilização dos recursos latino-americanos. Em contraste, os investimentos na China por parte dos latino-americanos ainda não apresentam perspectivas claras. Se a região não for capaz de promover a inovação tecnológica e tornar mais competitivos os produtos intensivos em capital e inteligência, os investimentos das empresas da América Latina na China terão um espaço muito limitado para o crescimento, já que sem essa premissa é muito difícil para esses investimentos avançarem em qualidade e quantidade na China (Yunxia, 2007, p.133-42). Sob tal perspectiva, o fluxo do intercâmbio de pessoal entre China e América Latina também tende a tornar-se mais desigual, e as posturas dos dois lados tendem a tornar-se mais diferenciadas em relação às políticas relacionadas, como o prazo do visto, o número de voos diretos, a facilitação aduaneira, a concessão da residência permanente, a assistência jurídica mútua, a segurança civil e os outros arranjos institucionais necessários para o intercâmbio de pessoal. Em outras palavras, na medida em que a China vem deslocando seus interesses econômicos de investimento e recursos humanos em direção ao continente latino-americano, a estabilidade institucional, os riscos sociais, a eficiência judicial e a capacidade de cooperação externa da América Latina estão tornando-se fatores muito relevantes para a segurança econômica da China e para a segurança pessoal dos cidadãos chineses. A China terá de promover a cooperação com a América Latina em todos os aspectos relativos à vida dos trabalhadores chineses na região, tais como facilidades para viajar, viver e trabalhar e garantia da segurança pessoal. Portanto, os temas da coordenação entre China e países latino-americanos em serviços públicos e em assuntos de segurança transacionais precisam urgentemente ser incluídos em suas agendas de cooperação.

Devido, no entanto, à evidente diferença na história, na cultura e no nível de desenvolvimento, a China e os países da América Latina apresentam características muito distintas no que tange a estrutura, forma e habilidade de governança interna, o que certamente colocará desafios para suas futuras cooperações na área de segurança.

O sistema político dos países latino-americanos em tempos contemporâneos segue a linha do pensamento político democrático ocidental, tendo recebido uma influência muito profunda dos Estados Unidos. A maioria dos países pratica a democracia representativa, segundo a qual a mudança dos governos é feita por meio de votação popular. No entanto, a história de colonização por séculos pelo Ocidente não só deixou à região o revestimento brilhante da democracia constitucional, como também uma série de problemas de desenvolvimento, como falta de diversidade econômica, elevada dependência externa, atraso no desenvolvimento social, desigualdades étnicas e entre ricos e pobres etc. Os países da América Latina e do Caribe têm sido, de tempo em tempo, deixados de fora dos movimentos de modernização que atingem todo o mundo, razão pela qual é difícil hoje para os países promover reformas em benefício de toda a sociedade. Na verdade, os países latino-americanos, em sua maioria e durante a maior parte do século XX, passaram por reviravoltas e hesitações políticas, oscilando entre o radicalismo e o conservadorismo extremo. "A pobreza generalizada e as contínuas disputas públicas" são, em certa medida, o maior legado negativo que o processo de modernização deixou para a América Latina (Sengen, 2009, p.17). Somente por meio de um conhecimento profundo desse motivo na evolução histórica da América Latina é que podemos entender a realidade da situação de segurança na região, marcada por uma série de incidentes políticos e militares: as agitações na América Central até há poucos anos, o golpe militar em Honduras em 2009 pela oposição que contou com o apoio dos Estados Unidos e que teve como consequência o exílio forçado do então presidente do país, via Supremo Tribunal, o "impeachment rápido" no Paraguai, que resultou da disputa entre o governo e o senado etc. Basicamente falando, em um número considerável de países latino-americanos, a base política, econômica e social ainda é relativamente frágil.

Ao longo dos anos de governança, o Partido Comunista Chinês tem envidado esforços contínuos para a construção de uma democracia consultiva que corresponde às condições reais do país. Nos últimos anos, o Partido tem incluído um número crescente de representantes de todos os setores e de todas as classes no debate dos assuntos governamentais e convidado personagens que não são militantes do Partido para participarem na administração do governo. Ademais, o Partido tem se engajado na construção do Estado de Direito e de uma democracia socialista com características chinesas, além de ter mantido uma política externa de independência e autodeterminação, marcada por abertura e inclusão, desenvolvimento pacífico, *win-win* e obediência às regras internacionais. Sobretudo, a política externa chinesa defende a igualdade entre os países, grandes ou pequenos, o que proporcionou uma condição institucional e um ambiente político estável, flexível e favorável às cooperações externas. Uma pesquisa realizada em 2012 pela ONU indica que, entre todos os países receptores de investimento estrangeiro, a China foi eleita o destino de investimento mais popular do mundo por votação das empresas multinacionais (Zhanhui, 2012). Porém, é de constatar que a imagem da China como destino de investimento estrangeiro tem sofrido algumas alterações por causa de protestos de rua e atos radicais contra as empresas japonesas na China em várias cidades em setembro de 2012, em decorrência da declaração do governo japonês de "estatizar" as Ilhas Diaoyu, território anexo da China.[5] Apesar de esse incidente ter obviamente a ver com as animosidades históricas entre China e Japão, a ocorrência de atos violentos expôs contradições no desenvolvimento socioeconômico, deficiências no âmbito da governança e falta da consciência legal do público. A esse aspecto, o governo chinês já deu grande importância. O relatório do 18º Congresso Nacional do Partido Comunista da China assinala:

> [...] o Estado de Direito é a forma básica de gestão dos assuntos do Estado. Deve-se dedicar maior atenção à construção do Estado de Direito de forma a outorgar a ele um papel mais importante na governação e na gestão da sociedade, visando salvaguardar a unidade, a dignidade e a autoridade do sistema jurídico nacional; promover a legislação científica, a aplicação rigorosa da lei, a boa administração da justiça e o pleno cumprimento das leis; defender a igualdade de todos os cidadãos perante a lei e garantir que "haja leis para regular tudo, haja rigorosidade na observação e aplicação das leis, e que não deixe nenhum infrator escapar da punição". (Jintao, 2012, p.25)

Além disso, ainda existe uma certa desarmonia entre a China e alguns dos países da América Latina por causa de alguns desentendimentos sobre questões sensíveis da segurança nacional da China. Embora seja um grande país, com forte influência e poder na tomada de decisão sobre assuntos de segurança global, a China ainda não concluiu sua unificação nacional. Entre todos os 23 países que ainda mantêm "relações diplomáticas " com Taiwan, território chinês, a metade deles fica na América Latina e no Caribe. Digamos que a região é a base dos "aliados diplomáticos" de Taiwan. Desde 1993, muitos desses países têm apoiado e sustentado a proposta do "retorno de Taiwan à Organização das Nações Unidas" na Assembleia Geral da ONU, e alguns

5 Cf. "Empresas japonesas se deslocam para Vietnã, alegando que o mercado chinês está cheio de riscos". *Phoenix Finance*, 9 dez. 2012. Disponível em: <http://finance.ifeng.com/news/special/dazhengjing/maoyizhan/20121209/7406182.shtml>.

deles ainda tentaram forjar um "reconhecimento duplo". Alguns outros países da região não têm uma compreensão correta da natureza da questão do Tibete, tendo insistido em organizar visitas do Dalai Lama, ignorando a persuasão e advertências do governo chinês. Por meio dessas "visitas", o separatista tibetano, com reputação internacional falsa, fazia discursos enganosos ao público. Durante mais de meio século os países latino-americanos têm desempenhado um papel especial na definição e defesa dos assuntos de Direitos Humanos nas Nações Unidas, fato que tem estritamente a ver não só com sua longa tradição cultural contra o imperialismo, o colonialismo e o despotismo, mas também com sua tradição jurídica marcada pela forte influência do iluminismo europeu, que defende o "conceito universal da natureza humana", e do movimento do pensamento constitucionalista norte-americano. Tudo isso acaba fazendo com que os países adotem uma postura de "intervencionismo impulsivo" sobre os assuntos internos de outros países em desenvolvimento (Mingfeng; Xinghua, 2006, p.19).

Outro exemplo foi a votação da Comissão das Nações Unidas de Direitos Humanos em 1995 sobre um projeto que condenava o estado de direitos humanos na China, apresentado conjuntamente pelos Estados Unidos e alguns países da América Central que não tinham relações diplomáticas com a China, ou com apoio ativo deles. Nesse incidente, a maioria dos países sul-americanos e andinos recorreu ao voto de abstenção, e apenas Cuba e Peru declararam firmemente sua oposição à interferência ocidental em assuntos internos da China.

Objetivos prioritários das cooperações entre China e América Latina em segurança

Obviamente, a necessidade de cooperação futura entre China e América Latina na área de segurança é inevitável. Uma vez que as necessidades de desenvolvimento comuns são e continuarão sendo um grande motivo para os parceiros estreitarem suas relações, está dado que os dois trabalhem juntos, assumindo as responsabilidades e obrigações respectivas, a fim de apoiar um ao outro na salvaguarda da segurança.

A segurança é o propósito fundamental e também um pré-requisito para o desenvolvimento nacional. Tendo a paz e o desenvolvimento como o tema principal de nossa era, o foco da segurança nacional começou a abrigar conteúdos mais amplos, como a segurança social e a segurança humana, que granjeiam a atenção geral da comunidade internacional. Por um lado, essa tendência está em linha com os requisitos essenciais do desenvolvimento comum de todas as civilizações, o que força os governos a revisar e reajustar suas estratégias de segurança da antigamente "concentrada na segurança do Estado" para a "voltada para as pessoas". Por outro lado, desde que as barreiras da guerra fria foram removidas, as demais forças concorrentes internacionais pelo domínio da nova ordem mundial de segurança têm procurado construir e capitanear uma nova ideologia, a fim de aumentar a legitimidade internacional de seus próprios interesses de segurança. Seja no Ocidente, seja no Oriente, o bem-estar e a segurança dos cidadãos são constantemente utilizados como uma "bandeira moral" dos políticos e tomadores de decisão de todos os países (Acharya, 2001, p.442-59). Ataques terroristas, desastres humanitários, crimes violentos organizados, tráfico de drogas, riscos de segurança alimentar, riscos de segurança ecológica, mudança climática, propagação transfronteiriça da epidemia e outras questões de segurança não tradicionais têm aparecido cada vez mais na agenda das discussões internacionais no âmbito dos governos, das organizações regionais e das Nações Unidas. As organizações não governamentais de todo o mundo estão unidas para promover a cooperação intergovernamental em questões de segurança não tradicionais, ao mesmo tempo colocando graves desafios e pressões concorrenciais à autoridade nacional por meio da opinião pública. Em suma, no futuro mapa da segurança internacional, a segurança individual tende a ser cada vez mais importante e estritamente ligada à segurança nacional, ou seja, "o Estado é agora menor, e a sociedade, maior...e a 'sociedade' deixará de ser apenas uma variável irrelevante, mas sim, um conjunto de todas as demandas, vivas e concretas, dos indivíduos" (Yizhou, 2008, p.192).

Assim, podemos esperar que as cooperações entre China e América Latina em segurança em um futuro próximo estejam em conformidade com as mudanças e tendências mencionadas, ou seja, elas tendem a abordar não só os assuntos gerais, como a proteção consular bilateral, mas também os temas não tradicionais sob a nova estrutura de governança global. Enquanto a realização dos objetivos desejados exige o engajamento e o esforço árduo de ambos os lados, esse processo de coordenação de ações conjuntas terá significados muito importantes para o estabelecimento de um novo modelo de relação Sul-Sul, além de poder contribuir de forma positiva para o desenvolvimento da governança global do século XXI.

Para a China, os interesses mais imediatos de cooperação de segurança com a América Latina são, sem dúvida, motivados pela segurança dos cidadãos chineses e dos investimentos chineses na região, o que é estritamente ligado à governança social dos respectivos países destino.[6] Apesar de alguns avanços notáveis no desenvolvimento econômico e social, a América Latina continua sendo uma região com sérios problemas de segurança pública. Nos últimos dez anos, cerca de 140 milhões de pessoas foram vítimas de criminalidade violenta (Casas-Zamora; Dammert, 2012, p.59). O relatório Latin America Barometer, em 2011, também demonstrou que entre os dezoito países latino-americanos pesquisados, o público de onze deles, em sua maioria, listou a criminalidade e os problemas de segurança pública como o maior problema de seus países (Latinobarómetro, 2011, p.65).

Segundo os dados divulgados pelo Gabinete das Nações Unidas sobre Drogas e Crime em seu relatório Global Homicide Report 2011, em 2010, um total global de 468 mil de pessoas foram assassinadas, e 31% dos casos ocorreram nas Américas, região ultrapassada apenas pela África (36%). A taxa de homicídios nas Américas foi de dezesseis por cem mil, o dobro da média global (Unodc, 2011, p.9). Em termos de continentes, a taxa de homicídios é mais alta, pela ordem de gravidade, na América Central, na América do Sul, no Caribe e na América do Norte. A Colômbia era o país com a taxa de homicídio mais alta do mundo, com 72 por cem mil em 1995, mas caiu para 33 por cem mil em 2010. Ao mesmo tempo, em 2011, a taxa de homicídios na Venezuela atingiu 67 por cem mil, ultrapassando a Colômbia para se tornar o país mais perigoso da América Latina.[7] Além disso, desde o ano 2006,

6 Por exemplo, nos últimos anos, devido à crise econômica e o aumento drástico dos preços, a situação de segurança social na Argentina deteriorou-se de forma preocupante. No final de dezembro de 2012, casos de pessoas ou grupos saqueando os supermercados nas cidades argentinas ocorreram com frequência, inclusive dezenas de supermercados chineses e muitos chineses foram vítimas desses ataques. Além disso, houve um caso em que oito turistas chineses sofreram um ataque contra seu veículo e tiveram roubados bagagens, dinheiro e passaportes. Ver Weina, 2012.

7 O relatório "Observation of Violence in Venezuela" (OVV) mostra uma taxa de homicídio um pouco mais alta em relação ao dado oficial do país, que foi de 0.00048. Mesmo assim, a Venezuela continua tendo a taxa mais alta entre todos os países da América Latina.

quando o presidente mexicano Calderón lançou o programa de combate às drogas, mais de 500 mil mexicanos morreram em cinco anos por causa de crimes violentos.

A alta criminalidade na América Latina causa perdas muito pesadas para o desenvolvimento da região, e os prejuízos diretos e indiretos totalizam um valor equivalente a cerca de 12% do PIB de toda a região. O setor de turismo é o mais afetado pela deterioração da segurança pública. De acordo com as estimativas do Banco Mundial, se a taxa de criminalidade aumentasse em um ponto percentual, o número de turistas tenderia a cair em 50%~75% (OMS, 2002; Moser; Winton; Moser, 2003). A alta taxa de criminalidade e as desigualdades sociais generalizadas estão intimamente relacionadas. Em primeiro lugar, muitos países latino-americanos sofrem uma desigualdade na distribuição de renda, sendo a maior parte da riqueza nacional concentrada nas mãos de poucas pessoas; e em segundo lugar, a mobilidade social ascendente nos países latino-americanos é relativamente baixa, e a taxa de desemprego é elevada. De acordo com as estatísticas da Organização Internacional do Trabalho (OIT), entre a população jovem, que é um quinto da população total, a proporção das pessoas que não estudam nem trabalham é de 20% (ILO, 2010). Em terceiro lugar, a urbanização excessiva teve como consequência a concentração de 80% da população, uma importante parte da qual são jovens migrantes ou outros grupos sociais de alto risco, nas áreas metropolitanas. Assim, é extremamente difícil garantir-lhes a habitação, os cuidados médicos e os outros tipos de segurança social (Casas-Zamora; Dammert, 2012, p.64). Além disso, a proliferação de armas e o tráfico de drogas também contribuem para a criminalidade generalizada. Em decorrência das guerras civis de longo tempo, conflitos entre Estados e a exportação de armas dos Estados Unidos para a região, e o número de armas na posse da população da América Latina é de 45 a 80 milhões. Na América do Sul, os casos de assassinato por armas são responsáveis por quase 70% do total dos casos, sendo esse número na América Central quase de 77%, e na Venezuela quase de 80% (Seligson, 2010; Tuttle, 2008). Ademais, a grande soma de dinheiro ilícito gerada pelos negócios de tráfico internacional de drogas, do contrabando, da imigração ilegal e do tráfico de pessoas também sustentou as atividades ilegais nos mercados negros, acarretando uma deterioração da situação de segurança pública na região (Casas-Zamora; Dammert, 2012, p.65).

Conforme mostram as estatísticas mundiais, a América Latina é a região que registra o maior número de casos de sequestro organizado no mundo: o México ficou no topo da lista mundial; o Brasil, em quinto lugar; o Equador, a Venezuela e a Colômbia, respectivamente, em sétimo, oitavo e nono lugares (Briggs, 2001). Os casos de sequestro podem ser classificados, de acordo com o motivo, em dois tipos: o sequestro econômico e o sequestro político. Porém, muitas vezes os casos se sobrepõem: as gangues violentas com um motivo político podem passar a exercer uma chantagem econômica por causa de necessidades financeiras, ao passo que os casos de sequestro político são possíveis de se resolver por meios econômicos. A maioria dos casos de sequestro por motivo econômico na América Latina é cometida por grupos criminosos organizados, e esse crime já evoluiu para uma "indústria", com "centros de atividades" baseados nas cidades grandes. Ao mesmo tempo, em alguns dos países latino-americanos, os casos do sequestro político têm origem nas disputas políticas, nos quais as forças antigovernamentais costumam desafiar o poder do governo central por meio de lutas armadas. As organizações paramilitares na região também recorrem, de vez em quando, à detenção de reféns para ganhar maior poder de barganha nas negociações com o governo.

Os crimes violentos, tais como assaltos, assassinatos e sequestros na América Latina, colocam uma grave ameaça à vida dos cidadãos estrangeiros que vivem, trabalham ou viajam pelos países. Pior ainda, alguns dos casos de sequestro político tinham exatamente como alvo os estrangeiros que estavam nos locais de ataque. Entretanto, para os cidadãos estrangeiros em geral, a maior ameaça vem dos casos de sequestro econômico. Quando ocorre um caso de sequestro econômico, as empresas são confrontadas com pressões enormes provenientes das famílias dos sequestrados, dos funcionários e dos acionistas da empresa, deixando-lhes nenhuma saída senão buscar a solução mais rápida, ou seja, o pagamento do resgate. Por outro lado, os casos de sequestro político são mais complicados e com motivos muito mais complexos, envolvendo o governo do próprio país e dos países estrangeiros, políticas e leis nacionais e internacionais, além de outros fatores não econômicos, e por isso são mais difíceis de resolver. Nesse caso, o papel das empresas na resolução dos casos é muito limitado. Na década de 1980, os países da América Central estavam no auge das guerras civis, e os grupos armados locais lançaram uma série de ataques contra os cidadãos norte-americanos, como uma tentativa de influenciar a política dos Estados Unidos na América Central. Em 1997, a organização peruana Sendero Luminoso realizou uma ocupação armada na Embaixada do Japão no Peru e manteve como reféns o embaixador japonês, funcionários do governo peruano, celebridades e representantes diplomáticos de outros países que estavam no local para participar do jantar de celebração do aniversário do imperador japonês. O grupo exortava a libertação de Abimael Guzman, líder da mesma organização que tinha sido preso pelo governo peruano. Em abril de 2012, a organização iniciou outro ataque e deteve trinta funcionários da empresa de construção sueca Skanska, no sudeste do país, perto dos campos de gás natural, com o objetivo de impedir a operação de caça do exército do governo peruano aos membros da organização (Liu, 2012). Em junho de 2011, quatro funcionários chineses da empresa Emerald, subsidiária da empresa química chinesa Sinochem, foram sequestrados por guerrilheiros na Colômbia. Segundo informaram os analistas, o sequestro foi um protesto contra o governo colombiano, em vez de ser simplesmente uma tentativa de chantagem econômica. Os investimentos chineses na América Latina têm sido direcionados principalmente às áreas de energia e mineração, geralmente com operações em lugares remotos, razão pela qual as empresas e os funcionários chineses são mais suscetíveis a ataques de roubo e sequestro.

Segundo as estatísticas, em 2011, 70.250 mil residentes do continente chinês viajaram para fora, 18 mil empresas chinesas estabeleceram filiais, e 812 mil funcionários chineses foram trabalhar no exterior (Xi; Yan, 2011; 2012). Em uma situação de segurança ultramarina cada vez mais complexa, os cidadãos chineses, cada vez mais ricos, mas não suficientemente cientes dos perigos de trabalho e de vida no exterior, têm se tornado frequentemente alvos das atividades criminosas internacionais. De 2006 a 2010, o Departamento de Assuntos Consulares do Ministério dos Negócios Estrangeiros da China tratou de cerca de 37 mil casos de proteção consular. Em outubro de 2009, a empresa britânica Hiscox, mundialmente conhecida pelos seus serviços de "seguros de sequestro", lançou seu relatório Hiscox Kidnapping Observation, revelando que a China está entre os três países que registram o maior número de cidadãos sequestrados (Hui; Yi. 2010).[8]

---

8 Cf "Casos de sequestro contra os chineses aumentam, chineses têm sido alvo dos ataques de gangues estrangeiras por serem ricos e descuidados". *Chinanews*, 11 nov. 2009. Disponível em: <http://news.sina.com.cn/o/2009-11-11/150219025080.shtml>; Shan (2012).

A outra área prioritária de cooperação entre China e América Latina deve ser a de segurança ecológica. Como tema de pesquisas acadêmicas, o conceito da Segurança Ecológica (*Ecological Safety*) vinha sendo desenvolvido já a partir dos anos 1970. Devido à amplitude e à complexidade de sua conotação, e pela falta de estudos aprofundados, ainda não existe uma definição clara e universalmente aceita sobre esse tema. Atualmente a "segurança ecológica" é estritamente delimitada como a segurança dos ecossistemas naturais e seminaturais, nomeadamente a integridade e a saúde global do ecossistema. Porém, a segurança ecológica, conforme sua definição mais ampla, diz respeito aos direitos fundamentais do ser humano sobre os recursos ecológicos e sua capacidade de se adaptar às mudanças ambientais, de forma que são livres das ameaças do meio ambiente. Essa última definição tem como foco a interação entre o homem e o meio ambiente em um sistema complexo (uma estrutura ternária) de segurança ecológica, composta pela ecologia natural, ecologia econômica e ecologia social, indagando se este pode fornecer as condições necessárias para a sobrevivência e o desenvolvimento sustentável do homem. Na óptica da elaboração das políticas e das relações internacionais, a segurança ecológica tem principalmente dois significados: primeiro, a proteção ecológica e ao meio ambiente, ou seja, as medidas para evitar que a deterioração do meio ambiente, o esgotamento dos recursos naturais e a degradação ambiental debilitem o crescimento econômico e ameacem as atividades humanas; e segundo, a prevenção de crises diplomáticas e militares em decorrência dos riscos ecológicos, por exemplo, a inquietação política, os desastres humanitários e o êxodo de refugiados por causa da destruição do meio ambiente e da escassez dos recursos naturais.

A questão de segurança ecológica geralmente tem uma natureza universal irreversível e permanente, razão pela qual ocupa uma posição cada vez mais importante nos assuntos internacionais de segurança não tradicionais de hoje.

Em primeiro lugar, na medida em que as pessoas vêm percebendo melhor o papel indispensável e insubstituível do ambiente ecológico para a sobrevivência humana, as iniciativas de promover o uso adequado dos recursos naturais e de atingir um desenvolvimento equilibrado e uma harmonia entre o homem e a natureza estão recebendo cada vez mais atenção e maiores aplausos. Mediante uma análise da evolução histórica dos mecanismos internacionais de segurança ecológica, como a Conferência das Nações Unidas sobre Meio Ambiente e Desenvolvimento (Unced) e a Convenção-Quadro sobre as Alterações Climáticas, pode-se perceber que a segurança ecológica já se tornou um "valor universal", ou, dito de outra forma, um importante "ideologia" que tende a influenciar as relações internacionais no novo contexto histórico.

Em segundo lugar, como a segurança ecológica é constituída por diversos fatores, e como há diferenças na distribuição mundial dos recursos ecológicos, o grau de impacto da segurança ecológica para a sobrevivência e o desenvolvimento da sociedade humana também varia de país para país. Assim, a segurança ecológica é um conceito relativo, que dependente da realidade de cada país.

Em terceiro lugar, a segurança ecológica é um termo dinâmico. A definição da segurança ecológica de um local, de uma região ou de um país não deve ser feita de forma estática, pois as mudanças no meio ambiente e suas implicações para a segurança humana, e os impactos das atividades humanas ao meio ambiente, estão em constante movimento. Em casos de um grave desequilíbrio, as situações antes seguras podem tornar-se inseguras.

Por fim, o ser humano pode desempenhar um papel proativo na manutenção da segurança ecológica. Na relação entre o homem e a natureza, o homem é um ator ativo, que pode reduzir ou remover a possibilidade das catástrofes ambientais, por meio de autorregulação, governança e avanços tecnológicos, capazes de transformar os fatores de insegurança para fatores de segurança.[9]

A América Latina possui um terço das terras aráveis e um terço dos recursos de água doce do planeta, e sua taxa de cobertura florestal natural é de 20%. A região tem uma rica biodiversidade e reservas minerais muito abundantes. E justamente por causa disso a segurança ecológica da região apresenta um alto grau de sensibilidade e fragilidade. Conforme argumentam os acadêmicos internacionais em Ciências Geológicas, a Terra já entrou em um novo período de forte movimento da placa tectônica, sendo seus impactos mais detectáveis na Placa do Pacífico.

---

9 As definições apresentadas são citadas do documento oficial emitido pelo Comitê Nacional para Termos em Ciência e Tecnologia. Ver o site do Conselho de Desenvolvimento Urbano Verde da Sociedade Chinesa de Economia Urbana e do Centro de Pesquisas do Desenvolvimento Urbano da China, 28 de julho de 2010. Disponível em: <http://www.czfzzx.org/ tpro.asp?id=586>.

Isso não só pode resultar em terremotos constantes em países como México, Colômbia, Chile e Peru e outros países da Orla do Pacífico, como também tende a causar mudanças tectônicas para as áreas litorais e as vias navegáveis interiores da América do Sul, o que pode levar a danos severos das instalações no solo e subsolo (Yuan, 2010; Charvériat, 2000). Um exemplo típico disso é o terremoto que atingiu o Chile em 2010, que danificou severamente as instalações de fornecimento energético das jazidas de mineração no norte do país. As atividades de resgate foram extremamente difíceis, e 33 trabalhadores ficaram presos no subsolo por 69 dias. O aquecimento global causado pelas mudanças climáticas também tem um impacto muito significativo sobre o ecossistema regional da América Latina. Na América Central e no México, o aumento da temperatura tem levado a fenômenos meteorológicos extremos, como chuvas intensas e ciclones tropicais mais frequentes. O aumento do nível do mar pode levar uma série de ilhas à submersão, alterando os ecossistemas das regiões costeiras e marinhas e agravando o fenômeno da desertificação e da seca e reduzindo a disponibilidade de recursos de água doce. Na região andina, a redução da água doce em decorrência do derretimento das geleiras poderá atrapalhar o funcionamento normal das hidrelétricas, cortar o único canal de navegação em algumas áreas e acarretar a crise do suprimento da água nas grandes cidades (Charvériat, 2000, p.56-7). Diretamente impactado pela expansão humana excessiva e pelo aquecimento global, o "pulmão do mundo", a Floresta Amazônica, tem sofrido um desmatamento intenso desde a segunda metade do século XX. A área florestal reduziu-se acentuadamente, e a função da floresta de armazenamento de carbono também foi gravemente comprometida. Perante a situação, os países relevantes têm lançado uma série de políticas visando à melhor proteção das florestas e tiveram um sucesso inicial, mas a recuperação sistemática e completa desse patrimônio natural mundial é uma tarefa árdua, cuja realização depende do esforço conjunto de todas as partes e da inclusão dos mais variados temas na agenda internacional no sentido de promover o consenso e a ação conjunta mundial (Dong, 2010).[10]

10 Cf. "A área florestal da Amazônia está diminuindo: em cada minuto, florestas com uma área equivalente a seis estádios de futebol desaparecem". Xinhua Net, 9 fev. 2012. Disponível em: <http:// news.xinhuanet.com/tech/2012-04/12/c_122965624_2.htm>. Dorkssex (2011, p.20-3); Adam (2009); Boya (2012).

COLUNA 6.1

A degradação do ecossistema na Amazônia e os problemas decorrentes

As florestas exuberantes e os enormes sistemas fluviais da bacia amazônica no Brasil estão passando por mudanças dramáticas, dado que há indícios de que a Amazônia pode estar deixando de ser um "sumidouro de carbono líquido" e passando a ser um "emissor de carbono líquido". O Instituto Brasileiro da Amazônia (Ibam) lançou seu plano de conservação da Floresta Amazônica 2011, afirmando que "devido a fatores humanos, de agosto de 2003 a agosto de 2010, a área da floresta amazônica no território brasileiro diminuiu cerca de 200 mil quilômetros quadrados, equivalente a quase dez vezes da área territorial da Albânia. Em comparação com quatrocentos anos atrás, a área total da Floresta Amazônica foi reduzida pela metade".

Em 2011, a revista americana *Science* apontou que "o mercado global do carbono pode desempenhar um papel-chave na proteção da Floresta Amazônica, pois um programa de apoio financeiro baseado no mercado do carbono internacional pode prevenir a floresta de resultados destrutivos, além de trazer benefícios econômicos para os residentes locais". A preço do mercado do carbono, negociado internacionalmente em 2011, um declínio de 10% da taxa de degradação da floresta pode gerar um ganho econômico de US$ 2,2 bilhões a US$ 13,5 bilhões, o que pode ser usado para a causa de proteção ambiental, a conservação e a restauração das florestas tropicais e a criação de um ciclo virtuoso do ambiente. Sob essa perspectiva, previa-se que o plano fosse capaz de proteger efetivamente a Floresta Amazônica do desmatamento e melhorar a iniciativa dos moradores locais de proteção da floresta, o que produziria um efeito protetor duradouro. Mas a realidade não foi satisfatória. Segundo relatos, na Conferência de Mudanças Climáticas das Nações Unidas em Durban no final do ano passado, três organizações não governamentais do Peru entregaram para a Assembleia Geral um relatório conjunto, observando que a vida das tribos indígenas na Floresta Amazônica no Peru está sendo gravemente ameaçada pelos criminosos que se declararam ambientalistas. Eles formaram com o povo indígena contratos com obrigações desiguais por meio de suborno e fraude, para enganá-los em enormes benefícios econômicos no mercado do carbono. O responsável da Associação de Desenvolvimento Inter-racial na Área Florestal do Peru, Alberto Chota, proferiu um discurso em Durban com muita indignação, afirmando que, ao longo do desenvolvimento do comércio do carbono, a Floresta Amazônica peruana já tornou-se um novo "centro de fraude global do carbono". Muitos dos fraudadores não pertencem a nenhuma organização, e eles atuam como "intermediários", que enganam o povo indígena pelos "créditos" no comércio do carbono, e os revendem para grandes empresas ocidentais que precisam, para dessa maneira tirar enormes vantagens.

Fonte: elaboração própria.

Obviamente, a cooperação entre China e América Latina no domínio da segurança ecológica tende a considerar principalmente as demandas da América Latina, o que também se trata de uma responsabilidade inexorável da China, como país emergente e um dos investidores mais importantes na região. Atualmente as atividades de investimento da China na América Latina são mais concentradas nas áreas de energia, exploração de recursos e agricultura, e é previsível que o ritmo de crescimento dos investimentos continue estável. Do ponto de vista dos interesses nacionais da China, os ricos recursos naturais e as condições industriais locais para as produções agrícolas e manufatureiras nos países latino-americanos podem servir como apoio importante para o desenvolvimento econômico e social da China e para a elevação da renda média do povo chinês, quer em termos de crescimento material, quer em termos de otimização estrutural, já que a região é um destino potencial para a transferência da capacidade produtiva excessiva da China. No entanto, não podemos tomar uma posição demasiadamente otimista perante a situação da segurança ecológica global descrita, porque as restrições morais da comunidade internacional a esse respeito estão sendo cada vez mais rigorosas, e a sensibilização e a iniciativa dos países da América Latina em relação à proteção ecológica são cada vez mais fortes. Isso indica que as atividades chinesas de investimento no exterior terão de enfrentar novas pressões políticas e da opinião pública. Nas últimas décadas, na atual economia internacional de mercado, as empresas chinesas não hesitaram em aderir aos princípios de concorrência e de maximização dos lucros, entretanto, não deram atenção suficiente à segurança ecológica dos destinos de investimentos, nem estão familiarizadas com as culturas e as relações públicas locais, o que não só levou muitos projetos de investimento a falhar, como também acarretou alguns conflitos diretos com a comunidade local (Chazhong, 2010, p.32-6). Como o primeiro país do mundo a incluir os "direitos da natureza" na Constituição, o Equador é um destino de investimento onde os projetos de exploração de recursos ou de energia de grande envergadura quase sempre enfrentam críticas do público. Em novembro de 2006, a empresa Andes Petroleum Equador, subsidiária da China National Petroleum Corporation e da China Petrochemical Corporation, entrou em confronto com moradores equatorianos em seu campo de operações de petróleo na Amazônia, no qual alguns de seus funcionários foram detidos e suas operações de produção foram interrompidas. Em março de 2012, a empresa mineira Canadá ECSA (Ecua Corriente), também com capital chinês, assinaria com o governo do Equador um contrato para operar na primeira mina de cobre de grande escala e a céu aberto do país, a mina de Mirador. Porém, uma organização civil antimineração cercou a embaixada chinesa no Equador, pedindo às autoridades chinesas para desistir do projeto para proteger a biodiversidade no sul do país e o hábitat e a cultura da população indígena na região. Na visão dos manifestantes, as empresas chinesas correm cegamente atrás dos lucros, e em vez de se comunicar com o público local e com as ONGs, e quando surgem problemas, preferem lidar apenas com o governo central. Na verdade, os protestos dos ambientalistas e das comunidades locais contra os projetos de extração de recursos não têm sido poucos em toda a América Latina. De acordo com as estatísticas da ONG Latin American Mining Conflit Observation, até julho de 2012 houve na região um total de 161 conflitos sociais por motivos ambientais, envolvendo 212 comunidades e 173 projetos, com maior frequência, pela ordem de precedência, no Peru, Chile, Argentina, Brasil, Colômbia e México.[11]

O recém-concluído 18º Congresso Nacional do Partido Comunista da China propôs a construção de uma "China Bela", colocando pela primeira vez a "civilização ecológica socialista" na agenda prioritária do Partido, ao lado das outras tarefas principais do governo que constituem o *layout* geral da modernização socialista do país, como a construção de uma economia de mercado socialista, realização de uma política democrática, promoção aos avanços culturais e a construção de uma sociedade harmoniosa. O relatório do Congresso salientou, ainda, que "só existe um único Planeta para o ser humano, um único mundo para todas as nações",

> [...] a cooperação de ganho mútuo tem como objetivo final promover a união de toda a humanidade perante um destino comum. É preciso ter em conta as legítimas preocupações de outros países enquanto buscamos nossos próprios interesses; e promover o desenvolvimento comum de todas as nações enquanto promovemos nosso próprio desenvolvimento nacional, de forma a

11 Cf. "Campo de petróleo da empresa chinesa no Equador sofre ataques dos moradores locais, o presidente equatoriano intervém e apazigua os conflitos". *Global Times*, 13 nov. 2006; Hongxiang (2012); Hongbo (2012, p.2).

estabelecer uma parceria global mais equitativa e equilibrada, propícia para o desenvolvimento, a solidariedade, e a partilha dos direitos e das responsabilidades de todos.

Essa afirmação do governo chinês deixa muito clara que a liderança chinesa adota uma visão internacionalista, no sentido de promover a realização dos objetivos comuns de toda a humanidade nos tempos modernos (Jintao, 2012, p.43). Nesse contexto, a China precisa reagir de forma mais ativa para revisar sua estratégia de investimento na América Latina, fortalecendo a regulação do Estado das atividades de investimento das empresas chinesas no exterior, elevando a importância das cooperações de segurança ecológica e reforçando o diálogo com os países latino-americanos em busca de arranjos institucionais e políticas eficientes favoráveis às cooperações bilaterais de longo prazo. Somente assim a China poderá assegurar a confiança política e o reconhecimento da sociedade dos países latino-americanos, com os quais visa construir uma parceria saudável, sustentável e duradoura. E somente por meio dessa transformação a China poderá estabelecer uma imagem internacional positiva, como um país grande e responsável, o que contribuirá para a criação de um cenário externo favorável à realização do sonho chinês de "revitalização da nação".

Além das áreas não tradicionais de segurança, como a social e a ecológica, a China e a América Latina também podem avançar nas áreas tradicionais de cooperação de segurança, o que corresponde à tendência de desenvolvimento das relações entre os dois e às exigências de extensão dos benefícios. No contexto de economia de mercado, o capital apresenta uma alta sensibilidade aos riscos de segurança tradicionais, como a mudança anormal de regime, eclosão de guerras civis e de conflitos interestatais. Na verdade, esses riscos não só levarão a um declínio acentuado do investimento direto estrangeiro nos países de destino, mas também poderão interromper os laços de comércio internacional entre os países de destino e de origem, colocando em xeque os projetos de investimento existentes e ameaçando a segurança da propriedade e do pessoal. Por exemplo, no início de 2011, os conflitos militares na Líbia, no Norte Africano, custaram às empresas chinesas "perdas imensuráveis" que podem chegar até a US$ 20 bilhões de acordo com as estimativas (Zhonghao, 2012).

De modo geral, os anos 1990 testemunharam a pacificação dos países centro-americanos após o término das guerras civis e o início da desmilitarização e democratização, e desde então a América Latina entrou em um novo período histórico de desenvolvimento pacífico. No entanto, a situação de paz ainda é volátil. Apesar de o exército já ter deixado de ser um fator político relevante, o sistema político e jurídico em muitos países da América Central ainda é vulnerável e "não teria a capacidade para resistir a um ataque das forças militares ainda muito poderosas, ou a uma ameaça de ação unilateral da elite econômica" (Foster, 2011, p.296-7). Em junho de 2009, durante o confronto entre o presidente hondurenho Manuel Zelaya e o partido da oposição e pelo parlamento, por causa da tentativa de promover um referendo constitucional, que era contrariado pelo exército e o parlamento, o exército deu um "golpe", deteve e deportou o presidente. Esse incidente também causou sérios danos à imagem internacional de Honduras e um declínio acentuado no investimento estrangeiro no país. Os dados revelados pelo Banco Central de Honduras mostraram que o investimento direto estrangeiro total do país em 2009 reduziu quase 50% em relação ao ano anterior.[12]

O mapa geopolítico da América Latina é muito complexo, onde disputas de soberania nacional e de território e de águas territoriais existem entre vários países, e conflitos militares internacionais acontecem de tempo em tempo, em decorrência de assuntos internos e de questões de segurança não tradicionais. Na América Central há disputas territoriais históricas entre Nicarágua e Honduras, e a Guatemala também encontra-se frequentemente em confrontos na fronteira com Belize. Entre Costa Rica e Nicarágua há discórdia em questão de imigração ilegal. E na região andina, que tradicionalmente era uma zona cheia de conflitos de segurança tradicionais, a Venezuela tem disputas territoriais com Colômbia, Suriname, Guiana; e a Colômbia, com Venezuela e Equador. Em março de 2008, o exército colombiano iniciou ataques transfronteiriços contra as forças armadas antigovernamentais do país, atravessando o território do Equador, o que levou a Colômbia e o Equador a romperem relações diplomáticas. Ao mesmo tempo, a Colômbia acusou a Venezuela de ter "financiado as organizações terroristas" colombianas,

12 Cf. Honduras FDI. Disponível em: <http://www.indexmundi.com/facts/honduras/foreign-direct-investment>.

o que levou ao fechamento da embaixada da Venezuela na Colômbia. O então presidente venezuelano Hugo Chávez ordenou que as tropas se movimentassem em direção à região fronteiriça com a Colômbia, colocando os dois países em uma situação extremamente tensa. Em 2009, as relações entre Venezuela e Colômbia entraram em uma nova crise devido a uma série de incidentes na fronteira (Mares, 2012). Na América do Sul há disputas territoriais entre Bolívia e Chile, além de disputas de águas territoriais entre Peru e Bolívia, em torno da questão do acesso ao mar, e Chile e Peru ainda não chegaram a um acordo sobre a demarcação marítima entre os dois. Todos esses fatores enfraqueceram a unidade e a confiança mútua entre os países da região. Apesar de a América do Sul ter conseguido evitar guerras de grande escala por quase vinte anos, muitos países da região, incluindo o Brasil, têm registrado um aumento significativo nos gastos da defesa nacional, o que tem causado a preocupação internacional sobre uma possível corrida armamentista na região (Chegn; Weizhong; Chaundu, 2008).

A complexidade geopolítica na América Latina também se reflete no difícil desenvolvimento dos mecanismos de cooperação de segurança regional. Já em 2003, o relatório conjunto da quinta Conferência Ministerial de Defesa da Organização dos Estados Americanos (OEA) assinalou que a região tinha conseguido avanços na criação de "uma rede complexa e integrada, composta pelos arranjos institucionais e mecanismos antigos e novos de segurança, de natureza coletiva, cooperativa, hemisférica, regional, sub-regional e bilateral, para ser desenvolvida, por meio das práticas, em uma nova arquitetura regional de segurança". Porém, essa afirmação, feita por uma organização capitaneada pelos Estados Unidos, pareceu exagerada. Como país mais influente nas Américas, os Estados Unidos têm desempenhado um papel de árbitro perante as contradições e os conflitos entre os países da região. Porém, a superpotência norte-americana possui seus interesses próprios, o que muitas vezes a impede de adotar uma posição verdadeiramente neutra e justa perante todas as nações da região. Na verdade, seu favoritismo, suas práticas de afastar os dissidentes e cooperar com os aliados, tem causado dificuldades para a cooperação regional e multilateral de segurança, fazendo com que litígios entre os países sejam mais difíceis de ser resolvidos. Devido ao desenvolvimento desigual, às diferenças institucionais e ideológicas e à baixa compatibilidade dos interesses de segurança, o processo de cooperação de segurança na América Latina é sempre cheio de voltas e reviravoltas, apresentando um alto grau de fragmentação. "A característica mais proeminente dos acordos multilaterais existentes no Hemisfério Ocidental é seu fraco desempenho em geral" (Mares, 2012, p.146). Os mecanismos de segurança existentes na América Latina não têm sido capazes de prevenir os conflitos entre os Estados, e só têm funcionado para reconciliar, em certa medida, as partes que já entraram em conflito. Após a crise de ação transfronteiriça colombiana no Equador em 2008, a OEA fez apenas uma crítica vaga, nem condenando explicitamente o governo colombiano por ter cometido essa infração, nem propondo nenhuma iniciativa para que os países vizinhos parassem de prestar assistência aos rebeldes colombianos. O outro mecanismo de cooperação regional, a União de Nações Sul-Americanas, começou a abordar a questão de segurança após a crise. Entretanto, devido à rejeição da Colômbia, o recém-criado Conselho de Defesa da Unasul acabou se tornando um mero fórum de conversas fiadas (ibidem, p.155-6).

A ausência de um mecanismo eficiente de cooperação de segurança e a falta de solidariedade na América Latina têm origem em um outro fator importante, que é a tentativa de controle e a disputa de poder das potências externas na região. Os Estados Unidos, com suas inegáveis vantagens em localização geográfica, poder econômico, influência política e cultural, força militar etc., continuam sendo o país mais influente na região. No entanto, em uma perspectiva histórica, a forte influência dos Estados Unidos na América Latina não contribuiu de forma positiva para sua segurança. No início do século XX, os Estados Unidos adotavam a "política de canhoneira" e a "diplomacia do dólar" nos países latino-americanos para consolidar seus interesses (especialmente comerciais) e expulsar as potências europeias da região. Em seguida, mudaram sua política no sentido de apoiar os ditadores militares e os oligarcas para controlar a política interna dos países de forma direta (política e econômica) e indireta (cultural) etc. Durante a Guerra Fria, procuravam sustentar os regimes pró-Estados Unidos, visando transformar a América Latina em seu "quintal" contra a União Soviética e o campo socialista. No século XXI, os Estados Unidos não desistiram de suas ambições de intervir nos principais assuntos de segurança da América Latina. Em 2008, anunciou a reconstrução de sua Quarta Frota, cuja área de atuação abrange a América Central, a América do Sul, o Caribe e parte do Atlântico Sul. Embora essa frota não contasse, no momento, com nenhum navio de guerra, sua sede podia contar com a capacidade de reação rápida de toda a marinha norte-americana, tornando possível iniciar ataques em qualquer instante contra as forças navais dos países anti-norte-americanos, como Cuba e Venezuela. No longo prazo, a Frota também pode colaborar com a Sétima Frota para fazer um cerco estratégico nas águas do extremo sul da África para exercer um controle eficaz sobre todas as rotas marítimas entre a África, o Oceano Índico e a Ásia Oriental (Lu, 2008). Em 2009, Estados Unidos e Colômbia formaram o Acordo Suplementar de Cooperação em Defesa e Segurança e Assistência Técnica, segundo o qual os Estados Unidos podiam alugar sete bases militares na Colômbia com um arrendamento de dez anos, das quais a maior delas possui uma pista de três mil metros, capaz de realizar a decolagem e o pouso de três aviões de combate ao mesmo tempo a cada dois minutos e de aviões grandes de transporte militar, como o C-17, além de um acampamento militar de dois mil soldados. Com o apoio das bases militares na Colômbia, os Estados Unidos fortificaram sua posição na região com vantagens estratégicas enormes para a América Central e a América do Sul. De forma resumida, tanto a histórica Doutrina Monroe quanto a estratégia norte-americana de dissuasão militar nos dias de hoje revelaram o forte interesse desse poderoso vizinho nos assuntos de segurança da América Latina. Sua política de interferência e seu discurso hegemônico são como a "espada de Damócles" suspensa sobre os países latino-americanos, exercendo impactos contínuos à segurança da região (Zhiwei, 2012, p.126).

As intervenções russas em assuntos de segurança da América Latina remontam à era da Guerra Fria, quando a União Soviética forneceu ao governo cubano uma proteção nuclear que envolvia o uso de mísseis de médio alcance e ogivas nucleares, e aos sandinistas em Nicarágua, armas, munições e equipamentos militares. Após o colapso da União Soviética e o término da Guerra Fria, a Rússia sofreu grandes mudanças em sua estrutura industrial, e a antiga economia orientada pelo desenvolvimento interno de indústria pesada foi transformada em uma economia voltada para a exportação de petróleo e gás. Na onda de privatização, o complexo industrial militar que respondia por mais de 40% da economia soviética durante décadas foi desmembrado em uma série de empresas independentes e autofinanciadas, e a influência militar da Rússia na América Latina caiu para o ponto mais baixo da história. Só até 1997, quando o chanceler russo Primakov realizou visitas à Argentina, o Brasil e a Costa Rica, a Rússia começou a ganhar força de novo nessa região: restaurou os comércios de produtos militares com a América Latina e aumentou gradualmente o apoio político a Cuba, Venezuela e outros países com governo esquerdista. A partir de 2004, o comércio de produtos militares entre a Rússia e a Venezuela começou a expandir e totalizava cerca de US$ 540 milhões. A Rússia também transferiu uma série de tecnologias para a Venezuela, convertendo-a em um país com capacidade autônoma para a produção de rifles automáticos, munição e componentes. Além disso, segundo informou a British Broadcasting Corporation, a Rússia vem buscando cooperações com o Equador na área de inteligência. Em 2008, o então presidente russo Dmitry Medvedev realizou uma visita oficial à América Latina, durante a qual promoveu vigorosamente a cooperação com os países latino-americanos nas áreas de petróleo e gás, minerais de urânio, energia elétrica, armas, produtos de alta tecnologia, agricultura e serviços aeroespaciais etc., afirmando que "isto só será o começo do reforço dos laços entre a Rússia e a América Latina" (Blank, 2010, p.1-16; 2009).

A ideologia também teve um papel importante na cooperação de segurança entre a América Latina e a Rússia. Os países da América Latina, em geral, têm como o fundamento das relações internacionais, o respeito da soberania, e estão altamente em conflito com os valores e dos princípios da segurança internacional, como "direitos humanos acima da soberania" e "responsabilidade de proteção", defendidos pelos países ocidentais. Ao mesmo tempo, a grande importância que se dá à soberania e ao "espírito de independência" da Revolução Bolivariana na América Latina coincide com a ideia de "democracia com base na soberania", defendida pelo governo Putin-Medvedev. As duas ideologias salientam a mesma condicionalidade da democracia e insistem na independência dos assuntos internos e na forte rejeição à intervenção externa e, portanto, representam um contra-argumento em relação aos valores neoliberais e ao intervencionismo humanitário, defendidos principalmente pelos Estados Unidos. Na prática, a Rússia também está enfrentando desafios de segurança semelhantes aos enfrentados pelos países latino-americanos, tais como ameaças militares e políticas provenientes da Organização do Tratado do Atlântico Norte (Otan), que veio "roendo" os países que eram ex-membros da Comunidade de Estados Independentes, e oposição interna à legitimidade do governo. Assim, a Rússia tem procurado ativamente participar, como membro observador, nos mecanismos de segurança regionais e multilaterais como a Alternativa Bolivariana para os Povos da Nossa América e o Conselho de Defesa da

União das Nações Sul-Americanas etc., além de explorar a possibilidade de negociar um Tratado de Mísseis Antibalísticos com os países "bolivarianos" como Cuba, Venezuela e Nicarágua (Blank, 2009).

De um ponto de vista dialético, de um lado, a América Latina é uma região relativamente pacífica, com poucos conflitos interestados e baixo risco de proliferação de armas de destruição maciça, o que certamente levou à falta de sensibilização e urgência de cooperação entre os países da região em questões de segurança tradicionais; de outro lado, o aprofundamento da cooperação de segurança sempre envolve um certo grau de cedência da soberania e uma maior exposição das políticas da defesa nacional e das outras áreas sensíveis de segurança nacional. Porém, a desconfiança mútua por causa das disputas históricas, questões fronteiriças e conflitos de interesses e as eventuais iniciativas de hostilidade mútuas têm comprometido a vontade dos países da América Latina de alcançar essa premissa, o que também facilitou o exercício da influência onipresente dos Estados Unidos e de outras grandes potências estrangeiras na região. O que é mais importante, o conceito de "nacionalismo estreito" e a diferenciação no padrão de preferência pela cooperação exterior entre os países latino-americanos têm originado uma série de discordâncias e atritos dentro da região, o que explica a ausência de um país predominante, que desempenhe o papel de motor na promoção dos mecanismos de cooperação regional. Em 2009, quando a maior organização de cooperação na América Latina, a Unasul, declarou a criação de um Conselho de Defesa, acreditava-se que esse órgão poderia realmente desempenhar um papel ativo na promoção da segurança e estabilidade regional, se Brasil, Argentina, Venezuela e os outros países-membros pudessem deixar de competir entre si e alcançar uma forte solidariedade por meio de uma coliderança. Entretanto, é evidente que, perante essa tarefa histórica, os países latino-americanos ainda precisam de tempo, paciência, visão e determinação.

Nas relações entre China e América Latina, embora os dois tenham conseguido alguns progressos nos campos de segurança tradicionais no sentido de intensificar o diálogo, o nível de cooperação entre os dois nessa área, em comparação com as outras, ainda é inferior, quer em termos de interatividade, quer em termos de qualidade. As cooperações bilaterais de segurança ainda têm sido limitadas a visitas de alto nível, intercâmbios profissionais e acadêmicos, formação de pessoal e outras iniciativas regulares de comunicação. As empresas militares da China entraram no mercado latino-americano relativamente tarde, e o comércio bilateral tem se limitado a poucos produtos de baixo teor tecnológico-militar, como sistemas de radar, aviões, canhões e tanques. Segundo o professor assistente da Faculdade de Segurança Nacional da Universidade de Defesa Nacional dos Estados Unidos, Evan Ellis, em seu relatório intitulado "O poder suave da China na América Latina: um estudo de caso":

> Nos intercâmbios militares entre a América Latina e a China, há um fenômeno muito interessante: aqueles oficiais latino-americanos que viajam para a China para participar nos cursos de formação têm maior possibilidade de ser troçados por seus colegas do que os oficiais que vão para os Estados Unidos.

Ele argumenta que a China e os países latino-americanos ainda estão longe de estabelecer uma relação interpessoal estreita entre os militares, fato que será extremamente relevante para a futura decisão dos oficiais latino-americanos de comprar ou não as armas e os equipamentos chineses (Nian, 2011). Entre todas as principais causas da dificuldade de aprofundamento de cooperação, a mais importante é a política de autocontenção da China. Em outras palavras, a China tem tomado uma posição bastante cautelosa perante a cooperação de segurança tradicional com a América Latina, com o objetivo fundamental de evitar a preocupação ou reação exagerada dos Estados Unidos. Por isso, o governo chinês tem afirmado repetidamente que

> a relação militar entre a China e os países da América Latina é uma relação completamente normal entre as forças armadas. Quando procuramos contatos militares com os países da região, temos sempre em mente os princípio de paz e estabilidade regional e mundial, sem atingir terceiros nem ameaçar os interesses nacionais de outro país qualquer (Yalin, 2008).

Em uma perspectiva de longo prazo, é inevitável que a China, como um grande país emergente empenhado na paz mundial e segurança de toda a humanidade, expanda sua influência militar pelo mundo, utilizando-a na promoção das causas justas de segurança mundial de forma construtiva. À medida que China e América Latina vêm aumentando sua consciência sobre o uso e o desenvolvimento dos recursos marinhos, polares e espaciais, as cooperações entre os dois lados nesses domínios também entrarão na agenda. Embora isso talvez suscite suspeita e reação dos Estados Unidos e dos outros concorrentes ocidentais, a China deve continuar envidando, a passos firmes, esforços na promoção das cooperações baseada em sua plena legitimidade, pois as cooperações entre a China e a América Latina em segurança não devem ser e não serão subordinadas às mudanças das relações China-Estados Unidos (An, 2009, p.40). Desde que a China persista em respeitar os interesses de segurança da América Latina, fazendo o uso justo e razoável de sua influência na região, no sentido de promover ativamente a segurança e a estabilidade regional, será possível identificar um novo caminho de cooperação entre os dois lados: um caminho mais equilibrado, distinto aos padrões velhos de relação de segurança entre a América Latina e os outros países poderosos tradicionais, marcados pela imposição de força dos últimos (Zhenjiang; Zongfeng, 2012). E só dessa maneira China e América Latina podem transformar-se um ao outro em um tipo de "alavanca estratégica", favorável a uma maior independência de segurança e um maior espaço de manobra política perante as outras potências mundiais, sobretudo os Estados Unidos. E só dessa maneira os dois podem formar uma força motriz importante na promoção da democratização da política internacional e na construção de um sistema multipolar mundial, visando, consequentemente, uma posição internacional mais favorável à sua própria segurança e ao desenvolvimento nacional.

A construção de um novo modelo de relação entre China e América Latina de segurança

Resumindo o anteriormente exposto, reitera-se que a relação entre China e América Latina em segurança apresenta características muito distintas de uma relação internacional tradicional de segurança, em que predominam os interesses geopolíticos. Tendo como principal objetivo promover a coordenação dos dois lados perante os desafios de segurança não tradicionais, as cooperações entre China e América Latina tendem a enfatizar as áreas de segurança social e segurança ecológica, que são de baixa e fraca natureza política e militar e de *grassroots*. No entanto, tal relação, muito especial em forma e natureza, pode implicar dificuldades de regulação e controle no que diz respeito à sensibilidade dos assuntos e à participação das partes interessadas. Enquanto os interesses envolvidos são menos conflituosos, os riscos não podem ser ignorados, pois o aprofundamento das relações ainda pode trazer impactos consideráveis para as relações bilaterais. Devido à assimetria existente na relação de interesses de segurança entre a China e a América Latina, é totalmente previsível que os dois tenham percepções e ações diferentes ou incompatíveis perante a mesma situação. Por exemplo, em março de 2009, quando a gripe H1N1 no México se espalhou rapidamente pelo mundo, a China e o México estiveram perto de uma crise diplomática por causa das discórdias em relação ao controle da epidemia e às normas de prevenção e da ineficiência de comunicação, o que prejudicou, em certa medida, a confiança política mútua entre os dois países. Além disso, o crescente investimento da China nos setores energéticos e de recursos naturais da América Latina também tem despertado a preocupação da parte do povo e da mídia latino-americana, levando alguns a até acusar a China de praticar o "neocolonialismo" na região. Algumas facções políticas direitistas e conservadoras também têm ecoado com os Estados Unidos, manifestando-se preocupadas de que a China agravasse a disputa geopolítica com os Estados Unidos na região, pondo em perigo a segurança nacional dos países latino-americanos (Hongying, 2009; An, 2009, p.36). Mesmo no meio acadêmico latino-americano especializado em estudos sobre a China também há argumentos de que "as relações cada vez mais íntimas com a China despertam a mesma preocupação de todos os países da região em relação aos mesmos perigos", e "nessa nova fase de desenvolvimento das relações entre China e América Latina, os países da América do Sul, e consequentemente de toda a América Latina, devem-se esforçar juntos para construir uma plataforma comum para poder negociar com a China em todos os aspectos" (Lozano, 2012).

A teoria e as práticas de cooperação internacional contemporânea de segurança têm mostrado que o cooperativismo institucional é uma das melhores alternativas políticas para resolver a contradição dos interesses de segurança entre os Estados, e o multilateralismo é o princípio estratégico mais importante e viável das cooperações. O cooperativismo institucional propõe arranjos institucionais de cooperação, de forma a permitir que todas as partes aumentem a transparência das políticas, formulem as expectativas comuns e coordenem o processo da tomada de decisão (Wendt, 1994). Durante esse percurso, devido às diferenças e contradições entre os Estados soberanos no que se refere aos interesses de segurança, a atribuição de poder entre duas ou mais partes só se concluirá, de forma gradativa, quando os benefícios de cooperação excederem de forma notável os custos de não cooperação. A teoria do cooperativismo institucional é fundada nos princípios da psicologia social, e sublinha os efeitos de *spillover*, ou seja, o incentivo a uma "mentalidade de rebanho", o que tende a criar um novo senso de identidade entre os não membros, de modo que a cooperação seja, no final, institucional e obrigatória. Os estudiosos europeus classificam esse fenômeno como um efeito de "institucionalismo reativo", embora reconheçam que a cultura de cooperação voltada para a eficiência e a concentração relativa de tomada de decisão não significam o retorno ao modelo de poder do Estado-nação. A essência do institucionalismo reativo ainda está no estabelecimento de normas comuns de governança, na preservação da soberania básica dos membros e a integração do poder de cada um para formar uma nova Sociedade de Estados (*a Society of States*) (Kohler Koch, 2004, p.176-9).

No século XXI, as cooperações institucionais dos países no campo de segurança apresentaram uma tendência de desenvolvimento acelerado. Até os mecanismos do velho estilo de "aliança militar" como a Nato têm realizado uma série de transformações institucionais de acordo com os desafios reais, no sentido de permitir o ingresso de novos membros e de explorar a possibilidade de estabelecimento de vários tipos de parcerias, visando promover uma maior homogeneidade em sua vizinhança de forma pacífica. China, Rússia e demais países da Ásia Central também têm se esforçado nesse sentido, por meio da Organização de Cooperação de Shanghai, que é uma plataforma de promoção do compromisso de todos os membros com o "Espírito Shanghai" de compreensão e tolerância mútuas, com vista à realização dos objetivos comuns, tais como paz nas regiões fronteiriças entre os Estados-membros, combate ao terrorismo e separatismo e condenação aos grupos religiosos radicais. Como uma nova forma de rede de cooperação de segurança, a Organização de Cooperação de Shanghai reforçou sua funcionalidade de gestão global econômica e social e, portanto, teve um efeito de *spillover* para os outros países vizinhos da região, como Irã, Afeganistão, Índia, Paquistão, Mongólia etc. Desde a Comunidade Andina, o Mercosul, a Comunidade Sul-Americana, até a União dos Países da América do Sul, e a Comunidade da América Latina e do Caribe, o processo da integração regional da América Latina percorreu mais de quarenta anos e conseguiu avanços substanciais nos últimos anos. Embora a Unasul seja a única organização que criou um órgão oficial especializado em assuntos de segurança (o Conselho de Defesa), as ideias de "solidariedade e autofortalecimento" e prevenção contra a interferência externa" já se tornaram o motivo fundamental e o principal conteúdo dos mecanismos de cooperação de segurança na América Latina. Além disso, os diversos mecanismos regionais de segurança são compatíveis, e não mutuamente exclusivos, resultando em um elevado grau de sobreposição de identidade, o que é favorável para que os países obtenham um maior espaço de manobra e uma maior garantia de segurança, porque seus interesses de segurança são facilmente realizados por meio dos múltiplos mecanismos multilaterais.[13] Nos últimos anos, perante a disputa de soberania das Ilhas Malvinas muito acirrada entre a Argentina e o Reino Unido, a Argentina tem recebido forte apoio dos países da América do Sul, e seu poder de negociação e sua imagem internacional foram elevados significativamente. Em dezembro de 2011, o Brasil, a Argentina, o Uruguai e o Paraguai anunciaram conjuntamente proibir a atracagem de embarcações com bandeira das Ilhas Malvinas em seus portos para apoiar a reivindicação de soberania da Argentina sobre as Ilhas Malvinas. Em março de 2012, os doze países membros da Unasul emitiram uma declaração conjunta, condenando a presença militar britânica na ilha e apelando para a retomada de negociações entre a Argentina e o Reino Unido sobre a soberania da ilha (Peng, 2012; Yanzhong, 2012). As respostas políticas dos países da América do Sul também representaram um importante contrapeso para a posição dos Estados Unidos. Diferentemente da administração Reagan em 1982, quando o governo norte-americano se declarou um "aliado especial" do Reino Unido, o Departamento de Estado dos Estados Unidos afirmou que o país não interviria nessa disputa, recusando o apoio à reivindicação de soberania do Reino Unido.[14]

---

13 O "Estatuto da Unasul" assinado em 2008 pelos países-membros fundadores deixou claro que o Conselho de Defesa da organização seguiria o modelo da Otan. Isso se deve a três fatores: primeiro, a necessidade de a região defender seus recursos naturais muito ricos; segundo, a necessidade de prevenir e resistir a qualquer tentativa de interferir diretamente nos assuntos internos dos países da América do Sul; e terceiro, a necessidade de conciliar e coordenar as relações entre os países sul-americanos.

14 Cf. "Frotas do Reino Unido e da Argentina se confrontam nas águas das Ilhas Malvinas, os Estados Unidos recusam o apoio à reivindicação de soberania do Reino Unido". chinanews.com, 26 fev. 2010. Disponível em: <http://www. chinanews.com/gj/gj-bm/news/2010/02-26/2139732.shtml>.

O multilateralismo múltiplo é um produto do sistema político global contemporâneo, em que as diversas forças mundiais concorrem e se comprometem entre si. Por um lado, os valores ideológicos e geopolíticos tradicionais foram enfraquecidos, as relações de interdependência econômica e de segurança entre as grandes potências têm se desenvolvido, o que constantemente leva a uma "crise de identidade" para os velhos arranjos de segurança, conhecidos como "alianças". Diante do declínio de seu poder real, os Estados Unidos, ainda a única superpotência mundial, desde cedo começaram a construir seus "círculos de cooperação multilateral", visando manter sua hegemonia global. Ao mesmo tempo, as potências europeias e o Japão também têm se empenhado na promoção da diversificação de suas relações exteriores. A crise financeira internacional agravou esse "efeito centrífugo" dentro da Europa, enfraquecendo ainda mais a aliança ocidental. Em meio a isso tudo, as relações desiguais entre o mundo desenvolvido e o mundo em desenvolvimento estão passando por mudanças profundas, "como um fenômeno que permaneceu há décadas, a tendência do fluxo de capital e imigrantes do Norte para o Sul está se revertendo" (Minger, 2012). Por outro lado, os países emergentes, a fim de buscar um maior desenvolvimento, garantir a estabilidade nacional e internacional, resistir à interferência de potências externas e lidar efetivamente com todos os tipos de desafios de segurança, também precisam reforçar as cooperações multilaterais. Seja de longo prazo e de forma institucionalizada, seja de forma temporária e funcional, o mundo em desenvolvimento tende a procurar mecanismos mais flexíveis para conquistar uma posição firme no cenário internacional político e de segurança. Dessa maneira, os países em desenvolvimento podem não só consolidar sua presença nas organizações internacionais como a ONU, de acordo com os "princípios gerais de conduta", mas também "tecer redes e pescar juntos", de acordo com os princípios de relação diversificada e de ganho recíproco (Ruggie, 1993, p.11). Essa afirmação já foi comprovada pelo surgimento de uma série de arranjos de cooperação internacional, tais como Asean, União Africana, Fórum América Latina-Leste Asiático, Diálogo Unasul-União Africana, Brics, Basic etc. No entanto, perante os mesmos desafios da diversificação dos tipos de ameaça e do pluralismo dos agentes na área de segurança, tanto os países desenvolvidos quanto os em desenvolvimento devem considerar seriamente os impactos sobrepostos que essas mudanças causam para sua situação interna e externa, regional e global. Essa tendência expôs de uma forma penosa as limitações do poder dos Estados e os sistemas de cooperação exterior existentes, enquanto a ideia de governança por cooperação multilateral está sendo cada vez mais aceita e apoiada pelos países, que diferem uns dos outros em ideologia e em nível de desenvolvimento. As relações internacionais estão caminhando em direção à legalização e à padronização, resultando um amplo envolvimento da grande maioria dos membros da comunidade internacional e dos agentes não estatais como nunca. A futura democratização da ordem mundial já é um processo irreversível (Jaijun; Dabo; Yong, 2011).

Sob a perspectiva das relações da América Latina e da ordem internacional, o futuro quadro de cooperação de segurança entre China e América Latina deve basear-se em uma estrutura de cooperação multilateral regional.

Em primeiro lugar, as principais questões de preocupação chinesa, como a segurança social, ecológica, ambiental e dos recursos, são todas que requerem uma estratégia coordenada, de nível transnacional, longe de poder ser resolvidas por um único país-alvo.

Em segundo lugar, a construção de um mecanismo de diálogo de cooperação de segurança entre China e América Latina (incluindo as sub-regiões) não só corresponderá à tendência do desenvolvimento de longo prazo de cada uma e aliviará a pressão da política doméstica causada pelos problemas nas relações bilaterais, como também será propícia para a promoção geral das cooperações entre a China e a região no sentido de estabelecer regras e normas gerais. Embora no nível operacional as dificuldades específicas de curto prazo sejam grandes em longo prazo, essa forma de cooperação apresenta vantagens evidentes em relação ao mecanismo de cooperação bilateral, pois ela pode reduzir significativamente os custos e aumentar os benefícios das cooperações, além de aproveitar o efeito escala. O que é mais importante, perante o cenário geopolítico muito complexo da América Latina, é que um mecanismo de cooperação multilateral pode conferir à China uma posição independente e relativamente mais livre. A China evitará repetir as políticas hegemônicas de "dividir para reinar", praticadas pelos Estados Unidos e por outras potências fora da região, e se tornará um fator positivo na promoção da cooperação e da solidariedade na região.

Em terceiro lugar, as relações bilaterais, comparadas com as relações multilaterais, apresentam uma margem limitada de desenvolvimento. O futuro das relações multilaterais entre China e América Latina ainda terá que se basear nas cooperações bilaterais, visando melhor atingir os objetivos das cooperações multilaterais. Embora as condições necessárias para o estabelecimento de cooperações multilaterais sejam mais complicadas, esse processo levará os dois lados a um equilíbrio de poder e de tamanho, o que também propiciará o desenvolvimento sustentado das cooperações bilaterais, de modo que os problemas "grandes" nas relações bilaterais transformem-se em problemas "pequenos" no âmbito das relações multilaterais, e que os problemas potenciais sejam diagnosticados e tratados com antecedência pelas medidas preventivas. Atualmente, os fundamentos da cooperação bilateral entre China e América Latina são bons, e entre os 21 países latino-americanos que já estabeleceram relações diplomáticas com a China, seis também estabeleceram parcerias estratégicas, um estabeleceu parceria de amizade, e os quatorze restantes têm mantido relações de amizade e cooperação. Porém, em contraste, no âmbito de parcerias multilaterais, a China estabeleceu apenas mecanismos formais de diálogo com o Caribe e com o Mercosul, e quanto à cooperação multilateral entre China e América Central, o mecanismo ainda está vago. A participação da China nos mecanismos multilaterais de cooperação existentes na América Latina deve basear-se nas relações bilaterais, e em particular nas relações com os países-chave da região, de forma que com estes a China possa aprofundar a confiança mútua e consolidar o consenso político, para obter canais eficientes de integração nos mecanismos multilaterais existentes na América Latina.

Por último, mas o mais importante, além de continuar a fazer um bom trabalho em "preservar" as boas relações, a China também deve atuar proativamente para "cultivar" novas relações. O mecanismo de diálogo regular entre os chanceleres da China e da Troika da Comunidade de Estados Latino-Americanos e Caribenhos (doravante designada como Celac), constituída há pouco tempo, por exemplo, foi um bom avanço (Guangjin, 2012).[15] Apesar de a construção de uma grande plataforma ambiciosa de cooperação bilateral entre a China e a região ainda exigir esforços dos dois lados, e especialmente do lado da América Latina, a apresentação dessa iniciativa já implica oportunidades

15 Cf. "O mecanismo de diálogo regular entre os chanceleres da China e da "Troika" da Comunidade de Estados Latino-Americanos e Caribenhos aborda a questão das armas nucleares e outras questões". Disponível em: <http://www.chinanews.com/gn/2012/09-29/4223366.shtml>. Acesso em: 29 set. 2012.

estratégicas grandiosas. A perspectiva do desenvolvimento das relações multilaterais na região é como "uma folha de papel branco, sobre a qual se podem pintar imagens mais coloridas", enquanto a China deverá não só servir os pincéis para os países da região, como também deixar sua marca ao seu lado.

Produto público fornecido pela China para a região: o Novo Conceito de Segurança da China

Se abrimos a "caixa de ferramentas" da China para a promoção das cooperações com a América Latina, encontraremos um feixe de "pincéis", que são o novo conceito de segurança (doravante designado como "o conceito"), preconizado e praticado pela China nos últimos anos.

O conceito de segurança é um conjunto de ideias e percepções sobre a segurança interna e externa da China, formado ao longo das práticas, mas que não se restringe só a elas. Na verdade, ele é uma "metafísica" estritamente ligada às realidades práticas, que tem como valores fundamentais a confiança e o benefício, a igualdade e a cooperação. Caracterizado pela segurança cooperativa, segurança comum e segurança integrada, o conceito é composto pelas avaliações das fontes de ameaças internas e externas à segurança nacional, incluindo seu principal conteúdo, as condições dependentes, e seus métodos de automanutenção. O conceito sustenta que o desequilíbrio de poder no sistema internacional desde a guerra fria continua inalterado em suas profundezas as potências ocidentais continuam praticando as políticas de força como o "neointervencionismo", a "nova política de canhoneira" e o "novo colonialismo econômico", o que tem contribuído para a injustiça e a desigualdade da ordem política e econômica mundial e para a dependência e dificuldade de desenvolvimento dos países em desenvolvimento, e, eventualmente, para a deterioração da segurança internacional. Assim, o conceito enfatiza, além da segurança política e militar dos países, a segurança internacional em sua conotação mais ampla, incluindo a segurança econômica, a segurança ambiental, a segurança cultural, a segurança social e todos os outros aspectos que, juntos, compõem a segurança integrada. Rejeitando e condenando a velha política de força, o conceito opõe-se ao argumento de que a predominância de um único país ou de um grupo de países seja a condição de primazia para a manutenção da segurança internacional, e defende que a simbiose entre os interesses do desenvolvimento e da segurança de todos os países do mundo, em um contexto de globalização econômica, seja o pré-requisito fundamental para a segurança internacional. O conceito propõe transcender as barreiras da ideologia e as diferenças do sistema político, reforçar a confiança mútua e alcançar a paz e a segurança do mundo por meio de mecanismos inclusivos e não exclusivos (como a "Aliança Democrática", as alianças militares e a corrida armamentista) (Xiaohua, 2008, p.147-8). O conceito é "novo" no sentido de ser o ponto de vista de um país socialista emergente, e ao mesmo tempo uma profunda compreensão de nosso mundo de hoje, marcado pela paz, pelo desenvolvimento e pelo interesse comum de toda a humanidade em sobreviver e prosperar. Enraizado na tradição confucionista, o conceito prioriza a segurança relativa e interativa, em vez de objetivar a realização de uma segurança absoluta, razão pela qual ele é mais compatível, e, portanto, mais facilmente conectado com as ideias do cooperativismo institucional, e mais provável de produzir frutos imediatos e usufruir mais cedo dos seus benefícios.

O conceito defende a solução definitiva das origens da insegurança, ou seja, o respeito à diversidade das opções de desenvolvimento dos países, ao princípio do gradualismo na cooperação e à tolerância das diferentes ideologias e estruturas sociais. Por isso, o conceito apresenta um alto grau de atratividade e compatibilidade para os países da América Latina, que estão em uma fase de desenvolvimento parecida com a da China, pois ele difere fundamentalmente das estratégias que os outros grandes países do mundo têm adotado em suas relações com os países da América Latina. Para o mundo em desenvolvimento, a correlação entre o desenvolvimento e a segurança já se tornou um consenso. Conforme constata o Relatório da Assembleia Geral da ONU em 2005, "em um mundo cada vez mais interligado, o desenvolvimento, a segurança e os direitos humanos devem avançar de mãos dadas. Não pode haver desenvolvimento sem segurança, e vice versa". Um estudo da Comissão Econômica das Nações Unidas para a América Latina e o Caribe (doravante designada como Cepal) em junho de 2012 também salientou que nos próximos dez anos o volume de comércio entre os países do Sul excederia o do entre o Norte e o Sul, e a América Latina terá de se adaptar a essa tendência e elaborar "estratégias para fortalecer a relação com a China, a Ásia Oriental e o Sudeste Asiático" (United Nation Assembly Report, s. d.; Cepal, 2012, p.3). Como mencionado anteriormente, a China e os países latino-americanos compartilham alguns objetivos comuns de desenvolvimento econômico e social, e seus interesses de segurança convergem em um espaço público comum. Os desafios de segurança mundial surgidos a partir do século XXI também constituem um forte motivo exógeno para que os dois lados intensifiquem as cooperações. Vale ressaltar que ao longo de mais de trinta anos de prática, reflexão e teorização, a China já conquistou uma autoconfiança de teoria e uma boa reputação mundial de cooperação, o que lançou uma base sólida para a maior divulgação do conceito na América Latina por meio da realização de cooperação.

O *path dependence* de cooperação: o "envolvimento criativo"

As cooperações e a governança conjunta entre China e América Latina podem ser realizadas em âmbito nacional, regional e global, mas principalmente no âmbito regional, sobretudo no que diz respeito à criação de mecanismos regionais e ao estabelecimento de normas e padrões comuns de cooperação, de modo que os resultados das cooperações produzam um "efeito de cobrimento" em toda a região e impacte positivamente o modelo de governança nacional e global.

Obviamente, tanto para a China quanto para os países da América Latina, a jornada para chegar a esse objetivo é longa e difícil, o que requer a plena preparação dos dois lados, tanto material quanto espiritualmente. Para a América Latina, o desafio será a necessidade de integrar as forças internas de cooperação e reforçar sua proatividade e habilidade na sensibilização e realização das estratégias visando o equilíbrio entre a segurança de soberania e a abertura ao exterior, de forma a reforçar sua percepção e sua adaptabilidade à tendência da cooperação multilateral da região. Para a China, sua futura participação no processo de governança da América Latina requer a solução de dois deveres de casa: primeiro, deve-se envidar esforços para uma melhor alocação dos recursos domésticos relevantes, como o conhecimento, os recursos humanos e as forças sociais; e segundo, deve-se procurar inovar os mecanismos de coordenação, os critérios de avaliação de desempenho, as plataformas de mídia e os sistemas de diálogo, as redes das relações públicas e os sistemas de suporte técnico das cooperações com a América Latina, de acordo com as normas internacionais e as especificidades da região.

O chamado "envolvimento criativo" (*creative involvement*) é, no sentido literal do termo, a participação criativa de um país na agenda internacional visando realizar seus interesses nacionais. No caso chinês, quando está se tornando maior a possibilidade de atingir seus objetivos nacionais por meio de uma participação ativa no cenário internacional, a China deve coordenar as estratégias internas e externas, de forma a apresentar ideias criativas e planos de ação internacionais ativos, aumentar sua proatividade, seu papel construtivo e orientador nos assuntos externos. Essa iniciativa é, essencialmente, a continuação e o desenvolvimento do princípio das relações exteriores da China em tempos contemporâneos de "manter um perfil baixo e visar alguns progressos", de acordo com as mudanças nas condições históricas. A estratégia internacional da China continua aderindo aos princípios fundamentais de "não disputar a hegemonia, não buscar a liderança e não entrar em confrontos", mas ao mesmo tempo procura desenvolver "ideias e práticas, visando uma participação mais intensa nos assuntos internacionais", em vez de se dedicar apenas à construção interna e manter uma postura "neutra e relativamente isolada" nos assuntos internacionais (Yizhou, 2011, p.20-1).

Na América Latina, a China deve buscar uma participação criativa na governança regional futura de segurança, a partir dos seguintes aspectos:

1. Criar condições positivas para participar nos mecanismos regionais de segurança, esforçando-se por aderir, como membro observador, às organizações emergentes de segurança regionais (e aos conselhos de defesa), como a Unasul e a Celac; estreitar os contatos com as organizações de integração Centro-Americana, inclusive participar na promoção da paz, da democracia e dos planos de desenvolvimento regionais, de acordo com o *layout* geral da diplomacia chinesa relacionada com a questão de Taiwan; procurar estabelecer mecanismos variados de diálogo político com as organizações latino-americanas de concertação política multilateral existentes, para ampliar a eficiência do diálogo coletivo. A China deve não só promover os mecanismos de troca de informações e de avaliação conjunta com a América Latina, mas também intensificar o intercâmbio e a compreensão mútua sobre as culturas e políticas por meio desses mecanismos, e sobretudo

construir uma rede de relações e um sistema de aprendizagem mútua entre os altos funcionários em meio à interação e ao convívio, visando reduzir o burocratismo das cooperações e melhorar a conscientização e a capacidade da boa governança em cada país.

2. Com base nos mecanismos referidos, intensificar os intercâmbios entre parlamentos e tribunais, e entre as associações de advogados dos dois lados, tomando a iniciativa de apresentar às autoridades latino-americanas sobre a Constituição e as leis fundamentais da China, bem como o sistema de gestão social chinês; procurar ativamente conhecer, em profundidade, as condições nacionais, os sistemas políticos e de gestão social e as tradições culturais dos países da América Latina, a fim de evitar ao máximo as práticas de "julgar outros consoante os critérios de si mesmo" e de "tomar por garantida a atitude dos outros" para reduzir o mal-entendido e o julgamento errado. O maior obstáculo para a cooperação de segurança entre a China e os países latino-americanos é a grave assimetria de informações quanto aos regimes políticos. A China deve aproveitar a oportunidade para melhorar a transparência e o acesso estrangeiro às informações de seu governo, em troca de informações do mesmo tipo dos países que pouco conhece. Além disso, deve-se levar em consideração que os países da América Latina passaram por muitas mudanças políticas e ideológicas, o que gradualmente levou a uma cultura institucional altamente dispersa e diversificada, na qual a sociedade civil e as organizações não governamentais tomaram o papel de porta-voz dos interesses sociais e juntas formaram uma ecologia social bem-desenvolvida, porém muito complexa. Eis um aspecto importante em que a China precisa aprofundar seu entendimento.
3. Estabelecer uma rede de cooperação com a América Latina em recursos naturais, meio ambiente e governança de segurança pública por meio da assistência técnica chinesa. As tecnologias chinesas do Satélite de Sensoriamento Remoto, de telecomunicações e de Sistema Global de Posicionamento são mundialmente avançadas e podem ser extremamente úteis para o desenvolvimento da economia nacional e o desenvolvimento social dos países latino-americanos, especialmente no que diz respeito à exploração geológica, levantamento de recursos,

monitoramento ambiental, previsão do tempo, alerta de desastres, planejamento de infraestrutura, educação a distância, serviços de emergência ao públicos etc. A China deve continuar explorando as vantagens comparativas dessas tecnologias para promover sua participação na governação integrada latino-americana. Nos últimos anos, a cooperação entre a China e o Brasil do Satélite Sino-Brasileiro de Recursos Terrestres (CBERS) foi um grande sucesso e abriu o caminho para as futuras cooperações com os outros países da região. Os CBERS têm fornecido de forma gratuita aos usuários brasileiros dados muito ricos, além de disponibilizar, também gratuitamente, dados muito úteis para os países e regiões vizinhas, inclusive alguns países africanos. Os dados não só desempenharam um papel significativo na monitorização ambiental e na gestão ecológica da Amazônia, mas também enriqueceram de forma considerável o conteúdo das cooperações Sul-Sul no mundo (Yu, 2007, p.24-5; Daxin, 2011). Como próximo passo, a China deve ampliar gradativamente o âmbito das cooperações e da assistência técnica, com base nesse modelo, para a América do Sul, a América Central e o Caribe, de modo que atendam às necessidades específicas de desenvolvimento e de governação dos países. Fornecer de forma gratuita os equipamentos de recepção terrestre e de leitura e o treinamento de pessoal, de forma a promover o reajuste e o desenvolvimento das indústrias nacionais relacionadas e criar a nova força motriz favorável à "saída para fora" dos equipamentos e tecnologias chineses.

4. Aproveitar as plataformas regionais para promover a cooperação judiciária e policial entre a China e os principais países de destino do investimento chinês na América Latina. Atualmente os dois lados já estabeleceram canais de formação de pessoal nas áreas política, comercial e militar, e o próximo passo será a criação de bases de intercâmbio e formação de juízes e oficiais de política dos países em desenvolvimento, incluindo os da América Latina, nas universidades chinesas renomadas, como a Universidade Chinesa de Ciências Políticas e Direito e a Universidade de Segurança Pública da China. A iniciativa tem por objetivo promover a compreensão mútua e reconhecimento recíproco das regras, de forma a melhorar a percentagem da solução dos

casos criminosos dos países por meio de cooperação. Em âmbito social, a China deve continuar assumindo seu compromisso com o Plano de Desenvolvimento Milenar da ONU, aumentando sua participação nos programas de desenvolvimento social e redução da pobreza da América Latina, expandindo sua área de atuação para as áreas-chave e para as comunidades locais, proporcionando-lhes a educação, a formação profissional, os serviços de saúde pública, a infraestrutura, a eliminação do cultivo do ópio e os outros tipos de assistência material e técnica.

5. Quebrar os hábitos de pensamento antiquados e explorar as boas práticas menos convencionais para o estabelecimento de um novo mecanismo de diálogo de segurança entre China e América Latina. Superar as limitações dos diálogos intergovernamentais e construir uma plataforma de opinião pública que conte com a participação ativa dos *think tanks*, das empresas e dos meios de comunicação. Além disso, deve-se aproveitar essa plataforma para abrir mais canais de diálogo entre os agentes não governamentais e estabelecer fóruns públicos de participação geral, de forma a promover, de um lado, a formação das empresas e dos cidadãos chineses do conhecimento e das normas de comportamento da América Latina, e de outro, a comunicação direta entre as empresas e entre os indivíduos chineses e latino-americanos que compartilham os mesmos interesses, de modo a melhorar as relações públicas e elevar seu senso de responsabilidade na obtenção de benefícios econômicos e sociais.
6. Reforçar a coordenação política com a América Latina no nível do sistema internacional de segurança, de forma a promover a boa governança da segurança regional da América Latina por meio dos mecanismos mundiais. A China pode fazer uso de seu *status* como membro permanente do Conselho de Segurança da ONU para promover ativamente a formação de um tratado das Nações Unidas de controle da venda de armas leves, e promover, com os países latino-americanos, no âmbito do Programa de Desenvolvimento da ONU e de seu Conselho de Direitos Humanos, a aprovação de uma agenda específica para os assuntos de segurança humana, segurança ambiental etc. Aumentar o nível de colaboração com os países latino-americanos nas

ações de manutenção da paz, inclusive fornecer maior apoio para os países latino-americanos em crise de governança, como, o Haiti.[16]

Controle dos riscos de cooperação: o princípio de "não intervenção nos assuntos internos"

O desenvolvimento do multilateralismo na América Latina começou bem mais cedo que o da Ásia Oriental, continente onde a China se encontra. No último meio século, os países da América Latina em geral, depois de três ondas de integração regional, têm envidado esforços para promover a solidariedade e a unidade da região, de forma a alcançar a prosperidade e resistir à intervenção externa, principalmente vinda da Europa e dos Estados Unidos. Com o declínio da ideologia neoliberal, e em particular após a eclosão da crise econômica mundial em 2008, a América Latina vem desenvolvendo um "novo regionalismo" e organizações de governança regional como a Aliança Bolivariana para os Povos de Nossa América (Alba) e a Unasul foram criadas. A Unasul, criada em 2008, é a união dos países-membro do Mercado Comum do Sul (Mercosul) e da Comunidade Andina, mais Chile, Guiana e Suriname. Alguns membros da Alba, como Venezuela, Equador e Bolívia, também ingressaram nessa união. Obviamente, a criação da Unasul implica uma ideia de cooperação supranacional, e tem por objetivo a promoção das iniciativas de integração regional, como o livre comércio, a livre circulação de pessoas, a moeda comum e o passaporte único. Ela também é um mecanismo de governança política e de segurança regional, ao qual foram criados vários órgãos subordinados, como o Conselho de Defesa Nacional dos Países Sul-Americanos, o Parlamento, o Banco Central e um conselho especial para o combate ao tráfico de drogas e ao crime organizado (Riggirozzi, 2012, p.421-43; Serrano, 2010, p.32-5). A Unasul, apesar de defender o princípio do respeito pela soberania nacional, apoia a intervenção coletiva sobre as questões regionais de segurança.

---

16 Cf. "O representante especial do secretário-geral da ONU fala no Conselho de Segurança sobre a situação de segurança do Haiti e exige maior esforço para reforçar o Estado de Direito no país". Disponível em: <http://www.un.org/chinese/News/story.asp?NewsID=18556>. Acesso em: 3 out. 2012.

Por exemplo, a organização reconhece o direito de a Colômbia assinar com os Estados Unidos o acordo sobre o uso de suas bases militares, mas exige que a Colômbia assuma um compromisso claro em evitar que essas bases colombianas sejam usadas para executar operações transfronteiriças (Mares, 2012, p.156-7). Quanto à construção de uma rede de colaboração transnacional de segurança, a Unasul também começou cedo a dar seus passos e já conquistou vários resultados. Em 1996, o Mercosul criou um Centro de Comando Policial Tripartite na região de fronteira entre Paraguai, Argentina e Brasil. Desde então, vários países membros da organização também assinaram acordos de cooperação policial. O Mercosul lançou a Rede de Dados de Segurança do Mercosul em 2005 para fornecer às forças policiais dos países membros os dados sobre os casos de invasão violenta, sequestro, tráfico de crianças, tráfico de órgãos, terrorismo, contrabando de mercadorias e animais, tráfico de drogas, tráfico de entorpecentes, lavagem de dinheiro, falsificação de dinheiro, crime ambiental, assalto ou roubo de veículos, contrabando de armas etc., o que constituiu uma base muito importante para as operações bilaterais e multilaterais de execução da lei. Em 2008, após a criação do Conselho de Defesa da Unasul, várias iniciativas foram realizadas para promover o envio de forças militares móveis para as zonas de fronteira entre os Estados-membro, visando uma melhor estabilidade fronteiriça regional (Pellicer, 2012, p.161).

Entre os países da América Latina, porém, ainda existem diferenças e discrepâncias evidentes no que diz respeito ao nível de desenvolvimento político, econômico e diplomático, razão pela qual não se podem superar facilmente tendências frouxas ou de "cada um age por si". Portanto, o processo de integração regional continua problemático e inseguro, com pouca credibilidade e previsibilidade, e os países ainda não conseguem se pronunciar em uma só voz em relação à maioria das questões relevantes da região (Cheng, 2010, p.41-2). O Brasil fez uma tentativa para tornar o Conselho de Defesa da Unasul um mecanismo de defesa coletiva semelhante à Otan, entretanto essa iniciativa foi fortemente atacada pelos outros países da região, especialmente pela Colômbia, que é um grande aliado político e militar dos Estados Unidos. Em vez de medidas coercivas de intervenção e de arbitragem, os países latino-americanos preferem formas mais suaves de mediação e reconciliação, como o diálogo. Portanto, os mecanismos de cooperação de segurança multilaterais da América Latina apresentam um "ponto fraco" – como os mecanismos semelhantes na Ásia, por exemplo, a Asean –: a falta de controle efetivo aos seus países-membros por ausência de medidas coercivas.

Diante do exposto, pode-se afirmar que, embora a sensibilização da América Latina relativa ao processo de integração regional tenha sido intensificada, as iniciativas tomadas ainda apresentam um forte interesse estratégico de impedir o domínio norte-americano nos assuntos internos da região, o que lhes atribuiu uma forte característica "defensiva", apesar de o processo já apresentar alguma tendência à abertura e inclusão (Riggirozzi, 2012). Nesse contexto, a China não só deve segurar essa oportunidade histórica para continuar acelerando o ritmo de cooperação pragmática com a região, de modo a consolidar e expandir seus interesses de segurança por meio de uma maior participação na governança regional, como também precisa avaliar corretamente a situação e avançar a passos firmes, mas seguros e com vagares, para atingir gradativamente nossos objetivos. A cooperação de segurança abrange questões politicamente sensíveis, como a soberania nacional, a jurisdição etc., e, portanto, tem como condição prévia um alto nível de confiança política mútua. A China e os países da América Latina pertencem ao mundo em desenvolvimento, e todos mantêm uma política externa de "não interferência mútua nos assuntos internos, igualdade e benefício e coexistência pacífica". Desde que a China faça pleno uso das suas experiências em cooperação multilateral com a Asean, com a União Africana e com os países da Ásia Central, além de manter a paciência estratégica e a correta tática, é de esperar que o país seja capaz de aproximar-se progressivamente dos objetivos finais de cooperação. Porém, durante o processo de realização das cooperações, há uma série de questões que merecem maior atenção da parte chinesa: 1. fazer um bom trabalho nos países-chave da região, de modo a torná-los pontes através das quais a China pode visar sua participação nos mecanismos regionais de cooperação; 2. intensificar as comunicações com os países pequenos, especialmente os que têm pouco contato ou não têm relações diplomáticas com a China, de modo a esclarecer suas dúvidas e mudar suas atitudes negativas em relação ao país; 3. no caso de conflitos entre os países da região, a China deve seguir o princípio da neutralidade, mas ao mesmo tempo desempenhar um papel ativo na mediação e na conciliação das partes envolvidas; 4. a China deve sempre manter uma atitude humilde e cautelosa, de forma a resistir à excessiva ansiedade e precipitação por alcançar sucessos grandiosos. Devem-se avaliar as intenções de cooperação dos países da região com uma postura construtiva e pragmática, fazer tudo dentro do que está ao seu alcance e evitar cair nas "armadilhas de compromissos"; 5. assegurar o cumprimento das promessas feitas em âmbito diplomático, de forma a garantir que tudo seja "dito e feito". Evitar promessas irrealistas e priorizar os projetos básicos e os programas sociais de benefício fundamental da população; 6. manter o equilíbrio entre a "aprendizagem" e o "convencimento", de forma a realizar estudos minuciosos sobre a região e, com base nisso, propor planos de cooperação que atendam as expectativas dos países da região; 7. respeitar os parceiros, levar em plena consideração as condições e as especialidades de cada país nas cooperações e tratar as divergências com racionalidade e paciência, com base no princípio de "concessões mútuas e ganhos recíprocos"; 8. dedicar maior atenção à comunicação com os outros grandes países fora da região e manter uma posição aberta às concorrências, em prol da paz e do espírito de cooperação da região; 9. dar uma resposta eficaz aos diversos desafios de segurança por meio de cooperação, aprofundar os estudos sobre a América Latina em diversas áreas e melhorar a competência técnica e a habilidade de colaboração do pessoal chinês, de modo a formar uma equipe de número considerável, conhecedora e familiarizada com a América Latina, com um nível de proficiência linguística elevado, uma estrutura etária razoável e uma divisão de trabalho relativamente estável; 10. aperfeiçoar os mecanismos de pesquisa e avaliação, de forma a aumentar continuamente a eficiência dos modelos e das políticas de cooperação.

A análise do presente trabalho sobre o desenvolvimento da cooperação de segurança entre China e América Latina é ainda preliminar e superficial. Parte das razões é porque a região da América Latina tem se encontrado marginalizada no mapa da segurança internacional da China. O tema não tem recebido a devida atenção pela parte chinesa, seja no meio político, seja no meio acadêmico ou entre o público em geral. O assunto pouco aparece nos debates públicos, e há pouquíssimos estudos na literatura. Perante isso, talvez possamos afirmar que o fato de a América Latina, diferentemente de Estados Unidos, Japão, Rússia, Índia e os países de nossa vizinhança, não apresentar impactos diretos para o cenário geopolítico da China já deixou determinada a tendência básica do desenvolvimento pacífico e estável das relações entre os dois lados, o que não sofrerá mudanças fundamentais com o tempo. Os princípios que a China e a América Latina têm em comum em sua estratégia internacional, como a estabilidade estratégica global, a democratização das relações internacionais, a proibição do uso ou ameaça da força militar nas disputas territoriais e de soberania, a defesa persistente da resolução das disputas por meio de negociação ou por outros meios não violentos, também fazem com que a China e os países latino-americanos mantenham o apoio mútuo e continuem sendo "aliados morais" nas questões tradicionais de segurança internacional.

Essa característica relativamente estática das relações, no entanto, já não pode representar a diversidade das relações de segurança entre a China e a América Latina. Os dois lados vão inevitavelmente interagir de forma mais efetiva e intensa no futuro cenário internacional, marcado por duas grandes mudanças:

1. Na era pós-Guerra Fria, a essência da ordem de segurança mundial mudou de disputas geopolíticas para cooperações multilaterais e governança conjunta. No contexto da grande tendência da globalização, a paz e o desenvolvimento já se tornaram os temas principais de nossos tempos. O fluxo transfronteiriço de capital, tecnologia, informação e recursos humanos mudou significativamente o sistema do poder do Estado-nação, bem como a conteúdo e a forma de manutenção da segurança. Os conflitos e as rivalidades geopolíticas que uma vez dominavam o cenário político internacional deram lugar a disputas políticas regionais, e aos desafios de segurança não tradicionais, em decorrência de fatores não políticos ou de ações não estatais começaram a assumir uma maior importância. As novas categorias de segurança, como a de água, energia, recursos marinhos, ambiente ecológico, as alterações climáticas e a prevenção e o controle de epidemias, não só deram origem a tensões e até mesmo conflitos armados entre os países, como também provocaram a eclosão de desastres humanitários. Tudo isso apressou a humanidade a preocupar-se com a segurança de desenvolvimento. As categorias de segurança tradicionais e não tradicionais interligam e interagem tanto com os países diretamente impactados quanto com os indiretamente envolvidos e encontram-se em situação de necessidade de reajuste e reconstrução dos "espaços de relações", ao passo que é difícil mudar a interdependência entre eles. Tais fatos sinalizam que

a configuração internacional de segurança continua tornando-se mais complexa e instável. No entanto, as necessidades de cooperação multilateral e governança conjunta tenderão a levar, eventualmente, os diversos agentes internacionais a juntar-se e esforçar-se, visando a realização dos interesses comuns de segurança, o que sem dúvida quebrará finalmente as barreiras geográficas. Nesse contexto, o cooperativismo começou a ganhar força e tornou-se uma ideologia predominante no âmbito da segurança internacional do pós-Guerra Fria, e o surgimento dos "mecanismos de cooperação múltiplos e multilaterais", por apresentar objetivos funcionais, acompanhou justamente essa tendência.

2. Em um contexto geral de ascensão, China e América Latina apresentam probabilidades de estreitarem as relações na área de segurança. O aumento das atividades de comércio e investimento, tanto em volume quanto em escala, não só levou muitas empresas e cidadãos chineses a aumentar sua presença na América Latina, como também inadvertidamente estreitou os laços de segurança entre a China e os países latino-americanos. A segurança dos indivíduos e dos ativos chineses, os riscos de epidemias e da agitação social e as ameaças de catástrofes naturais na América Latina estão afetando como nunca os nervos da população e dos tomadores de decisões chineses. A China traz para a América Latina não só bens, capitais, informações e assistências, mas também a presença de uma língua estranha, os conceitos culturais e as diferenças no comportamento. Além disso, os crescentes contratos de aquisição das empresas e dos projetos de exploração dos recursos naturais locais também têm impactado de forma notável a região. A proximidade física não necessariamente resulta em uma relação íntima e carinhosa. Sob a influência dos conflitos políticos e sociais internos muito complexos, o nacionalismo dos recursos e o protecionismo da natureza da América Latina acarretaram uma crescente dúvida da região em relação aos comércios e aos investimentos chineses, e essa tendência foi, muitas vezes, agravada mais ainda pela tradução maliciosa da mídia ocidental. As empresas chinesas precisam urgentemente elevar o senso da responsabilidade social e seu compromisso com o cumprimento das leis locais, sob a orientação e supervisão eficaz do governo chinês, de modo a contribuir

> de forma positiva para a segurança ecológica, ambiental e social dos países de destino de investimento. Em suma, com base na premissa de que as relações entre a China e a América Latina em geral continuem aprofundando-se, pode-se afirmar que os temas e os agentes nas relações de segurança dos dois lados tendem a ser mais diversificados e complexos. As questões de segurança, por serem altamente sensíveis, podem até exercer influências mais amplas e de longo alcance sobre as outras áreas da relação.

Este trabalho, portanto, focou na interação dos interesses da China e da América Latina em questões de segurança não tradicionais, de forma a revelar as dimensões em que as partes podem entrar em conflitos de segurança, as variáveis e as medidas em que os riscos de segurança podem transformar em oportunidades de cooperação entre os dois lados ao longo da intensificação das suas relações de interdependência. Com base nas análises sobre convergências e divergências entre os dois lados no que diz respeito à formação de interesses, ideias, orientações políticas e à construção dos capacidades de governança, e de acordo com a realidade de que os interesses de segurança chinesa na América Latina tendem a ser mais diversos, diretos e crescentes, o presente trabalho argumenta que a China precisa assumir uma maior responsabilidade e participar de forma mais ativa nas cooperações de segurança com a América Latina, de modo a tomar uma maior iniciativa na construção dos mecanismos de cooperação, para que sejam mais inovadores, equilibrados e sustentáveis, e assim mudar a atual situação em que as cooperações de segurança entre os dois lados são menos efetivas em relação às outras áreas.

A segurança é uma das condições mais importantes do desenvolvimento e o objetivo final deste. Nos atuais contextos, o desenvolvimento e a segurança são os dois temas centrais interligados das estratégias nacionais. No entanto, tais temas não podem ser definidos de forma absoluta e isolada sem levar em conta as situações dos outros países do mundo: "a força nacional abrangente e o grau de segurança nacional não tendem a evoluir de forma uniforme, ou seja, o desenvolvimento não necessariamente traz a segurança, mas pelo contrário, pode haver uma relação inversa entre os dois" (Renwei, 2002, p.88). A crise financeira na América Latina, na Ásia e no mundo nos últimos anos tem deixado muitos países em situação de altos e baixos, o que mais uma vez revelou – tanto em termos institucionais e conceituais quanto em termos técnicos e de supervisão e regulação governamental – a importância da soberania econômica e da boa governança interna no processo de desenvolvimento dos Estados-nação. No entanto, a defesa da independência não significa fechar o país ou praticar políticas rígidas de controle. Se os países em desenvolvimento visarem um desenvolvimento sustentável e uma posição firme no sistema de concorrências globais, será essencial que eles se mantenham abertos ao exterior e segurem as oportunidades de desenvolvimento por meio de uma participação efetiva na alocação dos recursos do mercado global. A chave para um país assegurar o desenvolvimento e a segurança, e ao mesmo tempo um ambiente aberto, é saber promover e consolidar a segurança institucional mediante as reformas e dos reajustes constantes de acordo com as circunstâncias externas. A partir dessa lógica, o presente trabalho argumenta que a melhor via pela qual as cooperações de segurança entre China e América Latina podem ser realizadas é a construção de mecanismos de segurança multilaterais regionais, que juntos formem uma plataforma multinível de aprendizagem e complementaridade mútua, na qual a China pode ter uma participação ativa e construtiva na governança regional de segurança da América Latina. Sem dúvida, os dois lados terão de percorrer um caminho gradual e longo, dando os primeiros passos em direção à maior proximidade estratégica, para enfim chegar ao ponto final de cooperações em nível institucional. Isso não só depende do melhoramento da capacidade de cooperação de cada um, como também requer um elevado nível de confiança política e uma sinergia de ideias, com base nos ajustes mútuos. Durante esse processo, a China precisa continuar cultivando seu novo conceito de segurança, além de oferecer aos seus parceiros latino-americanos maior variedade de produtos públicos de segurança, de modo que esses sirvam ao interesse de todos os países da região. Finalmente, vale ressaltar que, devido às características do socialismo chinês e em conformidade com as orientações estratégicas do governo chinês de uma internacionalização pacífica e pró-desenvolvimento, as futuras cooperações de segurança entre a China e a América Latina ainda se concentrarão principalmente nas questões de segurança não tradicionais, o que é essencialmente diferente do que as experiências das outras potências estrangeiras na região latino-americana. Portanto, parece seguro afirmar que as iniciativas de explorar as oportunidades de cooperação com a América Latina na área de segurança constituirão, sem dúvida, um fator extremamente favorável para a realização bem-sucedida das mudanças adaptativas da política externa chinesa, para o reforço da influência da China no mundo sob as novas condições históricas e, por fim, para a transformação efetiva da China em uma verdadeira potência global.

Referências bibliográficas

ACHARYA, A. Human Security, East Versus West. *International Journal*, p.442-59, 2001.

ADAM, D. Amazon could shrink by 85% due to climate change, scientists say. *Guardian*. Disponível em: <http://www.guardian.co.uk/environment/2009/mar/11/amazon-global-warming-trees>. Acesso em: 11 mar. 2009.

AN, S. Algumas reflexões sobre a futura estratégia diplomática chinesa para a América Latina. *Journal of Latin American Studies*, n.5, p.40, 2009.

BLANK, S. J. *Russia and Latin America*: Motives and Consequences. Report of Center for Hemisphere Policy. Challenge to Security in the Hemisphere Task Force. University of Miami, 2010, p.1-16. Disponível em: <http://www.miami. edu/indeox.php/chp/task-force-palicy-papers>.

BOYA, Q. O desmatamento na Amazônia desacelera em quatro anos consecutivos. people.com.cn, 28 nov. 2012. Disponível em: <http://world. people.com.cn/GB/n/2012/1128/c1002-19724789.html>.

BRIGGS, R. The Kidnapping Business. *Foreign Policy Centre*, 2001.

BURÔ NACIONAL DE ESTATÍSTICAS DA CHINA. *China Statistical Yearbook 2012*. Beijing: China Statistics Press, 2012.

CASAS-ZAMORA, K.; DAMMERT, L. Public Security Challenges in the Americas, In: *The Brookings Institution Report*: The Road to Hemispheric Cooperation: Beyond the Cartagena Summit of the Americas. Washington, 2012. Disponível em: <http://www.brookings.edu/~/media/research/files/reports/2012/7/07%20summit%20of%20the%20americas/07%20summit%20of%20the%20americas>.

CEPAL. La Republica Popular China y America Latina y el Caribe: Dialogo y Cooperacion ante los Nuevos Desafios de la Economia Global. *Cepal*, n.6, p.32012.

CHARVÉRIAT, C. Natural Disasters in Latin America and the Caribbean: An Overview of Risk. *IADB*, p.56-7, 2000.

CHAZHONG. G. *Políticas de proteção aos investimentos chineses no exterior*. Beijing: China Environmental Science Press, 2010, p.32-6.

CHENG, S.; WEIZHONG, Z.; CHUANDU, Z. A América Latina como um todo sofre forças centrífugas por causa das disputas territoriais. *Global Times*, 10 mar. 2008.

CHENG, Y. L. Political Obstacles and Challenges for the Rise of China's Soft Power in Latin America. *Documento de Trabajo*, n.10, p.41-2, 2010.

DAXIN, L. Cooperações entre China e América Latina em tecnologias de satélite: um modelo para as cooperações Sul-Sul em ciência e tecnologia. Disponível em: <http://big5.qstheory.cn/gj/zgwj/201105/t20110516_ 80740.htm>. Acesso em: 16 maio 2011.

DONG, W. A área florestal da Amazônia está diminuindo: em cada minuto, florestas com uma área equivalente a seis estádios de futebol desaparecem. Xinhua Net, 9 fev. 2012. Disponível em: <http://news.xinhuanet.com/tech/2012-04/12/c_122965624_2.htm>.

DONG, W. As florestas da Amazônia estão desaparecendo. *Diário de Liaoning*, 5 dez. 2010. Disponível em: <http://www.longquanzs.org/ articledetail.php?id=14962>.

DORKSSEX, E. Os inimigos da Amazônia: petróleo, drogas e carne de boi. *Green Living*, n.6, p.20-3, 2011.

ENGELS, F. *Ludwig Feuerbach e o fim da filosofia clássica alemã*. Beijing: People's Publishing House, 1997.

GUANGJIN, C. A China e a "Troika" da Comunidade de Estados Latino-Americanos e Caribenhos criam um mecanismo de diálogo regular dos chanceleres. *Diário da China online*, 9 ago. 2012. Disponível em: <http://www.chinadaily.com.cn/hqzx/2012-08/09/content_15656026.htm>.

GUANGJIN, C. O mecanismo de diálogo regular entre os chanceleres da China e da "Troika" da Comunidade de Estados Latino-Americanos e Caribenhos aborda a questão das armas nucleares e outras questões. Disponível em: <http://www.chinanews.com/gn/2012/09-29/4223366.shtml>. Acesso em: 29 set. 2012.

HAIJUN, S.; DABO, Y.; YONG, C. Conferência do Clima em Durban: jovens dos Estados Unidos e do Canadá fustigam os representantes do seu país. Xinhua Net, 9 dez. 2011. Disponível em: <http://news.xinhuanet.com/world/2011-12/09/c_111230738.htm>.

HONGBO, S. Tipos, casos e contramedidas dos riscos políticos dos investimentos chineses no setor de óleo e gás na América Latina. *Relatório do Instituto da América Latina da Academia Nacional de Ciências Sociais da China*, n.9, 2012.

HONGXIANG. H. A imagem verdadeira das empresas chinesas no exterior: mau entendimento ou difamação? Estudante chinês visita a Amazônia sozinho para encontrar respostas. *Southern Weekly*, 12 abr. 2012.

HONGYING, W. Avaliação da relação entre China e América Latina em 2009: transformação das crises em oportunidades de desenvolvimento. china.com,

22 dez. 2009. Disponível em: <http://www.china.com.cn/international/txt/2009-12/22/content_19109455.htm>.

HUI, L.; YI, Q. Em média, a China tem 37 mil casos de proteção consular por ano. *International Herald Tribune*, 21 set. 2010. Disponível em: <http://news. xinhuanet.com/herald/ 2010-09/21/c_13522926.htm>.

ILO – International Labor Organization. *Trabajo Decente y Juventud en América Latina 2010*. Lima: OIT-Prejal, 2010.

JINTAO, H. Avançar firmemente no caminho do socialismo com características chinesas, e lutar pela construção de uma sociedade moderadamente próspera em todos os aspectos: *relatório* do 18º Congresso Nacional do Partido Comunista da China [M]// Compilação dos documentos do 18º Congresso Nacional do Partido Comunista da China. Beijing: People's Publishing House, 2012.

KOHLER KOCH, B. et al. *A integração europeia e a governança da Europa*. Tradução em chinês por Gu Junli et al. Beijing: China Social Sciences Press, 2004. p.176-9.

LATINOBARÓMETRO, n.10, p.65, 2011.

LIU, Y. Organização antigoverno peruana sequestrou trinta funcionários de uma empresa estrangeira para impedir os ataques do exército contra seus membros. *International Online*, 10 abr. 2012. Disponível em: <http://gb.cri.cn/27824/2012/04/10/2805s3635789.htm>.

LOZANO, J. T. China puede ser la razón de integración de América Latina: Patricia Castro. Universidad de Bogotá, 23 nov. 2012. Disponível em: <http://asiapacifico.utadeo.edu.co/?p=7914>.

LU, C. Por que a reconstrução da Quarta Frota?. *Diário do Povo*: edição internacional, 3 maio 2008. Disponível em: <http://world.people.com.cn/BIG5/57507/7189175.html>.

LYNN, F. *História da América Central*. Tradução em chinês de Zhang Sengen e Chen Huili. Beijing: Encyclopedia of China Publishing House, 2011.

MARES, D. R. Mares. *Latin America and Illusion of Peace*. London: Routledge, 2012. Appendix One.

MINDER, R. Spain Seek Investment from Latin America. *New York Times*, 18 nov. 2012.

MINGFENG, Y.; XINGHUA, C. A formação do conceito do universalismo dos direitos humanos na América Latina e suas implicações. *Theoretical Frontiers*, n.21, p.19, 2006.

MINGXING, X.; ZHENLAN, S. Mao Zedong e a crise dos mísseis em Cuba em 1962. *Fragmentos da História do Partido Comunista da China*, n.2, 2008.

MOSER, C. ; WINTON, A.; MOSER, A. Violence, Fear, Insecurity And The Urban Poor in Latin America. *World Bank Report*: Urban Poverty in

Latin America, 2003. Disponivel em: <http://whqlibdoc.who.int/publications/2002/711705283 X_chi.pdf>.

NIAN, S. Mídia internacional: a China esforça-se para entrar no mercado militar da América Latina, especialmente dos países mais pobres. chinaiiss.com, 25 fev. 2011. Disponível em: <http://mil.chinaiiss.com/html/20112/25/a34716_4.html>.

OMS – Organização Mundial da Saúde. *Relatório sobre a Violência e a Saúde Global 2002*. Beijing: People's Medical Publishing House, 2002.

PELLICER, O. *Diverging Paths of Latin America*: The Case of International Security. S. l.: s. n., s. d., p.38-9.

PENG, W. A disputa de soberania das Ilhas Malvinas levará a uma nova guerra? *China Youth News*, 10 fev. 2012.

RENWEI, H. *O tempo e o espaço da ascensão chinesa*. Shanghai: Shanghai Academy of Social Sciences Press, 2002.

RIGGIROZZI, P. Region, Regionness and Regionalism in Latin America: Towards a New Synthesis. *New Political Economy*, n.4, p.421-43, 2012.

RUGGIE, J. G. Multilateralism:The Anatomy of an Institution. In: ______. *Multilateralism Matters*: The Theory and Praxis of an Institutional Form. New York: Columbia University Press, 1993, p.11.

SELIGSON, M. A.; SMITH, A. The Political Culture of Democracy 2010. *Latin American Public Opinion Project* (LAPOP). Vanderbilt University and USAID, 2010. Disponível em: <http://www.vanderbilt.edu/lapop/insights/ RegionalEng.pdf;R>.

SENGEN, Z. Da "pobreza progressista" para a "espoliação do desenvolvimento. In: BURNS, E. B. *Latin America: A Concise Interpretive History*. Tradução em chinês de Wang Ningkun. World Publishing Corporation, 2009. p.17.

SERRANO, L. O. The role of UNASUR in Latin American Multilateralism. *Focal*, n.9, p.32-5, 2010. Disponível em: <http://www.iadb.org/intal/intalcdi/PE/2010/06396.pdf>.

SHAN, S. Por que chineses são mais suscetíveis a ataques de roubo, sequestro e homicídio no exterior? 15 jun. 2012. Disponível em: <http://bbs.huanqiu.com/thread-1456231-1-1.html>.

TUTTLE, S. D. *The Small Arms Trade in Latin America*. New York: Nacla, 2008.

UNITED NATION ASSEMBLY REPORT. In Larger Freedom: Towards Development, Security and Human Rights for All. Disponível em: <http://www.un.org/largerfreedom/executivesummary.pdf>.

UNODC – United Nations Office on Drugs and Crime. *2011 Global Study on Homicide*. Unodc, 2011.

WEINA, Y. Vários supermercados chineses foram saqueados na Argentina. *Diário do Povo Online*, 23 dez. 2012. Disponível em: <http://world.people.com.cn/n/2012/1223/c157278-19983839.html>.

WENDT, A. Collective Identity Formation and the International State. *Journal of American Political Science Review*, n.2, 1994.

XI, S.; YAN, Z. Quatro chineses foram sequestrados na Colômbia, três são funcionários da PetroChina. *Beijing Times*, 10 jun. 2011.

XIAOHUA, L. *Análise do novo conceito de segurança da China (1982-2007)*. Shanghai: Shanghai People's Publishing House, 2008. p.139, 147-8.

YALIN, H. Defesa Nacional da China: as cooperações militares entre China e América Latina não ameaçarão os outros países. *People's Liberation Army Daily*, 17 nov. 2008.

YANZHONG, G. Quatro países da América do Sul condenam a presença militar do Reino Unido nas Ilhas Malvinas. people.com.cn, 18 mar. 2012. Disponível em: <http://world.people.com.cn/GB/17418031.html>.

YIXIAN, X. *História Diplomática Contemporânea* (1949-2001). Beijing: China Youth Press, 2002. p.398-401,408-9.

YIZHOU, W. *Envolvimento criativo*: A nova alternativa da Política Externa chinesa. Beijing: Peking University Press, 2011, p.20-1.

YIZHOU, W. *Novas Alturas da Diplomacia Chinesa*. Beijing: China Social Sciences Press, 2008.

YU, X. A situação atual e as estratégias futuras de desenvolvimento das tecnologias de satélite na China. *Communications World*, n.22, p.24-5, 2007.

YUAN, G. Cientista norte-americano alega que o terremoto no Chile está ligado ao movimento da placa tectônica. Xinhua Net, 28 fev. 2010. Disponível em: <http://news. xinhuanet.com/world/2010-02/28/content_13066576.htm>.

YUNXIA, Y. Empresas latino-americanas na China. In: ZHILE, W. *Relatório das empresas multinacionais na China 2007*. Beijing: China Economic Publishing House, 2007. p.133-42.

ZHANHUI, Z. Investimento estrangeiro na China bate novo recorde. *Diário do Povo*, edição internacional, 6 jul. 2012.

ZHENJIANG, W.; ZONGFENG, D.; YU, M. Países latino-americanos esperam a segunda visita da Marinha chinesa com a "Arca de Paz". *People's Liberation Army Daily*, 5 jan. 2012.

ZHIWEI, Z. *A ascensão brasileira e o sistema mundial*. Beijing: Social Sciences Academic Press, 2012.

ZHONGHAO, F. A salvaguarda dos interesses chineses após os conflitos militares na Líbia. *Renmin Net*, 18 mar. 2012. Disponível em: <http://world.people.com. cn/GB/157278/17416298.html>.

7
A evolução do sistema das relações internacionais e as cooperações em segurança

Chen Yuanting

O mundo está vivendo um "momento plástico"

Em 17 de janeiro de 2013, o vice-presidente e diretor de Política Externa do Instituto Brookings dos Estados Unidos, Martin Indyk, e o pesquisador do Instituto Robert Kagan publicaram um relatório no site oficial do instituto, intitulado "Memorando para o presidente norte-americano: um momento plástico para moldar uma ordem global liberal", afirmando:

> No segundo mandato do presidente Obama, a conjuntura mundial continua muito conturbada. As potências que uma vez lideravam o mundo ainda estão mergulhadas em uma profunda crise econômica, ou estão no meio de um processo demorado de transição e impasse político. O Oriente Médio está passando por turbulência política, e as tensões no Leste da Ásia continuam. Os arranjos institucionais de governança global como a ONU, o G20 e a UE estão se enfraquecendo ou perdendo a eficiência. Para os Estados Unidos e para o mundo, este é um momento turbulento, repleto de incertezas, mas ao mesmo tempo cheio de oportunidades. Digamos que o mundo está vivendo um "período plástico". (Indyk; Kagan, s. d.)

É isso mesmo, o mundo está a meio de um período "plástico", em que a ordem mundial está se remodelando. Os Estados vêm ganhando ou perdendo suas forças, mas tanto as potências tradicionais quanto os países emergentes, e até mesmo a maioria dos países em desenvolvimento, estão à espera de uma transformação radical do sistema mundial, em que eles podem aumentar suas influências e fazer suas vozes ouvidas. Para a China, este é um período de oportunidades estratégicas, e para os países latino-americanos, este também será um momento oportuno para alcançar um grande desenvolvimento.

Os países emergentes viveram uma ascensão em grupo e estão se aproximando do centro do poder de governança mundial

A ascensão em grupo dos países emergentes é uma tendência forte no atual mapa de evolução das relações internacionais. O aumento do poder de países emergentes como China, Índia, Rússia, Brasil etc. está injetando uma nova vitalidade ao sistema mundial, trazendo novas vozes e novos impulsos para a remodelação do sistema de governança global. Por exemplo, em 2010, o Banco Mundial e o Fundo Monetário Internacional realizaram uma reforma de direitos de voto, aumentando o total dos direitos de voto dos países em desenvolvimento para 47%. Entre os quais, os direitos de voto da China quase dobraram, fazendo do país o terceiro maior acionista do Banco Mundial, atrás apenas dos Estados Unidos e do Japão. Países como Argentina, Brasil, Índia, Indonésia, Coreia do Sul, México e Turquia também aumentaram sua participação, enquanto as potências econômicas tradicionais sofreram uma queda na proporção.

Não obstante as relações entre os agentes na arena internacional tenham conhecido um desenvolvimento significativo em termos de amplitude e profundidade, a estrutura de poder mundial centralizada, dominada pelas grandes potências, permanece inalterada. O padrão de distribuição de valor entre o centro e a periferia e a consequente relação assimétrica, isto é, domínio-dependência, entre os dois continuam ditando o conteúdo principal da política global. As potências ocidentais continuam dominando os arranjos institucionais e as regras do sistema internacional, e a antiga estrutura hierárquica de poder e o antigo padrão de relações desiguais reproduzem-se no mundo de hoje. Isso é evidentemente injusto para os países em desenvolvimento, que são muito mais numerosos do que os países desenvolvidos, e injusto também para os países emergentes, que representam uma força ascendente muito significativa no sistema mundial. Na governança global, a resolução das questões globais como a crise financeira, as mudanças climáticas, a redução da pobreza e a promoção do desenvolvimento depende também da participação efetiva dos países emergentes, e durante o processo de construção de uma nova ordem política e econômica internacional há um amplo espaço para a cooperação entre os países emergentes. Nesse contexto, as economias emergentes devem caminhar de mãos dadas rumo ao centro do palco mundial.

As relações entre China e América Latina têm uma implicação cada vez maior para o mundo

As relações entre China e América Latina têm uma repercussão global cada vez maior. De um lado, os parceiros têm melhorado de forma constante sua posição internacional, e de outro, o mundo está acompanhando com mais atenção do que nunca a evolução das relações sino-latino-americanas.

A China é uma potência em desenvolvimento com crescente influência global.

Após a realização da Reforma e Abertura, a China aumentou significativamente seu poderio econômico, tendo ultrapassado o Japão para se tornar a segunda maior economia do mundo em 2010. Embora se deva reconhecer que a China ainda esteja longe de alcançar o estatuto da "segunda maior potência" do mundo, especialmente quanto ao nível de desenvolvimento tecnológico e econômico, parece razoável dizer que o país havia entrado em um período de transição, rumo a se tornar uma potência global. Após mais de trinta anos de reforma e desenvolvimento, a China, apesar de continuar sendo um país em desenvolvimento, encontra-se hoje em condições internas e externas totalmente novas. O país seguiu seu próprio caminho de desenvolvimento, viveu suas próprias experiências, e hoje conta com uma força nacional abrangente considerável e crescente. Já se tornou um participante ativo nos mecanismos multilaterais regionais e internacionais e um agente importante e responsável no sistema de governança global, dando passos concretos rumo ao centro da arena política internacional, enquanto o cenário mundial passou por mudanças drásticas após a crise financeira internacional e entrou em uma fase crítica, marcada por grandes reajustes. Atualmente o processo da modernização da China já ultrapassou o âmbito econômico e está rapidamente atingindo todas as áreas da vida econômica, política, cultural, social e ecológica do país, que compõem o "socialismo com características chinesas". A China está enfrentando um novo momento de transformação, e a busca do sonho chinês da "revitalização da Nação chinesa" não só diz respeito aos esforços nos progressos econômicos, como também se refere à realiazação eficaz de uma estratégia internacional favorável, que conduza à realização de nossos interesses estratégicos exteriores. Só assim podemos identificar de forma mais precisa e proativa as oportunidades e os desafios que o país enfrentará nos próximos dez a quinze anos.

Quanto à posição da China no sistema internacional atual, não há um consenso no meio acadêmico mundial. Muitos estudiosos e políticos sustentam a opinião de que o mundo está transitando de um sistema unipolar, em que existe uma única superpotência (Estados Unidos) e várias potências menores, para um sistema bipolar, em que existem duas superpotências (Estados Unidos e China) e várias potências menores. Conforme apontou o presidente mexicano Peña Nieto:

> O fato de os Estados Unidos e a China realizarem todos os anos diálogos bilaterais a nível econômico e estratégico já determinou o mecanismo G-2 de governança mundial. Nesse sentido, a competência e a voz do México nos diálogos com as economias emergentes e como os países desenvolvidos, bem como a capacidade de se posicionar como um líder mundial, dependerão principalmente das relações bilaterais entre os Estados Unidos e a China.[1]

A China está plenamente consciente de seu posicionamento mundial como "um grande país em desenvolvimento". De acordo com essa posição, o crescimento da influência internacional da China tem conduzido sua relação com os países desenvolvidos, os países vizinhos e os países em desenvolvimento a registrar avanços históricos e saltos qualitativos. O "fator China" está adquirindo uma relevância cada vez maior na formulação das políticas externas de muitos países. O ponto de vista chinês

1 Disponível em: <http://www.excelsior.com.mx/index.php?m=nota&seccion=&cat=&id_nota=786201>.

em relação aos assuntos internacionais tem despertado cada vez mais a atenção mundial, estreitado também o grau de interdependência entre a China e o mundo.

Como uma grande região em desenvolvimento, a América Latina tem elevado sua posição no sistema mundial

Nos últimos anos a América Latina emergiu como uma nova e crescente força no sistema de governança global, com uma posição mundial consolidada. Essa realidade foi prevista pelo ex-líder chinês Deng Xiaoping, já há muitos anos: "a América Latina terá um papel cada vez mais importante nos assuntos internacionais. No futuro, surgirá também uma 'Era da América Latina'".[2]

Com o aprofundamento do processo da democratização nos países da América Latina, a situação política geral da região está mais estável do que nunca. Os países latino-americanos, em sua maioria, têm mantido uma política econômica firme e pragmática, razão pela qual foram capazes de resistir de forma prudente aos choques externos como a crise financeira internacional entre 2008-2009. Perante as mudanças no sistema internacional atual, o desempenho econômico relativamente positivo, os abundantes recursos naturais e minerais e o aumento significativo da participação da América Latina nos assuntos internacionais são os fatores que contribuíram inevitavelmente para a consolidação do *status* dos países latino-americanos no cenário internacional. Sob esse contexto, o presidente do Banco Interamericano de Desenvolvimento, Luis Alberto Moreno, expressou seu otimismo sobre as perspectivas de desenvolvimento da América Latina nos próximos dez anos, dizendo:

> a próxima década será a Década da América Latina. A recuperação econômica mundial depende principalmente do crescimento da Ásia e da América Latina. Os países latino-americanos, sobretudo os países grandes sul-americanos, abraçarão oportunidades de desenvolvimento muito promissoras.[3]

---

2 Palavras de Deng Xiaoping no encontro com o presidente argentino Raúl Alfonsín em sua visita oficial à China. Arquivos do Ministério dos Negócios Estrangeiros da China. As pegadas de um homem grande: recordações das atividades diplomáticas de Deng Xiaoping (15 de maio de 1988). Beijing: World Affairs Press, 1998, p.348.

3 Disponível em: <http://news.sina.com.cn/w/2011-04-07/080322248950.shtml>.

Ao mesmo tempo, o diretor do Centro de Estudos da América Latina e do Caribe da Universidade Nacional Autônoma do México, dr. Santana, também apontou que, apesar de os países latino-americanos apresentarem características políticas diferentes, não há agora nenhuma guerra entre eles, e a região vive em paz. Resumindo, a América Latina é um agente muito importante no sistema mundial em termos da história, geografia, cultura, língua, população, recursos e paz regional.

Entre os países grandes da América Latina, o Brasil é uma potência regional que está no caminho para se tornar potência mundial, dada sua participação ativa no sistema internacional e seu papel cada vez mais proeminente nos assuntos globais. Na América Latina e em todo o Ocidente, o Brasil está desempenhando um papel cada vez mais importante ou até mesmo um papel de liderança. O México, apesar de alguns problemas de segurança interna e do fraco desempenho econômico nos últimos anos devido à excessiva dependência da economia dos Estados Unidos, está apresentando perspectivas bastante positivas de desenvolvimento econômico, graças às crescentes vantagens competitivas em seu setor manufatureiro, especialmente sob o atual contexto de constante aumento do nível salarial na China. Em maio de 2012, o Goldman Sachs previu em um relatório que o México se tornaria a sétima maior economia do mundo em 2020, representando 7,8% do PIB mundial, superando os países membros dos Brics como Índia e Rússia. Além disso, o México tem adotado uma política externa proativa nos últimos anos, na esperança de aumentar a influência internacional do país. Em 2011 o México sediou a Conferência sobre a Mudança Climática das Nações Unidas, presidiu a cúpula do G20 em junho de 2012, participou da Aliança Pacífica, organização composta por México, Chile, Peru e Colômbia, e ingressou nas negociações do Acordo de Parceria Transpacífico, capitaneado pelos Estados Unidos. Tais esforços fazem lembrar uma das cinco promessas de campanha do novo presidente mexicano: "restaurar a liderança mexicana no mundo".[4] Além disso, a Argentina, outrora a economia mais desenvolvida na América Latina e país membro do G20 (tal como o Brasil e o México), também desempenha um papel ativo nos assuntos internacionais.

4 Disponível em: <http://consejomexicano.org/es/elecciones-2012>.

As relações entre China e América Latina estão recebendo uma crescente atenção internacional

O rápido estreitamento das relações entre a China e os países latino-americanos foi realizado no contexto do desenvolvimento acelerado político, econômico e social em ambos os lados. O processo de desenvolvimento dessas relações foi, na verdade, uma reflexão profunda do processo de desenvolvimento nacional da China e dos países latino-americanos durante mais de uma década. O fortalecimento das relações se deve, em primeiro lugar, à grande importância estratégica que foi atribuída por ambos os lados, em segundo lugar, ao reforço dos laços econômicos entre o país e a região ao longo dos anos, e em terceiro lugar, aos consensos alcançados e às ações conjuntas realizadas pelos dois lados no sentido de atingir seus objetivos comuns, como a construção de uma estrutura de governação socioeconômica interna mais eficaz e a criação de uma ordem internacional mais justa e equitativa. O papel dos países emergentes na promoção do crescimento econômico mundial está se tornando cada vez mais proeminente, o que não só indica a elevação da relação entre China e América Latina a um novo patamar, como também revela a crescente posição estratégica da China e da América Latina no cenário da economia mundial. Como forças emergentes muito importantes, China e América Latina têm mantido cooperação estreita e coordenação permanente em questões-chave internacionais, como a governança global, a crise financeira internacional e as mudanças climáticas, no âmbito de mecanismos multilaterais como a ONU, o G20, os Brics, entre outros.

Ao mesmo tempo, o rápido desenvolvimento dessa relação tem despertado grande atenção dos principais países do mundo. Em outubro de 2012, China e União Europeia realizaram sua primeira reunião de consulta sobre os assuntos latino-americanos, em que os dois lados avaliaram a situação atual da região e trocaram opiniões sobre suas respectivas relações. Além disso, a China também realizou diálogos de vários níveis com Estados Unidos, Rússia, Japão, Coreia do Sul e Brasil para discutir sobre os assuntos latino-americanos.

Os países latino-americanos vêm aumentando sua importância no quadro das relações externas da China

A China tem como a base e ponto de partida de sua política externa a promoção da solidariedade e da cooperação com todos os países em desenvolvimento no mundo. Essa visão foi estabelecida a partir de duas observações: 1. a China e os demais países em desenvolvimento têm muito em comum; e 2. "a China tem a responsabilidade e a obrigação de apoiar as nações oprimidas e os países do terceiro mundo em sua luta pela salvaguarda de sua independência e pelo seu desenvolvimento econômico nacional" (Qingmin, 2007, p.23).

A base histórica das relações entre China e América Latina

As relações históricas entre China e países em desenvolvimento foram fundadas com base em uma ampla compreensão política mútua (Baiyi, 2010, p.5). Durante um período muito longo, devido a vários fatores, a China não conseguiu estabelecer com a América Latina uma relação diplomática sólida e coincidente com sua identidade nacional e seus interesses de desenvolvimento estratégicos.

A América Latina é um importante continente composto por países em desenvolvimento. Entretanto, por razões geográficas e geopolíticas, a região era quase sempre considerada o "quintal" dos Estados Unidos. Dado o valor estratégico singular da região para os Estados Unidos e a tradição norte-americana da "Doutrina Monroe", a América Latina, desde sempre, ocupa uma posição muito importante no plano estratégico global dos Estados Unidos. Devido à supremacia econômica e vantagens geopolíticas dos Estados Unidos, o desenvolvimento dos países latino-americanos depende, em certa medida, deste país. Portanto, os Estados Unidos têm uma influência política absoluta no Ocidente. Embora os países da América Latina tenham experiências históricas semelhantes e objetivos de desenvolvimento comuns com os outros países em desenvolvimento no mundo, devido à forte presença dos Estados Unidos na região, as relações entre a China e países da América Latina vinham evoluindo com lentidão.

A vitória da Revolução Cubana em 1959 "abriu um pequeno flanco no 'quintal' dos Estados Unidos e proporcionou uma oportunidade para o desenvolvimento das relações amistosas entre a China e a América

Latina". Cuba tornou-se o primeiro país latino-americano a romper as relações com Taiwan da China e a estabelecer relações diplomáticas com a República Popular da China. No entanto, as relações entre China e a maioria dos países da América Latina estavam em estagnação durante longo tempo. A esse respeito, o ex-primeiro-ministro chinês Zhou Enlai apontou que: "a China deve acreditar na consciência política do povo latino-americano, compreender sua situação e suas dificuldades, e os nossos contatos, mesmo não governamentais, devem ser feitos conforme a realidade da região, de modo a não ferir personalidades amigas latino-americanas nem as deixar embaraçadas" (Jianzhang, 1994, p.351).

Graças ao apoio amplo dos países do Terceiro Mundo, incluindo países latino-americanos, a República Popular da China recuperou seu assento legítimo nas Nações Unidas em 1971, na 26ª Assembleia Geral da ONU. O ex-presidente mexicano Luis Echeverría Álvarez discursou na Assembleia sublinhando que "a soberania e a integridade territorial da República Popular da China são legalmente indivisíveis" (Sing et al., 1986, p.298), e que "é urgente restaurar todos os direitos e interesses legítimos da República Popular da China na ONU", porque "excluir o país com um quarto da população mundial da Organização das Nações Unidas é algo 'inimaginável'". Tal afirmação contribuiu de forma muito positiva para o retorno chinês às Nações Unidas. Desde então, a China veio estabelecendo as relações diplomáticas com a maioria dos países latino-americanos nos anos de 1970, década que testemunhou um "auge do estabelecimento das relações diplomáticas entre a China e a América Latina".

Após a Reforma e Abertura da China, as relações entre esta e países latino-americanos têm obtido grande avanço. Em 1985, o então primeiro-ministro chinês fez uma visita oficial à América Latina, durante a qual declarou os "quatro princípios do desenvolvimento das relações sino-latino-americanas", que eram justamente os temas mais marcantes daquele tempo: "paz e amizade, apoio mútuo, igualdade e benefício, desenvolvimento comum". Com base nisso, as relações entre a China e os países da América Latina alcançaram significativos progressos. Porém, em comparação com as relações entre a China e os países em desenvolvimento da África e do mundo árabe, o progresso das relações entre a China e a América Latina, devido ao começo tardio, é relativamente vagaroso.

O mapa estratégico atual das relações entre China e América Latina

Depois de cinquenta anos de "desenvolvimento cumulativo", a partir de cerca de 2001, as relações sino-latino-americanas subiram a um novo patamar: o antigo padrão de desenvolvimento por "acumulações" transformou-se agora em um novo modelo de desenvolvimento por "saltos". Durante esse processo de transformação das relações, as boas perspectivas finalmente começaram a produzir frutos concretos e muito preciosos (Binwen, 2010, p.13). Desde então, a posição na América Latina no mapa estratégico internacional da China vem subindo a cada dia que passa.

Em 2004, o presidente Hu Jintao fez uma observação muito significativa de "atribuir à América Latina uma grande importância estratégica". Essa foi a primeira vez que um líder do Partido Comunista e do governo da China afirmou atribuir a vantagem estratégica à posição de uma região específica, em nível de estratégia nacional. Em novembro de 2008, o governo chinês emitiu o Documento de Orientação Política para as Relações entre a China e a América Latina e o Caribe, o primeiro e mais fundamental documento governamental, com orientações específicas para a elaboração das políticas chinesas em relação à região. O documento afirma que "o governo chinês atribui às relações com a América Latina um elevado valor estratégico e se engajará ativamente em construir uma parceria de cooperação abrangente com os países da América Latina e do Caribe, com base na igualdade, no benefício e no desenvolvimento comum". A emissão desse documento sinalizou que as relações entre China e América Latina haviam entrado em uma nova fase de desenvolvimento sistemático e com objetivos claramente definidos.

A atual crise financeira internacional acarretou uma pressão externa sobre a China e os países da América Latina, forçando-os a realizar reajustes estruturais necessários no sentido de melhorar a sustentabilidade de seu modelo de crescimento econômico e explorar de forma mais eficiente as vantagens de cooperações internacionais. Entretanto, como um continente "de valor estratégico" e um grande mercado potencial para a China, a América Latina certamente continuará apresentando uma importância cada vez maior no plano de desenvolvimento chinês e no *layout* das cooperações externas da China no futuro próximo. Alguns estudiosos ainda acreditam que o importante papel da América Latina no mapa estratégico internacional da China justifica-se por quatro fatos: 1. a região é a principal fonte de fornecimento dos produtos primários, indispensáveis para a crescente produção chinesa de bens manufaturados; 2. com 600 milhões de habitantes, a região é um grande mercado das exportações chinesas de bens manufaturados; 3. composto por países em desenvolvimento, a região é um importante aliado político da China, cujo apoio é indispensável para a consolidação da posição internacional do país e para a realização dos objetivos de boa governação global; e 4. mais de 50% dos países que ainda reconhecem a administração da região Taiwan da China situam-se na América Latina, razão pela qual a região é um "campo de batalha" muito importante contra o separatismo taiwanês e em prol de "uma única China" (Ellis, 2012, p.49-81).

A transformação das relações diplomáticas entre os parceiros nos próximos dez anos

O início do século XXI marcou um importante período de oportunidades estratégicas para o desenvolvimento das relações entre China e América Latina. Após o atentado terrorista de 11 de setembro, o governo George W. Bush estava ocupado com o combate ao terrorismo internacional e perturbado pelas guerras no Afeganistão e Iraque, razão pela qual não tinha tempo de dar atenção à América Latina. Ao mesmo tempo, a China vinha fortificando significativamente sua força nacional abrangente, e rapidamente se tornou uma das maiores economias do mundo. Após a visita bem-sucedida do presidente chinês Hu Jintao à América Latina em novembro de 2004, novas oportunidades começaram a surgir para o desenvolvimento das relações. Conforme o presidente Hu Jintao observou:

> A China está se desenvolvendo, e a América Latina também. Isso colocou aos dois lados novas exigências para reforçarem a cooperação, e novas condições para reforçar a cooperação. A cooperação entre a China e a América Latina está diante de uma oportunidade histórica sem precedentes (Binwen, 2010, p.33).

A China e a América Latina vêm compartilhando crescentes interesses comuns, o conteúdo e as plataformas de cooperação têm se ampliado, e o nível de cooperação tem evoluindo de nível bilateral para multilateral, e de regional para mundial. Estando no "mirante" do novo século, os líderes de ambos os lados concebem o planejamento geral, traçam a estratégia grandiosa e perspectivam o futuro, visando aprofundar as relações bilaterais com uma visão estratégica de longo prazo.

A partir do século XXI, o poderio da China está experimentando um constante crescimento, porém o ambiente internacional do país está passando por mudanças incessantes, apresentando cada vez mais desafios sérios para a diplomacia chinesa, e a situação que o país enfrenta está ficando cada vez mais complexa. A diplomacia chinesa precisa urgentemente remodelar-se e realizar um *upgrade* no sentido de ser capaz de assegurar a revitalização da nação chinesa, atingindo as metas de se tornar um país moderadamente desenvolvido e uma potência mundial até 2049, ano em que se celebra o 100º aniversário da fundação da Nova China.

Para a América Latina, a China é uma grande economia e, ao mesmo tempo, um grande país emergente, cujo desenvolvimento influenciará de forma significativa o sistema internacional. Sob a nova conjuntura mundial, os países latino-americanos começaram a perceber a necessidade de aumentar a solidariedade e a cooperação visando uma estratégia conjunta integrada clara rumo à China, de modo que possam se beneficiar do melhor modo das relações sino-latino-americanas.

A necessidade da transformação das relações sino-latino-americanas

China e América Latina são berços de uma civilização antiga e brilhante e sofreram a agressão e opressão das potências estrangeiras na era moderna. Atualmente a China e a América Latina têm sobre os ombros as mesmas tarefas de lidar com a globalização, viabilizar o desenvolvimento sustentável, salvaguardar a paz mundial e promover o estabelecimento de uma nova ordem internacional justa e razoável. As relações entre China e América Latina não só têm um sólido fundamento histórico, como apresentam necessidades realistas de desenvolvimento nos dias de hoje.

Necessidade do exercício completo da soberania e da manutenção da integridade territorial

A América Latina dispõe de um relevante valor estratégico para a causa de completar a reunificação da China.

Em primeiro lugar, a "questão de Taiwan" é um dos interesses centrais da China na América Latina. A reunificação completa da pátria é a aspiração comum do povo chinês de dentro e de fora do país, e o interesse fundamental de toda a nação chinesa. Entre os 33 países da América Latina, doze ainda mantêm "relações diplomáticas" com Taiwan, representando metade de seus chamados "aliados". A China já estabeleceu relações diplomáticas com 21 países da América Latina, cujo apoio é essencial à resolução da questão. Os governos desses países aderem ao princípio de "uma única China" e favorecem o processo de reunificação da China. O governo chinês tem uma posição firme e resoluta em relação à "questão de Taiwan". Um dos importantes objetivos políticos do desenvolvimento das relações com a América Latina é justamente fazer mais países latino-americanos conhecerem melhor a China e seu poderio político e econômico, bem como os benefícios de aumentar as relações político-econômicas com o governo chinês, de forma que compreendam a política e a determinação na questão de Taiwan e, em consequência, apoiem nossa posição de "uma única China".

Em segundo lugar, a China precisa do apoio moral por parte dos países latino-americanos no que diz respeito às suas disputas territoriais com seus vizinhos nas ilhas Diaoyu e no Mar do Sul da China.

Em terceiro lugar, a China precisa de compreensão e apoio dos países latino-americanos em seu combate contra as forças separatistas internas. Atualmente, embora os países latino-americanos reconheçam oficialmente o Tibete como parte inalienável da China, ainda lhes falta o conhecimento da natureza verdadeira do Dalai Lama. Muitos o tratam como líder religioso, têm um mal entendimento sobre a atitude do governo chinês com a camarilha do Dalai Lama e até aplaudem sua visita aos seus países. Em setembro de 2011, o então presidente mexicano Felipe Calderón, apesar da forte oposição e das repetidas diligências diplomáticas do governo chinês, encontrou-se com o Dalai Lama, o que deixou as relações bilaterais comprometidas.

Da mesma forma, os países latino-americanos também precisam do apoio e da solidariedade da China em relação à salvaguarda de sua soberania e independência. A descoberta do continente americano por Cristóvão Colombo causou a disputa de vários séculos entre as potências imperialistas da Europa Ocidental, e o esse continente foi longamente submetido à divisão, controle e exploração das potências estrangeiras. O povo latino-americano também teve uma história de luta dura contra a agressão estrangeira pela sua independência nacional. Após a independência, em países existiam e ainda existem problemas de soberania e disputas territoriais. Por exemplo, a Argentina continua em guerra diplomática com a Grã-Bretanha por causa das Ilhas Malvinas, e alguns outros países latino-americanos têm reivindicações sobre os direitos marítimos contra potências externas, nas quais também necessitam contar com o apoio moral da China.

COLUNA 7.1

A China apoia a reivindicação de soberania da Argentina sobre as Ilhas Malvinas

Em junho de 2012, o então primeiro-ministro chinês Wen Jiabao afirmou, durante seu encontro com a presidenta argentina Cristina Fernández de Kirchner em sua visita a Buenos Aires, que a China apoia a reivindicação de soberania do governo argentino sobre as Ilhas Malvinas, e que o país estava disposto a aumentar a confiança política mútua com a Argentina. No mesmo dia, por meio de uma declaração conjunta China-Argentina, os dois lados acordaram em "continuar dando apoios firmes um ao outro em questões de interesse central nacional dos dois países". Pouco tempo depois, o ministro da Defesa argentino, Arturo Puricelli, fez uma visita de trabalho à China, durante a qual expressou o apoio argentino à posição da China sobre a questão do Mar do Sul da China e a disposição do país de reforçar a cooperação com a China no campo da Defesa.

Trinta anos após a eclosão da Guerra das Malvinas, as disputas entre os dois países sobre a soberania das Ilhas Malvinas estão novamente aquecidas, e a posição do governo chinês tem causado especulações. Porém, a declaração chinesa deixou muito claro que, como tiveram um passado histórico semelhante, a China e a Argentina têm um forte consenso sobre a defesa da própria soberania e integridade territorial e, portanto, ambos estão dispostos a mostrar solidariedade um com o outro nesta área.

Fonte: própria.

Necessidade da realização da estratégia da diversificação das relações exteriores

Em um mundo em que ocorrem grandes mudanças e reajustes, a China e a América Latina compartilham muitos interesses estratégicos comuns, e essa convergência de interesses tende a aumentar. Portanto, os dois lados têm elevado a posição de um no mapa estratégico global do outro, de modo a apoiarem-se mutuamente em nível estratégico.

A estratégia diplomática vigente na China enfrenta muitos impactos e desafios externos. Sua atual política externa foi baseada no princípio de não alinhamento, independência e autonomia, estabelecida para contrabalançar o poder dos Estados Unidos e da União Soviética e construída com base da autoidentificação da China como um país em desenvolvimento do Terceiro Mundo. Porém, tudo está mudando: 1. a China está enfrentando sérias ameaças na região Ásia-Pacífico por causa da crescente presença das alianças militares estrangeiras; 2. o antigo relacionamento entre os Estados Unidos e a União Soviética já deixou de existir, e a Rússia, como o país sucessor da URSS, conta com uma força notavelmente inferior à dos Estados Unidos; e 3. a China, com o rápido crescimento da economia e do poderio nacional, está sendo internacionalmente questionada sobre sua identidade como um país em desenvolvimento. Conforme a pesquisadora Gladys Lechini, do Conselho Nacional de Investigações Científicas e Tecnológicas da Argentina e responsável do Programa de Estudos sobre as Relações Sul-Sul da Universidade Nacional de Rosário, a relação entre China e Brasil, ambos países membros do Brics, é uma relação "Norte-Norte" na perspectiva de Relações Internacionais, e uma relação "Norte-Sul" do ponto de vista econômico.

Nesse contexto, enfatizar a autoidentificação chinesa como um país em desenvolvimento e obter o apoio dos outros países em desenvolvimento no mundo é uma necessidade e uma garantia crucial para a realização da estratégia diplomática global da China. Ademais, a evolução positiva das relações entre China e América Latina é um elemento importante da estratégia diplomática global da China. Se a China visar desempenhar um papel significativo no cenário mundial, a América Latina será uma força considerável a que temos que dar a devida importância, dado que o apoio dos países latino-americanos é uma garantia para a execução bem-sucedida da estratégia global da China.

Para esses países, reforçar a cooperação diplomática com a China também é uma forma eficiente de alcançar a diversificação das relações exteriores. Durante muitos anos a América Latina tem procurado diversificar suas relações externas, entretanto, devido a vários fatores limitativos, essa procura da "diversificação" foi apenas uma transição lenta de seu antigo padrão focalizado na Europa e nos Estados Unidos para uma estratégia que dá maior ênfase ao mundo em desenvolvimento. Até hoje a América Latina ainda não conseguiu formar um ponto de apoio diplomático suficientemente sólido fora da Europa e dos Estados Unidos. A partir do século XXI, sob o contexto da ascensão da Ásia, os países latino-americanos têm ajustado suas orientações diplomáticas no sentido de uma estratégia positiva para a Ásia-Pacífico. Estreitar os laços econômicos e comerciais com a região da Ásia-Pacífico já se tornou um consenso e uma política nacional da maioria dos países latino-americanos (Shicheng, 2010, p.3), pois o fortalecimento das cooperações entre esses países e a China e os outros países asiáticos pode ampliar o leque de opções das suas cooperações externas e consolidar sua posição na disputa internacional e diminuir sua tradicional dependência excessiva da Europa e dos Estados Unidos.

Necessidade da formulação e modificação do sistema de governança global

No sistema de governança política e econômica internacional vigente, as regras e os mecanismos são todos estabelecidos sob o domínio das principais economias desenvolvidas. O grupo de interesses consumados, representado pelos Estados Unidos, são os principais beneficiários desse sistema, enquanto os países emergentes e os em desenvolvimento, em sua maioria, não encontram condições de desfrutar dos mesmos direitos. É extremamente difícil para os países em desenvolvimento exercer uma influência condizente à sua força, o que é evidentemente injusto, dado o fato de que são numerosos no mundo.

A ordem internacional existente, dominada pelas potências ocidentais, não corresponde de forma adequada às necessidades do desenvolvimento da China, razão pela qual o país terá de se esforçar para melhorá-la, eliminando os fatores irracionais dessa ordem ao longo do processo de integração chinesa no sistema internacional. Por exemplo, a China tem solicitado um aumento dos direitos de voto dos países em desenvolvimento no FMI. A China apoia a reforma da ordem internacional no sentido de ser mais justa e razoável pensando primeiramente nos interesses nacionais reais do país, entretanto, a iniciativa chinesa sem dúvida trará benefícios para os países latino-americanos, que também estão em desenvolvimento. E nesse caso, a China também precisará do apoio dos países da América Latina para cumprir esse objetivo.

Os desdobramentos da crise financeira internacional e o crescimento contínuo da economia da China e dos outros mercados emergentes latino-americanos como Brasil, Argentina e México fizeram aproximar as relações entre esses. As relações da China com os países emergentes estão desenvolvendo-se em um âmbito global, o que certamente aumentará o poder de barganha e a capacidade destes de estabelecer juntos uma agenda mais positiva no âmbito dos mecanismos multilaterais internacionais. Em várias questões de negociação multilateral, tais como reforma das Nações Unidas, reforma do sistema financeiro internacional, negociações da Rodada de Doha da OMC, negociações sobre as mudanças climáticas das Nações Unidas etc., a China e os países da América Latina são mutuamente uma opção importante na construção de parcerias de cooperação multilateral.[5]

Ao longo da participação da China nas organizações e nos mecanismos internacionais, o país já mudou seu papel de "receptor passivo" para "preconizador ativo", de "simples beneficiário dos direitos" para "encarregado de responsabilidades internacionais", e de "observador, revolucionário e desafiante" do sistema internacional para "participante, construtor e contribuinte" da nova ordem global. Ao longo do processo de integração chinesa na comunidade internacional, a China vem desempenhando um papel ativo nas organizações e nos mecanismos internacionais, estabelecendo uma imagem nacional de "um grande país responsável", elevando cada vez mais seu estatuto internacional.

Com o reforço do poderio, a China precisa também assumir a correspondente responsabilidade internacional. Conforme apontou o ex-presidente chinês Hu Jintao, a China intensificará a solidariedade e a cooperação com os outros países em desenvolvimento do mundo, de forma a salvaguardar juntos os direitos e os interesses legítimos dos

---

5 Cf. "Os países emergentes começam a ganhar força". Disponível em: <http://www.qstheory.cn/jj/jjyj/201101/t20110107_61425.htm>.

países em desenvolvimento, apoiar o aumento da representatividade e da voz dos países em desenvolvimento nos assuntos internacionais, e ser sempre um "amigo confiável" e um " parceiro sincero" dos países em desenvolvimento. A China participará ativamente nos mecanismos multilaterais e apoia um papel mais ativo das Nações Unidas, do G20, da Organização de Cooperação de Shanghai e dos Brics na promoção de uma ordem internacional e um sistema de governança global mais equitativo e razoável.[6]

Ao assumir a correspondente responsabilidade internacional, a China deve ficar atenta aos seguintes aspectos:

1. A China deve assumir responsabilidade internacional proporcional à sua própria força nacional. A "responsabilidade conjunta" não significa a divisão equitativa da responsabilidade total entre todos os países. Deve-se insistir no princípio de "responsabilidade comum, porém diferenciada" (Yuyan; Xiujun, 2012).
2. O comprometimento da China com uma maior responsabilidade internacional terá como premissa a boa gestão de seus próprios problemas internos.
3. A China deve cumprir plenamente suas obrigações no âmbito da Carta das Nações Unidas e das outras organizações internacionais em que participa. Deve combinar os interesses do povo chinês com os interesses comuns dos povos do mundo, participar com uma postura mais atuante nos assuntos internacionais, e pôr em jogo o papel de grande país responsável por enfrentar os desafios globais com as demais nações do mundo.[7]
4. Por fim, para assumir a responsabilidade de fazer frente aos desafios comuns da humanidade, a China deve fornecer alguns produtos públicos à comunidade internacional. Ademais, deve utilizar suas vantagens únicas para tomar ativamente parte na solução de disputas internacionais, construindo assim a imagem internacional da China como um "grande país responsável".

---

6 Discurso do presidente chinês Hu Jintao no 18º Congresso Nacional do Partido Comunista da China. Disponível em: <http://cpc.people.com.cn/n/2012/ 1118/ c64094-19612151-11.html>.

7 Discurso do presidente chinês Hu Jintao no 18º Congresso Nacional do Partido Comunista da China. Disponível em: <http://cpc.people.com.cn/n/2012/ 1118/ c64094-19612151-11.html>.

Possibilidades de transformação das relações entre China e América Latina

Em 26 de junho de 2012, o então primeiro-ministro chinês Wen Jiabao proferiu um discurso na Cepal em Santiago, Chile, afirmando que a China e os países latino-americanos "estão na mesma fase de desenvolvimento, encarregados das mesmas tarefas de desenvolvimento e compartilhando amplos interesses comuns".[8]

A transformação das relações entre os parceiros já tem uma certa base e apresenta várias possibilidades. Algumas condições favoráveis já foram criadas ao desenvolvimento das relações entre as partes: em primeiro lugar, não há conflitos de interesse graves, nem disputas territoriais ou ideológicas entre a China e os países latino-americanos. Aliás, os parceiros têm aprofundado as cooperações no âmbito econômico-comercial. Em segundo lugar, são todos países em desenvolvimento, e o modelo e a experiência de desenvolvimento chinês podem servir de referências para alguns dos países da região. Em terceiro lugar, a China não tem sequer pretensões hegemônicas na América Latina. A China gostaria muito de ver ascender uma América Latina forte e próspera, de modo que os parceiros possam ampliar e aprofundar ainda mais as cooperações, expandindo-as para as outras áreas, a exemplo das cooperações sino-brasileira e sino-venezuelana na área de lançamento de satélites.

A transformação das relações entre China e América Latina pode produzir benefícios muito significativos para ambos os lados. A iniciativa chinesa de promover o desenvolvimento de suas relações com todos os países da América Latina nos últimos anos é um importante elemento da estratégia integrada da internacionalização das relações externas da China, pois a América Latina é uma variável muito importante no grande mapa estratégico mundial da China. No ambiente econômico internacional atual, o país espera cooperar com os parceiros da América Latina de forma a encontrar um caminho comum para o desenvolvimento sustentável. Nesse sentido, a China precisa formular, com base na síntese dos resultados alcançados dessas relações, uma nova visão

---

8 Discurso do primeiro-ministro chinês Wen Jiabao na Cepal em Santiago, Chile, em 26 de junho de 2012, intitulado "China e América Latina: amigos de confiança mútua para sempre". Disponível em: <http://www.fmprc.gov.cn/chn/pds/ziliao/zt/dnzt/2012wcxlhgccxdhd/t945701.htm>.

estratégica conducente a uma maior expansão do âmbito de cooperação entre eles. Essa visão pode ser elaborada a partir das seguintes observações: 1. ambas as partes pertencem ao mundo em desenvolvimento, e as cooperações Sul-Sul foram igualmente significativas para o processo de desenvolvimento dos dois lados; 2. com a globalização, a ordem política e econômica internacional está em um processo de constante reajuste, e a estreita integração e cooperação dos países Sul-Sul terá influência positiva para o estabelecimento de uma nova ordem política e econômica internacional; 3. os parceiros podem trabalhar juntos em prol do desenvolvimento e compartilhar as experiências bem-sucedidas, de modo a ajudar-se, aprender um com o outro a resolver conjuntamente os problemas e enfrentar de mãos dadas os desafios que possam surgir ao longo do processo.

A China tem interesses diplomáticos evidentes na América Latina. Economicamente, a região não é apenas de um grande fornecedor de produtos primários, mas também um grande mercado para os produtos intensivos em trabalho da China. Politicamente, a China e os países latino-americanos são forças muito importantes do Terceiro Mundo e, portanto, têm uma linguagem comum e uma posição idêntica ou semelhante em muitos aspectos da construção de um mundo harmonioso. Na área das relações exteriores, doze países latino-americanos ainda mantêm "relações diplomáticas" com a região de Taiwan da China. Portanto, na busca chinesa do grande objetivo de sua reunificação nacional deve-se dar maior importância a esses países que ainda não têm relações diplomáticas com a China. Por exemplo, promovemos o estabelecimento de uma parceria estratégica com o México, não só porque o país é um importante vizinho dos Estados Unidos, mas também porque tem um bom número de vizinhos centro-americanos que ainda mantêm as chamadas "relações diplomáticas" com Taiwan (Rosas, 2010, p.228).

A ascensão da China abriu uma oportunidade histórica de desenvolvimento para os países da América Latina. A China é atualmente a segunda maior economia do mundo, com possibilidade de substituir os Estados Unidos para se tornar a maior economia mundial nos próximos dez anos. Essa tendência obriga os países latino-americanos a ajustar seu posicionamento e repensar suas estratégias exteriores. Para estes, isso pode significar grandes oportunidades: 1. poderão continuar aumentando suas exportações para a China de forma exponencial em um futuro próximo; 2. podem compartilhar, em muitos aspectos, os benefícios decorrentes do rápido desenvolvimento chinês; e 3. diferentemente das relações com os Estados Unidos, o desenvolvimento das relações sino-latino-americanas não alterará diretamente a configuração geopolítica da América Latina.

Fatores influentes na transformação das relações entre China e América Latina

A confiança mútua em questões estratégicas

Atualmente ainda há falta de conhecimento mútuo entre a China e a América Latina, "você não sabe o que eu realmente penso, e não sei de que realmente precisa". Isso muitas vezes acarreta dúvidas, desconfianças e até mesmo divergências entre os dois. A China é evidentemente um país nitidamente distinto dos países latino-americanos em termos de história, cultura, tradições e sistema político. Como consequência, diferenças de pontos de vista e casos de discordância existem em muitas questões. Por exemplo, em relação às questões de direitos humanos, as visões dos dois lados têm aproximado-se cada vez mais, mas os desentendimentos permanecem. Muitos políticos latino-americanos aderem ao conceito norte-americano de direitos humanos, defendendo até a ideia de promover atividades de defesa de tais direitos em âmbito global.

Deve-se ressaltar que nem todas as influências da China na América Latina são positivas, razão pela qual os países latino-americanos ainda têm algumas dúvidas e preocupações em relação às políticas e práticas chinesas na região. À medida que as cooperações vêm se aprofundando, a sociedade latino-americana, sobretudo as mídias, têm manifestado algumas opiniões negativas relativas ao país. Isso se deve principalmente a três razões: 1. os países latino-americanos, em geral, alimentam expectativas demasiado elevadas em relação à China e, portanto, ficam insatisfeitos com as realizações existentes de cooperação; 2. alguns setores da economia latino-americana têm se mostrado preocupados em relação à ameaça da concorrência dos produtos chineses e das empresas chinesas. Alguns ainda argumentam que o padrão de comércio entre China e América Latina – em que a China importa produtos primários e exporta produtos manufaturados para a América Latina – é parecido com o adotado pelas potências norte-americanas e europeias a partir do século XIX, o que implica uma relação desigual entre a "periferia" e o "centro". Além disso, há quem considere que a relação entre China e América Latina já deixou de ser uma relação "Sul-Sul" e passou a ser uma relação "Norte-Sul"; e 3. a falta de conhecimento e de confiança tem fomentado o "nacionalismo dos recursos" e a "teoria da ameaça chinesa" na região, gerando sentimentos de rejeição e resistência. Na era de Mao Zedong, a política da China em relação aos outros países em desenvolvimento é a exportação direta da cultura chinesa e a oposição manifesta à hegemonia dos Estados Unidos. Atualmente os países latino-americanos ainda têm dúvidas de que a China exporte o comunismo para a região. Essas "notas dissonantes", embora não cheguem a alterar o contexto do crescimento das relações entre China e América Latina, atrapalham em certa medida o desenvolvimento saudável e harmonioso das relações. Com o aprofundamento e alargamento das cooperações entre os dois lados, esses fatores negativos, em especial os problemas inevitáveis e de natureza universal que têm surgido ao longo do processo, merecem ser estudados e debatidos de forma mais cuidadosa.

As divergências e controvérsias surgidas nas cooperações entre a China e os outros países em desenvolvimento não são da contradição principal das relações internacionais em tempos modernos, nem têm o carácter antagônico. Os países conseguem eventualmente encontrar soluções para esses conflitos mediante a compreensão e concessão mútuas, com base nas experiências acumuladas ao longo dos anos de cooperação. Além disso, entre a China e os países em desenvolvimento não há conflitos graves, como conflitos dos sistemas políticos, religiosos ou raciais. Ao contrário, um passado histórico semelhante e os desafios comuns internos e externos de desenvolvimento têm proporcionado uma força contínua para o reforço da confiança política mútua (Baiyi, 2010, p.5).

Relações entre China e América Latina em meio à concorrência entre as grandes potências

Com a contínua elevação da posição internacional da China, as relações entre os parceiros também obtiveram avanços significativos. No entanto, devido às especialidades do sistema político e ao desempenho econômico excepcional da China, e devido às assimetrias das relações entre a China e a América Latina, e dada a posição geopolítica especial da América Latina, os argumentos de "oportunidade chinesa" e de "ameaça chinesa" coexistem na América Latina e no mundo. Essa situação indica que as relações entre as partes não podem ser vistas simplesmente como uma relação bilateral, mas como uma dimensão política que envolve interesses muito diversos. Devemos conceber esse novo tipo de relação não só do ponto de vista bilateral, mas também de um ponto de vista que dá conta ao contexto internacional atual.

A evolução das relações entre China e países da América Latina é obviamente influenciada pela conjuntura internacional e pelas mudanças nas relações bilaterais destes com os principais países do mundo. Embora nos últimos anos os países da América Latina tenham aumentado significativamente o senso de independência em relação aos Estados Unidos, em certo sentido as relações sino-latino-americanas ainda sofrem um dado "efeito materno" das relações sino-norte-americanas (Baoyu, 1995, p.22). Evidentemente, a influência dos Estados Unidos na América Latina vem reduzindo. Conforme o relatório do Instituto Diálogo Interamericano (Inter-American Dialogue) intitulado "Reformular as relações: os Estados Unidos e a América Latina", após mais de uma década de profundas mudanças, os Estados Unidos e a América Latina estão cada vez mais distantes um do outro. A falta de reflexão sobre as relações Estados Unidos-América Latina por parte dos Estados Unidos e os problemas espinhosos e duradouros no que tange à imigração, a questão de Cuba e o combate ao tráfico de drogas tendem a permanecer e alienar ainda mais os dois lados, podendo gerar novas tensões e riscos para os assuntos do Ocidente. Os países latino-americanos, em sua maioria, entendem que "os Estados Unidos estão se tornando cada vez mais irrelevantes para a realização efetiva das necessidades da América Latina, e cada vez menos capazes de proporem e implementarem agendas positivas de questões de preocupação central da América Latina, devido à insuficiência de seu poder".

Na verdade, os Estados Unidos não acreditam que a China pretenda desafiar sua hegemonia na América Latina, mas os crescentes laços econômicos entre China e América Latina inevitavelmente reduzirão a influência dos Estados Unidos na região. Então a estratégia principal norte-americana é "moldar", em vez de "eliminar", a presença chinesa na América Latina.

COLUNA 7.2

Investimentos chineses no Caribe provocam alerta dos Estados Unidos

Segundo o jornal norte-americano *The New York Times* de 9 de abril de 2012, a China está intensificando sua influência no Caribe mediante concessão de empréstimos, investimentos e obras de doação direta como novos estádios e novas estradas. Perante a penetração gradativa da China na região, a reportagem do jornal norte-americano é uma reação normal do parceiro tradicional do Caribe sobre a presença de um novo concorrente.

Na perspectiva da China, à medida que se aprofunda o intercâmbio e a cooperação com a região do Caribe, a região torna-se um "bloco estratégico" para o país. Essa afirmação é baseada em três argumentos: 1. o rápido desenvolvimento das relações econômicas e comerciais China-Caribe assentou uma base para os dois lados abrirem um espaço estratégico para as relações; 2. o Fórum para a Cooperação Econômico-Comercial entre a China e os países caribenhos pode servir de plataforma para a construção de um futuro mecanismo de cooperação bilateral; e 3. Cuba, como o único país socialista do Ocidente, tem um significado político estratégico autoevidente para a China. As perspectivas de reformas econômicas e de uma transição bem-sucedida de poder em Cuba serão fatores relevantes a serem consideradas na elaboração da estratégia chinesa para o Caribe e para toda a América Latina.

Caminhos alternativos para reforçar as relações diplomáticas entre os parceiros

Atualmente a necessidade estratégica mútua entre a China e a América Latina vem aumentando de forma constante. Porém, devido a fatores geográficos, ideológicos e políticos, o conhecimento recíproco dos povos ainda é muito escasso, e ainda existem preconceitos e desentendimentos entre as pessoas. Esse problema, se não for levado a sério, pode tornar-se um obstáculo e um "gargalo" para o desenvolvimento das relações entre China e América Latina. Portanto, algumas políticas proativas precisam ser adotadas no sentido de promover o aprofundamento das relações.

Continuação: políticas existentes eficazes nas cooperações diplomáticas entre China e América Latina nesta fase

Intensificação da diplomacia presidencial ou de governo

A China mantém relações diplomáticas com 21 países latino-americanos. Nos últimos dez anos, mais de noventa chefes de estado, presidentes do congresso nacional e primeiros-ministros desses países visitaram a China, enquanto os dirigentes chineses também fizeram visitas a todos eles. Por meio da diplomacia presidencial e visitas recíprocas de alto nível, a China e os países da América Latina têm mantido uma comunicação franca e sincera e de igual para igual. A confiança mútua estratégica não se alcança da noite para o dia. Depois de anos de esforços, a confiança desenvolvida entre a China e a América Latina tem sido aprofundada de forma contínua, mas com a evolução da situação internacional, a diferenciação de interesses entre ambos os lados está se evidenciando. Recomenda-se que os dois lados continuem mantendo a frequência das visitas de alto nível, pois os encontros dos líderes facilitam a comunicação entre as partes, reforçam a confiança, mobilizam o entusiasmo dos dois lados pelas cooperações e são favoráveis à elevação do nível das relações entre os parceiros em geral. Por meio das visitas presidenciais, os dois lados podem intensificar a troca de ideias, realizar conversas de coração aberto e buscar uma maior coordenação, para se inteirar das questões de interesse de cada um, eliminar dúvidas ou confusões, encontrar pontos de convergência, remover os obstáculos no desenvolvimento das relações e promover seu desenvolvimento mais rápido e saudável.

Promover cooperações entre China e América Latina em governança global

No âmbito da reforma do Conselho de Segurança da ONU, a China pode manter a comunicação e coordenação com Brasil, México, Argentina e outros países latino-americanos, de modo a aumentar a representatividade dos países em desenvolvimento, inclusive países latino-americanos. A China e esses países têm adotado posições semelhantes em muitos assuntos internacionais, e seus votos nas Nações Unidas também tendem a coincidir. Para aumentar a representatividade e o direito a voto das economias emergentes, a China e esses países podem fazer consultas ativas no âmbito do G20, do Brics e do G8+5, visando a reforma do sistema financeiro internacional que tem como cerne o Fundo Monetário Internacional e o Banco Mundial. Para criar um sistema multilateral de comércio internacional mais justo, eficiente e aberto, os dois lados também devem manter uma estreita cooperação no âmbito da OMC. Tendo adotado uma posição idêntica à chinesa, Brasil, Argentina e alguns outros países latino-americanos solicitaram que as negociações da Rodada de Doha preservassem um maior espaço para o desenvolvimento agrícola nos países em desenvolvimento, de modo que estes possam integrar-se mais rapidamente à economia global para ter acesso a maiores oportunidades de desenvolvimento. Além disso, no âmbito das negociações da ONU sobre a mudança climática, a China e os países latino-americanos têm aderido ao princípio de "responsabilidade comum, porém diferenciada", o que abriu espaço para as cooperações bilaterais na elaboração das políticas ambientais.

Reforçar o mecanismo do Brics

O Brics, que antes era apenas uma ideia, já se tornou realidade, o que ilustra o forte desejo de diálogo e cooperação entre os principais países de desenvolvimento do mundo. Atualmente, no âmbito do Brics, foram estabelecidos mecanismos de vários níveis, abrangendo encontros de líderes de alto nível e programas de intercâmbio de peritos e estudiosos. Embora o andamento do mecanismo Brics tenha sido relativamente lento, alcançou-se uma integração estável entre os países, que consolidaram suas cooperações em todos os níveis. Nos últimos anos, os países do Brics realizaram mais de cinquenta reuniões ministeriais, comprovando que todos os cinco países-membros reconhecem as cooperações entre si como benéficas para todos.

O FMI e o G20 são duas plataformas mais importantes por meio das quais os países do Brics têm procurado reforçar as cooperações. Em ambos os mecanismos, os cinco países membros do Brics têm compartilhado dois objetivos comuns: impulsionar o G20 a preocupar-se com o desenvolvimento e promover a reforma dos direitos de voto do FMI. Assim, é preciso avaliar, de forma objetiva, os resultados das cooperações do Brics. Não só se devem analisar os documentos aprovados nas cúpulas, como também dar importância à forte vontade dos tomadores da decisão dos membros em promover as cooperações entre si.

A consolidação da posição comum e o aumento da eficácia das cooperações são os maiores desafios enfrentados pelo Brics. Para superá-los, os países do grupo precisam inovar continuamente as ideias. Como o Brics não tem as mesmas experiências de cooperação como os outros órgãos de cooperação internacional como o G7, a União Europeia e a Nato, os países-membro devem superar as disputas entre si, propor novas agendas e explorar novas áreas de cooperação, de modo a evitar que os problemas existentes nas relações bilaterais levem o mecanismo a uma situação de paralisação. Se os países membros do Brics puderem se pronunciar com uma voz única, eles poderão rapidamente tornar-se participantes decisivos da governança global e obter um maior poder de barganha ante os principais países da América do Norte e da Europa. Após o quarto encontro dos líderes do Brics, os grandes países emergentes e em desenvolvimento mostraram em conjunto sua determinação em buscar mudanças da ordem internacional:

> [...] vemos uma necessidade urgente de: colocar em prática os planos de reforma de governança e das cotas, já acordados em 2010 no FMI/Banco Mundial, até a data de realização das conferências anuais dos dois órgãos em 2012; concluir a avaliação da fórmula das cotas até janeiro de 2013, de modo que esta reflita melhor o peso econômico dos países em desenvolvimento e dos mercados emergentes, outorgando a eles uma maior representatividade e um maior direito à voz; e realizar uma verificação geral do próximo plano de cotas até janeiro de 2014.[9]

Atualmente o Brics ainda carece de mecanismos e medidas concretas para as áreas específicas de cooperação. As cooperações no domínio das instituições financeiras internacionais ainda são insuficientes. Por isso, no futuro próximo devem-se considerar as possibilidades de permitir uma maior participação das principais instituições financeiras dos países-membro, não só estabelecendo mecanismos de comunicação regular entre elas, mas também encontrando novas formas de negociação intrassetorial e apoio mútuo no âmbito dos demais projetos de cooperação.

---

9 Cf. "Declaração Deli" do quarto encontro dos líderes do Brics. Disponível em: <http://news.xinhuanet.com/2012-03/30/c_122906770_2.htm>.

Reajustes: alternativas políticas da China em relação à América Latina em alusão aos diversos fatores variáveis

Realizar com maior eficácia a estratégia internacional chinesa para a América Latina

Atualmente a estratégia chinesa para a América Latina tem sido cada vez mais positiva, proativa e definitiva. Em 2008, o governo chinês emitiu o Documento de Orientação das Políticas da China para os Países da América Latina e do Caribe, esclarecendo oficialmente pela primeira vez os objetivos políticos da China em relação à região. Quatro anos depois, em 2012, uma série de ajustes já podiam ser identificados na estratégia chinesa com os países da região.

Após a visita do ex-presidente da China, Hu Jintao, ao México, durante a sétima cúpula do G20 realizada na cidade mexicana de Los Cabos, o ex-primeiro-ministro chinês, Wen Jiabao, participou da Conferência das Nações Unidas sobre Desenvolvimento Sustentável, realizada no Rio de Janeiro, e aproveitou a ocasião para realizar visitas oficiais a Uruguai, Argentina e Chile. Essa viagem à América Latina mostra que a China está demonstrando maior sinceridade para avançar com os países da região rumo a uma parceria global de cooperação entre China e América Latina, elevando as cooperações pragmáticas bilaterais para um novo patamar. Durante as visitas, o líder chinês anunciou e propôs medidas e sugestões muito importantes para a promoção das relações entre China e América Latina, tais como a criação do Fórum de Cooperação entre China e América Latina, o estabelecimento de um mecanismo de diálogo e cooperação entre a China e a Comunidade da América Latina e do Caribe, a criação do Fundo de Cooperação entre China e América Latina etc., transmitindo para a América Latina uma mensagem clara e forte: a China espera estabelecer relações estratégicas de longo prazo com todos os países da região.

A iniciativa chinesa teve respostas muito positivas por parte dos países da América Latina, e a visita do ex-primeiro-ministro Wen teve resultados muito significativos: a China estabeleceu uma "parceria estratégica" com o Chile, tornando-o o sexto país na América Latina com o qual a China mantém uma "parceria estratégica", e elevou a parceria com o Brasil para o *status* de uma "parceria estratégica global", além do estabelecimento de um mecanismo de diálogo estratégico abrangente entre os ministros de Relações Exteriores.

Enquanto a China vem promovendo ativamente o desenvolvimento das relações com a América Latina, os países latino-americanos também estão reconhecendo a importância de manter uma relação de ganho recíproco com a China, de modo a beneficiar-se do forte desempenho econômico chinês, especialmente em um contexto em que o crescimento econômico tem sido fraco na maior parte do mundo e que a China pode liderar a tendência do consumo e produção mundial no futuro. O estabelecimento de parcerias estratégicas é um bom começo que marca o salto das relações entre China e América Latina na segunda década do século XXI.

Promover as cooperações com as organizações regionais da América Latina

A América Latina é a região com o maior número de organizações regionais do mundo, entretanto, os resultados das cooperações entre a China e essas organizações têm sido extremamente limitados. No momento, o diálogo e a cooperação entre China e países da América Latina têm sido realizados principalmente por meio de arranjos bilaterais. Porém, desde 1990 a China vem desenvolvendo diálogos com o Grupo do Rio, o Mercosul e a Comunidade Andina, além de ter aderido oficialmente, como país observador, ao Banco de Desenvolvimento do Caribe e ao Banco Interamericano de Desenvolvimento e ter participado nas reuniões da Cepal, da Associação de Integração Latino-americana, da Organização dos Estados Americanos e do Parlamento Latino-Americano.

Devido à atual hesitação do processo de integração latino-americana, a cooperação entre a China e as organizações regionais da América Latina tem sido seriamente enfraquecida. A China ainda não conseguiu estabelecer relação oficial com algumas importantes organizações regionais, como a recém-fundada Unasul (União das Nações Sul-Americanas) e a Alba (Aliança Bolivariana para os Povos de Nossa América). Além disso, entre a China e a América Latina não existe ainda nenhum fórum integrado de todos os países da região, a exemplo do Fórum China-África e o Fórum China-Mundo Árabe. A ausência de um mecanismo de cooperação integrado com a região implica uma falta no mapa de cooperação entre a China e os países em desenvolvimento do mundo. É urgente que a China reforce a cooperação com as organizações de integração regional da América Latina, aprofundando e aperfeiçoando os mecanismos de negociação e diálogo e buscando uma maior presença nas organizações regionais como país observador.

Lidar com as disparidades e desequilíbrios nas relações entre China e América Latina

A ascensão do Brasil na América do Sul, as reformas desenvolvimentistas do governo de esquerda da Venezuela e a "norte-americanização" do México fizeram com que as relações entre China e América Latina apresentassem características muito distintas quando se tratam de diferentes países (Hongbo, s. d.). A China e o Brasil têm consolidado sua parceria estratégica global, porém, as relações China-México haviam entrado em um constrangimento devido ao encontro do presidente mexicano, Felipe Calderón, com o Dalai Lama. Além disso, os atritos comerciais e a assimetria comercial entre China e México também estão causando problemas, colocando obstáculos consideráveis para as relações entre os dois. A existência das disparidades no desenvolvimento das relações bilaterais indica que a influência econômica da China pode, em certa medida, resultar em influências políticas. Nos últimos anos, o valor econômico-comercial da China para a América Latina tem subido significativamente. Reconhecida pelo Décimo Segundo Plano Quinquenal do governo chinês como um "continente estratégico", a América Latina também vem desempenhando um papel cada vez mais importante para o comércio exterior e o investimento da China. Porém, o país ainda precisa de tempo para transformar seu crescente poder econômico em uma concreta influência política na região. A China precisa aprofundar e aperfeiçoar suas relações com os países latino-americanos, de modo a evitar que as relações caminhem para um desequilíbrio estrutural crônico.

Transformar o pensamento tradicional do "Estado-centrismo", construir e disseminar o conceito de relações públicas internacionais com valores chineses, otimizar os objetivos, o layout do poder e as ferramentas políticas de nossa agenda de diplomacia pública, e aumentar o nível de diplomacia pública chinesa (Baiyi, 2010, p.115)

Nos últimos anos, apesar de alguns avanços no aprofundamento dos intercâmbios não governamentais e do conhecimento mútuo entre os povos, alguns fatores negativos, como distância, diferença dos sistemas políticos e motivos ideológicos, o nível de compreensão mútua entre o povo chinês e o latino-americano ainda é baixo, e preconceitos e mal-entendidos ainda permanecem. Se não dermos a devida atenção a esses fatores, eles podem virar obstáculos grandes ou um tipo de "gargalo" para o futuro desenvolvimento das relações entre as partes. A China precisa examinar com maior cuidado o assunto, colmatando a brecha e criando pontes de entendimento, de modo a combinar sua política externa com a sabedoria da cultura e da maneira tradicional de pensar, que devem constituir a pedra angular da diplomacia chinesa (Yizhou, 2009, p.12). O aumento dos esforços da diplomacia pública chinesa para a América Latina também é necessário. Atualmente os diálogos entre as duas partes podem desenrolar-se em torno das experiências de desenvolvimento, especialmente as experiências em redução da pobreza, desenvolvimento da indústria de transformação e reformas para a boa governança. Nesse sentido, é essencial criarmos uma plataforma de comunicação e cooperação governamental multilateral, um Fórum entre China e América Latina. Além disso, os diálogos terão de ser realizados não só entre os governos centrais, mas também entre os congressos, os meios comerciais, os meios acadêmicos e as organizações sociais. Temos de abrir mais canais de comunicação não governamentais para promover de forma eficiente o intercâmbio e o conhecimento mútuo entre os povos, o que é um pré-requisito para o fortalecimento do "poder brando *(soft power)*" da China e para o dinamismo e sucesso da diplomacia pública chinesa.

Aperfeiçoar os mecanismos de cooperação e reforçar a participação do setor acadêmico chinês e latino-americano

Os mecanismos existentes de consulta entre China e América Latina (incluindo todos os mecanismos de concertação política, negociação econômico-comercial e comissões mistas de ciência e tecnologia) devem convidar mais estudiosos e instituições de pesquisa de todos os países para participar das atividades de planejamento e de intercâmbio, abrindo espaço para mais propostas construtivas visando a cooperação entre China e América Latina em longo prazo. Os políticos e os funcionários do governo geralmente enfatizam os resultados de cooperação de curto prazo e negligenciam com facilidade os problemas de sustentabilidade das relações. Por exemplo, apesar de as relações econômico-comerciais e tecnológicas entre China e América Latina terem obtido avanços significativos nos últimos anos, os governos de ambos os lados têm sido relativamente desinteressados em aumentar o apoio aos intercâmbios culturais e de ciências sociais entre os países. Tal situação pode entravar a compreensão mútua entre os povos chinês e latino-americanos, e não corresponde às necessidades gerais de aprofundar a "parceria de cooperação global voltada para o século XXI".

Considerações finais

O presente capítulo aponta que o mundo está vivendo um "momento plástico", em que os países emergentes começaram a experimentar uma "ascensão em grupo", aproximando-se do centro do sistema de governança global. Nesse processo, as relações entre China e América Latina começaram a apresentar uma dimensão global, de um lado, em decorrência da elevação da posição internacional da China e dos países da América Latina, e de outro, da crescente atenção mundial em relação ao desenvolvimento das relações entre eles. A China é um grande país em desenvolvimento, com crescente influência global, enquanto a América Latina é uma das principais regiões do mundo compostas por países em desenvolvimento e um "continente de importância estratégica" para a China, cujo papel no mapa estratégico chinês está tornando-se cada vez mais significativo.

A China enfrenta muitos desafios e impactos na realização de sua atual estratégia diplomática, que precisa ser transformada e atualizada. A transformação das relações entre China e América Latina é inevitável, principalmente porque as seguintes necessidades precisam ser atendidas: a necessidade da defesa da soberania e da integridade territorial, a necessidade da diversificação das relações exteriores e a necessidade de estabelecimento e de modificação dos mecanismos de governança internacional. A transformação das relações entre China e América Latina também apresenta probabilidade e uma base relativamente sólida, tendo as relações boas perspectivas de desenvolvimento: não há conflitos territoriais, ideológicos ou de interesses centrais, ao mesmo passo em que o laço econômico-comercial entre os países está rapidamente se fortificando; tanto a China quanto os países latino-americanos são países em desenvolvimento, e o modelo de desenvolvimento da China pode servir de referência para os últimos; a China não tem a mínima pretensão hegemônica na América Latina; e por último, a transformação das relações pode ser extremamente favorável ao desenvolvimento de ambos os lados. Porém, as dúvidas estratégicas entre a China e os países latino-americanos e a existência do fator norte-americano na região trarão influências desfavoráveis para tal transformação.

As futuras cooperações entre os parceiros podem ser propulsadas por meio da diplomacia presidencial e de um melhoramento do nível de coordenação no âmbito da governança global, e os mecanismos existentes, como o Brics, devem ser reforçados. A China deve elaborar uma estratégia integrada para a região da América Latina como um todo, promover os contatos com as organizações regionais e dedicar maior atenção às disparidades e aos desequilíbrios existentes nas relações, aumentar o nível de diplomacia pública chinesa para a região por meio da substituição do antigo pensamento de "Estado-centrismo" pelos valores de Relações Internacionais com características chinesas, em busca de uma agenda de diplomacia pública mais dinâmica, um *layout* de poder mais ajustado e ferramentas política mais eficazes, e otimizar os mecanismos de cooperação, de modo a fortalecer a participação das comunidades acadêmicas.

Conforme as observações do governo chinês sobre as atualidades e a tendência de evolução da conjuntura internacional, contidas no relatório do 18º Congresso Nacional do Partido Comunista da China: "o equilíbrio de poder internacional está se evoluindo a favor da manutenção da paz mundial, e há mais condições favoráveis para manter a estabilidade geral da conjuntura internacional".[10]

Nesse contexto, o atual presidente chinês, Xi Jinping, afirmou:

> Agora estamos todos falando do 'sonho chinês'. O 'sonho chinês', para mim, é a grandiosa revitalização da nação chinesa. Eis a maior aspiração da nação chinesa desde sempre, um sonho de várias gerações. Eis um desejo de toda a nação chinesa que reflete os interesses globais da Nação e do povo da China.[11]

---

10 Discurso do presidente chinês Hu Jintao no 18º Congresso Nacional do Partido Comunista da China. Disponível em: <http://cpc.people.com.cn/n/2012/ 1118/ c64094-19612151-11.html>.

11 O presidente Xi aponta durante sua visita à exposição "O Caminho para o Rejuvenescimento": herdando as tradições do passado e abrindo novos caminhos para o futuro no

Segundo estudiosos chineses, a realização desse sonho chinês depende de cinco premissas: a riqueza do povo e o poderio do Estado, a reunificação da Pátria, a internacionalização do RMB, o reconhecimento mundial da civilização chinesa e do modelo de desenvolvimento chinês, e um envolvimento profundo da China na reforma e formulação dos mecanismos de governança internacional. Nesse sentido, a promoção das cooperações entre a China e os países da América Latina contribuirá para a realização do "sonho chinês".

Referências bibliográficas

BAIYI, W. Diplomacia pública: um elo muito importante da transformação da Política Externa Chinesa. *International Politics Quarterly*, n.3, 2010a.

______. Reflexão sobre as relações políticas entre a China e os países em desenvolvimento. *Journal of Latin American Studies*, n.4, 2010b.

BAOYU, Z. Estudo breve sobre a posição da China nas relações sino-latino-americanas e vice-versa. *Journal of Latin American Studies*, n.1, 1995.

BINWEN, Z.; HONGBO, S.; YUNXIA, Y. 60 anos da relação entre China e América Latina: retrospectivas e reflexões. In: ZHENXING, S. et al. *60 anos da relação entre China e América Latina*: retrospectivas e reflexões. Beijing: The Contemporary World Press, 2010, p.33.

DING, S. et al. *História concisa das relações entre China e América Latina*. Zhengzhou: Henan People's Publishing House, 1986.

ELLIS, R. E. China in Latin America: The Whats and Wherefores. In: LEITERITZ, R. J. China and Latin America: A Marriage Made in Heaven? *Colombia Internacional*, n.75, p.49-81, Enero a Junio de 2012.

HONGBO, S. Os riscos de investimentos chineses na América Latina não são negligenciáveis. Disponível em: <http://finance.sina.com.cn/review/hgds/20111227/ 152911075110.shtml>.

INDYK, M.; KAGAN, K. A Plastic Moment to Mold a Liberal Global Order. Disponível em: <http://www.brookings. edu/~/media/Research/Files/Papers/2013/1/big% 20bets% 20black% 20swans/a% 20plastic% 20moment% 20to% 20mold% 20a%20liberal%20global%20order.pdf>.

JIANZHANG, P. *História diplomática da República Popular da China 1949-1956*. Beijing: World Affairs Press, 1994. v.I, p.351.

---

sentido de alcançar o objetivo grandioso do rejuvenescimento da nação chinesa. Disponível em: <http://news.xinhuanet.com/politics/2012-11/29/c_113852724.htm>.

JINTAO, H. Discurso do presidente chinês Hu Jintao no 18º Congresso Nacional do Partido Comunista da China. Disponível em: <http://cpc.people.com.cn/n/2012/ 1118/c64094-19612151-11.html>.

LEITERITZ, R. J. China and Latin America: A marriage made in Heaven?. *Colombia Internacional*, n.1-6, 2012.

MARLOWE. L. French Minister Urges Greater UN Role to Counter US Hyperpower. *The Irish Times*, 4 nov. 1999.

QINGMIN, Z. O layout das políticas chinesas para os países em desenvolvimento. *Diplomatic Review*, n.8, p.23, 2007

ROSAS, M. C. Encuentros y eesencuentros: las relaciones entre México y la República Popular China. *Nueva Sociedad*, n.7-8, 2010.

SHICHENG, X. A relação entre a Ásia e a América Latina: revisão e perspectivas. *Journal of Latin American Studies*, n.5, p.3, 2010.

WOHLFORTH, W. The stability of a unipolar world. *International Security*, v.1. n.24, 1999.

YAQING, Q. A continuidade e mudança do sistema internacional. *Diplomatic Review*, n.1, 2010.

YIZHOU, W. Análise dos fatores determinantes da Política Externa Chinesa. *World Economics and Politics*, n.9, p.12, 2009.

YIZHOU, W. Análise dos fatores determinantes da Política Externa Chinesa. *World Economics and Politics*, n.9, 2009.

YUYAN, Z.; XIUJUN, X. O princípio de "responsabilidade comum, porém diferenciada" na divisão das responsabilidades internacionais. *Guangming Daily*, 3 maio 2012.

CONCLUSÕES

A formação das "pirâmides" das relações entre China e América Latina

Wu Baiyi

No final de 2012 houve fortes rumores em toda a China de que estávamos perto do "fim do mundo". Segundo os rumores, o calendário maia indicava que o dia 21 de dezembro de 2012 seria o último dia do quinto *baktun* (comparável à mudança do milênio em nosso próprio calendário), e que o mundo chegaria ao fim com "um tsunami de mil metros inundando até o Himalaia". Tais rumores causaram certo grau de pânico na sociedade chinesa: de acordo com uma pesquisa informal, entre cada cinco chineses, um acreditava no "fim do mundo", e esta proporção era muito maior do que a dos vinte e poucos países pesquisados, como Rússia, Coreia do Sul, Japão, Estados Unidos, França e outros. Para conter a disseminação dos rumores, o governo chinês adotou imediatamente uma série de medidas. Mais de 1.300 pessoas foram presas por causa de propagação de falsos rumores, e a organização por trás dessas atividades religiosas ilegais – a tal de Igreja do Deus Todo-Poderoso – foi destituída pelo governo. Ao mesmo tempo, um ancião das tribos maia, que hoje vive na Guatemala, a milhares de milhas da China, fez um apelo por um canal de televisão de Hong Kong aos cidadãos chineses para que eles não entrassem em pânico, dizendo que "o começo de um novo *baktun* significa uma nova chance de mudança para toda a humanidade, e boas mudanças devem acontecer nas famílias, nas sociedades e nos países".[1]

---

1 Cf. "Quem criou o 'fim do mundo'?". Disponível em: <http://news.ifeng.com/opinion/special/ shijiemori/>. Acesso em: 20 dez. 2012; "Os ancião das tribais maias

Com a explosão dos fogos de artifício, despedimo-nos de 2012 e entramos em 2013. Os rumores do "fim do mundo" apagaram-se, tornando-se uma mera piada. Porém, esse incidente teve um significado muito especial para os estudiosos e pesquisadores no campo das relações exteriores da China, em particular da futura interação complexa entre a China e a América Latina.

Em primeiro lugar, estamos claramente percebendo a força revolucionária das tecnologias de comunicação que vêm eliminando as barreiras geográficas e encurtando cada vez mais a "distância física" entre o público chinês e o estrangeiro. Nos dias de hoje, com a tecnologia da informação muito desenvolvida, uma voz qualquer pode romper restrições geográficas, culturais e linguísticas para chegar a todos os cantos da sociedade humana, podendo causar consequências políticas e sociais imprevisíveis. Em outras palavras, em uma sociedade altamente orientada pela tecnologia da informação, as forças sociais chinesas e estrangeiras estão atuando em conjunto e até se integrando, fazendo com que o papel dos governos se torne cada vez "menor". Nessas circunstâncias, se os governos não tomarem a iniciativa de transformar suas funções no sentido de realizar uma descentralização da gestão e um achatamento da estrutura organizacional, será difícil para os países melhorarem sua capacidade de dar respostas eficientes para essas forças de informação e sociais, orientar e controlá-las, de formar a garantir a legitimidade e a manutenção de sua autoridade sobre a coordenação interna e externa.

Em segundo lugar, a partir dessas afirmações, podemos chegar à conclusão de que, em meio às interações políticas, as trocas econômicas, a convergência de informações e a relação dos interesses de segurança cada vez mais intensas entre a China e os demais países, as relações exteriores da China já entraram em um novo estágio de desenvolvimento, mais profundo, mais amplo e, portanto, mais difícil. Como o "cerne" de todas as relações, a inclusão ou conflito entre as civilizações chinesas e estrangeiras será a principal determinante de sua futura evolução. A interação entre as diferentes civilizações já deixou de ser baseada apenas nas histórias e heranças filosóficas, nas culturas relativamente independentes e estáticas (como a linguagem oral e escrita etc.), e passou a

afirma que o começo do novo 'baktun' é nada mais que o ano novo e pede para cidadãos chineses manterem a calma". Disponível em: <http:// news.ifeng.com/world/detail_2012_12/21/20376207_0.shtml>, Acesso em: 21 dez. 2012.

ser um processo pelo qual uma civilização vem incorporando proativamente os elementos dinâmicos de outras culturas muito ecléticas, cultivando, de acordo com as tendências mundiais, valores políticos, culturas institucionais, consciência civil, conceitos de ecologia etc. Sem dúvida, a inovação de uma civilização tão grandiosa como a chinesa é o ponto de partida para a China, o gigante, posicionar-se de forma bem-sucedida no mundo, e na qual se verifica o ponto crucial para cumprir a promessa chinesa de "jamais buscar a hegemonia" e "jamais seguir os passos de expansão mundial das civilizações ocidentais". Ao mesmo tempo, será um grande desafio para a China saber como planejar e administrar suas relações com os demais países em desenvolvimento, que constituem a maioria da comunidade internacional (Jirong, 2012; Yucheng, 2012).

Em último lugar, deve-se reconhecer que o processo de crescimento e difusão da civilização espiritual de uma nação é mais demorado que sua "externalização" da civilização material, pois requer um maior tempo de acumulação, forjadura e comprovação bem mais complicada para, enfim, demonstrar os efeitos. A etnia chinesa responde por um quinto do total da humanidade, tendo contribuído, nos últimos anos, para a economia global com uma parcela crescente. Porém, em vez de a China obter automaticamente o reconhecimento pleno do mundo, o público estrangeiro, em sua maioria, ainda vê esse país como "um país mais misterioso do que familiarizado".[2] Esse resultado decorre, além dos fatores da política internacional, do fato de que a civilização espiritual da China ainda precisa ser promovida e reforçada. As experiências de internacionalização de alguns países pequenos como Coreia do Sul e Suíça nos mostram que o poder cultural pode ser um fator mais decisivo do que a força militar ou o PIB no reconhecimento e respeito pelas nações estrangeiras no sistema de relações internacionais de hoje (Qizheng, 2012, p.12). Portanto, o próximo passo que a China deve tomar para atingir seus objetivos de atuação externa, aproveitando o "período de oportunidades estratégicas", é concentrar seu reforço na atualização e no desenvolvimento de seu próprio "cerne" de civilização, de forma a viabilizar uma "disseminação cultural" altamente coordenada, diversificada, especializada e inovadora. E para atingir esse alvo é indispensável que

2 Cf. "O Instituto Charhar, o Centro de Pesquisa de Comunicação Externa da China International Publishing Group e a Millward Brown. Relatório sobre a Imagem Nacional da China 2012". *Public Diplomacy Quarterly*: edição de inverno, 2012, p.12.

um consenso seja alcançado entre o Estado, a elite cultural, as organizações sociais e o público. Só quando a China for capaz de contar com uma força integrada de todos esses agentes, o país poderá visar a realização do "sonho chinês" de plena modernização, vivido pela nação chinesa há mais de um século.

Após concluído o 18º Congresso Nacional do Partido Comunista da China em novembro de 2012, no meio acadêmico chinês, as discussões em torno da estratégia chinesa de desenvolvimento nacional e de relações exteriores para os próximos dez anos vêm se desenrolando. Apesar de terem sido bastante divergentes, as opiniões têm por premissa a mesma argumentação: a próxima década talvez seja um período muito crítico para a China na busca de um "reemergência de uma antiga civilização", durante o qual os países desenvolvidos que antes dominavam o sistema mundial passarão por reajustes econômicos e políticos internos muito complexos e que a China tem de estabelecer seu próprio padrão de desenvolvimento econômico e social, aperfeiçoar sua ética, responsabilidade e poder de governança internacional, além de estabelecer suas normas de conduta como uma nova potência global (Daokui, 2012, p.129-31).

Já no início de novembro de 2008, o governo chinês salientou, por meio do primeiro documento de orientação do governo chinês para a América Latina e o Caribe, "tratar das relações com a América Latina a partir de uma visão estratégica, dedicando os esforços no sentido de construir com os países da América Latina e do Caribe, uma parceria abrangente de igualdade, benefício mútuo e desenvolvimento comum".[3] Quatro anos depois, as relações entre China e América Latina alcançaram avanços significativos em vários campos. Entretanto desequilíbrios e assimetrias têm surgido no desenvolvimento de diferentes áreas. Com as mudanças na situação mundial e no próprio processo de desenvolvimento chinês, as relações entre China e América Latina estão diante de uma série de novas oportunidades e novos desafios.

Como constatado na Introdução desta obra, as relações exteriores da China apresentam duas dimensões dialeticamente articuladas: a "altura" e a "largura". A expansão das relações entre China e América Latina, caracterizadas pelos recíprocos ganhos econômicos e comerciais

---

3 Cf. "Documento de orientação do governo chinês para a América Latina e o Caribe". Disponível em: <http://www.gov.cn/ jrzg/2008-11/05/content_1140303.htm>. Acesso em: 5 nov. 2008.

(espera-se que o valor total dos comércios entre os dois lados ultrapasse US$ 400 bilhões até 2020) também trouxe algumas assimetrias e incompatibilidades, obrigando os dois lados a acelerar os ajustes internos e conjugar os esforços de modo a adaptarem-se às crescentes necessidades de cooperação e de arranjos institucionais na área socioeconômica. Isso também indica que, após dez anos de rápido desenvolvimento, as relações entre China e América Latina já chegaram a uma nova etapa de transformação e reestruturação. Porém, a esse respeito, parece que ainda nos falta uma suficiente preparação psicológica. No entanto, acreditamos que "a história é criada assim: a estrutura final sempre surge dos conflitos entre muitas vontades individuais, das quais cada uma resulta de muitas condições especiais". Desse modo, as numerosas forças transversais, que atuam em "paralelogramo", levam a uma "força resultante", ou seja, os resultados históricos, o que pode ser visto também como o resultado de uma força mista, integrada, inconsciente e involuntária (Engels, 2009, p.592-3).

Este livro não tem a intenção de elaborar previsões ou deduções precisas sobre o futuro das relações entre China e América Latina. No ano que se passou, os esforços dos autores desta obra podem ser resumidos do seguinte modo: em primeiro lugar, ilustrar, do ponto de vista acadêmico, a importância da América Latina para a China na realização de seus objetivos nacionais durante o próximo período, considerado um "período de oportunidades estratégicas", tendo em consideração as restrições internas e externas que o país enfrenta atualmente e enfrentará durante seu processo de desenvolvimento; em segundo lugar, estabelecer um marco teórico e metodológico com um forte poder analítico para os temas específicos das relações, de modo a identificar as novas fontes de mudança nas relações entre China e América Latina; e em terceiro lugar, propor alternativas de política visando acelerar o *upgrade* e a transformação do modelo de cooperação entre China e América Latina, consoante a lógica intrínseca do desenvolvimento de cada setor. Como resultado desses esforços, o presente livro é uma apresentação da futura imagem das relações entre China e América Latina em várias dimensões, que terão como linha mestra as trocas econômicas, comerciais e de investimento, acompanhadas pelas cooperações monetárias, energéticas e de recursos humanos e suplementadas pelos arranjos institucionais políticos, diplomáticos e de segurança. À medida que as relações entre China e América Latina continuam a se expandir, essa imagem tornar-se-á cada vez mais colorida, requintada e tridimensional. As cooperações nos diversos setores serão como as pirâmides dos maias: apesar de terem funções diferenciadas e correlacionadas, elas, juntas, produzem efeitos visuais muito impressionantes.

Na projeção deste livro, a maior "pirâmide" da "praça" das relações entre China e América Latina ainda seria a de cooperações econômico-comerciais.

Razão 1: as mudanças estruturais na economia mundial trouxeram tanto desafios quanto oportunidades e motivos para a transformação do modelo de crescimentos da China e da América Latina, que são mercados principais um para o outro. Há muito tempo a transferência do poder entre os Estados tem sido um dos temas mais discutidos pelos historiadores do mundo. Os altos e baixos do poder internacional dos países não só implicam mudanças correspondentes no cenário de relações internacionais, mas também uma consequente restruturação da ordem mundial, a partir de mudanças institucionais, regulamentares e paradigmáticas. O poder econômico é uma das condições básicas sob as quais o poder internacional pode vir a ser construído, e o nível de riqueza nacional e sua evolução dinâmica são muitas vezes consideradas como o ponto de partida teórico dos estudos sobre a transferência do poder internacional. Em um contexto mundial de desenvolvimento e paz, os benefícios econômicos dos países também são vistos como a variável mais importante em sua tomada de decisões em relação aos assuntos internacionais (Shiqiang, 2011, p.100). Até mesmo países como Cuba e Coreia do Norte, onde não se adota ainda a economia de mercado, têm iniciado reformas econômicas internas visando aumentar a importância das cooperações econômicas em sua política externa (Cave, 2012; Kim, 2013). Robert Zoellick, pesquisador sênior do Centro Belfer para Ciência e Assuntos Internacionais da Universidade de Harvard dos Estados Unidos e ex-presidente do Banco Mundial observou, em sua análise sobre o declínio histórico dos Estados Unidos, que o conceito de segurança nacional do século XX "foi incapaz de dar conta da força muito poderosa que as mudanças econômicas exercem às relações internacionais", e que "uma política econômica sólida e robusta é o pilar do poder do Estado e da liberdade individual", sendo "o poder econômico a pedra de toque da segurança nacional e da posição mundial dos Estados Unidos" (Zoellick, 2012). A partir disso, podemos afirmar que a transformação econômica e o fomento da riqueza nacional são questões essenciais na determinação do destino de todos os países, seja em termos econômicos, seja em termos de segurança nacional.

Do ponto de vista da China, embora, "de acordo com a tendência nacional e internacional em geral, nosso país ainda está em um período de grandes oportunidades estratégicas de desenvolvimento", nos próximos dez anos, a conotação e as condições do crescimento chinês tendem a mudar, talvez de forma muito significativa. O país, agora a segunda maior economia do mundo, precisará mudar seu modelo antigo de "crescimento orientada pela demanda externa", de modo a impulsionar a procura doméstica e priorizar os comércios e os investimentos em mercados emergentes, o que seria a melhor opção para o desenvolvimento da China. No entanto, quase sempre há um desnível entre a escolha racional e a realidade objetiva. O tempo para a China transitar seu modelo de crescimento para o orientado pela demanda doméstica pode ser de mais de uma década, e o sucesso da transição dependerá em grande medida do processo de realização dos princípios de mercado e do Estado de Direito, isto é, do processo de "construir um sistema econômico e político inclusivo, de modo a transformar o modelo de desenvolvimento marcado pelo Desenvolvimentismo Autoritário (*Authoritarian Developmentalism*) em um modelo marcado pelo Desenvolvimentismo Democrático (*Democratic Developmentalism*)". Essa tarefa, árdua e complexa, não pode ser cumprida ao sabor do vento, nem da noite para o dia (Jinglian, 2012, p.3-7). Além disso, a transferência do centro de gravidade das cooperações econômicas e comerciais internacionais da China também pode implicar um reajuste ou até uma mudança radical no mecanismo institucional (do interior para o exterior), na conceituação das políticas, na alocação dos recursos e até mesmo na abordagem das ações da China. Se olharmos para o espaço do mercado, as economias desenvolvidas como os Estados Unidos e os países da Europa estão em uma recessão prolongada, e seu papel em liderar a globalização e as transferências industriais foi gravemente enfraquecido, enquanto "as economias emergentes têm aumentado consideravelmente seu consumo interno e estão tornando-se parte da demanda líquida da economia global" e a "principal força motriz do crescimento econômico dos países de baixa renda". As cooperações econômicas e comerciais entre a China e essas economias com certeza trarão oportunidades de crescimento muito positivas, e se olharmos para o espaço para a formulação de políticas, sob o quadro da OMC, as economias em desenvolvimento e as economias emergentes têm reduzido a taxa tarifária entre si para um nível relativamente baixo no mundo, entretanto, as barreiras tarifárias entre as economias emergentes e as em desenvolvimento, especialmente nas de baixa renda, ainda têm grande espaço por ser reajustadas" (Min, 2011; Kaelble, 2012).

Dessa maneira, a estrutura econômica internacional está transitando de um padrão simples de cooperação Norte-Sul para um padrão multifacetado, de cooperação Norte-Sul e Sul-Sul. Perante essa realidade, a China precisa envidar maiores esforços para aperfeiçoar seu *layout* de cooperação econômico-comercial internacional, de modo a assegurar uma posição de liderança na nova estrutura do comércio e investimento global e segurar as oportunidades estratégicas de cooperação externa durante os próximos dez anos.

Razão 2: a China e a América Latina estão tornando-se novos centros de crescimento da economia mundial, e as relações entre os dois lados são marcadas pela alta complementaridade e potencialidade. Nos últimos dez anos, a expansão das exportações foi surpreendente da América Latina para a China, que já se tornou um dos parceiros comerciais mais importantes de vários países latino-americanos. Após a eclosão da crise financeira global em 2008, a cooperação econômica e comercial entre a China e América Latina não só retomou logo seu ritmo, como também registrou um crescimento acentuado, fazendo da China uma nova variável independente do crescimento da região. Os estudos aqui mostrados revelam que, para as categorias de produtos manufaturados em que a China tem vantagem comparativa, o mercado latino-americano está entre os três maiores do mundo em termos da capacidade de mercado. Embora as exportações chinesas de produtos de trabalho intensivo estejam perto de uma "saturação" no mercado latino-americano, o potencial de aumento das exportações chinesas de produtos de tecnologia intensiva para os países da América Latina é ainda muito grande. Visto assim, a América Latina continuará desempenhando um papel muito importante na estrutura de cooperação econômica e comercial internacional da China, e a região será ainda uma região-chave através da qual a China pode manter suas exportações em alta e ao mesmo tempo promover a "saída para fora" de suas indústrias.

Razão 3: a diferença do montante entre a economia chinesa e a latino-americana permanecerá, e a evolução dos investimentos chineses e latino-americanos, em termos de direção e capacidade, dificilmente será sincrônica. Nos próximos dez anos, o investimento da China na América Latina constituirá um pilar do desenvolvimento das cooperações econômicas bilaterais. Esse fato é resultante de três fatores, conforme indicados pelo presente livro. Em primeiro lugar, a necessidade da China de manter um desenvolvimento contínuo e razoavelmente acelerado implica um aumento sustentado de seu investimento no estrangeiro. Sabemos que, após o desenvolvimento econômico de um país atingir um determinado patamar, o montante de seus investimentos no estrangeiros tende a exceder o dos investimentos estrangeiros diretos por ele absorvidos (Mundell, 1957; Dunning, 1988). Nos últimos dez anos, a taxa média de crescimento dos investimentos chineses diretos no estrangeiro foi de 25%, muito superior ao nível médio dos países desenvolvidos tradicionais, que foi de 6%, deixando claro que a China, que antes era um país receptor líquido de investimentos, passou a ser um importante país investidor, o que pode "mudar a estrutura global (de comércio e investimento)". Em 2011, o Produto Nacional Bruto da China *per capita* já ultrapassou o valor limite teórico de US$ 4.750, e a crescente riqueza nacional também apoiará o deslocamento de empresas chinesas em direção ao exterior. A China, sem dúvida, entrou na nova fase histórica, marcada pelo rápido crescimento do investimento direto exterior. Em segundo lugar, com as mudanças do potencial e do ambiente de comércios exteriores da China, o investimento está tornando-se uma opção ideal para as empresas chinesas manterem e expandirem sua participação do mercado. À medida que as relações econômicas e comerciais entre China e América Latina passaram da "fase acumulativa" à "fase de salto", os problemas do desequilíbrio estrutural também começaram a surgir. Os principais parceiros comerciais da China na América Latina têm aumentado barreiras comerciais ante a China, que se tornou também alvo das críticas do público latino-americano, que acusa o país de ter adotado políticas de "mercantilismo" na região. Em condições normais, o comércio e o investimento internacional reforçam-se. Quando um país é confrontado com políticas protecionistas do outro, o IED do primeiro para o último tende a substituir o comércio de mercadorias entre os dois, pois se trata da melhor opção racional para as empresas maximizarem os lucros e evitarem os riscos, desde que garantam a máxima eficiência relativa ou o mínimo custo de transferência dos fatores de produção. Em terceiro lugar, a maioria dos países da

América Latina está na fase intermediária da modernização (uns poucos países ainda na fase inicial), e têm uma escala econômica relativamente limitada, uma estrutura industrial relativamente simples e uma infraestrutura notavelmente deficiente, além dos problemas crônicos generalizados de falta do investimento produtivo e baixo valor agregado das exportações. Ao mesmo tempo, a China possui vantagens muito claras no que tange a sua escala de economia, nível industrial e de desenvolvimento tecnológico, além da abundância dos recursos financeiros, mecanismos institucionais eficazes e uma forte capacidade de cooperação internacional.

A segunda "pirâmide" das relações entre China e América Latina é a cooperação na área financeira. O Capítulo 2 tratou de uma análise antecipada, porém não carece de uma base teórica/lógica sólida. As finanças são o sangue das indústrias, e em sentido lato, um "desdobramento inevitável" do comércio. Com a expansão do volume e com a extensão da rede dos comércios entre China e América Latina, o renminbi já adquiriu, de forma preliminar, a função do meio de pagamento internacional, por meio dos acordos bilaterais de *swap* entre o Banco Popular da China e os bancos centrais de vários países da América Latina. Hoje, com sua economia equivalente a 15% do PIB global, a China mantém um nível de inflação razoável e uma taxa de câmbio estável. Nesse contexto, o uso do renminbi no comércio internacional registrou um aumento em 50% (em 2012). Com um ambiente institucional interno propício e uma influência política internacional cada vez maior, a China viu aumento e melhoria constantes da competitividade internacional de sua moeda. Outros negócios do renminbi, como a poupança, o câmbio e os empréstimos, o pagamento do comércio transfronteiriço, os títulos *offshore* denominados em renminbi e os demais derivativos financeiros também estão experimentando desenvolvimento acelerado. Porém, devemos apontar também que, devido ao nível ainda limitado da abertura da conta de capital da China, o renminbi não consegue atingir a conversibilidade de curto prazo e, portanto, não será capaz de substituir o dólar e o euro para se tornar a nova moeda "âncora" na América Latina. Também, a moeda chinesa ainda terá um longo caminho a percorrer para se tornar uma verdadeira moeda de reserva internacional. Neste sentido, a "pirâmide" das cooperações financeiras entre China e América Latina ainda está na fase de fundação. Desde que os arranjos monetários bilaterais entre China e América Latina continuem aumentando em escala e profundidade, especialmente desde que a China continue reforçando sua presença nos mecanismos sub-regionais de integração da região, é de se esperar que o renminbi chinês vá conquistando um espaço cada vez maior na América Latina, tendo em vista uma melhor aceitação e adaptação da moeda chinesa na região, tanto em amplitude quanto em profundidade.

O andamento relativamente modesto das cooperações financeiras entre China e América Latina contrasta manifestamente com o ritmo de expansão muito acelerado das cooperações entre os dois lados no setor energético. As experiências históricas do investimento direto internacional no setor dos recursos naturais nos dizem que a evolução do comércio e investimento direto internacionais tem uma correlação linear muito significativa. Os países importadores, escassos em recursos naturais, vêm aumentando gradualmente seu investimento direto nos países exportadores de commodities por meio da expansão do comércio internacional com estes, de forma a promover com maior intensidade suas exportações dos produtos de recursos (Blackhurst, 1996).

O presente trabalho partiu da relação oferta-demanda de petróleo em uma tentativa de ilustrar essa correlação. O crescimento da demanda de petróleo da China é relativamente rígido, razão pela qual a segurança do fornecimento externo de energia é um dos principais desafios estratégicos que a China encarará nos próximos dez anos, tanto para o governo chinês quanto para as empresas chinesas (Weidong; Shuyun; Ferng, 2012, p.22). Na verdade, nos últimos vinte anos, a fim de alcançar a diversificação das fontes energéticas e ao mesmo tempo aumentar o investimento direto da China no estrangeiro, as cooperações energéticas externas da China já deram um passo à frente: na América Latina foram realizados vários modelos eficientes de cooperação – como a estratégia de "empréstimos em troca de petróleo" e a participação chinesa nas *joint-ventures* ocidentais – que obtiveram resultados positivos. Além disso, o potencial da cooperação entre China e América Latina na área energética é óbvio:

1. Os principais países produtores de petróleo da América Latina registram um excesso de produção em relação a sua demanda interna. Essa perspectiva, como partes do "bloco de recursos" da cadeia industrial global, permanecerá ainda por um longo período de tempo, o que é decidido pelas concorrências internacionais baseadas nas vantagens comparativas e na relação oferta-demanda.

2. Os países latino-americanos produtores de recursos naturais, em sua maioria, apresentam desvantagens no que diz respeito à taxa de investimento produtivo, à adequação dos equipamentos e à atualização das tecnologias, o que precisa ser corrigido por meio da aplicação dos recursos externos.
3. Devido à fraca demanda dos Estados Unidos, da Europa e de outros mercados tradicionais pelos produtos energéticos, particularmente após a exploração em larga escala de gás de xisto na América do Norte, o que pode eventualmente levar à "independência energética" dessa região, os principais produtores de petróleo na América Latina terão de voltar suas atenções às economias emergentes como a China, a Ásia Oriental e a Índia. Nessas circunstâncias, alguns dos países latino-americanos produtores de petróleo pesado, como a Venezuela, sem dúvida aumentarão sua dependência da China, tecnologicamente avançada em refino do produto.

No Capítulo 4 desta obra realizou-se uma análise inovadora sobre as cooperações entre China e América Latina em recursos de trabalho. Os recursos de trabalho constituem um dos elementos básicos do crescimento econômico, e também uma condição importante de suporte para o desenvolvimento das cooperações internacionais econômicas e comerciais de um país. Uma investigação sobre os recursos de trabalho de um país não só implica o estudo sobre sua estrutura política, econômica e social, mas também tem de levar em consideração outros fatores mais profundos e sutis, como os princípios da ordem moral, social, psicológica e cultural. De um ponto de vista acadêmico e analítico, a cooperação dos recursos de trabalho entre dois diferentes países é um tema político e econômico muito mais complexo do que as trocas comerciais. Devido às limitações de tempo e espaço, o presente trabalho foi apenas uma pesquisa preliminar sobre as características mais relevantes e observáveis do mercado de trabalho latino-americano, tais como a taxa de crescimento demográfico, a taxa de participação da força de trabalho, o nível de educação, a taxa de emprego, o grau de desenvolvimento do mercado de trabalho e da segurança social etc., chegando a algumas considerações e sugestões políticas específicas e com algum significado prático. Em primeiro lugar, dadas as perspectivas de que a China terá de enfrentar um declínio na oferta doméstica de trabalho, uma estratégica positiva de aproveitamento dos recursos de trabalho da América Latina deve ser incluída no plano das empresas chinesas que atuam na região, de modo a realizar melhor a estratégia de "ida para fora" e de "uso dos mercados e recursos internos e externos", o que também contribuirá para o próprio desenvolvimento sustentável da China. Em segundo lugar, com o crescente montante de investimentos chineses de capital, tecnologia e com a aplicação das normas de gestão na América Latina, as empresas chinesas devem atribuir uma maior importância para a contratação dos funcionários locais e a "naturalização" dos projetos de cooperação, o que, por sua vez, pode forçar o amadurecimento das empresas chinesas no mercado de trabalho no sentido de aprimorar e internacionalizar seus serviços de informação, consultoria, formação profissional etc., contribuindo, assim, para uma otimização da estrutura industrial da China. Em terceiro lugar, uma maior proporção de mãos de obra local corresponde ao cumprimento da responsabilidade social das empresas chinesas na região, o que ajuda a reduzir os riscos de relações públicas e de gestão e promover o conhecimento mútuo entre a China e a América Latina. Naturalmente, o estabelecimento dessa pirâmide será uma obra extremamente complexa, que necessita do empenho e da colaboração dos dois lados por meio de aprendizagem mútua e interativa. Para a China, a realização dessa iniciativa depende de um estudo de viabilidade mais abrangente e um planejamento mais minucioso, e só acontecerá com o esforço conjunto do governo, do meio empresarial e do meio acadêmico.

As teorias tradicionais do desenvolvimento de investimento veem como pré-requisito mais importante para o investimento estrangeiro direto a existência de vantagens competitivas das empresas. Ou seja, elas defendem que as vantagens em capital, tecnologia e experiência de internacionalização são as condições essenciais para assegurar uma rentabilidade adequada e compensar seus custos adicionais de operações no exterior e os demais fatores de risco. No entanto, essa perspectiva teórica, construída a partir do conceito de "vantagens de capacidade", apresenta falhas muito óbvias quando utilizada para avaliar as características dos investimentos transfronteiriços das empresas dos países em desenvolvimento, pois não explica o sucesso dos investimentos das empresas chinesas na África. Desde o início do século XXI, a participação das economias emergentes e economias em desenvolvimento no total das reservas cambiais oficiais globais aumentou significativamente, atingindo 66,69% em 2011, deixando clara a tendência de que as atividades de investimento entre as economias em desenvolvimento tornar-se-ão mais intensas. Nesse contexto, no meio acadêmico internacional surgiu uma série de estudos não convencionais propondo perspectivas e quadros analíticos que talvez tenham um maior poder explicativo para a realidade do crescente investimento transfronteiriço por parte dos países em desenvolvimento. Tanto o modelo "contato – alavancagem – aprendizagem" proposto por John Matthews, com base no estudo das experiências das empresas asiáticas, quanto o modelo de "distância institucional" (entre o país matriz e o país anfitrião), apresentado por Mike W. Peng, com base nos estudos sobre as diferentes preferências dos investidores na escolha de seu destino do investimento, levaram em conta os fatores institucionais como uma variável importante na decisão dos investimentos (Mathews, 2006, p.5-27; Peng; Wang; Jiang, 2008, p.920-36; Peng, 2002, p.251-67). Em essência, o investimento é um ato econômico em busca de lucros. As necessidades políticas decorrentes das atividades de investimento e as consequências econômicas sempre acabarão por acarretar alguma reação política, cuja forma de expressão mais vital seriam os reajustes nas políticas e nas instituições nacionais. As empresas com investimentos no estrangeiro geralmente enfrentam dois tipos de riscos: políticos institucionais, ou de ideologia. Os primeiros riscos decorrem não só das mudanças imprevisíveis na ordem política, legislativa, econômica e contratual do país anfitrião, mas também das mudanças nas condições "não tangíveis" de investimento, como os regulamentos, as normas de conduta e as práticas sociais da comunidade local (Jianhong, 2012, p.138, 142). Para as empresas chinesas que operam na América Latina, os maiores riscos para seus investimentos na região são a falta de conhecimento e familiarização com as atribuições políticas e o ambiente institucional dos países-anfitrião e o entendimento impreciso de variáveis pertinentes. Por conseguinte, essas empresas não estão psicologicamente preparadas para lidar com os eventuais atos de infração aos seus direitos pelo governo local, como controle indevidamente rigoroso, a cobrança de impostos excessivos, a imposição de barreiras exageradas de acesso ao mercado e a promulgação de regulamentos discriminatórios. Além disso, algumas empresas chinesas simplesmente consideram o relacionamento pessoal com autoridades locais uma "panaceia" para a segurança de seus investimentos no local, e acabam não dando importância suficiente à construção de uma imagem social empresarial positiva. Nesse caso, as empresas chinesas são muitas vezes vistas como "amiguinhas" do governo e, portanto, são inconscientemente envolvidas, como "bodes expiatórios", em conflitos internos (entre o governo central e o local, entre o governo e a comunidade civil e entre os diferentes grupos étnicos).

No Capítulo 5 realizou-se uma análise, de forma genérica, do modelo de governança e de seu fundamento ideológico dos países da América Latina. Graças à realização do sistema de democracia representativa e da neutralidade política das forças armadas na maioria dos países da América Latina, a região já alcançou, de modo geral, uma ordem política pacífica e sustentada, tendo diminuído de forma considerável o número dos conflitos violentos entre os estados. De modo geral, os países da região estão transformando-se de um modelo de governança estatal dominado pelo governo a um modelo de governança estatal suave e moderna, em que o governo, o mercado e a sociedade civil coexistem e coordenam e interagem entre si. No entanto, esse processo não acontece de forma uniforme em todos os países. Alguns países realizaram mudanças maiores no que diz respeito às funções e às competências governamentais, tendo destacado o papel do mercado na alocação dos recursos e outros têm promovido uma maior atuação governamental no desenvolvimento da economia nacional, em prol de uma maior intervenção e controle governamental nas indústrias estratégicas e nos setores de recursos. Além disso, a desigualdade, a exclusão e a desigualdade social, a violência, o crime, a corrupção e o surgimento de um "capitalismo de compadrio" têm perturbado todos os países da América Latina e fomentado a presença acentuada dos diversos tipos de organizações não governamentais na região, que, por sua vez, se tornaram a massa crítica das forças corretivas das desigualdades de distribuição, dentro do quadro do sistema constitucional. Em vista disso, o trabalho sugere que as empresas chinesas que pretendem investir na região dediquem uma maior atenção ao "ambiente suave" da região, ou seja, as ideias, os valores, a instituição social etc., no sentido de adaptar-se de forma mais flexível às alternâncias dos governos e responder de forma mais positiva às pressões protecionistas dos grupos de interesse locais, estabelecer e manter uma boa relação com as organizações civis locais, inclusive os sindicatos, e exercer oportuna e proativamente uma maior influência no processo eleitoral dos países de modo a minimizar os riscos políticos e salvaguardar seus interesses de investimento.

O Capítulo 6 focalizou a crescente tendência de interação dos interesses no campo da segurança não tradicional entre a China e a América

Latina e apresentou uma hipótese teórica significativa: dois lados que não tinham nenhuma relação direta de segurança geopolítica podem influenciar um ao outro sobre a segurança real por meio de atividades comerciais e de investimento. Utilizaram-se métodos empíricos para revelar a dimensão e as variáveis dos possíveis conflitos de interesses de segurança entre a China e a América Latina, que hoje vivem uma "relação de simbiose", bem como o raciocínio segundo o qual esses conflitos poderão ser dissuadidos e transformados em oportunidades de cooperação. Após uma análise sobre as semelhanças e as diferenças entre os dois lados no que diz respeito à formação de interesses, conceito, orientação política e reforço das capacidades, o trabalho argumenta que, levando em consideração a perspectiva de que os interesses de segurança chineses na América Latina estão ampliando, desenvolvendo e adquirindo uma implicação cada vez mais direta à China, o país deve assumir uma maior responsabilidade e aumentar seu compromisso com as futuras cooperações com a América Latina na área de segurança, de modo a tomar a iniciativa na construção de um mecanismo de cooperação de segurança entre China e América Latina mais inovador, mais equilibrado e mais sustentável. Aponta-se também que a China deve corrigir o antigo pensamento de que a segurança seja um tema de menor importância em comparação com as outras áreas de cooperação com a América Latina. Deve-se reconhecer que o caminho será longo e gradual para transformar a aproximação estratégica em cooperações institucionais. Para esse fim, China e América Latina precisam aprimorar a capacidade e o modelo de cooperação, bem como intensificar as interações de modo a promover a confiança política e assegurar a convergência de ideias no entrosamento. Nesse processo, a China deve continuar cultivando seu novo conceito de segurança, fornecendo aos seus parceiros latino-americanos uma maior gama de produtos de segurança pública. Dadas as limitações dos mecanismos bilaterais de segurança e a universalidade dos temas de segurança regionais, o autor também aponta a construção de um mecanismo de segurança multilateral entre China e América Latina como o melhor caminho para levar a cabo as cooperações dos dois lados na área de segurança. Somente por meio de uma rede multinível de confiança mútua, aprendizagem recíproca e complementaridade mútua a China pode visar, gradualmente, uma participação efetiva na governança regional de segurança da América Latina. O incentivo às cooperações entre China e América Latina em segurança também faz parte da transformação adaptativa da política externa da China, o que é essencial para fortificar a presença do país no mundo em desenvolvimento e, com base nisso, transformar a China em um poder global sob as novas condições históricas.

A presente obra tem a intenção de destacar a cooperação entre China e América Latina em segurança como um tema independente, com o objetivo de abordar a base de existência e as possibilidades da transformação do modelo de cooperação entre os dois lados. De modo geral, os estudos internacionais existentes na China, especialmente os que tratam dos países em desenvolvimento, são evidentemente atrasados em relação ao desenvolvimento da situação, e também em relação às últimas conquistas do meio acadêmico internacional. Embora o estatuto diplomático tradicional da China tenha priorizado a relação com o mundo em desenvolvimento, nos últimos trinta anos da reforma da China, o grande dividendo e a grande pressão externa pelos quais o país tem recebido ao longo de sua abertura ao exterior provêm principalmente do mundo ocidental, razão pela qual os acadêmicos chineses, de modo geral, têm pesquisado mais as relações da China com o Ocidente, tendo produzido já uma literatura bastante rica. Porém surge então uma questão: acopla-se ou não o período das oportunidades estratégicas da China com a ascensão em grupo dos países em desenvolvimento? Essa ascensão tem um papel favorável, limitado ou negativo para a China no que toca seu posicionamento no mundo, sua imagem e o ambiente de seu crescimento? (Jisi, 2012). A esse respeito, os estudiosos chineses ainda não iniciaram, a tempo e de forma organizada, pesquisas sistemáticas e de escala. A presente obra, por sua vez, escolheu a América Latina como o objeto de estudo justamente porque é uma região composta por países em desenvolvimento. Nossas principais conclusões e nossos principais argumentos são as seguintes:

1. O posicionamento da China e da América Latina no sistema mundial apresenta boas perspectivas de subida, razão pela qual as relações entre China e América Latina estão apresentando uma relevância cada vez maior. O desenvolvimento independente das relações promove, por sua vez, sua extensão para novos âmbitos de governança internacional, adquirindo, assim, um crescente significado global.

2. A necessidade mútua entre China e América Latina tem aumentado, e não há conflitos de interesses essenciais entre as duas partes. Embora alguns fatores alheios ainda interfiram vez ou outra, a natureza não conflituosa das cooperações entre China e América Latina garantirá que as relações de cooperação sino-latino-americana continuarão de forma suave e estável na própria trajetória.
3. A transformação do modelo de cooperação entre China e América Latina tem de ser coerente com as alterações na conjuntura da política internacional. Em concreto, os fluxos transfronteiriços acelerados da tecnologia, informação e população em meio à globalização aguçaram os problemas comuns enfrentados por todos os países, como o de fornecimento de eletricidade e água, serviços públicos, gestão social, segurança cibernética, proteção ambiental etc., forçando os países a transferirem parte de suas funções de gestão para "baixo" (órgãos subordinados) e para o exterior. Para esse fim, a China também deve estabelecer uma nova agenda e um novo *layout* de cooperação com a América Latina, a partir de duas perspectivas: a perspectiva estatal (cooperação multilateral e integrada) e a perspectiva não estatal (diplomacia pública). Obviamente, esse seria um trabalho de "reforma e reforço" das "pirâmides" já existentes, o que é uma tarefa nova e desafiante, cuja realização depende da imaginação e de nossa agilidade perante as incertezas.

No final de março de 2013, o presidente Xi Jinping visitou a Rússia, a Tanzânia, a África do Sul e o Congo, e participou da quinta cúpula do Brics na África do Sul. Durante as visitas, o presidente Xi proferiu várias palestras, enfatizando repetidamente a ideia de que "estamos diante de um momento de constantes mudanças, em que nosso mundo vive rápida atualização". Nesse mundo,

> um grande número de mercados emergentes e países em desenvolvimento entraram na faixa rápida de crescimento, mais de um bilhão de pessoas estão caminhando rumo à modernização, vários novos polos de desenvolvimento estão em processo de formação pelo mundo, e o equilíbrio internacional de poder continua evoluindo-se em função da paz e do desenvolvimento mundial.

Ele também salientou que a China continua sendo um país em desenvolvimento, com uma população numerosa, uma base econômica frágil e um desenvolvimento desequilibrado, e que quase um décimo da população chinesa ainda vive abaixo da linha da pobreza. A China ainda terá um longo caminho a percorrer para atingir os objetivos de prosperidade comum de todo o povo, não se podendo separar do mundo, nem dos países africanos ou da ampla maioria dos países em desenvolvimento.[4] Essa afirmação é um resumo das avaliações da nova geração da liderança chinesa sobre a situação internacional atual e sobre o posicionamento internacional da China, o que também reflete a determinação dos futuros tomadores de decisão chineses de continuar persistindo na vontade subjetiva para assegurar a identidade do país como "um grande país em desenvolvimento", apesar da rápida mudança do padrão global de interesses, concorrências e interações entre os poderes políticos e crescentes pressões externas. Trata-se, na verdade, de uma reafirmação da identidade da China no novo contexto nacional e internacional. Na comunidade internacional, "a identidade de um país é um elemento fundamental na definição dos interesses, posições e meios de alcançar os seus objetivos". O estabelecimento da identidade de um país não depende só dos resultados das interações entre ele e o mundo externo, mas também, em grande medida, da situação geral de seu desenvolvimento interno, razão pela qual é um processo evolutivo, e não estático. Como assinala a Introdução desta obra, com o crescimento contínuo da força econômica abrangente, a China enfrentará um "dilema de identidade" cada vez mais destacado. Por um lado, à medida que a China se aproxima da maior economia do mundo, em termos do montante global da economia, o mundo a enxergará com maior facilidade como um dos países mais poderosos do mundo, apesar de que a China ainda enfrente vários problemas, como a desigualdade e a pobreza regional. Por outro lado, à medida que o poderio abrangente do país (que não está distribuído de forma equilibrada entre todos os setores) vem aumentando, as várias forças internas da China apresentam um crescente interesse em

4 Discurso de Xi Jinping na Faculdade de Relações Internacionais de Moscou. Xinhua Net, 24 mar. 2013. Disponível em: <http://news.xinhuanet.com/ world/2013-03/24/c_124495576.htm>; Discurso de Xi Jinping no Centro de Convenções Nyerere da Tanzânia. Xinhua Net, 25 mar. 2013. Disponível em: <http://news.xinhuanet.com/2013-03/25/c_124501703_3.htm>.

participar no grande jogo de poder internacional. Tanto o meio acadêmico quanto o público chinês em geral têm enfatizado o senso da iniciativa proativa e de direito a voz do país na projeção de sua política externa (Shaojun, 2012, p.4-20; Yuan et al., 2011). Devido à orientação do governo chinês de aumentar a "representatividade do povo" em suas políticas, a política externa da China vem envolvendo "partes interessadas" cada vez mais diversas, e a gestão e a resposta rápida às emergências têm sido cada vez mais difíceis.

A presente obra baseou os estudos nas realidades dos países latino-americanos, apontando as áreas potenciais de crescimento das cooperações entre China e América Latina a partir de diferentes abordagens teóricas e fatos, para enfim chegar a algumas conclusões relativas à questão que está na raiz do problema: a compreensão e o aproveitamento das mudanças na identidade e nos interesses da China e da América Latina em função de uma melhor relação entre os dois lados. A linha de argumentação deste trabalho pode ser resumida em três palavras-chave: "poder", "sistema" e "conceito", que correspondem aos três mecanismos influentes do sistema mundial: a hierarquia de poder, as normas institucionais e a ética política. Vale reiterar que as observações feitas neste livro em relação aos desequilíbrios de desenvolvimento da própria China, às semelhanças e diferenças no desenvolvimento da China e da América Latina, e à diversidade na estrutura, no nível e no conceito de governança interna dos países da América Latina, são de caráter geral, descritivo e comparativo, às quais faltam ferramentas teóricas integrais e um processo de dedução mais abrangente, uniforme e meticulosa. O processo histórico da ascensão e queda das potências do mundo, por exemplo, é um tema que interessa muito ao autor, ciente de que ele certamente lançaria alguma luz sobre a construção do futuro panorama das relações entre China e América Latina. No entanto, devido ao prazo do Projeto de Inovação, do qual esta obra faz parte, esse tema só será abordado em futuras pesquisas. Como mencionado anteriormente, as relações internacionais contemporâneas não só dizem respeito às interações entre os países a nível nacional, mas também envolvem a dinâmica dos movimentos da sociedade civil e do público em geral. Em um grande contexto de política em massa, e devido à forte tradição populista, as decisões de política externa dos países latino-americanos são mais suscetíveis aos impactos da política doméstica e da opinião pública. Este livro tem dado atenção a esse fato, mas de forma dispersa nos capítulos.

A avaliação das interações entre a China e a América Latina no âmbito cultural e social e, em particular, a análise profunda do nível de reconhecimento mútuo dos povos com base nos existentes estudos e levantamentos especializados, são as questões que serão tratadas em nosso próximo trabalho, financiado também pelo mesmo Projeto de Inovação.

Referências bibliográficas

BLACKHURST, R. Adrian Otten. *Trade and Foreign Direct Investment*, 9 out. 1996. Disponível em: <http://www.wto.org/english/news_e/pres96_e/pr057_e.htm>.

CAVE, D. How Capitalist are the Cubans. *New York Times*, 1° dez. 2012. Disponível em: <http://www. nytimes.com/2012/12/02/sunday-review/how-capitalist-are-the-cubans.html?pagewanted=all&_r=0>.

DAOKUI, L. Ajustes complexos e profundos: a China e o mundo nos próximos dez anos. *China and World Affairs*, n.3/4, p.129-31, 2012.

DUNNING, J. H. *Explaining International Production*. London: Unwin Hyman, 1988.

ENGELS. F. A carta para Joseph Bloch. In: *Obras selecionadas de Karl Marx e Friedrich Engels*. Beijing: People's Publishing House, 2009, p.592-3.

JIANHONG, Z.; JIANGANG, J. Estudo sobre as implicações das relações políticas bilaterais para o investimento direto estrangeiro chinês. *World Economics and Politics*, n.12, p.138-42, 2012.

JINGLIAN, W. Retomar a agenda de reforma. *Revista Dushu*, n.12, p.3-7, 2012.

JIRONG, Y. A imagem da China em Gana sofre dos negócios ilegais de mineração de ouro, enquanto a experiência chinesa de desenvolvimento continua sendo valorizada no país. *Global Times*, 14 dez. 2012.

JISI, W. Por que a conjuntura internacional da China está se tornando cada vez mais rigorosa? *Global Times*, 13 jun. 2012.

KAELBLE, M. So Wandelt Sich die Welt(-Wirtschaft). *Financial Times Deutschland*, 12 mar. 2012. Disponível em: <http://www.ftd.de/politik/international/:globalisierung-so-wandelt-sich-die-welt-wirtschaft/70124531.html>.

MATHEWS, J. A. Dragon Multinationals: New Players in the 21st Century. *Asia Pacific Journal of Management*, n.23, p.5-27, 2006.

MIN, Z. Mudanças profundas na estrutura econômica internacional e novos desafios para as economias emergentes. *China Business News*, 28 set. 2011.

MUNDELL. R. A. International Trade and Factor Mobility. *American Economic Review*, n.6, p.321-35, 1957.

PENG, M. W. Towards an Institution – Base View of Business Strategy. *Asia Pacific Journal of Management*, n.19, p.251-67, 2002.

PENG, M. W.; WANG, D. Y. L.; JIANG, Y. An Institution-Based View of International Business Strategy: A Focus on Emerging Economies. *Journal of International Business Studies*, n.39, p.920-36, 2008.

QIZHENG, Z. A história ao seu redor é a história da China. *Public Diplomacy Quarterly*: edição inverno, 2012, p.12.

SHAOJUN, L. O dilema da "dupla-identidade" da China e as contramedidas. *World Economics and Politics*, n.4, p.4-20, 2012.

SHIQIANG, L. Disseminação do conhecimento, aprendizagem dos países e mudanças essenciais no sistema de poder internacional. *Diplomatic Review*, n.5, p.100, 2011.

WEIDONG, R.; SHUYUN, L.; FENG, C. Algumas preocupações em relação ao "período de oportunidades estratégicas". *Outlook Weekly*, n.51, p.22, 2012.

YUAN, L. et al. O sistema mundial: repensar sobre a estratégia de "manter um perfil baixo". *Global Times*, 16 dez. 2011.

YUCHENG, L. Algumas considerações sobre as mudanças no cenário mundial e a Política Externa Chinesa. *Contemporary International Relations*, n.8, 2012.

ZOELLICK, R. B. The Currency of Power. *American Journal of Foreign Policy*, n.11, 2012. Disponível em: <http://www.foreignpolicy.com/articles/2012/10/08/the_currency_of_power>.

Posfácio

Na reunião de revisão deste livro, em 21 de março de 2013, fiz um relatório para os avaliadores e especialistas presentes sobre o processo de investigação e desenvolvimento de nosso projeto, destacando três pontos: 1. em conformidade com o prazo determinado pelo Projeto de Inovação em Filosofia e Ciências Sociais da Academia Chinesa em Ciências Sociais 2011, do qual a presente obra faz parte, os resultados de nossas pesquisas, mesmo preliminares, devem ser publicados até o momento de encerramento do projeto; 2. os resultados apresentados por esta obra foram alcançados em um período bastante limitado (menos de um ano), e dois dos autores do livro estavam como pesquisadores visitantes de longo prazo no exterior, no segundo semestre anterior, razões pelas quais a organização da equipe e a execução do projeto foram extremamente difíceis; 3. o trabalho de pesquisa é, em certo sentido, uma "arte de lamentação", porque por mais que nossos pesquisadores esforcem-se para levar seus trabalhos à perfeição, é muito difícil para eles escapar do modelo de pensamento já estabelecido em cada indivíduo (mesmo em pequenos círculos acadêmicos), sem mencionar que ao olhar crítico dos leitores não existe nenhuma obra perfeita.

Graças ao trabalho eficiente de nossos colegas da Editora Economic Management Press, o presente livro foi finalmente lançado. Gostaria de deixar essas minhas impressões como uma nota de rodapé deste livro, apelando a todos nossos leitores para que avaliem positivamente os esforços envidados por nossa equipe e que não hesitem em apontar e deixar comentários para os possíveis erros e deficiências da obra.

Em um abrir e fechar de olhos, já se passaram quatro anos desde que vim trabalhar no Instituto da América Latina da Academia Chinesa de Ciências Sociais. Após esses anos de estudo, troca de ideias e aprendizagem com os colegas, fico cada vez mais fascinado com a região da América Latina e do Caribe, não só pela sua dinâmica de desenvolvimento, mas também pelo seu charme e especialidade cultural. Ao mesmo tempo, tomei consciência da complexidade e da necessidade de estudar, de forma mais profunda e especializada, as questões na América Latina. Ainda há uma imensa lacuna de estudos a ser preenchida por pesquisadores chineses. Sinto profundamente que existe no momento um desnível entre as pesquisas existentes e a necessidade real. A esse respeito, gostaria de agradecer à Academia Chinesa de Ciências Sociais (Cass) e ao Instituto da América Latina (Ilas) pela confiança e nomeação de um "novato" como o organizador deste projeto. E agradecer aos colegas da equipe, com os quais trabalhei quase um ano, pela sua compreensão, colaboração e ensinamento ao longo de todo o processo de pesquisa conjunta.

Gostaria também de exprimir meu agradecimento especial ao diretor geral do Ilas e organizador-chefe do Projeto de Inovação, sr. Zheng Bingwen, e ao vice-diretor geral do Ilas e supervisor geral do Projeto de Inovação, sr. Wang Lifeng, cujos apoio e orientação foram essenciais para a realização deste projeto; ao comissário acadêmico, sr. Su Zhenxing, e ao comissário acadêmico honorário, sr. Xu Shicheng, ambos da Cass, por sua atenção entusiástica e seus comentários relevantes que tanto contribuíram para os resultados finais de nossa pesquisa; ao mestrando da Escola de Economia de Londres, Zhang Shaotong, e ao mestrando da Cass, Zhou Yi, por seu trabalho árduo de coleta e classificação de informações e dados, organização de atividades de investigação e contatos com as partes pertinentes. Também gostaria de aproveitar esta oportunidade para agradecer ao vice-diretor geral do Departamento de Pesquisas Científicas da Cass, sr. Chao Ke, e ao chefe de Divisão do mesmo Departamento, sr. Xue Zeng, por sua ajuda e apoio que possibilitaram o financiamento deste projeto. Por fim, gostaria de expressar minha sincera gratidão à editora Xie Shuqing e à editora Qiu Yonghui, da Economic Management Press, por sua dedicação, profissionalismo e eficiência, que garantiram que o presente livro fosse publicado com sucesso.

A relação entre a China e a América Latina é um tema de estudo em constante mutação. Como parte importante das Relações Exteriores da China, essa relação tende sempre a transformar-se de acordo com as mudanças internas do país. Como particularmente mencionado no livro, essa relação apresenta um significado especial para a China, pelo fato de que ela tem um caráter pioneiro e experimental. Naturalmente, as conclusões feitas neste livro em relação à importância e à viabilidade do processo de transformação das relações são ainda preliminares. Porém, se este trabalho modesto puder despertar os interesses do meio acadêmico chinês e dar início a discussões mais profundas e valiosas sobre o tema, eu e os outros autores deste livro ficaremos muito honrados.

Wu Baiyi

31 de março de 2013

Sobre os autores

Chai Yu. Doutora, assistente do diretor-geral e investigadora do Instituto da América Latina da Academia Chinesa das Ciências Sociais. Autora do Capítulo 2.

Chen Yuanting. Pesquisadora associada do Instituto da América Latina da Academia Chinesa das Ciências Sociais. Autora do Capítulo 7.

Fang Lianquan. Doutor, pesquisador associado do Instituto da América Latina da Academia Chinesa das Ciências Sociais. Autor do Capítulo 4.

Wang Peng. Doutor, pesquisador associado do Instituto da América Latina da Academia Chinesa das Ciências Sociais. Primeiro autor do Capítulo 5.

Wei Ran. Doutor, pesquisador associado do Instituto da América Latina da Academia Chinesa das Ciências Sociais. Segundo autor do Capítulo 5.

Wu Baiyi. Doutor, vice-diretor-geral e investigador do Instituto da América Latina da Academia Chinesa das Ciências Sociais. Autor da Introdução, do Capítulo 3 como primeiro autor, do Capítulo 6 e das Conclusões.

Yue Yunxia. Doutora, pesquisadora do Instituto da América Latina da Academia Chinesa das Ciências Sociais. Autora do Capítulo 1.

Zhou Zhiwei. Doutor, investigador associado do Instituto da América Latina da Academia Chinesa das Ciências Sociais. Segundo autor do Capítulo 3.

SOBRE O LIVRO

Formato: 14 x 21 cm
Mancha: 23,7 x 42,5 paicas
Tipologia: Horley Old Style 10/13
Papel: Off-white 80 g/m² (miolo)
Cartão Supremo 250 g/m² (capa)
1ª edição Editora Unesp 2017

EQUIPE DE REALIZAÇÃO

Coordenação geral
Marcos Keith Takahashi

Edição de texto
Nelson Barbosa

Revisão de texto
Alessandro Thomé

Editoração eletrônica
Sergio Gzeschnik

Projeto gráfico e capa
Grão Editorial

Imagem da capa
Mina De La O / Getty Images

Impresso por :

Graphium
gráfica e editora

Tel.:11 2769-9056